영국 노동계급의 상황

「이 도서의 국립중앙도서관 출판예정도서목록(CIP)은 서지정보유통지원시스템 홈페이지(http://seoji.nl.go.kr)와 국가자료공동목록시스템(http://www.nl.go.kr/kolisnet)에서 이용하실 수 있습니다.(CIP제어번호: CIP2014031389)」

Friedrich Engels

Die Lage der arbeitenden Klasse in England
The Condition of the Working Class in England

영국 노동계급의 상황

프리드리히 엥겔스 지음 | 이재만 옮김

라티오

차례

영국 노동계급에게 _ 9

1845년 독일어 초판 서문 _ 12

1887년 미국판 서문 _ 15

1892년 영국판 서문 _ 25

서론 _ 40

산업혁명 이전 노동자의 상황 • 제니 방적기 • 산업 프롤레타리아트와 농업 프롤레타리아트의 형성 • 소모 방적기, 뮬 방적기, 역직기, 증기기관 • 수작업에 대한 기계의 승리 • 제조업의 발전 • 면 공업 • 양말류 제조업 • 레이스 제조업 • 염색, 표백, 날염 • 양모 제조업 • 리넨 업 • 견직물 제조업 • 철 생산과 제련 • 탄광 • 도자기 제조업 • 농업 • 도로, 운하, 철도, 증기선 • 요약 • 국가적 의의를 가지게 된 프롤레타리아트의 발전 • 프롤레타리아트에 대한 부르주아지의 견해

산업 프롤레타리아트 _ 59

노동자의 분류 • 자산의 집중 • 근대 산업의 동력 • 인구의 집중

대도시 _ 63

런던의 첫인상 • 사회적 전쟁과 어디에나 있는 약탈 체제 • 이 체제에서 사는 가난한 자의 운명 • 빈민굴에 관한 일반적 서술 • 관찰의 시작, 런던: 세인트자일스와 그 주변 • 화이트 채플 • 프롤레타리아트 거처의 내부 • 공원의 노숙자들 • 야간 쉼터 • 더블린 • 에든버러 • 리버풀 • 공장 도시: 노팅엄, 버밍엄, 글래스고, 리즈, 브래드퍼드, 허더즈필즈 • 랭커셔: 일반적 논의 • 볼턴 • 스톡포트 • 애슈턴언더라인 • 스테일브리지 • 맨체스터에 관한 상세한 묘사: 일반적 구조 • 구시가지 • 신시가지 • 노동자 구역의 건축 구조 • 건물들과 뒷길 • 앤코츠 • 리틀 아일랜드 • 흄 • 샐퍼드 • 간략한 정리 • 건축업자 • 비좁은 거주지 • 지하 거주지 • 노동자의 옷 • 음식 • 부패한 고기 • 상품 속이기 • 가짜 저울 등 • 간략한 요약

경쟁 _ 121
최저 임금을 받는 노동자들의 경쟁, 최고 임금을 받는 부르주아들의 경쟁 • 매일 매시간 자신을 판매해야만 하는, 부르주아의 노예인 노동자 • 과잉 인구 • 공황 • 산업 예비군 • 1842년 공황에서 산업 예비군의 운명

아일랜드 이주민 _ 136
원인과 결과 • 칼라일의 서술 • 아일랜드 인들의 불결함, 상스러움, 음주벽 • 아일랜드 인들과의 경쟁 및 접촉이 잉글랜드 노동자들에게 끼치는 영향

결과 _ 142
논의의 시작 • 앞서 서술한 상황이 노동자의 육체적 상태에 미치는 영향 • 대도시로의 인구 집중, 거주지, 오염 등 • 실태 • 폐병 • 티푸스, 특히 런던, 스코틀랜드, 아일랜드 • 소화불량 • 폭음의 결과 • 돌팔이 의사 • '고드프리 강장제' • 노동계급, 특히 어린 자녀들의 사망률 • 부르주아지가 저지르는 사회적 살인 혐의 고발 • 지적 도덕적 상태에서의 결과 • 교육기관의 결함 • 부족한 야간학교와 일요학교 • 노동계급의 무지 • 노동자들의 생활 속에 있는 교육의 대체물 • 도덕을 등한시하는 노동자 • 유일한 도덕이론인 법률 • 노동자가 자신의 처지에서 법률과 도덕을 무시하려는 유혹 • 빈곤의 영향 • 프롤레타리아와 불안정한 처지 • 강제노동이라는 형벌 • 인구 집중 • 아일랜드 인의 이주 • 부르주아와 프롤레타리아의 성격 구분 • 부르주아보다 프롤레타리아가 앞서는 점 • 프롤레타리아 성격의 부정적 측면 • 음주벽 • 성적 방종 • 가정의 해체 • 사회질서에 대한 경멸 • 범죄 • 사회적 전쟁에 대한 서술

산업의 단일 부문들 : 공장노동자 _ 184
기계의 영향 • 수작업 • 작업방식의 변화 • 여성노동, 가정의 해체 • 가족 내 관계의 뒤집힘 • 여성의 공장 취업이 초래하는 도덕적 결과 • 초야권 • 어린이 노동 • 견습공법 • 뒤늦은 국가 개입 • 공장 보고서에 대한 서술 • 기나긴 노동시간 • 야간 노동 • 불구자들 • 가벼운 외과 질환 • 노동의 성격 • 일반적인 체질 쇠약 • 특수 질환 • 증언 • 조기 노화 • 여성 체격의 특이한 결과 • 건강에 특히 해로운 노동 부문 • 불행한 사

고 • 공장제에 대한 부르주아지의 판단 • 공장법 제정과 10시간 노동법 • 노동의 권태와 무감각한 성격 • 노예제 • 공장의 통제 • 현물급여제도 • 오두막제도 • 1145년의 농노와 1845년의 자유로운 노동자 비교

산업의 나머지 부문들 _ 243

양말 직조공 • 레이스 생산 • 면직물 날염업 • 벨벳 재단사 • 견직물 직조공 • 금속 제품 • 버밍엄 • 스태포드셔 • 셰필드 • 철공업 • 스태포드셔 북쪽의 도자기 산업 • 유리 제조업 • 수공업 • 런던의 여성복 양장점과 바느질

노동운동 _ 268

노동운동의 시작 • 범죄 • 기계류에 반대하는 폭동 • 결사, 동맹 파업 • 결사와 쟁의의 영향 • 결사와 쟁의에 뒤따르는 불법 행위 • 부르주아지에 대항하는 영국 프롤레타리아트 투쟁의 성격 • 1843년 5월 영국 맨체스터 전투, 프롤레타리아트에게는 낯선 법에 대한 존중 • 인민 헌장 • 차티스트 운동의 역사 • 1842년 봉기 • 프롤레타리아트 인민 헌장파와 급진파 부르주아지의 결정적인 분리 • 차티스트 운동의 사회적 경향 • 사회주의 • 노동자의 보편적 입장

광업 프롤레타리아트 _ 299

콘월의 광부 • 앨스턴 무어 • 철 광산과 탄광 • 남성 · 여성 · 어린이 노동자 • 탄광 특유의 질병 • 얇은 석탄층에서의 노동 • 처참한 재앙, 폭발 사고 등 • 교육 상태 • 도덕성 • 광산법 • 광업 노동자에 대한 체계적인 설명 • 광업 노동자들의 운동 • '탄부 조합' • 1844년 잉글랜드 북부에서의 대회 • 로버츠와 치안 판사 현물급여제도에 대항하는 투쟁 • 투쟁의 성과

농업 프롤레타리아트 _ 319

역사적인 배경 • 농촌의 사회적 빈곤화 • 농촌 날품팔이의 상황 • 방화 • 곡물법 문제에 대한 무관심 • 교회에 대한 증오 • 웨일스 : 소토지 보유농 • 레베카 폭동 • 불안 • 아일랜드 : 소토지 소작농 • 아일랜드 민족의 사회적 빈곤화 • 범죄 • 합병 철회 운동

프롤레타리아트에 대한 부르주아지의 태도 _ 335

영국 부르주아지의 도덕적 타락 • 금전욕 • 경제와 자유경쟁 • 위선적인 자선 • 곡물법 문제의 경제학과 정치학 • 부르주아지의 법률 제정과 사법기관 • 의회의 부르주아지 • 고용주와 피고용인 법안 • 맬서스의 이론 • 구구빈법 • 신구빈법 • 구빈원의 잔혹한 사례들 • 영국의 미래에 대한 전망

역자 후기 _ 359

일러두기

1. 이 책이 대본으로 삼은 것은 1845년에 독일어 초판이 나온 지 42년이 지난 1887년에, F. 켈리 비슈네베츠키F. Kelly-Wischnewetzky(1859~1931)가 영어로 번역한 것을 엥겔스가 직접 개정한 후 뉴욕에서 첫 출간한 판본이다. 이 밖에도 독일어판 마르크스-엥겔스 전집을 참조하여 독일어판에 있는 주석과 도판 등을 첨부했다.
2. "영국 노동계급에게"라는 헌사는 엥겔스가 영어로 쓴 것이지만 독일어 판본들에만 들어 있다. 엥겔스는 1844년 11월 19일에 마르크스에게 보낸 편지에 이 헌사를 "영국의 정당 지도자들, 식자들, 의원들에게" 따로 보낼 예정이라고 썼다.
3. "차례"에서 장 구별 뒤에 나와 있는 세부 항목들은 엥겔스가 독일어 초판을 위해 개요 식으로 작성한 것이다. 본문에서는 구별되어 있지 않다.
4. 엥겔스가 작성한 원전 주석은 해당 페이지에 각주로 달았으며, 옮긴이주는 본문에 〔 〕로 묶었다.
5. 원전에서 이탤릭체로 강조된 단어는 볼드체로 표시했다.

| 영국 노동계급에게 |

노동자들이여!

여러분에게 바치는 이 저작에서 나는 여러분의 상황, 여러분의 고통과 투쟁, 여러분의 희망과 전망을 충실하게 묘사한 상像을 독일 동포들에게 제시하려고 노력했다. 나는 여러분의 환경을 제법 알 만큼 여러분 가운데서 살았다. 나는 그 환경을 알기 위해 진지하게 몰두했고, 입수 가능한 여러 공식 문서들과 비공식 문서들을 연구했다. 나는 이것으로 만족하지 않았다. 나는 나의 주제에 관해 추상적으로 아는 것에 그치지 않고 여러분을 여러분의 집에서 보고 싶었고, 여러분의 일상생활을 관찰하고 싶었고, 여러분의 상황과 비애에 관해 이야기를 나누고 싶었고, 여러분을 억압하는 이들의 사회적 정치적 권력에 대항하는 여러분의 투쟁을 목격하고 싶었다. 나는 그렇게 했다. 나는 중간계급의 사교와 만찬, 포트 와인과 샴페인에 등을 돌리고서 평범한 '노동자들'과 교제하는 데 여가를 거의 전부 바쳤다. 그렇게 해서 나는 기쁘고 자랑스럽다. 기쁜 까닭은 삶의 실상에 관한 이해를 얻으면서 오랜 시간—그렇지 않았다면 사교계에서 잡담을 하거나 성가신 예의범절을 지키면서 낭비했을 시간—을 행복하게 보냈기 때문이다. 자랑스러운 까닭은 억압과 비방에 시달리는 계급, 온갖 결함이 있고 상황이 온통 불리한데도 영국의 돈놀이꾼을 뺀 모두의 존경을 받는 계급을 공평하게 다룰 기회를 얻었기 때문이다. 자랑스러운 또 한 가지 이유는 영국을 지배하는 중간계급의 짐승처럼 이기적인 정책과 전반적인 행위의 필연적인 귀결로서, 유럽 대륙에서 영국인들을 경멸하는 마음이 점점 커져가는 현실로부터 여러분을 구하는 위치에 내가 있었기 때문이다.

동시에 여러분의 적수인 중간계급을 충분히 지켜볼 기회가 있었던 나는 이내 그들로부터 어떠한 지원도 기대하지 않는 여러분이 옳다는, 완벽하게 옳다는 결론에 이르렀다. 중간계급은 언제나 자기네의 이익이 곧 여러분의 이익이라고 주장하고 여러분의 운명을 진심으로 동정하는 척하겠지만, 그들의 이익과 여러분의 이익은 정반대다. 그들의 행동은 그들의 말이 거짓임을 보여준다. 실제로 중간계급의 속내는—그들이 뭐라고 말하건—여러분의 노동 생산물을 판매할 수 있을 때는 여러분의 노동을 이용해 배를 불리고, 이렇게 인간의 신체를 간접적으로 거래하는 방식으로 더는 이윤을 얻을 수 없을 때는 곧바로 여러분을 굶주리게 내버려두는 것일 뿐이라는 사실을 입증하기에 충분한 증거를 내가 수집했기를 바란다. 여러분에게 호의적이라고 공언하는 그들이 그 호의를 입증하기 위해 무엇을 했는가? 그들이 여러분의 비애에 진지하게 주목한 적이 단 한 번이라도 있는가? 내무부의 선반에서 폐지 더미들에 둘러싸인 채로 영원히 방치될 운명인 두꺼운 보고서들을 제출한 여섯 차례의 조사위원회에 비용을 댄 것 말고 그들이 한 일은 무엇인가? 하다못해 '자유롭게 태어난 영국인들' 대다수의 상황에 관한 약간의 정보를 누구나 쉽게 얻을 수 있도록, 최근의 그 썩어가는 청서들[영국 의회가 발행하는 보고서를 뜻한다. 여기서는 방금 언급한 조사위원회의 보고서들을 가리킨다]을 읽기 쉽게 편집해서 단 한 권의 책이라도 내놓았는가? 그런 일은 일어나지 않았으며, 그들은 이런 일을 언급하고 싶어 하지 않는다—그들은 갈수록 악화되는 여러분의 상황을 문명세계에 알리는 일을 한 외국인의 몫으로 남겨두었다.

내가 그들에게는 외국인일지라도 여러분에게는 아니기를 바란다. 나의 영어에 결점이 없진 않겠지만 여러분에게는 알기 쉬운 영어이기를 바란다. 영국에서—덧붙이자면 프랑스에서도—어떤 노동자도 나를 외국인으로 대하지 않았다. 여러분이 가혹한 저주, 즉 결국에는 집단의 이기심에 지나지 않는 국민적 편견과 애국심에서 벗어나는 모습을 나는 더없이 기쁜 마음으로 지켜보았다. 여러분이 인류의 진보를 위해, 위대하고 선한 모든 것—여러분의 모국에서 배양되었든 아니든—을 찬양하기 위해 진정으로 노력하는 사람이라면 영국인이든 아니든 누구에게나 공감하는 모습을 나는 지켜보았다. 여러분이 하나의 동떨어진 국민의 일원인 **영국**인에 그치지 않는다는 것, 인류라는 거대하고 보편적인 가족의 일원으로서 자신의 이해관계와 인류 전체의 이해관계가 동일함을 아는 인간이라는 것을 나는 깨달았다. 그리고 이런 '하나의 불가분한' 인류라는 가족의 일원으로서, 가장 단호한 의미의 '인간'으로서, 나와 유럽 대륙의 다른 많은 이들은 사면팔방으로 나아가는 여러분의 진보를 환호로 맞이하고 여러분이 빠르게 성공하기를 기원한다. 이제껏 해온 대로 계속 나아가라. 감내해야 할 일이 아직 많이 남아 있다. 굳세고 의연하라. 여러분의 성공은 확실하며, 앞으로 여러분이 내딛어야 할 어떤 발걸음도 우리의 공동 대의, 인류의 대의에 어긋나지 않을 것이다!

프리드리히 엥겔스

바르멘에서

1845년 3월 15일

| 1845년 독일어 초판 서문 |

이 서문이 붙은 책은 원래 영국 사회사에 관한 더 폭넓은 저작에서 한 장章으로 다룰 생각이었던 주제를 다루지만, 이 주제가 중요한 까닭에 이내 별도로 조사하기로 마음먹었다.

노동계급의 상황은 오늘날 모든 사회운동의 실질적인 토대이자 출발점인데, 그 상황이 우리 시대에 존재하는 사회적 참상의 가장 높고 가장 적나라한 정점이기 때문이다. 프랑스와 독일 노동계급의 공산주의는 그 상황의 직접적인 산물이며, 푸리에주의와 영국 사회주의, 교양 있는 독일 부르주아지의 공산주의는 간접적인 산물이다. 프롤레타리아트의 상황에 관한 지식은 한편으로는 사회주의 이론들에 확실한 근거를 제공하기 위해, 다른 한편으로는 그 이론들이 존속할 권리가 있는지 판단하고, 또 찬반양론이 분분한 온갖 감상적인 공상과 환상을 끝장내기 위해 반드시 필요하다. 그러나 프롤레타리아트의 상황은 대영국, 특히 잉글랜드 본토에서만 완전한 고전적 형태로 존재한다. 더욱이 이 주제를 조금이나마 철저하게 제시하려는 사람에게 꼭 필요한 자료는 영국에서만 공식 조사를 통해 완전하게 수집되고 기록되었다.

21개월 동안 나에게는 영국 프롤레타리아트와 그들의 분투, 그들의 슬픔, 그들의 기쁨을 숙지하고, 그들을 가까이서 보고 그들을 직접 관찰하고, 그들과 교제하고, 동시에 필요하고 믿을 만한 자료에 의지해 나의 관찰을 보완할 기회가 있었다. 그렇게 내가 보고 듣고 읽은 것이 이 책에 정리되어 있다. 나는 다방면에서 나의 관점이 공격당할 것뿐만 아니라, 특히 이 책이 영국인들 수중에 들어갈 경우에 내가 인용한 사실들까지 공격당할 것을 각오하고 있다. 이 책 여기저기에 중요하지 않은 특정한 오류, 주제의 포괄적인 성격과 원대한 가정들을 감안할 때 영국인일지라도 피하지 못했을 어떤 오류가 있을지 모른다는 것 역시 나는 잘 알고 있는데, 그도 그럴 것이 이 책처럼 모든 노동자를 포괄하는 책이 아직까지 영국에서조차 단 한 권도 없기 때문이다. 그러나 나는 전체적인 견해를 설명하면서 내가 부정확하게 사용한 중요한 사실을 단 하나라도 찾아내고, 내가 사용한 자료처럼 믿을 만한 자료를 근거로 나의 잘못을 입증해볼 것을 영국 부르주아지에게 조금도 주저하지 않고 촉구하는 바이다.

영국에서 프롤레타리아트의 고전적인 상황을—그리고 특히 현재의 관점에서—기술하는 일은 특히 독일에게 대단히 중요하다. 독일의 사회주의와 공산주의는 다른 무엇보다 이론적 전제들에 입각해 활동해왔다. 그런데 우리 독일의 이론가들은 현실세계에 대해 아는 게 너무 적었던 까닭에, 현실적 상황이 우리를 곧바로 이러한 '삭막한 현실'의 개혁으로 추동하지 못했다. 어쨌든 그런 개혁을 공공연히 지지한 이들 가운데 헤겔적 사변에 대한 포이어바흐적 해소 이외의 방식으로 공산주의에 도달한 사람은 거의 없었다. 우리가 프롤레타리아트의 삶의 실제 여건에 너무나 무지한 까닭에, 선의로 활동하는 '노동계급의 향상을 위한 협회들'—오늘날 우리의 부르주아지가 사회적 문제를 호도하는 무대—조차 줄곧 노동자들의 상황에 대한 가장 우스꽝스럽고 터무니없는 판단에서 시작하고 있다. 다른 누구보다 바로 우리 독일인들에게 이 문제의 실상에 관한 지식이 필요하다. 그리고 독일 프롤레타리아트의 존재조건이 영국에서와 같은 고전적 형태는 아닐지라도 독일의 사회질서는 영국의 사회질서와 그 바탕이 동일하며, 우리 독일인들이 머리를 모아 사회체제 전체의 새로운 토대를 구축할 조치를 취하지 않는다면, 북해 건너편에서는 이미 직면한 것만큼이나 심각한 상황을 조만간 틀림없이 직면할 것이다. 영국에서 프롤레타리아트를 곤궁하게 만들고 억압하는 결과를 가져온 근본 원인들은 독일에도 있으며, 길게 보면 똑같은 결과를 초래할 것이다. 그렇지만 그런 결과에 이르는 동안, 영국에서 이미 기정사실이 된 비참한 상황은 독일에서도 비참한 상황이 기정사실이 되도록 우리를 몰아댈 것이고, 독일의 평온을 직접적으로 위협하는 슐레지엔과 보헤미아 지역이 얼마나 위험—이들 지역에서 일어난 소요[슐레지엔의 직조공들과 보헤미아의 다른 산업 부문들의 직물 노동자들이 1844년 6월에 일으킨 폭동을 말함]를 통해 드러난—한지 가늠할 척도를 우리에게 제공할 것이다.

마지막으로 지적할 것이 아직 두 가지 남았다. 첫째, 나는 독일어의 중간계급(Mittelklasse)을 줄곧 영어 '미들 클래스'middle class(또는 이 책에서 거의 언제나 사용한 복수형인 middle classes)라는 의미로 사용했다. 프랑스 어 '부르주아지'bourgeoisie와 마찬가지로 중간계급은 유산계급, 특히 이른바 귀족층과 구별되는 유산계급을 의미한다—귀족층은 프랑스와 영국에서는 직접적으로 국가권력을 쥐고 있고 독일에서는 '여론' 역할을 하면서 간접적으로 쥐고 있다. 이와 비슷하게, 나는 노동자들(Arbeiter)과 프롤레타리아들, 무산계급, 프롤레타리아트를 줄곧 같은 뜻으로 사용했다. 둘째, 인용할 경우 대부분 그 인용문을 쓴 사람이 어느 정파에 속하는지를 밝혔다. 자유당원들은 십중팔구 시골 지역들의 고통은 강조하면서도 공장 지역들의 고통은 얼버무리려 들고, 반대로 보수당원들은 공장 지역들의 곤궁은 인정하면서도 농업 지역들의 곤궁은 완강히 부인하기 때문이다. 동일한 이유로 나는 산업노동자들의 상황을 기술하는 공식 문헌이 없을 때에는 자유당 부르주아지 본인들의 말로 응수해서 그들을 논파하기 위해 언제나 자유당원의 발언을 증거로 제시하는 편을 택했으며, 토리 당원이나 차티스트의 발언은 내가 직접 관찰한 것에 근거해 정확하다고 확증할 수 있을 때나, 내가 언급한 권위자들의 개인적 또는 문필적 특징을 염두에 두고 인용한 사실이 참이라 확신할 때만 인용했다.

프리드리히 엥겔스

바르멘, 1845년 3월 15일

| 1887년 미국판 서문 |

미국의 노동운동

번역자의 요청을 받고 내가 이 책의 부록['초판 서문'을 말하며, 이는 1892년 영국판에서는 서문에 함축되어 있다]을 쓴 지 10개월이 지났다. 이 10개월 동안 다른 나라였다면 적어도 10년은 걸렸을 혁명이 미국 사회에서 성취되었다. 1885년 2월, 미국의 여론은 다음 한 가지 점에서, 즉 미국에는 유럽적 의미의 노동계급이 없다는 점*, 따라서 유럽 사회를 갈가리 찢어놓은 노동자들과 자본가들의 계급투쟁이 미 공화국에서는 불가능하다는 점, 그러므로 사회주의는 미국 땅에 결코 뿌리내릴 수 없는 외래품이라는 점에서 거의 만장일치였다. 그러나 점점 다가오는 계급투쟁은 바로 그 순간에 펜실베이니아 탄부들의 파업과 다른 많은 직종들의 파업을 통해, 특히 당시 계획 중이었으며 결국 같은 해 5월에 실현된, 전국을 아우르는 위대한 8시간 운동[8시간 노동일을 쟁취하기 위해 1886년 5월 1일에 시작한 총파업]의 준비 과정을 통해 미국 여론에 거대한 그림자를 드리우고 있었다. 당시 내가 이런 징후를 제대로 인식하고 있었다는 것, 전

* 1844년에 쓰였던 내 책의 이 영어 판본이 타당한 이유는 바로 오늘날 미국의 산업 현황이 1840년대에 영국이 도달한 산업 현황, 즉 내가 기술한 현황과 거의 정확히 상응하기 때문이다. 이 말이 얼마나 참인지는 에드워드 에이블링Edward Aveling과 엘리노어 마르크스Eleanor Marx가 런던 월간지 〈타임〉에 3월, 4월, 5월, 6월에 기고한 "미국의 노동운동"(The Labour Movement in America)을 보면 분명해진다. 나는 이 탁월한 기고문을 언급할 수 있어 특히 기쁜데, 미국 사회주의노동당(Socialist Labor Party)의 파렴치한 간부가 유포한 에이블링에 대한 비열한 중상모략을 부인할 기회이기도 하기 때문이다.

국 규모의 노동계급 운동을 예상했다는 것을 나의 '부록'이 보여준다. 그러나 당시에는 노동계급 운동이 그토록 단시일 내에 그토록 불가항력적으로 터져 나오고, 들불처럼 빠르게 퍼져나가고, 미국 사회를 그 토대까지 뒤흔들리라고는 아무도 예견하지 못했다.

이것은 논박할 여지가 없는 엄연한 사실이다. 나는 미국 지배계급이 얼마나 공포에 떨었는지를 즐거운 방식으로 알게 되었는데, 영예롭게도 지난 여름에 미국 저널리스트들이 나를 찾아왔던 것이다. '새로운 시도'에 놀라고 당황한 그들은 속수무책 상태였다. 그러나 당시 노동계급 운동은 이제 막 걸음마를 떼었을 뿐이었다. 흑인 노예제가 억압되고 제조업이 급속히 발전한 탓에 미국 사회의 최하층이 된 노동계급은 일련의 혼란스럽고 겉보기에 일관성이 없는 봉기들을 일으킨 것이 고작이었다. 그러나 이처럼 갈피를 잡지 못하던 사회적 동란들은 해가 저물기도 전에 뚜렷한 방향을 잡기 시작했다. 광대한 미국 전역에 걸쳐 어마어마하게 많은 노동자 대중은 자발적이고 본능적으로 운동들을 전개함으로써, 원인이 똑같기 때문에 어디서나 똑같이 비참한 사회적 상황에 대한 공통의 불만을 동시에 분출함으로써, 자신들이 미국 사회에서 새로운 별개 계급—사실대로 말하자면 어느 정도 세습되는 임금노동자들, 프롤레타리아들로 이루어진 계급—을 형성한다는 사실을 의식했다. 미국인의 천성과 더불어 이 의식은 그들을 의견 표명이라는 다음 단계로 단숨에 이끌었다. 고유한 정강政綱, 국회의사당과 백악관을 차지하겠다는 목표를 가진 노동자들의 정당을 결성하는 단계였다. 5월에는 8시간 노동일[노동자가 하루 중에 일하는 시간의 합계, 즉 필요 노동시간과 잉여 노동시간의 합계]을 쟁취하기 위한 투쟁, 시카고와 밀워키 등지에서의 분쟁, 결성 중인 노동당의 봉기를 폭력과 가혹한 계급적 정의로 진압하려는 지배계급의 시도 등이 있었다. 11월에는 노동운동의 모든 대규모 중심지들에서 조직된 새로운 노동당이 뉴욕과 시카고, 밀워키에서 선거를 치렀다. 이제까지 미국 부르주아지는 5월과 11월의 사태를 보고 미국 국채의 이자표利子票 지급만을 떠올려왔지만, 앞으로는 미국 노동계급이 이자를 지급해달라며 자신들의 이자표를 제시하는 날짜 역시 떠올리게 될 것이다.

유럽 나라들의 노동계급은 기나긴 세월이 흐른 뒤에야 현대 사회에서 자신들이 별개 계급, 현존하는 사회적 상황이 지속되는 한 영구한 계급을 형성한다는 사실을 절실히 깨달았다. 그들이 이런 계급의식에 따라 지배계급의 다양한 분파들이 결성한 기존 정당들 전체와 대립하는 독립적인 별개 정당을 스스로 결성하기까지는 다시 오랜 세월이 걸렸다. 거치적거리는 중세의 잔재가 없고, 17세기에 발달한 근대 부르주아 사회의 요소들과 더불어 역사가 시작된 미국이라는 한결 유리한 땅에서 노동계급은 이 두 가지 발전 단계를 10년 이내에 통과했다.

그럼에도 이 모든 것은 시작일 뿐이다. 노동자 대중이 불만과 이해관계를 공유하는 공동체이며, 다른 모든 계급에 대립해 결속하는 계급임을 스스로 실감하는 것, 그들이 이런 감정을 표현하고 현실화하기 위해 모든 자유국에서 허용하는 정당 조직을 가동하는 것은 첫 단계에 지나지 않는다. 그 다음 단계는 이런 공통 불만을 해소하기 위한 공통 해결책을 찾고 그것을 새로운 노동당의 정강으로 구현하는 것이다. 미국에서는 아직 이 단계—노동운동에서 가장 중요하고 가장 어려운 단계—에 도달하지 못했다.

새로운 정당은 다른 정당들과 구별되는 명확한 정강을 반드시 갖추어야 한다. 상황이 변하고 정당 자체가 발전함에 따라 정강의 세부 내용이 바뀔지도 모르지만, 그럼에도 그 정강은 정당이 한동안 합의하는 것이어야 한다. 그런 정강을 마련하지 않거나 초안 형태로 남겨두는 한, 새로운 정당 역시 미완성 상태에 지나지 않을 것이다. 그런 정당은 지역 정당으로 존속할지 모르지만 전국 정당은 아닐 것이고, 잠재적 정당은 되더라도 현실적 정당은 되지 못할 것이다.

그 정강은 초기 형태가 어떻든 간에 사전에 결정했을 방향대로 구체화해야 한다. 노동계급과 자본가계급 사이에 심연을 만들어낸 원인은 유럽에서나 미국에서나 동일하며, 그 심연을 메울 방도 역시 어디서나 동일하다. 따라서 궁극적인 목표를 성취하기 위한 미국 프롤레타리아트의 정강은 장기적으로 보면 유럽의 호전적 프롤레타리아트라는 엄청난 수의 대중이 60년에 걸쳐 쟁론하고 논의한 끝에 채택한 정강과 일치하게 될 것이다. 그 정강은 사회 전반이 모든 생산수단—토지, 철도, 광산, 기계류 등—을 직접 전유함으로써 모든 사람의 유익과 혜택을 위해 모든 사람이 생산수단을 공동으로 사용하는 결과를 가져오기 위해, 노동계급의 정치적 패권 장악을 궁극적인 목표로 공표할 것이다.

그러나 미국의 그 새로운 정당이 모든 나라의 정당들과 마찬가지로 결성되었다는 이유로 정치권력 장악을 열망한다 해도, 권력을 차지할 경우 무엇을 해야 할지를 두고는 아직까지 전혀 합의하지 못한 상태다. 미국 동부의 뉴욕과 다른 대도시들에서 노동계급의 조직화는 직종협회들의 노선을 따라 도시마다 강력한 중앙노동조합(Central Labor Union)을 결성하는 방향으로 이루어져왔다. 지난 11월 뉴욕에서 중앙노동조합은 헨리 조지Henry George를 지도자로 선출했고, 그 결과 대체로 조지의 원칙이 한동안 중앙노동조합의 선거 정강에 스며들었다. 미국 북서부의 대도시들에서는 다소 불분명한 노동 정강을 둘러싸고 선거전이 전개되었고, 헨리 조지의 이론의 영향은 설령 있었더라도 거의 찾아볼 수 없었다. 대규모 인구와 산업을 갖춘 이 중심지들에서 새로운 계급운동이 정치적 위기를 맞는 동안, '노동기사단'(Knights of Labor)과 '사회주의노동당'이라는 두 노동조직이 전국에 걸쳐 널리 세력을 키워나갔다. 앞에서 요약한 근대 유럽의 관점과 조화를 이루는 정강을 마련한 조직은 이 둘 중에서 후자뿐이다.

이와 같이 어느 정도 뚜렷한 형태를 갖춘 미국 노동운동의 세 갈래 가운데 첫 번째로 말한 뉴욕의 헨리 조지의 운동이 지금으로서는 특히 지역적으로 중요하다. 미국에서 뉴욕이 단연 가장 중요한 도시라는 데에는 의문의 여지가 없다. 그러나 뉴욕은 파리가 아니고, 미국은 프랑스가 아니다. 그리고 내가 보기에 헨리 조지의 현재 정강은 지역적 운동 외에 다른 운동의 토대를 이루기에는 너무 협소하며, 그렇지 않더라도 기껏해야 전반적인 운동에서 단명하는 단계에 지나지 않는다. 헨리 조지가 보기에는 인민 대중에게서 토지를 수탈한 것이 인민들이 부자들과 빈자들로 쪼개진 상황의 중요하고도 보편적인 원인이다. 이것은 오늘날 역사적으로 그다지 정확하지 않은 주장이다. 고대 아시아와 그리스 로마 세계에서 계급 억압의 주된 형태는 노예제였다. 다시 말해 대중에게서 토지를 수탈하기보다 그들의 인신을 전유하는 억압이었다. 로마공화정의 쇠락기에 이탈리아의 자유로운 농민들은 자기네 농지를 몰수당하자, 1861년 이전에 미국 남부 노예주들에 있었던 백인 집단과 비슷한, '빈곤한 백인들'로 이루어진 계급을 형성했다. 노예들과 빈곤한 백인들 사이에서, 스스로를 해방하기에는 똑같이 부적합한 두 계급 사이에서, 옛 세계는 산산이 조각났다. 중세에 봉건적 억압의 원천이 된 것은 인민들에게서 토지를 수탈하는 방법이 아니라 반대로 그들을 토지에 귀속시키는 방법이었다. 농민은 자기 토지를 보유했으나 농노로서 그 토지에 부속되었고, 지주에게 노동과 생산물로 지대를 바칠 의무가 있었다. 노동력 말고는 아무것도 없고 타인에게 노동력을 팔아야만 생존할 수 있는 근대 임금노동계급의 토대가 놓인 때는 농민층에게서 토지를 대규모로 수탈한 근대의 여명기, 즉 15세기 말엽에 이르러서였다. 그러나 토지 수탈을 통해 이 계급이 출현했다 해도, 이 계급이 영속하고 팽창하고 고유한 이해관계와 고유한 역사적 사명을 지닌 고유한 계급을 형성할 수 있었던 것은 자본주의적 생산의 발달, 근대의 대규모 산업과 농업의 발달 덕분이었다. 마르크스는 이 모든 것을 충분히 상세하게 설명했다(《자본》, 제8편, "이른바 본원적 축적"). 마르크스에 따르면 오늘날 계급 적대와 노동계급의 사회적 퇴락의 원인은 노동계급이 모든 생산수단을 수탈당한다는 사실이며, 여기에는 당연히 토지도 포함된다.

헨리 조지가 토지 독점이 빈곤과 비탄의 유일한 원인이라 단언한다면, 자연히 사회 전반의 토지 회수를 해결책으로 제시하게 된다. 오늘날 마르크스파 사회주의자들 역시 사회의 토지 회수를 요구하지만, 토지뿐 아니라 다른 모든 생산수단의 회수까지 요구한다. 그러나 이것을 논외로 치더라도 차이점은 또 있다. 토지를 가지고 무엇을 할 것인가? 마르크스로 대표되는 현대 사회주의자들은 공동의 유익을 위해 토지를 공동으로 보유하고 이용할 것을 요구하며, 광산과 철도, 공장 등 다른 모든 사회적 생산수단과 관련해서도 동일한 요구를 한다. 헨리 조지는 현행대로 개인들에게 토지를 임대하면서 그저 토지의 분배를 규제하고, 지금처럼 사적인 목적을 위해 지대를 사용하는 대신 공적인 목적을 위해 사용하자는 것으로 자신의 요구를 국한할 것이다. 사회주의자들이 요구하는 것은 사회적 생산체계 전체의 총체적인 혁명을 함축한다. 헨리 조지가 요구하는 것은 현재의 사회적 생산양식을 그대로 두자는 것으로, 사실 리카도 학파 부르주아 경제학자들 가운데 국가의 지대 몰수를 요구한 극단적인 분파가 선수를 쳤던 주장이다.

물론 헨리 조지의 가장 최근 발언을 마지막 발언이라 가정하는 것은 부당한 일일 것이다. 그러나 나로서는 그의 이론을 지금 내가 보는 대로 받아들일 수밖에 없다.

미국 노동운동의 두 번째 대규모 분파는 노동기사단이다. 이 분파는 현재 미국 노동운동 가운데 의심할 바 없이 단연 가장 강력한 분파인 만큼 가장 전형적인 분파인 듯하다. 이 단체는 노동계급 내부에서 개인마다 지역마다 각양각색인 의견들을 대표하는 수많은 '회합들'을 통해 광대한 국토 전역으로 퍼져나갔다. 그 회합들은 각양각색인 구성에 걸맞은 불분명한 정강 아래로 전부 대피했고, 그들의 실천 불가능한 규약보다는 본능적인 감각, 즉 그들이 공통의 열망을 위해 협력함으로써 미국에서 막강한 권력이 될 수 있다는 사실에 훨씬 더 이끌려 한데 뭉쳤다. 가장 근대적인 추세에 가장 중세적인 허례허식을 덧입히고, 가장 민주적이고 저항적이기까지 한 정신을 가장 뚜렷하지만 실제로는 무력한 압제 뒤에 숨기는 진정 미국다운 역설—이것이 어느 유럽인 관찰자의 눈에 비친 노동기사단의 모습이다. 그러나 겉으로 드러나는 변덕에만 시선을 고정하지 않는다면, 이 거대한 집단에서 느리지만 확실하게 현실 세력으로 진화하고 있는 어마어마한 잠재적 기운을 우리는 틀림없이 보게 된다. 노동기사단은 미국 노동계급이 단일한 전체로서 만들어낸 최초의 전국적 조직이다. 노동기사단의 기원과 역사가 어떻든 간에, 어떤 결점과 사소한 부조리가 있든 간에, 정강과 규약이 어떻든 간에, 오늘날 이 조직은 사실상 미국 임금노동계급 전체의 산물이자, 그들을 한데 묶어주고, 그들의 힘을 적들이 느끼는 것 못지않게 그들 스스로 느끼게 해주고, 미래에 승리하리라는 자랑스러운 희망을 그들에게 불어넣어 주는 유일한 전국적 유대다. 노동기사단이 발전할 것 같다는 말은 정확한 판단이 아닐 것이다. 노동기사단은 발전과 혁명이라는 끊임없는 과정을 한창 밟아나가고 있는, 부풀어 오르고 발효하면서 내재적 성질에 적합한 모양과 형태를 찾아가고 있는 가소성 물질 덩어리다. 자연적 진화처럼 역사적 진화에도 고유한 내재적 법칙들이 있는 것만큼이나 확실하게, 그 덩어리는 형태를 갖출 것이다. 그렇게 되었을 때 노동기사단이 지금 명칭을 유지하든 말든 아무 차이가 없겠지만, 한 외부인에게는 미국 노동계급 운동의 미래, 그리고 이와 더불어 미국 사회 전반의 미래를 결정할 원료가 이 조직에 담겨 있다는 것이 분명해 보인다.

세 번째 분파는 사회주의노동당이다. 이 분파는 이름뿐인 정당인데, 오늘날까지 미국 어디서도 현실 정당으로서 자리잡지 못했기 때문이다. 더구나 이 분파는 어느 정도는 미국에 이질적인 조직이다. 최근까지도 거의 독일인 이민자들로만 이루어진 데다가 자기네 언어를 구사하는 이들 대부분이 미국 공용어를 거의 모르기 때문이다. 그러나 이 분파는 외국 출신이긴 하지만 유럽에서 오랜 세월 계급투쟁을 하며 얻은 경험과 노동계급 해방의 일반적인 조건에 관한 통찰로 무장한 채 미국에 왔으며, 이런 경험과 통찰은 이제까지 미국 노동자들이 얻은 것보다 훨씬 뛰어난 것이다. 이것은 유럽 출신 동료들이 40년간 투쟁해서 수확한 지적 도덕적 결실을 전용하고 활용하여 그들 자신이 승리할 시간을 앞당길 수 있게 된 미국 프롤레타리아들에게 다행스러운 상황이다. 앞에서 말했듯이, 미국 노동계급의 궁극적인 정강이 오늘날 유럽의 호전적인 노동계급 전체가 채택하고 있는 정강, 독일계 미국인들의 사회주의노동당의 정강과 동일해야 하고 장차 동일해지리라는 것은 의심할 나위가 없기 때문이다. 이 정당은 아직까지는 노동운동에서 아주 중요한 역할을 맡아달라는 요청을 받고 있다. 그러나 그 역할을 해내려면 이질적인 외양을 남김없이 벗어던져야 할 것이다. 그들은 철저한 미국인이 되어야 할 것이다. 그들은 미국인들이 다가오기를 기대할 수 없다. 소수이자 이민자인 그들이 절대다수이자 토착민인 미국인들에게 다가가야 한다. 그러기 위해 그들은 무엇보다 영어를 배워야 한다.

움직이는 거대한 덩어리를 이루는 이 다양한 요소들을 융합하는 과정은 얼마간 시간이 걸리는 과정일 것이고, 오늘날에도 여러 지점에서 나타나는 알력을 상당히 겪지 않고는 완수할 수 없는 과정일 것이다. 예를 들어 노동기사단은 동부 도시들 곳곳에서 조직된 노동조합들과 국지전을 치르고 있다. 그러나 이와 똑같은 알력은 평화와 화합밖에 없는 노동기사단 내부에도 존재한다. 이런 알력은 자본가들이 환호할 만한 붕괴의 징후가 아니다. 처음으로 같은 방향을 향해 움직이기 시작한 수많은 노동자 무리들이 아직까지 공통 이해관계를 나타낼 만한 알맞은 표현, 투쟁에 가장 적합한 조직 형태, 승리를 거두는 데 필요한 규율을 찾지 못했다는 표지일 뿐이다. 아직까지 노동자들은 대규모 혁명전쟁을 치르기 위해 처음으로 총동원 명령을 받은 병사들로서, 지역에서 각자 들고일어나 무장을 갖추고서 단일한 공동 군대를 이루기 위해 집결하고 있으나 아직 정식 편제와 공동 작전계획을 수립하지 못한 상태다. 그렇게 집결 중인 종대들이 여기저기서 서로 마주치는 가운데 혼란과 험악한 논쟁이 일어나고, 충돌하겠다며 위협하는 일까지 발생하고 있다. 그러나 궁극적인 목표를 공유하는 이들은 결국 모든 사소한 분쟁을 극복하는 법이다. 대대들이 지금은 대오를 흩뜨리고 옥신각신하고 있으나 머지않아 길게 늘어서는 전투 대형을 이룰 것이고, 적군의 눈에는 반짝이는 무기를 들고서 불길하리만치 침묵을 지키는 질서정연한 최전선 병사들과, 이들을 지원하는 전위의 대담한 산병들과 후위의 흔들림 없는 병력이 보일 것이다.

이 결과를 가져오려면 독자적인 다양한 집단들을 하나의 노동자 군대로 단일화해야 하는데, 잠정적인 정강은 제아무리 불충분해도 진정한 노동계급 정강이기만 하면 문제가 없다. 이것이 미국에서 도달해야 할 위대한 다음 단계다. 유럽의 사회주의자들이 노동계급의 소수집단에 지나지 않던 시절에 실천했던 방식을 그대로 실천한다면, 미국의 사회주의노동당은 이 단계를 실현하고 노동계급의 정강을 가치 있는 대의로 만드는 과정에 크게 기여할 수 있을 것이다. 이 행동 노선은 1847년 '공산당 선언'에서 다음과 같은 말로 처음 명시되었다.

"공산주의자들 — 당시 우리가 택했으며 지금도 결코 부인하지 않는 호칭이다 — 은 다른 노동자 당들과 대립하는 특수한 당이 결코 아니다.

그들은 프롤레타리아 계급 전체의 이해관계와 분리된 이해관계를 결코 가지고 있지 않다.

그들은 결코 프롤레타리아 운동을 짜맞추려는 특수한 원리를 세우지 않는다.

공산주의자들이 그 밖의 프롤레타리아 당들과 구별되는 것은 한편으로 프롤레타리아가 한 나라에서 다양하게 벌이는 투쟁에서도 전체 프롤레타리아 계급의 국적에 상관없이 공동의 이해관계를 내세우고 주장한다는 것, 다른 한편으로 프롤레타리아 계급과 부르주아 계급 사이의 투쟁이 거쳐가는 다양한 전개 단계들에서 항상 전체 운동의 이해관계를 대변한다는 것뿐이다.

따라서 공산주의자들은 실천적으로는 모든 나라의 노동자 당들 가운데 가장 단호하며, 언제나 더 멀리 밀고나가는 일부이며, 이론적으로는 그 밖의 프롤레타리아 계급 대중에 비해 프롤레타리아 운동의 조건, 진행, 일반적 결과 등에 대한 통찰에서 앞선다.

공산주의자들이 당면한 목적은 그 밖의 모든 프롤레타리아 당들의 것과 똑같다. 프롤레타리아 계급의 형성, 부르주아 지배 계급의 전복, 프롤레타리아 계급에 의한 정치권력의 획득이 그것이다."

이것이 근대 사회주의의 창시자인 칼 마르크스와 더불어 내가, 그리고 우리와 동행한 만국의 사회주의자들이 40년 넘게 추구해온 행동 노선이다. 이 노선은 어디서나 승리를 거두어왔고, 지금 이 순간에도 유럽의 사회주의자들 대다수는 이 노선에 따라 독일과 프랑스, 벨기에, 네덜란드, 스위스, 덴마크, 스웨덴은 물론 에스파냐와 포르투갈에서도 단일한 깃발 아래서 단일한 공동 군대로 싸우고 있다.

프레더릭 엥겔스

1887년 1월 26일, 런던

| 1892년 영국판 서문 |

이 나라에서 영역본으로 재출간되는 이 책은 1845년에 독일에서 처음 출간되었다. 당시 저자가 24세로 젊었던 만큼 이 저작물은 나의 젊음과 더불어 청년기의 장점들과 단점들을 고스란히 담고 있으며, 나는 이런 점들을 부끄럽게 여기지 않는다. 이 책은 1885년 미국인 F. 켈리 비슈네베츠키F. Kelly-Wischnewetzky 부인에 의해 영어로 번역되어 이듬해 뉴욕에서 출간되었다. 미국판은 품절된 것이나 마찬가지이고 대서양 이편에서 널리 유통된 적이 없으므로, 저작권 보호를 받는 이 영국판을 모든 이해당사자의 완전한 동의를 얻어 출간하는 것이다.

나는 미국판을 위해 새로운 서문과 부록을 썼다. 새로운 서문은 이 책 자체와는 별다른 관련이 없었다. 그 서문에서 나는 당시 미국의 노동운동을 논했으므로 영국과는 관련이 없다고 여겨 이 판본에는 싣지 않았다. 미국판 부록—초판 서문—은 영국판의 머리말 격인 이 글에서 두루 활용했다.

오늘날 이 책에 기술된 상황은 여러 측면에서 보아 영국에 관한 한 과거에 속한다. 우리 시대의 인정받는 논저들에서 명확하게 언명되진 않았지만, 자본주의적 생산의 규모가 커지면 커질수록 이 생산의 초기 단계들을 특징짓는 사취와 절취 같은 좀스러운 수작이 설 자리가 줄어든다는 것은 여전히 근대 정치경제학의 법칙이다. 유럽의 상업 가운데 가장 낮은 단계를 대표하는 폴란드 유대인의 졸렬한 장사 수법, 그의 고국에서는 아주 잘 통하고 누구나 써먹는 그 수법은 그가 함부르크나 베를린에 도착하는 순간, 시대에 뒤떨어지고 상황에 어울리지 않는 것이 된다. 베를린이나 함부르크 출신인 유대교도 또는 기독교도 중개상인 역시 몇 달 동안 맨체스터 거래소를 자주 드나든 뒤에는, 면사나 면포를 싸게 구입하려면 조금 더 교묘하지만 비열하기는 마찬가지인 농간질과 속임수, 고국에서는 영리함의 극치로 간주되는 그 농간질과 속임수를 그만두는 편이 낫다는 것을 알게 된다. 시간이 곧 돈인 곳에서, 시간을 절약하고 수고를 덜기 위한 방편으로 특정한 상도덕 규범이 불가피하게 나타나는 커다란 시장에서 그런 수법들은 더는 이익이 되지 않는다. 이 말은 제조업자와 그의 '일손들'의 관계에도 똑같이 적용된다.

1847년 공황 이후 무역의 재개는 새로운 산업시대의 여명을 알리는 사건이었다. 곡물법 폐지와 뒤이은 금융 개혁을 통해 영국의 산업과 상업은 요구해오던 대로 자유롭게 활동할 공간을 충분히 확보했다. 캘리포니아와 오스트레일리아에서는 금광 지대들이 잇따라 발견되었다. 식민지들에서는 시장이 발달하면서 영국산 제조품을 흡수하는 능력을 점점 빠르게 키워나갔다. 인도에서는 수직공 수백만 명이 결국 랭커셔의 역직기에 밀려났다. 중국은 점점 개방되고 있었다. 무엇보다 미국—상업적 관점에서 보면 당시에는 식민 시장에 지나지 않았지만, 식민 시장 중에서는 단연코 규모가 가장 컸던—은 급속히 진보하고 있었음에도 스스로 화들짝 놀랄 정도의 경제 성장을 경험했다. 그리고 마침내 이전 시대의 막바지에 새로운 교통수단들—철도와 대양 증기선—이 도입되어 오늘날 국제적 규모로 확장되었다. 이 수단들 덕분에 이전까지 잠재적으로만 존재해오던 세계시장이 엄연한 현실이 되었다. 초기에 이 세계시장은 유일한 제조업 중심지인 영국 주위에 모여든, 주로 농업을 하거나 오로지 농업만 하는 여러 나라들로 이루어졌다. 영국은 이들 농업국의 잉여 원자재를 대부분 소비했고, 그 대신 이 나라들이 필요로 하는 제조품을 대부분 공급했다. 영국의 산업은 엄청나고 비길 데 없이 진보해왔으므로 1844년의 상황이 오늘날 우리에게 비교적 발달 수준이 낮고 대수롭지 않아 보인다

해도 놀랄 일은 아니다. 이처럼 제조업이 성장하는 데 비례하여 제조업의 도덕 수준도 그만큼 눈에 띄게 높아졌다. 좀스럽게 노동자들의 몫을 갈취하는 방식으로 이루어지던 제조업자 대 제조업자의 경쟁은 더는 이익이 되지 않았다. 무역이 훌쩍 성장한 터라 그런 저속한 방식은 돈벌이가 되지 않았다. 그런 방식은 백만장자 제조업자에게는 실행할 가치가 없는 일이었으며, 어디서든 한 푼이라도 주울 수 있는 것을 고맙게 여기는 소상인들이 그런 방식으로 겨우 경쟁을 이어갔을 뿐이다. 이런 이유로 현물급여제가 억제되고, 10시간 노동 법안이 제정되고, 다른 부차적인 개혁안들이 도입되었다—자유무역과 무제한 경쟁의 정신에는 상당히 반하는 결과였지만, 불리한 동료와 경쟁하는 거물 자본가에게는 그만큼 유리한 결과였다. 더욱이 고용주와 피고용인들이 충돌할 때 문제의 규모가 크면 클수록, 그리하여 관련된 노동자의 수가 많으면 많을수록, 손실과 불편도 그만큼 커졌다. 그 결과 불필요한 마찰을 피하고, 노동조합의 존재와 힘을 묵인하고, 심지어 파업에서—적절한 시기에—고용주들 자신의 목표에 이바지할 강력한 수단을 발견하라고 가르치는 새로운 정신이 그들, 특히 대고용주들에게 영향을 미쳤다. 예전에는 노동계급에 맞서는 전쟁의 지도부였던, 가장 규모가 큰 제조업자들이 이제는 맨 앞에서 평화와 화합을 설교했다. 여기에는 아주 합당한 이유가 있었다. 정의와 박애를 용인하는 이 모든 행보는 실은 소수의 손으로 자본이 집중되는 과정을 가속하는 방편에 지나지 않았다. 이제 그 소수에게는 예전에 푼돈을 추가로 갈취했던 일이 하등 중요하지 않고 오히려 성가신 일이 되었다. 또한 그들의 행보는 이런 부수입이 없으면 수지를 맞출 수 없는 소규모 경쟁자들을 더욱 빠르고 더욱 안전하게 짓누르는 방편이기도 했다. 이처럼 자본주의 체제에 토대를 둔 생산의 발전은 그 자체로 이전 단계들 동안 노동자의 운명을 한층 기박하게 만든 온갖 사소한 고충들을 일소하기에 충분한 것이었다—이 말은 산업의 주요 부문들에 국한되는데, 덜 중요한 부문들에서는 현실과 거리가 먼 말이기 때문이다. 이와 같이 노동계급의 가련한 처지의 원인을 사소한 고충들이 아니라 자본주의 체제 자체에서 찾아야 한다는 중대한 사실이 갈수록 분명해지고 있다. 임금노동자는 자신의 노동력을 매일 일정한 금액에 자본가에게 판다. 노동자는 몇 시간 동안 노동함으로써 그 금액의 가치를 재생산한다. 그러나 노동자가 맺은 계약의 요지는 몇 시간 더 노동해서 그의 노동일을 다 채워야 한다는 것이다. 이 추가 시간 동안 노동자가 잉여노동을 해서 생산하는 가치는 자본가가 비용을 전혀 지불하지 않는데도 노동자의 주머니로 들어가지 않는 잉여가치다. 이것이 문명사회를 소수의 로스차일드 가문과 밴더빌트 가문, 즉 모든 생산수단과 호구지책의 소유자들과 수많은 임금노동자들, 즉 노동력 말고는 아무것도 없는 이들로 점점 양분하는 체제의 토대다. 이 결과가 이런저런 부차적인 고충이 아니라 자본주의 체제 자체에 기인한다는 것—이 사실이 1847년 이래 영국에서 자본주의의 발전을 통해 뚜렷하게 드러났다.

또한 콜레라와 티푸스, 천연두를 비롯한 전염병들이 거듭 발병하자 영국 부르주아는 그 자신과 가족이 질병의 희생양이 되지 않으려면 소도시와 도시에 위생시설이 긴급히 필요하다는 것을 깨달았다. 그에 따라 이 책에서 묘사한 가장 지독한 폐단들이 사라지거나 눈에 덜 띄게 되었다. 배수로가 도입되거나 개량되었고, 대로들이 확장되어 내가 묘사한 가장 열악한 '빈민굴들' 가운데 다수를 가로질렀다. '리틀 아일랜드'는 사라졌고, '세븐 다이얼스'Seven Dials[7개 도로가 만나는 런던의 교차점. '해시계 7개'라는 이름과 달리 이곳 중앙에 자리잡은 기둥에는 해시계가 6개만 달려 있는데, 원래 도로를 6개 건설하려다가 7개를 건설하기로 계획을 바꾸었기 때문이다]도 철거 목록에 올라 있다. 그러나 다른 한편으로는 어떻게 되었는가? 1844년에 내가 거의 목가적으로 묘사할 수 있었던 지역들 전역은 소도시들이 성장하는 바람에 오늘날에는 도시 지역과 똑같이 황폐하고 불편하고 비참한 상태로 전락했다. 더 이상 용인되지 않는 것은 돼지와 쓰레기 더미뿐이다. 부르주아지는 노동계급의 곤경을 감추는 솜씨를 한층 갈고닦았다. 그러나 노동계급의 거처와 관련해 실질적인 개선이 이루어지지 않았다는 것은 '빈민들의 주거에 관한' 왕립위원회의 1885년 보고서로 충분히 입증된다. 다른 측면들도 이와 마찬가지다. 경찰의 규제가 대폭 늘었으나 그런 규제는 노동자들의 곤경을 포위할 수 있을 뿐 없애지는 못한다.

그러나 영국이 내가 묘사한 자본주의적 착취의 청소년 상태를 벗어나는 동안 다른 나라들은 이 상태에 이제 겨우 도달했다. 프랑스와 독일, 특히 미국은 현재 시점에—내가 1844년에 예견했듯이—영국의 산업 독점을 점차 깨뜨리고 있는 막강한 경쟁국들이다. 이들 나라의 제조업자들은 영국 제조업자들에 비해 젊지만 후자보다 훨씬 빠른 속도로 성장하고 있으며, 호기심도 왕성하여 오늘날 영국 제조업이 1844년에 도달한 발전 단계와 거의 같은 단계에 도달했다. 미국의 경우 영국과의 유사점이 단연 가장 두드러진다. 미국 노동계급의 외적 환경이 크게 다른 것은 사실이지만, 영국에서 작용하는 것과 동일한 경제법칙들이 여기서도 작용하고 있으며, 그 결과 역시 모든 면에서 똑같지는 않더라도 틀림없이 흡사할 것이다. 이런 이유로 우리는 영국에서처럼 미국에서도 더 짧은 노동일을 위한 투쟁, 노동시간, 특히 공장에서 일하는 여성과 어린이의 노동시간을 법적으로 제한하기 위한 투쟁을 보게 된다. 우리는 현물급여제가 만개하고 시골 지역에서 '두목들'이 노동자들을 지배하는 방편으로 오두막제도를 이용하는 모습을 보게 된다. 1886년 코넬스빌Connellsville 지역에서 펜실베이니아 탄부 1만 2000명이 일으킨 대규모 파업에 관해 서술한 미국 신문들을 받아보았을 때, 나는 1844년에 잉글랜드 북부에서 탄부들이 일으킨 파업에 관해 썼던 나 자신의 기술을 읽는 듯한 기분이 들었다. 그럴듯한 조치로 노동자들을 속이는 것도 똑같았고, 현물급여제도 똑같았고, 탄부들의 저항을 자본가들의 압도적인 최후의 수단—노동자들을 그들의 거처, 즉 기업이 소유한 오두막에서 내쫓는 것—으로 깨부수려는 시도도 똑같았다.

나는 이 번역본에서 책을 최신판으로 개정하거나, 1844년 이래 일어난 온갖 변화를 상세히 언급하려고 시도하지 않았다. 여기에는 두 가지 이유가 있다. 첫째, 이 일을 제대로 해낸다면 책의 분량이 틀림없이 곱절로 불어날 것이다. 둘째, 영역본이 출간되어 있는 칼 마르크스의 《자본》 제1권에는 영국 산업의 번영이 절정에 달한 시기였던 1865년경 영국 노동계급의 상황에 관한 기술이 아주 충분히 담겨 있다. 그러므로 책을 증보하려 했다면 나는 마르크스가 유명한 저작에서 이미 다루었던 내용을 다시 조사해야 했을 것이다.

이 책의 전반적인 이론적 관점—철학적 경제적 정치적 관점—이 오늘날 나의 관점과 정확히 같지 않다는 것은 새삼스레 말할 필요가 없을 것이다. 무엇보다 거의 전적으로 마르크스의 노력에 힘입어 하나의 과학으로 완전히 성장한 현대의 국제적 사회주의는 1844년만 해도 존재하지 않았다. 내 책은 현대 사회주의의 배아기적 발달 단계들 가운데 하나를 나타내며, 인간의 배아가 발생 초기에 인간의 조상인 어류의 아가미활을 여전히 만들어내듯이, 이 책도 현대 사회주의가 선조들 가운데 하나인 독일 철학으로부터 물려받은 유전의 영향을 도처에서 드러낸다. 그리고 이런 이유로 공산주의는 노동계급의 당원칙에 불과한 것이 아니라, 자본가계급을 포함하는 사회 일반을 현재의 옹색한 상황에서 해방시키려는 이론이라는 언명을 대단히 강조하고 있다. 이 언명은 추상적으로는 충분히 옳지만, 실천적으로는 무익하고 때로는 해롭기까지 하다. 부유한 계급들이 어떤 해방도 부족하지 않다고 느낄 뿐 아니라 노동계급의 자기해방까지 완강하게 저지하는 한, 노동계급 홀로 사회혁명을 준비하고 끝까지 싸워야 할 것이다. 1789년의 프랑스 부르주아지 역시 부르주아지의 해방이 전 인류의 해방이 되리라고 선언했다. 물론 귀족들과 성직자들은 그 해방을 보지 못할 터였다. 이 언명—당분간 봉건제와 관련하여 추상적인 역사적 진실이긴 했지만—은 오래지 않아 감상주의로 변질되었고, 혁명적 투쟁의 불꽃 속에서 아예 자취를 감추었다. 오늘날에도 우월하고 '불편부당'한 관점에 서서 노동자들에게 그들 계급의 이해관계와 계급투쟁을 넘어 저 높은 곳을 향해 비상하는 사회주의, 갈등 중인 두 계급의 이해관계를 인류라는 더 높은 차원에서 조정하는 데 이바지하는 사회주의를 설교하는 자들이 있다. 이들은 아직 한참 더 배워야 할 신참이거나 노동자들의 최악의 적, 양의 탈을 쓴 늑대다.

이 책에서 나는 대규모 산업공황의 주기가 5년이라고 말했다. 5년은 1825년부터 1842년까지 일어난 사건들의 추이가 분명하게 가리키는 기간이었다. 그러나 1842년부터 1868년까지 산업의 역사는 실제 주기가 10년이며 그 사이에 발생하는 격변은 부차적이고 차츰 소멸하는 경향이 있다는 것을 보여주었다. 1868년 이래로 이런 상황은 다시 변했고, 머지않아 또다시 변할 것이다.

나는 이 책에 실린 많은 예언들, 그중에서도 내가 젊은 혈기에 과감하게 말한, 영국에서 사회혁명이 임박했다는 예언을 삭제하지 않으려고 신경을 썼다. 놀라운 점은 나의 예언들 가운데 상당수가 틀리다고 판명되었다는 것이 아니라 아주 많은 수가 옳다고 판명되었다는 것, 영국의 무역이 유럽 대륙과 특히 미국과의 경쟁 때문에 위태로워지리라는 나의 예견—생각보다 시간이 훨씬 적게 걸리긴 했지만—이 오늘날 현실이 되었다는 것이다. 이와 관련해 나는 런던 신문 〈커먼윌Commonweal〉 1885년 3월 1일자에 "1845년과 1885년의 영국"(England in 1845 and in 1885)이라는 제목으로 기고한 나의 글을 여기에 수록함으로써 이 책의 내용을 보완할 수 있고 또 그렇게 해야 한다. 40년에 걸친 영국 노동계급의 역사를 약술한 것이기도 한 이 글은 다음과 같다.

"40년 전에 영국은 어느 모로 보나 무력으로만 해결할 수 있을 듯한 공황에 봉착해 있었다. 외국시장이 확대되고 수요가 늘어나는 것 이상으로 제조업이 급속도로 어마어마하게 발달했다. 산업의 행진은 10년마다 전반적인 상업 폭락 때문에 요란스럽게 중단되었고, 그러고 나면 오랫동안 만성적인 불황기가 이어지다가 수년간 짧은 호황기가 찾아왔으며, 그 귀결은 언제나 열병과도 같은 과잉생산과 그로 인해 다시 시작되는 폭락이었다. 자본가계급은 곡물의 자유무역을 떠들썩하게 요구했고, 존 브라이트[리처드 코브던과 함께 반곡물법동맹의 결성을 주도한 영국 정치인]의 말마따나 도시 지역의 굶주리는 주민들을 빵을 구걸하는 피구제민들이 아니라 적진에 침입하고 거기서 숙영하는 군대로서 고향인 시골 지역으로 돌려보내겠다고 위협하며 곡물법 폐지를 강요했다. 도시 지역의 노동자 대중은 그들 몫의 정치권력, 즉 인민헌장을 요구했다. 그들은 무역업에 종사하는 소규모 계급 대다수의 지지를 받았으며, 두 계급의 차이점이라곤 헌장을 폭력파가 관철해야 하느냐 도덕파가 관철해야 하느냐 뿐이었다. 그러다가 1847년 상업 폭락과 아일랜드 기근이 발생했고, 두 사건과 더불어 혁명의 전망이 열렸다.

프랑스의 1848년 혁명은 영국 중간계급을 구했다. 승리를 거둔 프랑스 노동자들의 사회주의적 선언이 들려오자 영국의 중간계급 소수파는 겁에 질렸고, 규모는 더 작지만 감정에 덜 좌우되던 영국 노동계급의 운동마저 와해되었다. 차티스트 운동은 전력을 다해 주장을 펼쳐야 할 바로 그 순간에, 1848년 4월 10일에 외부의 탄압〔경찰과 군대를 말함〕을 받아 무너지기도 전에 내부에서부터 무너지고 말았다. 노동계급의 행동은 뒷전으로 밀려났다. 자본가계급은 도처에서 승리를 거두었다.

1831년 선거법 개정 법안은 토지귀족층에 맞서 자본가계급 전체가 거둔 승리였다. 곡물법 폐지는 제조업 자본가들이 토지귀족층에게 거둔 승리일 뿐 아니라, 이해관계가 어느 정도 토지에 얽혀 있던 자본가 집단들—은행가들, 주식중매인들, 공채투자자들 등—에게 거둔 승리이기도 했다. 자유무역은 영국의 국내와 국외 정책, 상업과 금융 정책 전체를 제조업 자본가들—이제는 전 국민을 대표하는 계급—의 이해관계에 부합하게 재조정한다는 의미였다. 그들은 이 과업에 의욕적으로 착수했다. 산업생산을 방해하는 모든 장애물은 가차없이 제거되었다. 관세와 과세제도 전체가 송두리째 바뀌었다. 모든 것이 한 가지 목표, 제조업 자본가들에게 극히 중요한 목표에 종속되었다. 그 목표란 모든 원자재의 가격, 특히 노동계급의 생계비를 내리는 것, 원료의 가격을 낮추고 임금을 낮은 수준으로 유지하는—아직 임금을 더 내리지는 못하더라도—것이었다. 영국은 장차 '세계의 공장'이 될 터였다. 다른 모든 나라는 영국을 위해 아일랜드가 이미 맡고 있던 역할—제조품을 소비하고 원료와 식량을 공급하는 시장 역할—을 맡을 터였다. 농업세계 가운데 거대한 제조업 중심지로서 영국은, 아일랜드처럼 곡물과 목화를 재배하며 영국 주위를 공전하는, 그 수가 점점 늘어나는 나라들에게 산업계의 태양이 될 터였다. 얼마나 찬란한 전망인가!

영국의 제조업 자본가들은 유럽 대륙의 편협한 동료들과 그들을 줄곧 구분해 온 태도, 즉 강력한 공동의식과 전통적 원칙을 경멸하는 태도를 고수하면서 이 원대한 목표를 현실화하는 일에 착수했다. 차티스트 운동은 사그라지고 있었다. 1847년의 격변이 잦아든 이후 자연히 다시 찾아온 상업 호황은 오로지 자유무역 덕분이라고 간주되었다. 이 두 가지 상황으로 말미암아 영국 노동계급은 정치적으로 '위대한 자유당', 즉 제조업자들이 이끄는 정당의 꼬리로 변모하고 말았다. 자유당은 일단 획득한 이 이점을 영원히 유지하고자 했다. 또한 제조업 자본가들은 차티스트 운동이 자유무역 자체가 아니라 자유무역을 전 국민의 단일하고 불가결한 문제로 바꾸려는 시도에 반대하는 모습을 지켜보면서, 노동계급의 도움 없이는 중간계급이 전 국민에 대한 완전한 사회적 정치적 권력을 획득할 수 없다는 것을 이미 배웠고 또 나날이 배워가고 있었다. 그 결과 두 계급의 관계는 점차 변해갔다. 한때 모든 제조업자의 골칫거리였던 공장법이 환영을 받으며 발의되었을 뿐 아니라, 공장법의 규제를 거의 모든 직종에 확대하는 것까지 용인되었다. 그전까지 악마의 발명품으로 여겨지던 노동조합이 이제는 완벽하게 합법적인 단체로서, 그리고 노동자들 사이에 건전한 경제적 원칙을 전파하는 유용한 수단으로서 총애와 후원을 받았다. 1848년까지만 해도 파업은 다른 무엇보다 극악한 행위였으나 이제는 이따금 아주 유용하다는 것이 밝혀졌으며, 특히 유리한 시기에 고용주들이 파업을 유도할 경우 그러하였다. 고용주와의 관계에서 노동자의 지위를 낮추거나 노동자에게 불리하게 작용하는 법규들 중 적어도 가장 역겨운 것들은 폐지되었다. 제조업자들이 거의 진저리를 치며 마지막까지 반대했던 '인민헌장'은 실제로 제조업자들 본인의 정치적 강령이 되었다. '재산자격 폐지'와 '무기명 투표'는 오늘날 이 땅의 국법이다. 1867년과 1884년의 선거법 개정 덕에 영국은 적어도 오늘날 독일의 수준만큼 '보통선거권'에 가까이 다가가고 있다. 오늘날 의회에 상정되어 있는 의석 재배정 법안(Redistribution Bill)〔제정된 법명은 '1885년 의석 재배정법'(Redistribution of Seats Act 1885)이다〕은 '평등한 선거구'—전체적으로 보아 독일의 경우보다 불평등하지 않은—를 만들어내고 있다. '의원에게 세비를 지급'하고 실제로 '의회를 매년 구성'하지는 못할지라도 의원 임기를 단축할 가능성은 멀리서나마 어렴풋이 보이고 있다—그럼에도 차티스트 운동은 죽었다고 말하는 사람들이 있다.

1848년 혁명은 그 이전의 많은 혁명들 못지않게 예상 밖의 결과와 후속 혁명들을 낳았다. 칼 마르크스가 말하곤 했듯이, 1848년 혁명을 진압한 바로 그 사람들이 이 혁명의 유언 집행자가 되었다. 루이 나폴레옹Louis Napoleon은 이탈리아의 독립과 통일을 창출해야 했고, 비스마르크Bismarck는 독일을 혁명적으로 바꾸고 헝가리의 독립을 복구해야 했으며, 영국 제조업자들은 인민헌장을 법제화해야 했다.

영국에서 제조업 자본가들의 지배는 놀라운 결과를 가져왔다. 근대 산업의 요람인 이 나라에서조차 전례가 없을 정도로 무역이 활기를 되찾고 팽창했다. 과거 증기력과 기계류의 경이로운 산물들도 1850년부터 1870년까지 20년 동안의 어마어마한 생산량에 비하면, 수출품과 수입품, 자본가들의 수중에 축적된 부, 대도시들에 집중된 인간 노동력에 관한 압도적인 수치들에 비하면 아무것도 아니었다. 예전과 마찬가지로 진보는 10년 주기로 1857년과 1866년에 찾아온 공황 때문에 중단되었다. 그러나 이제 이 격변들은 자연스럽고 필연적인 사건으로, 숙명적으로 찾아들고 결국에는 언제나 저절로 바로잡힐 사건으로 여겨졌다.

이 기간에 노동계급의 상황은 어떠했는가? 노동자 대다수의 처지는 잠시 나아졌다. 그러나 그들은 이렇게 형편이 나아졌다가도 실업자 예비군이 대규모로 유입되고, 일손이 새로운 기계로 끊임없이 대체되고, 이제 농촌에서도 기계에 점점 밀려나는 인구가 이주해온 탓에 언제나 예전 생활수준으로 되돌아갔다.

노동계급 가운데 처지가 꾸준히 나아졌다고 인정할 수 있는 이들은 '보호받는' 두 부류뿐이다. 첫째 부류는 공원들이다. 공원들의 노동일이 비교적 합리적인 범위를 넘지 못하도록 제약하는 의회 법령에 힘입어, 그들은 체격을 회복하고 도덕적 우위를 점할 수 있었다. 공원들은 특정 지역에 모여 살았으므로 이런 도덕적 우위는 더욱 강화되었다. 의심할 나위 없이 공원들은 1848년 이전보다 형편이 나아졌다. 가장 확실한 증거는 공원들이 일으키는 파업 열 번 중에 아홉 번은, 제조업자들이 그들 자신의 이해관계에 따라 생산성을 낮추기 위한 유일한 방편으로서 유도하는 파업이라는 것이다. 고용주들은 제조품이 아무리 안 팔리더라도 '조업단축'에 대한 동의를 노동자들로부터 결코 얻어내지 못한다. 그러나 노동자들이 파업을 일으킬 경우, 고용주들은 노동자들을 모조리 내보내고 공장 문을 닫을 수 있다.

둘째 부류는 노동조합들이다. 노동조합은 성인 남자들이 노동을 대부분 담당하거나 전담하는 직종들의 조직이다. 이런 직종들에서 성인 남자들의 조직력은 여자와 어린이와의 경쟁은 물론이고 기계류와의 경쟁에 의해서도 크게 약해지지 않았다. 엔지니어들, 목수들, 소목장이들, 벽돌공들은 저마다 하나의 권력이며, 벽돌공들과 이들의 조수들의 경우 기계류의 도입을 저지하는 데 성공할 정도로 강력하다. 1848년 이래 이 노동자들의 상황이 눈에 띄게 나아졌다는 것은 의심할 여지가 없다. 가장 확실한 증거는 15년이 넘도록 고용주들이 이들과 동행해왔을 뿐 아니라 이들 역시 고용주들과 무척 원만하게 지내왔다는 사실이다. 이들은 노동계급 사이에서 귀족층을 형성하고 있다. 이들은 비교적 안락한 위치를 확보하는 데 성공했고, 이것을 변경 불가능한 결과로 여기고 있다. 이들은 리온 레비Leone Levi와 로버트 기펜Robert Giffen이 말한, 귀감이 되는 노동자들이며, 특별히 분별있는 자본가들만이 아니라 자본가계급 일반에게도 상대하기가 아주 편한 사람들이다.

그러나 오늘날 노동자들 대다수의 처지는 예전보다 나쁘지는 않더라도 예전과 마찬가지로 궁핍하고 불안정하다. 런던의 이스트엔드[19세기 런던의 유명한 빈민거주 구역]는 고여 있는 궁핍과 고적감을, 일자리가 없을 때는 굶주림을, 있을 때는 신체적 도덕적 퇴락을 끊임없이 퍼뜨리는 웅덩이다. 다른 모든 대도시들—노동자들 가운데 특권적 소수는 예외—과 농업 지역 소도시들의 상황도 이와 마찬가지다. 노동력의 가치를 필수적인 생계수단의 가치까지 낮추는 법칙, 그리고 노동력의 **평균가격**을 대체로 생계수단의 최저 가격까지 낮추는 법칙, 이 두 법칙은 자동 엔진의 바퀴들 사이에 놓인 노동자들을 으스러뜨리는 불가항력처럼 그들에게 작용한다.

이것이 1847년의 자유무역 정책과 20년에 걸친 제조업 자본가들의 지배가 낳은 상황이었다. 그 이후 변화가 일어났다. 1866년 공황 이후 1873년경에 잠시 동안 경기가 조금 살아났지만 호경기가 지속되진 않았다. 실제로 우리는 공황이 일어났어야 할 1877년이나 1878년에 완전한 공황을 겪지 않았다. 그러나 1876년 이래 산업의 모든 주요 부문들은 아직까지 만성적인 침체 상태에서 벗어나지 못하고 있다. 장차 완전한 공황이 닥치지도 않을 것이고, 우리가 손꼽아 기다리며 공황을 전후한 시기에 붙이곤 했던 이름인 호황기가 찾아오지도 않을 것이다. 칙칙한 침체기, 모든 직종의 모든 시장에서 재고 과잉, 이것이 10년 가까이 우리가 살아온 현실이다. 어떻게 이렇게 되었는가?

자유무역 이론은 한 가지 가정에 토대를 두고 있었다. 농업세계에서 영국이 단일하고 거대한 제조업 중심지라는 가정이었다. 실제로 드러난 사실은 이 가정이 순전히 망상이라는 것이다. 증기력과 기계류라는 근대 산업의 여건은 연료, 특히 석탄이 있는 곳이라면 어디서든 확립될 수 있다. 그리고 영국 말고 다른 나라들—프랑스, 벨기에, 독일, 미국, 심지어 러시아까지—에도 석탄이 있다. 이들 나라의 사람들은 그저 영국 자본가들의 더 많은 부와 영광을 위해 아일랜드의 농사짓는 피구제민들처럼 변하는 것이 자기네에게 이롭지 않다고 보았다. 그들은 자기들만이 아니라 나머지 세계를 위해서도 결연히 제조업을 시작했고, 그 결과 영국이 한 세기 가까이 누렸던 제조업 독점이 돌이킬 수 없을 만큼 타파되고 있다.

그러나 영국의 제조업 독점은 현재 영국 사회체제의 중심축이다. 독점이 유지되던 기간에도 시장들은 영국 제조업자들의 증대하는 생산성을 따라갈 수 없었고, 그 결과 10년마다 공황이 일어났다. 게다가 새로운 시장이 나날이 부족해지는 까닭에, 이제는 콩고의 흑인들에게까지 맨체스터의 옥양목과 스태포드셔의 도자기, 버밍엄의 금속제품을 동반하는 문명을 강요할 정도다. 유럽 산 상품, 특히 미국산 상품이 갈수록 시장에 많이 흘러든다면, 아직까지는 지배적인 영국 제조업자들의 시장점유율이 해마다 떨어진다면 어떻게 되겠는가? 그대 만병통치약 자유무역이여, 이 물음에 답하라.

이 점을 내가 처음 지적한 것은 아니다. 이미 1883년에 사우스포트Southport에서 열린 영국협회(British Association)〔정식 명칭은 영국과학진흥협회(British Association for the Advancement of Science)이다〕의 연례 총회에서 경제 분과 분과장인 잉글리스 팰그레이브Inglis Palgrave가 분명하게 말했다. "영국이 막대한 무역수익을 얻던 시절은 지나갔고, 산업노동의 몇몇 대규모 부문들은 진보를 멈추었다. 이 나라가 진보하지 않는 상태에 들어서고 있다고 말해도 무방할 것이다." 그러나 그 결과는 어떠할까? 자본주의적 생산은 **멈출 수 없다**. 자본주의적 생산은 계속해서 증산하고 팽창해야만 하며, 그렇지 못하면 소멸하고 만다. 지금도 세계에서 가장 높은 영국의 시장점유율이 낮아지기만 해도, 여기서는 불황과 곤궁, 자본 과잉이 나타나고 저기서는 실업자 과잉이 나타난다. 매년 생산을 늘리다가 증산을 완전히 멈출 때, 어떤 사태가 일어날 것인가?

바로 이것이 자본주의적 생산의 취약점, 아킬레우스의 뒤꿈치다. 자본주의적 생산은 끊임없는 팽창의 불가피성을 토대로 삼고 있지만, 오늘날 이런 끊임없는 팽창은 불가능해지고 있다. 자본주의적 생산은 결국 교착 상태에 빠진다. 영국은 해가 갈수록 "이 나라와 자본주의적 생산 가운데 무엇이 산산이 쪼개져야 하는가?"라는 물음을 가까이에서 직면해야 한다. 과연 어떻게 될까?

노동계급은 어떻게 될까? 1848년부터 1868년까지 상업과 산업이 유례 없이 팽창한 기간에도 노동계급은 지독한 궁핍을 견뎌야 했다. 특권을 가진 소수의 '보호받는' 노동자들만이 영속적인 혜택을 받았고 대다수 노동자들은 기껏해야 일시적인 처지 개선을 경험했다면, 이 휘황찬란한 기간이 마침내 끝나고 나면 어떻게 될 것인가? 오늘날의 음울한 경기침체가 더 심화되는 데 그치지 않고 이렇게 심화된 상황이 영국 무역의 영속적인 정상 상태가 된다면 어떻게 될 것인가?

진실은 이렇다. 영국이 산업을 독점한 기간에 영국 노동계급은 독점의 혜택을 어느 정도 공유했다. 이 혜택은 영국 노동자들 사이에 매우 불평등하게 분배되었다. 특권을 가진 소수가 가장 많은 몫을 챙겼고, 대다수는 기껏해야 어쩌다가 한 번씩 일시적으로 자기 몫을 얻었다. 그리고 이것이 오언주의가 소멸한 이후 영국에 사회주의가 없었던 이유다. 독점의 붕괴와 더불어 영국 노동계급은 특권적인 위치를 잃을 것이고, 일반적으로 자신들—특권을 가진 소수의 뛰어난 노동자들도 예외가 아니다—이 외국의 동료 노동자들과 같은 수준에 있음을 알게 될 것이다. 그리고 이것이 영국에서 사회주의가 다시 나타날 이유다."

1885년의 상황을 토대로 쓴 이 글에 나는 보탤 말이 거의 없다. 말할 나위 없이 오늘날에는 실제로 "영국에서 사회주의가 다시 나타"났을 뿐더러 사회주의가 풍족하기까지 하다—영국에는 의식적 사회주의와 무의식적 사회주의, 산문적 사회주의와 시적 사회주의, 노동계급의 사회주의와 중간계급의 사회주의 등 온갖 종류의 사회주의가 있다. 정녕 가장 혐오스러운 대상이었던 사회주의가 체면을 차렸을 뿐 아니라, 실제로 이브닝드레스 차림으로 응접실의 안락의자에 게으르게 늘어져 있기까지 하기 때문이다. 이 점은 '사회'의 무시무시한 폭군인 중간계급 여론의 고질적인 변덕스러움을 보여주고, 과거 세대 사회주의자들이 언제나 그 여론을 경멸했던 이유를 다시 한 번 정당화해 준다. 그렇지만 우리가 징후만 보고 툴툴거릴 이유는 없다.

사회주의를 온건하게 희석하는 부르주아 집단들에서 이처럼 사회주의가 잠시 유행하는 현상보다, 더 나아가 영국에서 사회주의가 실제로 이루어낸 전반적인 진보보다 내가 훨씬 더 중요하게 여기는 것은, 런던의 이스트엔드가 부활한다는 사실이다. 궁핍의 거대한 소굴인 이스트엔드는 6년 전과 달리 고인 웅덩이가 아니다. 이곳은 무기력한 절망을 떨쳐내고 되살아났으며, 이른바 '신조합주의'(New Unionism), 다시 말해 '미숙련' 노동자들 대다수를 조직화하는 활동의 본거지가 되었다. 이 조직화 활동은 '숙련' 노동자들의 구식 조합들의 형태를 상당히 받아들일지도 모르지만, 그 성격은 본질적으로 다르다. 구식 조합들은 창립 당시의 전통을 간직하고 있으며, 임금체계를 완전히 확정된 최종 사실로, 기껏해야 조합원들의 이익을 위해서만 변경할 수 있는 사실로 여긴다. 새로운 조합들은 임금체계의 영원성에 대한 믿음이 심각하게 흔들리던 때에 창립되었다. 이들 조합의 창립자들과 주동자들은 의식적인 또는 심정적인 사회주의자였다. 단결함으로써 힘을 얻은 조합원 대다수는 거칠었고, 노동계급의 귀족층에게 무시와 멸시를 당했다. 그러나 그들에게는 그들의 정신이 처녀지라는 어마어마한 이점, 형편이 더 나은 '구식' 조합주의자들과 달리 '체통을 지키는' 부르주아지가 물려준 편견들로부터 머릿속이 완전히 자유롭다는 이점이 있었다. 그런 이유로 오늘날 우리는 이 새로운 조합들이 노동계급 운동 전반을 이끌 뿐더러 부유하고 오만한 '구식' 조합들까지 점점 더 이끄는 모습을 보고 있다.

의심할 나위 없이 이스트엔드 거주자들은 엄청난 실수들을 저질러왔다. 이 점은 그들의 선행자들도 마찬가지였고, 그들에게 코웃음을 치는 교조적인 사회주의자들도 마찬가지다. 방대한 국민과 마찬가지로 커다란 계급은 그들 자신이 저지른 실수의 결과를 경험함으로써 다른 어떤 경로보다도 확실하고 빠르게 배운다. 과거에도 저질렀고 현재도 저지르고 있으며 미래에도 저지를 그 모든 과실에도 불구하고 런던 이스트엔드의 소생은 이 세기말의 가장 위대하고 가장 유익한 사실들 가운데 하나이며, 나는 그것을 생전에 보게 되어 기쁘고 자랑스럽다.

F. 엥겔스

1892년 1월 11일

서론

Die Lage der arbeitenden Klasse in England _ The Condition of the Working Class in England

영국 프롤레타리아트의 역사는 증기기관과 면화를 가공하는 기계류의 발명과 더불어 지난 세기 후반기에 시작되었다. 잘 알다시피 이 발명품들은 산업혁명, 즉 문명사회 전체를 뒤바꾼 혁명을 낳았다. 이 혁명의 역사적 중요성은 이제야 겨우 인식되기 시작했다. 영국은 아주 강력했기에 오히려 더 조용했던 이 변혁의 고전적 토양이다. 그러므로 영국은 이 변혁의 주된 산물인 프롤레타리아트의 고전적 토양이기도 하다. 오직 영국에서만 프롤레타리아트의 모든 관계와 모든 측면을 탐구할 수 있다.

우리는 지금 여기서 이 혁명의 역사를 다루지도, 현재와 미래에 이 혁명이 어마어마하게 중요하다는 것을 논하지도 않았다. 그런 내용은 미래에 한층 포괄적인 저작에서 서술해야 할 것이다. 지금으로서는 이 책에서 제시한 사실들을 이해하고 영국 프롤레타리아트의 현황을 파악하는 데 필요한 더 작은 범위로 서술을 국한해야 한다.

기계가 도입되기 전에는 원료에서 실을 뽑고 천을 짜는 일이 노동자의 가정에서 이루어졌다. 아내와 딸이 실을 자으면 남편이 천을 짜거나, 남편이 천을 직접 짜지 않을 경우 실을 내다팔았다. 이렇게 천을 짜는 가족들은 도시

근교의 시골에서 살았고, 품삯으로 웬만큼 먹고살 수 있었다. 국내시장이 거의 유일한 시장이었던 데다가, 훗날 외국시장들을 정복하고 교역을 확장하면서 생겨난 경쟁의 위력이 아직은 품삯을 내리누르지 않았기 때문이다. 더욱이 인구가 서서히 늘어나고 모든 노동자를 고용하는 추세에 발맞추어 국내시장의 수요도 꾸준히 높아지고 있었다. 또한 시골에서는 노동자들의 집이 여기저기 흩어져 있었으므로 그들끼리 격렬하게 경쟁하는 것이 불가능했다. 따라서 직조공들은 보통 어느 정도 저축할 수 있는 상태였고, 언제든지 하고 싶은 만큼만 직조할 수 있었으므로 작은 땅을 임차해서 여가시간에 원하는 시간만큼 경작하기도 했다. 직조공들은 형편없는 농민이었고, 땅을 비효율적으로 관리해서 대개 수확량이 변변찮았던 것은 사실이다. 그럼에도 직조공은 결코 프롤레타리아가 아니었다. 직조공은 시골에서 자기 이해관계가 있었고, 한 지역에 영주했고, 오늘날의 영국 노동자보다 사회적 위치가 한 단계 높았다.

이처럼 직조공들은 쉬엄쉬엄 일하면서 그런 대로 안락하게 생활했고, 경건함과 정직함을 고수하면서 올바르고 평화롭게 살았다. 직조공들의 물질적 여건도 후대 노동자들의 여건보다 훨씬 나았다. 그들은 지나치게 일할 필요가 없었다. 그들은 일하고 싶은 시간보다 오래 일하지 않고도 필요한 만큼 벌었다. 그들은 텃밭이나 경작지에서 건강하게 농사지을 여유시간이 있었는데, 그런 농사일 자체가 그들에게는 오락이었다. 이외에도 그들은 이웃의 오락이나 놀이에 동참할 수 있었으며, 볼링, 크리켓, 축구 같은 이런 모든 놀이는 그들 신체의 건강과 활력에 이바지했다. 직조공 대다수는 건강하고 체격이 좋았으며 이웃 농민들과 비교해도 체격 면에서 별반 차이가 없었다. 직조공의 자녀들은 시골의 맑은 공기를 마시며 자랐고, 부모의 일을 거들기도 했으나 어디까지나 가끔씩 돕는 정도였다. 그들이 하루에 8시간이나 12시간씩 일했을 리는 만무하다.

이 계급의 도덕적 지적 성격이 어떠했을지 짐작할 수 있을 것이다. 생산한 실과 직물을 순회 중개인에게 넘기고 품삯을 받은 직조공들은 도시에서 분리되어 있었을 뿐 아니라 도시 안으로 들어가는 일도 전혀 없었다. 그래서 이 구식 사람들은 도시에서 퍽 가까운 곳에 살면서도, 기계가 도입된 탓에 거래가 끊겨서 어쩔 수 없이 도시를 이리저리 두리번거리며 일자리를 찾아야 하는 처지가 되기 전까지는 도시에 발을 들이지 않았다. 직조공들은 작은 토지를 보유하고 있다는 점에서 보통 그들과 밀접한 관계였던 요맨yeoman[14~15세기에는 보통 자유보유농(freeholder)을 의미했으며, 장원제가 붕괴된 이후에는 젠트리보다 낮고 농업노동자보다는 높은 농민을 지칭하는 말이 되었다]들의 도덕적 지적 입장에 서 있었다. 직조공들은 그 지역에서 토지를 가장 많이 보유한 스콰이어squire[봉건시대에는 기사의 종자를 가리켰으나 점차 시골의 중대中大 지주층을 의미하게 되었다]가 자연히 자신들보다 우월하다고 생각했다. 직조공들은 스콰이어에게 조언을 구했고, 자기들 사이에 사소한 분쟁이 생기면 스콰이어에게 가서 조정을 청했으며, 이런 가부장적 관계에 수반되는 모든 영예를 스콰이어에게 바쳤다. 직조공들은 '체통을 지키는' 사람, 좋은 남편이자 아버지로서 도덕적으로 생활했다. 근처에 직조공들의 부도덕한 행동을 부추기는 싸구려 술집이나 사창가가 없었거니와, 그들이 이따금 목을 축인 여관 겸 주막의 주인도 보통 대규모 차지농을 겸하면서 자기 가게의 훌륭한 음식과 훌륭한 맥주, 성실한 손님 접대에 자긍심을 가진, 체통을 지키는 사람이었기 때문이다. 직조공들은 자녀들을 온종일 집에 묶어두었고 아버지에게 복종하고 신을 두려워하도록 키웠다. 자녀가 결혼하지 않는 한 이런 가부장적 관계는 굳건하게 유지되었다. 젊은 이들은 결혼하기 전까지 목가적이고 순박한 환경에서 동무들과 친하게 어울리며 성장했다. 그들은 거의 언제나 결혼하기 전부터 성교를 했지만 이런 일은 남녀가 결혼이라는 도덕적 의무를 받아들일 때만 일어났으며, 차후에 결혼식을 올리면 문제될 게 없었다. 요컨대 그 시절 영국 산업노동자들은 오늘날에도 독일의 외지고 궁벽한 지역들 곳곳에서 찾아볼 수 있는 방식으로, 즉 정신활동을 하는 일도 없고 삶의 위치가 요동치는 일도 없는 방식으로 생활하고 생각했다. 그들은 거의 읽을 줄 몰랐고 쓸 줄은 더더욱 몰랐다. 그들은 때

맞춰 교회에 갔고, 정치 얘기는 일절 하지 않았고, 음모는 꿈도 꾸지 않았고, 운동을 즐겼고, 성경이 낭독될 때면 대대로 물려받은 경건한 마음으로 귀를 기울였고, 자신들의 미천한 신분을 당연하게 여겨서 '우월한' 계급에게 지극히 고분고분했다. 그러나 지적으로 보면 그들은 죽은 것이나 다름없었다. 그저 보잘것없는 사익을 위해, 베틀과 텃밭을 위해 살았을 뿐 지평선 너머에서 인류를 휩쓸고 지나가고 있는 강력한 움직임에 대해서는 까맣게 몰랐다. 그들은 조용히 식물처럼 사는 것을 편안하게 여겼고, 산업혁명만 일어나지 않았다면 아늑하고 낭만적일지언정 인간답지 않은 이런 생활에서 결코 탈피하지 않았을 것이다. 사실 그들은 인간이 아니었다. 당시까지 역사를 이끌어온 소수 귀족을 시중들면서 고되게 일하는 기계에 지나지 않았다. 산업혁명은 노동자들을 그야말로 기계로 만들어버리고, 그들에게서 자립적인 활동의 마지막 흔적까지 없애버리고, 그리하여 그들이 인간다운 위치를 생각하고 요구하게끔 강요함으로써, 이런 현실을 그 논리적 귀결에 이르게 했을 뿐이다. 프랑스에서는 정치가, 영국에서는 제조업이, 그리고 일반적으로는 시민사회의 운동이, 마지막까지 인류의 보편적인 이해관계에 심드렁하고 무관심했던 이 계급을 역사의 소용돌이 속으로 끌어들였다.

영국 노동자들의 상황을 급격히 바꾸어놓은 첫 번째 발명품은 1764년에 랭커셔Lancashire 북부 블랙번Blackburn 인근의 스탠드힐Standhill에서 직조공 제임스 하그리브스James Hargreaves가 발명한 제니 방적기였다. 이 투박한 기계는 나중에 발명된 뮬 방적기의 시초로서 수동식이었다. 방추紡錘가 하나만 달린 평범한 물레와 달리, 제니 방적기에는 여성 1명이 조작하는 방추가 16개 내지 18개 달려 있었다. 이 발명품 덕에 종전보다 실을 많이 뽑을 수 있게 되었다. 과거에는 직조공 1명이 방적공 3명을 고용해도 언제나 실이 모자라서 걸핏하면 실을 뽑을 때까지 기다려야 했지만, 이제는 직조공들을 동원해도 다 짜지 못할 만큼 실이 많아지게 되었다. 이미 증가하는 추세였던 직물 수요는 직물 가격이 낮아짐에 따라 한층 더 증가했는데, 그렇게 가격이 떨어진 것은 실 생산비가 감소한 결과였다. 이제 직조공이 더 많이 필요해졌고, 그들의 품삯이 올랐다. 직조공들은 자신의 베틀을 이용해 더 많이 벌 수 있게 되자 점차 농사일을 포기하고 직조에 모든 시간을 쏟기 시작했다. 당시 성인 4명과 (실을 감을) 어린이 2명으로 이루어진 가족은 하루에 10시간 일해서 일주일에 4파운드를 벌 수 있었고, 경기가 좋아 일손이 달릴 때면 더 많이 벌곤 했다. 직조공 1명이 자기 베틀 1대로 일주일에 2파운드를 버는 경우도 많았다. 농사를 겸하는 직조공 계급은 점차 자취를 감추었다. 그들은 오로지 임금으로 생계를 꾸리고, 자산이 전혀 없고, 하다못해 이름뿐인 보유지조차 없고, 그리하여 노동자, 즉 프롤레타리아가 된 신흥 직조공 계급으로 통합되었다. 여기에 더해 방적공과 직조공의 오래된 관계까지 깨졌다. 이 관계가 유지된 때까지는 방적과 직조가 한 지붕 아래에서 이루어졌다. 그러나 베틀뿐 아니라 제니 방적기를 조작하는 데에도 강한 근력이 필요하게 되자 남자들이 방적을 시작했으며, 그런 경우 가족 전체가 방적으로 먹고살았다. 반면에 어떤 가족은 제니 방적기로 대체된 낡아빠진 물레를 치워버렸다. 그리고 제니 방적기를 구입할 방도가 없는 가족은 아버지의 임금에만 의지해 살아가야 했다. 이렇게 방적과 직조의 분리와 더불어 장차 무한히 세분될 분업이 시작되었다.

이처럼 아직 턱없이 불완전한 최초의 방적기와 더불어 산업 프롤레타리아트가 형성되는 동안, 이 기계는 농업 프롤레타리아트도 낳았다. 그전까지만 해도 농사를 겸하는 이웃 직조공들과 마찬가지로 별 생각 없이 조용하고 단조롭게 살아가는 소토지 자영농, 즉 요맨들이 굉장히 많았다. 그들은 선조의 오래되고 비효율적인 방식 거의 그대로 땅뙈기를 경작했고, 세대에서 세대로 변함없이 대물림되는 관습을 따르는 사람들 특유의 고집스러운 태도로 그 어떤 변화에도 맞섰다. 요맨들 중에는 오늘날 말하는 차지농과는 다른 소토지 보유농도 많았다. 그들은 임차권을 상속받거나 오래된 관습에 호소하는 방식으로 아버지로부터 땅을 물려받았고, 당시까지도 그 땅을 마치 자기 소유인 양 확고하게 보유하고 있었다. 산업노동자들이 농업에서 빠져나가자 수많은 소규모 농지가 놀게 되었는데, 이런 땅에 새로운 계급인 대규모 차지농들이 터전을 잡았다. 그들은 50에이커든 100에이커든 200에이커든 그 이상이든 자기가 원하는 만큼 토지를 빌린 뒤 연말에 지대를 납부했지만, 개선된 경작기술과 더 큰 규모의 농업 덕분에 토지의 수확량을 늘릴 수 있었다. 대규모 차지농들은 요맨들보다 농작물을 싼값에 팔 수 있었다. 농사를 지어서는 더 이상 먹고살 수 없게 된 요맨들은 농지를 팔거나, 제니 방적기나 베틀을 구하거나, 대규모 농장주에게 고용된 농업노동자로 일하는 수밖에 없었다. 요맨들은 선조로부터 물려받은 느긋한 생활방식과 비효율적인 경작법을 극복할 수 없었거니와, 한층 타당한 원칙에 입각해 농지를 경영하고, 대규모 영농의 온갖 이점을 누리고, 토질 개선을 위해 자본을 투자하는 이들과 경쟁하게 되었을 때 대안이 전혀 없었다.

한편, 산업의 움직임은 여기서 멈추지 않았다. 자본가 개개인은 큰 건물에 다축多軸 방적기를 여러 대 들여놓고 수력으로 작동시킴으로써 노동자 수를 줄이고, 손으로 직접 기계를 움직이는 방적공 개개인보다 실을 싸게 판매할 수 있었다. 방적기가 끊임없이 개량되는 바람에 기계는 계속 구식이 되었고, 그에 따라 기존 기계를 개조하거나 아예 내다버려야 했다. 그나마 자본가들은 낡은 기계를 가지고도 수력을 이용해 버틸 수 있었지만, 방적공 개개인은 도저히 버틸 재간이 없었다. 이렇게 시작된 공장제는 랭커셔 북부 프레스턴Preston의 이발사 리처드 아크라이트Richard Arkwright가 발명한 방적기에 힘입어 1767년에 새롭게 확대되었다. 이것은 18세기의 기계 발명품 가운데 증기기관 다음으로 중요한 발명품이다. 이 방적기는 처음부터 기계 동력을 염두에 두었고, 완전히 새로운 원리에 입각하고 있었다. 1785년, 랭커셔의 퍼우드Firwood 출신인 새뮤얼 크럼프턴Samuel Crompton은 제니 방적기의 특성과 아크라이트 방적기의 특성을 결합해 뮬 방적기를 고안해냈으며, 거의 같은 시기에 리처드 아크라이트Richard Arkwright가 소면기梳綿機와 준비 공정('시방始紡과 조방粗紡') 기계를 발명함에 따라 공장제는 면 방적의 지배적인 체계가 되었다. 이 기계들은 사소한 개조를 거쳐 점차 양모 방적에, 그리고 뒤이어(금세기 처음 10년 동안) 아마亞麻 방적에도 쓰였으며, 그 결과 이 분야에서도 수작업을 대체했다. 그러나 아직도 끝난 게 아니었다. 시골 목사 에드먼드 카트라이트Edmund Cartwright는 지난 세기 막바지에 역직기力織機를 발명했고, 1804년경까지 수작업 직조공과 너끈히 경쟁할 만큼 완성했다. 이 모든 기계류는 1764년에 발명되어 1785년부터 방적에 동력을 공급하는 데 쓰인 제임스 와트James Watt의 증기기관 때문에 갑절로 중요해졌다.

해마다 개량된 이 발명품들에 힘입어, 기계 작업은 영국 산업의 주요 부문들에서 수작업에 승리를 거두었다. 그때 이래로 수작업 노동자들의 역사는 그들이 어떻게 기계에 의해 한 위치에서 다른 위치로 밀려났는가를 보여줄 뿐이다. 이 사태의 결과는 한편으로는 모든 제조품 가격의 빠른 하락, 상업과 제조업의 번창, 보호받지 않는 거의 모든 외국시장 정복, 자본과 국부國富의 갑작스러운 증대 등이었고, 다른 한편으로는 프롤레타리아트 수의 한층 더 빠른 증가, 노동계급이 보유하고 있던 모든 토지와 고용안정성 상실, 비도덕화, 정치적 소요 등이었다. 뒤에서 살펴보겠지만, 편안한 환경에서 살아가던 영국인들은 이 모든 사실을 몹시 불쾌하게 여겼다. 이미 제니 방적기처럼 어설픈 기계 하나가 하층계급들의 사회적 조건을 송두리째 바꿨음을 살펴보았으므로, 정교하게 조정되는 기계들, 원료를 받아들여 직물을 내놓는 기계들로 이루어진 완전하고 상호의존적인 체계가 불러온 결과에 놀랄 이유는 없다.

이제 면공업과 더불어 시작된 영국 제조업의 발달사*를 조금 더 상세하게 따라가보자. 1771~1775년에는 영국의 연간 원면 수입량이 500만 파운드 미만이었다. 1841년에는 연간 수입량이 5억 2800만 파운드였고, 1844년에는 6억

* (공식 자료인) 조지 리처드슨 포터George Richardson Porter의 〈국가의 진보(Progress of the Nation)〉, i(London, 1836), ii(1838), iii(1843)와, 공식 자료인 다른 자료들을 참조했다. [여기서 제시한 산업혁명에 관한 역사적 개관은 특정한 세부 사항에서는 정확하지 않지만, 1843~1844년에는 더 나은 자료를 구할 수 없었다._1892년 독일어판에 추가된 문구].

파운드였다. 1834년에 영국은 면직물 5억 5600만 야드와 면사 7650만 파운드, 양말류 120만 파운드어치를 수출했다. 같은 해에 면공업에서는 구식 방적기를 빼고도 뮬 방적기 800만 대와 역직기 11만 대, 수직기 25만 대가 사용되었다. 매컬럭McCulloch의 추산에 따르면 거의 150만 명이 이 부문 덕에 먹고살았지만, 그중 22만 명만이 공장들에서 일했다. 이 공장들에서 사용된 동력은 3만 3000마력에 맞먹는 증기력과 1만 1000마력에 맞먹는 수력이었다. 지금은 이 정도로는 턱없이 부족한데, 1845년에 사용된 동력과 기계의 수와 인력이 1834년 수치의 1.5배라고 추정해도 무방할 것이다. 이 공업의 핵심 지역은 면공업의 발생지이기도 한 랭커셔다. 면공업은 이 주州에서 일대 혁명을 일으켰다. 면공업으로 말미암아 외지고 형편없이 개간된 늪지대가 80년 동안 인구가 10배로 늘어서 분주하고 활기찬 지역으로 탈바꿈했고, 둘이 합쳐서 인구가 70만 명인 리버풀Liverpool과 맨체스터Manchester 같은 거대도시, 인구가 6만 명인 볼턴Bolton, 7만 5000명인 로치데일Rochdale, 5만 명인 올덤Oldham, 6만 명인 프레스턴, 4만 명인 애슈턴Ashton과 스테일브리지Stalybridge, 그 밖의 모든 제조업 도시가 마치 마법이라도 부린 듯이 성장했다. 랭커셔 남부의 역사에는 아무도 언급하지 않지만 근래에 일어난 가장 경이로운 사건들이 포함되어 있으며, 이 모든 기적은 면공업의 산물이다. 스코틀랜드의 면공업 지역인 래너크셔Lanarkshire와 렌프루셔Renfrewshire의 중심지 글래스고Glasgow 역시 이 공업이 도입된 이래 인구가 3만에서 30만 명으로 증가했다. 노팅엄Nottingham과 더비Derby의 양말류 제조업 또한 첫째로는 실 가격이 하락한 덕분에, 둘째로는 양말 두 짝을 한꺼번에 짤 수 있도록 양말 직기가 개량된 덕분에 새롭게 활기를 띠었다. 1777년에 레이스 기계가 발명된 뒤 레이스 제조업 역시 산업의 중요한 부문이 되었다. 곧이어 린들리Lindley가 포인트넷point-net 기계를 발명하고 1809년에 히스코트Heathcoat가 보빈넷bobbin-net 기계를 발명하자 레이스 생산공정이 대폭 간소해졌고, 가격 인하에 발맞추어 수요가 늘었으며, 그 결과 오늘날 적어도 20만 명이 이 공업 덕에 생계를 꾸리고 있다. 레이스 제조업의 주요 중심지는 노팅엄, 레스터Leicester, 잉글랜드 서부, 윌트셔Wiltshire, 데본셔Devonshire 등이다. 면공업이 확장됨에 따라 염색, 표백, 날염 같은 관련 부문들도 덩달아 확장되었다. 면공업의 성장은 대기 중의 산소 대신 염소를 이용하는 표백, 화학의 빠른 발전에 따른 염색과 날염, 일련의 가장 눈부신 기계 발명품들을 이용하는 날염 등 한층 더 중요한 발전을 이끌어냄으로써 이 부문들이 전례 없는 번영을 누리게 해주었다.

이와 동일한 움직임이 양모 제조업에서도 나타났다. 이 제조업은 지금까지 영국의 산업을 이끌어온 부문이지만, 과거의 생산량은 오늘날의 생산량과 비교하면 아무것도 아니다. 1782년에는 노동력이 부족해 이전 3년간 깎은 양모 전체가 사용되지 않은 채 남아 있었고, 새로운 기계류가 발명되어 일손을 돕고 양모를 잣지 않았다면 그 뒤로도 계속 남아 있었을 것이다. 이처럼 기계류를 양모 방적에 알맞게 개조한 시도는 가장 성공적인 결과를 가져왔다. 그러자 앞서 살펴보았듯이 면직업 지역들에서 이루어진 갑작스러운 발전이 모직업 지역들에서도 이루어지기 시작했다. 1738년에 요크셔Yorkshire의 웨스트 라이딩West Riding에서는 방모사紡毛絲 직물 7만 5000점을 생산한 반면, 1817년에는 49만 점을 생산했다. 이 공업은 아주 빠르게 확장되어 1834년에는 1825년보다 45만 점을 더 생산했다. 1801년에는 양모 1억 100만 파운드(이 가운데 700만 파운드는 수입)를 제품으로 만들었고, 1835년에는 수입한 4200만 파운드를 포함해 1억 8000만 파운드를 제품으로 만들었다. 이 공업의 핵심 중심지는 요크셔의 웨스트 라이딩이었고, 특히 브래드퍼드Bradford에서는 영국산 긴 양모로 소모사梳毛絲 등을 만들었다. 리즈Leeds, 핼리팩스Halifax, 허더즈필드Huddersfield 같은 다른 도시들에서는 짧은 양모로 단단하게 꼬은 실과 직물을 만들었다. 한편 랭커셔에 인접한 로치데일 지역은 면공업에 더해 플란넬을 많이 생산하고 있고, 잉글랜드 서부는 최상품 직물을 공급하고 있다. 이들 지역의 인구 증가 역시 살펴볼 만하다[표 참조].

1831년 이래 이들 지역의 인구는 적어도 20~25퍼센트 더 증가했다. 1835

(단위 : 명)

	1801년	1831년
브래드퍼드	29000	77000
핼리팩스	63000	110000
허더즈필드	15000	34000
리즈	53000	123000
웨스트 라이딩 전체	564000	980000

년에 영국의 양모 방적업에 종사하는 노동자 수는 모직물 공장 1313개에 7만 1300명이었는데, 이들은 거의 모든 직조공을 빼고도 모직물 제조업에 직간접적으로 고용된 인력 가운데 작은 부분에 지나지 않았다.

리넨 직종의 발전은 뒤늦게 이루어졌다. 이 원료의 특성에 맞게 방적기계류를 개조하기가 매우 어려웠기 때문이다. 지난 세기 막바지에 스코틀랜드에서 몇 차례 시도가 있었지만, 실제로 처음 성공한 사람은 1810년에 아마 방적기를 도입한 프랑스 인 지라르Girard였다. 지라르의 기계들은 잉글랜드에서 개량되고 리즈와 던디Dundee, 벨파스트Belfast에서 널리 쓰인 것에 힘입어 바로 영국 땅에서 처음으로 그 중요성을 인정받았다. 이때부터 영국의 리넨 업이 급속히 확대되었다. 1814년에는 아마가 3000톤 수입되었고, 1833년에는 아마가 거의 1만 9000톤, 대마가 3400톤 수입되었다. 그레이트 브리튼 섬〔잉글랜드, 웨일스, 스코틀랜드를 포괄하는 섬〕으로 수출한 아일랜드 리넨은 1800년 3200만 야드에서 1825년 5300만 야드로 증가했고, 이 가운데 상당량이 재수출되었다. 잉글랜드와 스코틀랜드의 리넨 제품 수출량은 1820년 2400만 야드에서 1833년 5100만 야드로 증가했다. 1835년에는 노동자 3만 3000명을 고용한 아마 방적 공장이 347개 있었는데, 그중 절반이 스코틀랜드 남부에 있었고, 60개 이상이 요크셔의 웨스트 라이딩과 리즈, 그 인근에 있었으며, 25개가 아일랜드 벨파스트에 있었고, 나머지가 도싯Dorset과 랭커셔에 있었다. 직조는 스코틀랜드 남부와 잉글랜드 여기저기서도 했으나 주로 아일랜드에서 이루어졌다.

이처럼 성공을 거두자 영국인들은 견직물 제조업으로 관심을 돌렸다. 원료인 명주실은 남유럽과 아시아에서 미리 뽑은 것을 수입했고, 노동은 가느다란 명주실을 꼬는 공정에 집중되었다. 1824년까지 원료 1파운드당 4실링이었던 무거운 수입관세는 영국의 시장과 식민지만 보호했을 뿐, 영국 견직업의 발달은 크게 저해했다. 이 해에 수입관세가 1페니로 떨어지자 공장 수가 단숨에 대폭 증가했다. 1년 만에 명주실을 꼬는 방추가 78만 개에서 118만 개로 늘었으며, 견직물업은 1825년 불경기 때문에 잠시 주춤했으나 1827년에는 과거 어느 해보다 생산량이 많았다. 영국인들은 기계 기술과 경험을 바탕으로 경쟁자들의 조야한 장치들에 맞서 연사기撚絲機의 우위를 줄곧 유지했다. 1835년 영제국에는 노동자 3만 명을 고용하는 연사 공장 263개가 주로 체셔Cheshire의 매클즈필드Macclesfield와 콩글턴Congleton, 그 인근 지역들과 맨체스터, 서머셋셔Somersetshire에 있었다. 이 외에 명주실 부스러기를 모아 견방사絹紡絲라고 알려진 특수한 물품을 제조하는 공장도 아주 많았으며, 영국은 이 견방사를 파리와 리옹Lyons의 직조공들에게까지 공급했다. 그렇게 잣고 꼬은 명주실을 짜는 일은 스코틀랜드의 페이즐리Paisley를 비롯한 지역과 런던의 스피탈필즈Spitalfields뿐 아니라 맨체스터를 비롯한 지역에서도 이루어졌다. 1760년 이래 영국 제조업이 성취한 거대한 발전이 옷감을 생산하는 데 국한되었던 것은 아니다. 일단 생겨난 추진력은 산업활동의 모든 분야로 퍼져나갔으며, 여기서 언급한 발명품들과 전혀 무관한 다수의 발명품들도 광범한 흐름의 한가운데서 발명되었다는 사실 때문에 한층 더 중요해졌다. 그러나 기계동력의 헤아릴 수 없는 중요성이 실제로 입증되기 무섭게 이 동력을 온갖 방면으로 이용하고 발명가와 제조업자 개개인의 이익을 위해 써먹으려는 시도에 모든 정력이 집중되었다. 그리고 기계와 연료, 원료에 대한 수요가 증가해 수많은 노동자들과 다수의 직종들이 곱절로 활동하게 되었다. 증기기관 덕에 영국의 광대한 탄광이 처음으로 중요해졌고, 기계 생산업이 처음으로 시작되었으며, 이와 더불어 기계 생산에 원료를 공급하는 철 광산에 대한 관심이 새롭게 일어났다. 양모 소비량 증가는 영국에서 양 사육을 자극했으며, 양모와 아마, 명주실 수입량 증가는 영국의 해양 교역을 확장하는 결과를 낳았다. 이 중에서도 철 생산량이 가장 큰 폭으로 증가했다. 영국 구릉지대의 매장량이 풍부한 철 광산은 그때까지 거의 개발되지 않은 상태였다. 과거에는 언제나 목탄을 이용해 철을 제련했으나 농업이 발달하고 숲이 벌목되면서 목탄 값이 갈수록 비싸졌다. 철을 제련하는 데 코크스를 사용하기 시작한 것은 지난 세기부터였고, 1780년에 코크스로 제련한 철을 연철로 만드는 새로운 방법이 발명되었다. 그전까지만 해도 제련한 철로 만들 수 있는 것은 주철뿐이었다. '교련법'攪鍊法이라고 알려진 이 공정은 제련 공정 중에 철과 섞여 있는 탄소를 제거하는 것으로, 영국의 철 생산에서 완전히 새로운 영역을 열어젖혔다. 이전보다 50배나 큰 용광로가 만들어졌고, 열풍을 불어넣는 방법이 도입되어 제련 공정이 간소해졌으며, 그 결과 철을 아주 값싸게 생산할 수 있게 되어 예전에는 돌이나 나무로 만들었던 많은 물건들을 이제는 철로 만들게 되었다.

1788년 유명한 민주정 옹호자 토머스 페인Thomas Paine이 요크셔에서 처음으로 철교[사실 페인은 1796년 위어 강에 건설된 잉글랜드의 두 번째 철교의 일부를 설계했다. 잉글랜드 최초의 철교는 1779년 콜브룩데일Coalbrookdale에 있는 세븐 강에 건설되었다]를 건설한 뒤부터 다른 철교들이 아주 많이 놓여서, 오늘날에는 특히 기차의 이동을 위한 철교를 비롯해 거의 모든 철교가 주철로 만들어지고 있으며, 런던에서도 템스 강을 가로지르는 서더크Southwark 다리가 이 재료로 만들어졌다. 기계 등을 떠받치기 위한 철 기둥도 널리 쓰이며, 가스등과 철도가 도입된 이래 영국의 철 생산물을 판매할 새로운 판로가 열리고 있다. 못과 나사는 점차 기계로 만들게 되었다. 셰필드Sheffield 출신인 헌츠먼Huntsman은 1760년에 노동력을 대폭 절감하고 완전히 새로운 제품을 저렴하게 생산할 수 있는 강철 주조법을 발견했다. 어떤 용도로도 사용할 수 있는 더 순도 높은 재료와 더 완벽한 도구, 새로운 기계, 노동의 세분화를 통해 영국의 금속 교역은 당시 처음으로 중요한 위치에 올랐다. 버밍엄Birmingham의 인구는 1801

년 7만 3000명에서 1844년 20만 명으로 늘었고, 셰필드의 인구는 1801년 4만 6000명에서 1844년 11만 명으로 늘었으며, 석탄 소비량은 셰필드 한 곳에서만 1836년에 51만 5000톤에 달했다. 1805년에는 철 생산물 4300톤과 선철 4600톤을 수출했고, 1834년에는 철 생산물 1만 6200톤과 선철 10만 7000톤을 수출했다. 1740년 철 생산물 총량은 1만 7000톤에 불과했으나 1834년에는 거의 70만 톤에 달했다. 지금은 선철을 제련하는 데만 석탄이 연간 300만 톤 이상 소비되므로, 지난 60년 동안 석탄 채굴이 얼마나 중요해졌는지는 가늠하기 어려울 정도다. 오늘날 잉글랜드와 스코틀랜드의 모든 광상에서 작업이 이루어지고 있으며, 노섬벌랜드Northumberland와 더럼Durham의 탄광들만 해도 수송할 석탄을 매년 500만 톤 넘게 캐내고 4~5만 명을 고용하고 있다. 〈더럼 크로니클Durham Chronicle〉에 따르면 이 두 주州에서 채굴 중인 탄광이 1753년에는 14곳, 1800년에는 40곳, 1836년에는 76곳, 1843년에는 130곳이었다. 더욱이 오늘날에는 모든 탄광에서 채굴이 예전보다 훨씬 활발하게 이루어지고 있다. 이와 비슷하게 주석과 구리, 납의 채굴도 더 활발해졌으며, 유리 제조업의 확장과 더불어 조사이어 웨지우드Josiah Wedgewood의 노력에 힘입어 중요해진 도기류 생산업에서 1763년경 새로운 산업 분야가 등장했다. 이 발명가는 도자기 제조업 전체를 과학적 기반 위에 올려놓고, 더 나은 취향을 소개하고, 스태포드셔Staffordshire 북부에 도자기 산지를 건설했다. 넓이가 8평방 마일인 이 지역은 예전에 불모지였으나 이제 작업장과 거주지가 곳곳에 들어섰고, 6만 명 넘게 고용하고 있다.

이처럼 광범한 활동의 소용돌이 속으로 모든 것이 빨려 들어갔다. 농업도 변화에 상응하여 전진했다. 앞에서 보았듯이 토지 자산이 새로운 소유자와 경작자에게 넘어갔을 뿐 아니라 농업 자체도 또 다른 방식으로 영향을 받았다. 대토지 소유자들은 토질을 개선하기 위해 자본을 투입하고, 쓸모없는 울타리를 철거하고, 배수시설을 갖추고, 거름을 주고, 더 나은 농기구를 사용하고, 윤작을 했다. 과학의 진보도 그들에게 도움이 되었다. 험프리 데이비

Humphrey Davy 경은 화학을 농업에 적용해 성공을 거두었고, 기계과학에서 이루어진 발전도 대농장주들에게 많은 이점을 선사했다. 또한 인구가 증가한 결과 농산물 수요가 급증해서, 1760년부터 1834년까지 황무지 684만 540에이커가 개간되었다. 이런 변화가 일어났음에도 영국은 곡물 수출국에서 곡물 수입국으로 변모했다.

교통망 역시 활발히 건설되었다. 1818년부터 1829년까지 잉글랜드와 웨일스에서는 법으로 규정한 60피트 너비 철도가 1000마일 부설되었고, 거의 모든 낡은 도로가 존 매캐덤John McAdam의 새로운 체계에 따라 재건되었다. 스코틀랜드에서는 공공사업부(Department of Public Works)가 1803년부터 거의 900마일에 달하는 도로와 1000개가 넘는 다리를 건설했는데, 이 덕분에 고지(Highlands) 주민들이 갑자기 문명권 안에 놓이게 되었다. 당시까지 고지 사람들은 대개 밀렵꾼과 밀수꾼이었으나 이제는 농민과 수공업자가 되었다. 또한 게일 어를 보존하기 위해 게일 어 학교들을 설립했음에도 게일-켈트 관습과 입말은 오늘날 영어 문명이 다가오면서 빠르게 사라지고 있다. 아일랜드에서도 사정은 마찬가지다. 코크Cork와 리머릭Limerick, 케리Kerry 사이에 자리잡은 주州들은 종전까지는 통행할 수 있는 도로가 전무한 황무지였고, 접근하기가 어려워서 모든 범죄자의 도피처이자 아일랜드 남부에서 켈트 계 아일랜드 인의 민족성을 지키는 주요한 보호막으로 기능했다. 이곳을 가로지르는 공공도로가 놓인 지금은 이 미개한 지역까지도 문명이 들어왔다. 대영국 전체, 특히 잉글랜드는 60년 전만 해도 당시 독일이나 프랑스 못지않게 도로 사정이 나빴지만, 이제는 가장 좋은 도로망으로 덮여 있다. 그리고 이 도로망은 잉글랜드에 있는 다른 것들 거의 전부와 마찬가지로 사기업의 산물이다. 국가는 이 방면에서 한 일이 거의 없다.

1755년 전에는 잉글랜드에 운하가 거의 없었다. 이 해에 랭커셔에서 생키 브룩Sankey Brook과 세인트 헬렌스Saint Helens를 잇는 운하가 건설되었다. 1759년, 제임스 브린들리James Brindley는 첫 번째 중요한 운하인 브리지워터

Bridgwater 공작의 운하를 건설했다. 이 운하는 맨체스터와 이 지역의 탄광들에서 시작해 바턴Barton 근처에서 어웰Irwell 강 위에 가로놓인 회전 수도교水道橋〔정식 이름은 '바턴 회전 수도교'다. 수도교에는 강이나 골짜기 같은 장애물을 피해 물을 운반하는 수도교와, 그런 장애물 위로 작은 배가 지나갈 수 있게 하는 수도교가 있다. 바턴 수도교는 후자이며, 여기에 더해 큰 배가 운하를 지나갈 수 있도록 회전축을 중심으로 90도 회전한다는 특징이 있다. 이 다리는 세계 최초이자 유일한 회전 수도교로서 지금까지도 이용되고 있다〕를 지나 머지Mersey 강의 어귀까지 이어진다. 잉글랜드의 운하 건설은 브린들리가 처음으로 운하의 중요성을 알려준 이 성취로부터 시작되었다. 이제는 운하들이 건설되어서 모든 방향으로 항행할 수 있다. 잉글랜드에서만 운하의 길이가 2200마일, 항행할 수 있는 강의 길이가 1800마일에 달한다. 스코틀랜드에서는 칼레도니아Caledonian 운하가 이 나라를 일직선으로 가로지르며, 아일랜드에서도 몇몇 운하가 건설되었다. 이런 시공 역시 철도나 도로의 경우와 마찬가지로 거의 전부 개인과 사기업이 수행했다.

철도는 최근에야 부설되었다. 첫 번째 장거리 철도는 1830년에 리버풀에서 맨체스터까지 개통되었고, 이때부터 모든 대도시가 철도로 연결되었다. 런던은 사우샘프턴Southampton, 브라이턴Brighton, 도버Dover, 콜체스터Colchester, 엑서터Exeter, 버밍엄과 연결되었고, 버밍엄은 글로스터Gloucester, 리버풀, (뉴턴Newton과 위건Wigan, 맨체스터와 볼턴을 거쳐) 랭커스터Lancaster와 연결되었다. 버밍엄은 또한 (맨체스터와 핼리팩스, 레스터와 더비와 셰필드를 거쳐) 리즈와 연결되었고, 리즈는 헐Hull과 (요크York를 거쳐) 뉴캐슬Newcastle과 연결되었다. 부설 중이거나 계획 중인 단거리 노선들도 많이 있으므로, 머지않아 에든버러Edinburgh에서 런던까지 하루에 이동할 수 있게 될 것이다.

증기의 도입은 육상 교통수단을 변혁한 것만큼이나 해상 이동에서도 일대 혁명을 일으켰다. 최초의 증기선은 1807년 북아메리카의 허드슨Hudson 강에서 띄워졌고, 대영국에서는 1811년 클라이드Clyde 강에서 처음 진수되었다. 그때 이래로 잉글랜드에서 증기선이 600척 넘게 건조되었고, 1836년에는 500척

이상이 영국의 항구들 사이를 운항하고 있었다.

지금까지 간략하게 살펴본 것이 지난 60년에 걸친 영국 산업혁명의 역사, 인류의 연대기에서 전례가 없는 역사다. 60년이나 80년 전만 해도 영국은 다른 모든 나라와 마찬가지로 소도시들과 몇 안 되는 단순한 산업들, 그리고 절대 수는 적지만 전체 인구에 비하면 많은 농업 인구를 가진 나라였다. 오늘날의 영국은 거주자가 250만 명인 수도, 엄청나게 많은 제조업 도시들, 가장 복잡한 기계들로 거의 모든 것을 생산해 세계에 공급하는 산업, 3분의 2가 교역과 상업에 종사하며 계급들이 서로 뚜렷이 구별되는, 근면하고 총명하고 조밀한 인구를 갖추었다는 점에서 어떤 나라와도 다르다. 실제로 다른 관습과 다른 요구를 가진 오늘날의 영국은 과거의 영국과 다른 국가다. 영국에게 산업혁명은 프랑스에게 정치혁명이, 독일에게 철학혁명이 중요한 것만큼이나 중요하다. 1760년의 영국과 1844년의 영국은 적어도 구체제 시절의 프랑스와 7월혁명 시절의 프랑스만큼이나 다르다. 그러나 이런 산업의 일대 격변이 낳은 가장 중대한 결과는 영국의 프롤레타리아트다.

우리는 이미 기계가 도입되면서 프롤레타리아트가 생겨난 과정을 살펴보았다. 제조업이 빠르게 확장하자 일손이 달려 임금이 올랐고, 농업 지역에서 도시로 노동자 부대가 이주했다. 인구가 어마어마하게 증가했으며, 그렇게 증가한 인구는 거의 전부 프롤레타리아가 되었다. 한편 아일랜드는 18세기 초입에 이르러서야 비로소 질서 있게 발전하기 시작했다. 아일랜드에서도 과거에 잉글랜드의 잔혹 행위 때문에 격감했던 것 이상으로 인구가 급속히 불어나기 시작했으며, 특히 제조업이 발전해 아일랜드 인 다수를 잉글랜드로 끌어들이기 시작한 이후로 급증했다. 그 결과 대영국에서 커다란 제조업과 상업 도시들이 생겨났다. 그런 도시들의 인구 가운데 적어도 4분의 3은 노동계급이었으며, 중간계급 하층은 작은 상점 주인들과 극소수 수공업자들뿐이었다. 발생기의 제조업이 도구를 기계로 바꾸고, 작업실을 공장으로 바꾸고, 그 결과 고되게 일하는 중간계급 하층을 고되게 일하는 프롤레타리아트로 바꾸고, 예전의 대상인을 제조업자로 바꾸긴 했지만, 그리하여 중간계급 하층이 일찍부터 분쇄되어 전체 인구가 대립하는 두 부류인 노동자와 자본가로 분리되긴 했지만, 이런 사태는 제조업 본연의 영역 밖에서, 바로 수공업과 소매업의 영역에서 일어났기 때문이다. 과거 장인과 견습공의 자리에 대자본가와 계급 상승의 전망이 전혀 없는 노동자가 들어섰다. 수공업이 공장의 작업 방식에 따라 이루어졌고, 분업이 엄격하게 적용되었고, 대규모 설비와 도무지 경쟁할 수 없었던 소규모 고용주들이 프롤레타리아로 전락했다. 이와 동시에 과거의 수공업 조직이 파괴되고 중간계급 하층마저 사라지자, 직공은 중간계급으로 상승할 가능성을 모조리 상실했다. 그전까지만 해도 직공에게는 어딘가에서 형편에 따라 직인과 견습공을 고용하는 우두머리 기능공으로서 자립할 전망이 언제나 있었다. 그러나 우두머리 기능공들이 제조업자들에 밀려나고 대규모 자본이 없으면 작업을 독립적으로 계속할 수 없게 되자, 예전에는 대개 부르주아지로 이행하기 위한 일시적 단계에 지나지 않았던 노동계급이 처음으로 전체 인구를 구성하는 영구적인 계급이 되었다. 이제 뼈가 빠지게 일할 운명을 타고난 노동자에게는 일평생 뼈가 빠지도록 노동하는 것 외에 다른 전망이라곤 없었다. 그리하여 이제 프롤레타리아트는 독립적으로 행동할 위치에 처음으로 서게 되었다.

이런 식으로 오늘날 대영국 전체를 가득 채우는 막대한 노동자 무리가 모여들었으며, 그들의 사회적 조건은 나날이 문명세계의 시선을 점점 더 끌어당기고 있다. 노동계급의 상황은 영국인 대다수의 상황이다. 문제는 이 궁핍한 수백만의 사람들, 어제 벌어서 오늘 생활하고, 발명과 노고로 위대한 영국을 만들어왔고, 하루하루 지날수록 자신들의 힘을 점점 더 강하게 의식하고, 사회의 이익에서 자신들의 몫을 매일 점점 더 절박하게 요구하는 이 사람들이 장차 어떻게 될 것이냐는 점이다. 이것은 선거법 개정 법안〔보통 '1832년 선거법 개정 법안'이라 불린다. 이를 통해 부패한 선거구가 폐지되고 불균형한 선거구가 조정되고 후보자 자격 제한이 완화되어, 성인 남성 선거권이 1831년 36만 6250명에서 1832년 65

만 2777명으로 대폭 확대되었다] 이래로 국가적 문제가 되었다. 조금이라도 중요한 의회 내의 모든 토론은 이 문제로 귀착될 것이다. 영국 중간계급은 아직까지 이 커다란 문제를 인정하지 않은 채 회피하려 시도하고 있고, 그들의 특수한 이해관계를 진정한 국가적 이해관계처럼 제시하려 애쓰고 있지만, 그렇게 해봐야 아무 소용도 없다. 의회의 매 회기마다 노동계급은 기반을 넓혀가는 반면 중간계급은 영향력을 잃어가고 있다. 의회에서 중간계급이 주요한 세력, 아니 유일한 세력인 것은 사실이지만, 1844년의 마지막 회기에는 노동계급에게 영향을 미치는 주제들, 이를테면 빈민구제 법안(Poor Relief Bill), 공장법(Factory Act), 고용주-피고용인법(Masters' and Servants' Act) 등에 관한 토론이 줄곧 이어졌다. 하원에서 노동자들을 대표한 토머스 던콤Thomas Duncombe은 그 회기에 대단한 활약을 펼친 반면, 곡물법 폐지를 발의한 자유주의적 중간계급과 곡물 수입세를 거부하겠다고 결의한 급진주의적 중간계급은 미미한 역할을 하는 데 그쳤다. 아일랜드에 관한 토의조차 실제로는 아일랜드의 프롤레타리아트와 그들을 도울 방편에 관한 것이었다. 지금은 더 이상 애원하지 않고 오히려 위협하는 영국 노동자들에게 중간계급이 어느 정도 양보해야 할 때다. 얼마 후에는 너무 늦어버릴 것이기 때문이다.

이 모든 사태에도 불구하고 영국의 중간계급, 특히 제조업자 계급은 바로 노동자들의 빈곤을 이용해 풍족해졌으면서도 이런 빈곤을 계속 무시하고 있다. 영국을 대표하는 막강한 계급이라고 자부하는 이 계급은 자국의 치부를 전 세계에 적나라하게 내보이는 것을 수치스럽게 여기면서도 노동자들의 고통을 그들끼리조차 인정하지 않을 것이다. 그럴 경우 자산을 보유한 제조업자 계급인 그들이 그 고통에 도덕적 책임을 져야 하기 때문이다. 그런 까닭에 영리한 영국인들(유럽 대륙에는 이 중간계급만이 알려져 있다)은 누군가 노동계급의 상황에 관해 말하기 시작하면 경멸조로 조소한다. 그런 까닭에 중간계급 전체는 노동자들에 관련된 것이면 그게 무엇이든 까맣게 모른다. 그런 까닭에 이 계급의 사람들은 의회의 안팎에서 프롤레타리아트의 상황을 논의할 때면 우스꽝스러운 실수를 저지른다. 그런 까닭에 중간계급은 구멍투성이 기반 위에서 부조리하게도 근심거리 없이 안주하고 있지만, 그 기반이 언젠가 빠르게 무너지리라는 것은 수학적 또는 역학적 논증만큼이나 확실하다. 그런 까닭에 얼마나 오래되었는지 아무도 모르는 오래된 사태를 조사하고 수리해온 영국인들에게 자국 노동자들의 상황에 관한 책이 아직까지 한 권도 없다는 것은 기적이다. 또한 그런 까닭에 노동자들을 체계적으로 약탈하고 무자비하게 방기한 부자들을 향한, 글래스고에서 런던에 이르는 노동계급 전체의 깊은 분노는 머지않아, 십중팔구 인간이 예측할 수 있는 시간 내에, 프랑스혁명과 1794년의 사태는 아이들 장난에 지나지 않았음을 입증할 혁명으로 터져나올 것이다.

산업 프롤레타리아트

Die Lage der arbeitenden Klasse in England _ The Condition of the Working Class in England

프롤레타리아트를 이루는 집단들을 탐구하는 순서는 당연히 앞에서 서술한 노동계급 발생사를 따른다. 최초의 프롤레타리아들은 제조업과 관련이 있고 제조업에 의해 생겨났으므로, 원료를 가공하는 제조업에 고용된 이들에 제일 먼저 주목할 것이다. 제조업에 쓰일 원료와 연료를 생산하는 일은 산업의 변화로 말미암아 중요해졌을 뿐이며, 새로운 프롤레타리아트인 탄부와 광부를 창출했다. 그런 다음 제조업은 세 번째로 농업에, 네 번째로 아일랜드의 상황에 영향을 미쳤다. 각 집단에 속하는 소집단들은 그에 합당하게 다룰 것이다. 또한 우리는 아일랜드 인을 예외로 치면 다양한 노동자들의 지적 수준이 제조업과 관련을 맺는 정도에 정비례한다는 것, 공장노동자들은 자기네 이해관계에 가장 밝고, 광부들은 조금 덜 밝고, 농업노동자들은 무척 어둡다는 것을 살펴볼 것이다. 우리는 산업노동자들 사이에서 똑같은 순서를 다시 발견할 것이고, 산업혁명이 낳은 맏이인 공장노동자들이 어떻게 처음부터 오늘날까지 노동운동의 핵을 형성해왔는지, 그리고 발전하는 기계에 수공업 기술이 침범당하는 정도에 정비례해 다른 노동자들이 어떻게 그 운동에 동참해왔는지를 살펴볼 것이다. 요컨대 우리는 잉글랜드가 제공하는 사례에서, 산업이 발전하는 속도와 보조를 맞추어 성장해온 노동운동에서, 제조업의 역사적 중요성을 배울 것이다.

그렇지만 현 시점에는 거의 모든 산업 프롤레타리아트가 노동운동에 관여하고 있고 개별 집단들의 상황이 대체로 비슷하기 때문에, 즉 그들 모두가 산업적이기 때문에, 우리는 우선 전체로서 산업 프롤레타리아트의 상황을 검토할 것이고 그 후에 순서에 따라 각각의 집단과 그 특성을 더 상세히 알아볼 것이다.

제조업이 소수의 손에 자산을 집중시킨다는 것은 이미 지적했다. 제조업은 소규모 상업 부르주아지를 파산시키는 거대한 설비를 세우기 위해, 독립적으로 일하는 수공업자들을 시장에서 몰아내는 자연력을 이용하기 위해 대규모 자본을 필요로 한다. 제조업은 노동의 분업, 수력과 특히 증기력의 활용, 기계의 활용이라는 세 가지 커다란 지렛대를 이용해 지난 세기 중엽부터 세계를 급속도로 혼란에 빠뜨렸다. 제조업은 좁게 보아 중간계급을 창출했고, 크게 보아 노동계급을 창출했으며, 때가 되면 분명 권좌에서 쫓아낼 것이긴 하지만 중간계급이라는 선택받은 이들에게 왕관을 씌워주었다. 한편, '그리운 옛 시절'의 수많은 소규모 중간계급 사람들이 제조업으로 인해 전멸하고 부유한 자본가들과 가난한 노동자들로 갈라졌다는 것은 명백하고 쉽게 설명할 수 있는 사실이다.*

그렇지만 제조업의 집중화 경향은 여기서 그치지 않는다. 자본과 마찬가지로 인구도 집중된다. 이것은 아주 자연스러운 일인데, 제조업에서 인간, 즉 노동자는 제조업자가 임금이라는 형태로 이자를 지불하는, 자본의 한 조각으로 간주되기 때문이다. 제조업 설비에는 한 건물에서 함께 고용되어 일하고, 모여서 살고, 공장 규모가 제법 큰 경우에는 하나의 마을을 이루는 다수의 노동

* 이 점에 관해서는 〈독불연보(Deutsch-Französische Jahrbücher)〉에 게재된 나의 "정치경제학 비판 개요"를 참조할 것. 〔이 소론에서는 '자유경쟁'이 출발점이다. 그러나 산업은 자유경쟁의 실행일 뿐이고, 자유경쟁은 산업의 원리일 뿐이다._독일어판에만 있는 문구〕.

자들이 필요하다. 노동자들의 필요를 채우려면 수공업자, 제화공, 재봉사, 제빵사, 목수, 석수 같은 다른 사람들도 근처에서 살아야 한다. 그런 마을의 거주자들, 특히 젊은 세대는 공장 일에 적응하고 점차 숙련도를 높여간다. 첫 번째 공장이 마을의 노동자들을 전부 고용할 수 없을 때가 되면 임금이 삭감되고, 그 결과 새로운 제조업자들이 이주해 들어온다. 그래서 마을이 소도시로 성장하고, 소도시가 대도시로 성장한다. 도시가 커질수록 그 이점도 커진다. 도시는 도로와 철도, 운하를 제공한다. 도시에서는 숙련노동의 종류가 꾸준히 증가하고, 근처에 사는 건축가들과 기계공들이 경쟁을 벌이므로 목재와 기계, 건축가, 기능공을 실어와야 하는 외진 시골 지역보다 새로운 설비를 더 싸게 지을 수 있다. 도시는 구매자로 붐비는 시장, 원료를 공급하거나 완제품을 필요로 하는 시장과 직접 연결되는 교통수단을 제공한다. 이런 이유로 제조업 대도시들이 경이로울 만큼 빠르게 성장하는 것이다. 반면에 시골은 보통 도시보다 임금이 싸다는 이점이 있으며, 그 결과 도시와 시골은 끊임없이 경쟁을 벌이게 된다. 설령 오늘 도시 쪽에 이점이 있다고 해도 내일이면 시골에서 임금이 대폭 삭감되어 시골에 새롭게 투자해야 가장 높은 수익을 거두게 된다. 그럼에도 제조업의 집중화 경향은 엄청난 위력으로 계속되며, 시골에서 건설되는 모든 새로운 공장은 제조업 도시의 싹을 품고 있다. 제조업의 이런 광포한 질주가 지금과 같은 속도로 한 세기 더 지속된다면 영국의 모든 제조업 지역이 하나의 거대한 제조업 도시가 될 것이고, 맨체스터와 리버풀이 워링턴Warrington이나 뉴턴에서 만날 것이다. 상업에서도 이런 인구의 집중화는 제조업과 정확히 같은 방식으로 이루어지며, 그런 까닭에 헐과 리버풀, 브리스톨Bristol, 런던 같은 한두 개의 커다란 항구가 영국의 해상교역 전체를 거의 독점하게 된다.

상업과 제조업은 이런 대도시들에서 가장 완전하게 발전하므로 프롤레타리아트에 미치는 상업과 제조업의 영향 역시 여기서 가장 분명하게 관찰할 수 있다. 여기서 자산의 집중이 최고조에 이르고, 여기서 그리운 옛 시절의 도덕과 관습이 가장 완전하게 지워지고, 여기서 '살기 좋았던 옛 영국'이 아무런 의미도 없는 말이 된다. 옛 영국 자체가 기억에도, 우리 할아버지들의 이야기에도 남아 있지 않기 때문이다. 또한 여기서는 날이 갈수록 중간계급 하층이 점점 더 완전하게 사라지면서 부유한 계급과 가난한 계급만이 남게 된다. 그리하여 한때 가장 안정적이었던 계급이 가장 불안정한 계급이 된다. 오늘날 그 계급은 과거의 잔여인 소수와 부자가 되기를 갈망하는 다수로 이루어진다. 산업계의 낙천주의자이자 사색가인 이들 다수 중에서 1명은 부를 쌓을지 모르지만 나머지 99명은 파산하게 되고, 이 99명 중에서 절반 이상은 영원히 실패를 거듭하며 살아가게 된다.

그러나 이런 도시들에서 프롤레타리아들은 절대다수를 차지한다. 이제 그들이 어떻게 지내고 대도시가 그들에게 어떤 영향을 미치는지 살펴보자.

대도시

누군가 몇 시간 내내 돌아다녀도 도시 가장자리의 근처에도 이르지 못하고, 가까운 거리에 탁 트인 교외가 있으리라 추론할 만한 단서를 전혀 얻지 못하는 런던 같은 도시는 이상한 곳이다. 인간 250만 명을 한 곳에 몰아넣는 이런 어마어마한 집중화는 이 250만 명의 힘을 100배로 강화하고, 런던을 세계의 상업 수도로 밀어올리고, 커다란 선거船渠들을 건설하고, 템스 강을 끊임없이 뒤덮는 선박 수천 척을 불러모았다. 나는 바다에서 런던 교까지 올라가는 도중에 보이는 템스 강 전경보다 인상적인 전경을 알지 못한다. 무리를 이루는 건물들, 특히 울위치Woolwich에서 상류 방향으로 강 양편에 자리잡은 부두들, 결국에는 증기선 수백 척이 꼬리에 꼬리를 물고 쏜살같이 내달리는 강 중앙의 좁은 물길만 남을 때까지 양쪽 강변에 미어터지게 들어차는 무수히 많은 선박들 등, 이 모든 광경이 대단히 방대하고 대단히 인상적이어서 사람들은 정신을 차리지 못한 채, 영국 땅에 발을 들여놓기 전부터 영국의 위대함에 혀를 내두른다.*

그러나 나중에는 이 모든 광경을 위해 치러야 하는 희생을 똑똑히 보게 된다. 하루나 이틀 동안 사람들의 소란과 탈것의 끝없는 행렬을 헤치고 나아가며 이 수도의 거리를 돌아다닌 뒤에는, 이 거대도시의 빈민굴을 찾아간 뒤에는, 이 런던 사람들이 그들의 도시를 가득 채우는 문명의 온갖 경이를 실현하기 위해 인간 본성의 가장 뛰어난 자질을 희생하도록 강요당해왔다는 것, 소수의 사람들이 자신의 능력을 더 완전하게 계발하고 다른 이들과 연합해 능력을 강화하기 위해 그들 안에 가만히 잠들어 있는 백 가지 능력을 억눌러왔다는 것을 처음으로 깨닫게 된다. 거리의 소란에는 무언가 역겹고 인간의 본성에 반하는 측면이 있다. 붐비는 거리에서 스쳐 지나가는, 모든 계급과 계층에 속하는 수많은 이들은 모두 똑같은 자질과 능력, 행복해지려는 똑같은 동기를 가진 인간이 아니던가? 결국 그들은 똑같은 방법과 똑같은 수단으로 행복을 추구해야 하지 않던가? 그런데도 그들은 마치 서로 아무런 공통점도 없다는 듯이, 아무런 관계도 없다는 듯이 스쳐 지나간다. 그들이 암묵적으로 동의하는 것이 딱 하나 있다면, 반대편 인파의 걸음을 늦추지 않기 위해 서로에게 눈길 한 번 주지 않으면서 보도에서 한쪽으로만 쭉 걸어간다는 것이다. 이 개인들이 제한된 공간 안에 모이면 모일수록 각자의 야만적인 무관심, 사익만을 추구하는 매몰찬 고립 상태는 한층 더 혐오스럽고 불쾌하게 변해간다. 그리고 이런 개인의 고립, 이런 편협한 이기주의가 어디서나 우리 사회의 근본 원칙이라는 것을 누군가 제아무리 명확하게 인식하더라도, 사람들이 바글거리는 이 대도시만큼 뻔뻔스럽고 몰염치하고 자기 위주인 곳은 어디서도 찾아볼 수 없다. 인류가 각자의 원칙과 목적을 가진 단자單子들로 분해되는 원자들의 세계는 바로 이곳에서 최고조에 이른다.

그러므로 이곳에서는 사회적 전쟁, 만인 대 만인의 전쟁이 공공연하게 선포된다. 막스 슈티르너Max Stirner의 최근 저작[《유일자와 그 소유(Der Einzige und

---

* 이런 전경은 범선 시대에나 들어맞는다. 오늘날 템스 강은 흉측한 증기선들이 음울하게 모여 있는 곳이다. [이러한 전경은 50년 전 범선 시대에나 들어맞는다. 범선은—여전히 런던으로 돌아오고 있지만—부두 안에서만 볼 수 있고, 템스 강은 그을리고 지저분한 증기로 뒤덮여 있다._1892년 독일어판 주].

sein Eigenthum)》를 말함]에서처럼 사람들은 서로를 그저 유용한 대상으로만 여기고 서로가 서로를 착취한다. 결국에는 강자가 약자를 짓밟고, 소수의 힘 있는 자본가들이 모든 것을 차지하는 반면에 다수의 힘 없는 빈자들은 목숨만 겨우 부지하게 된다.

런던에서 현실인 것은 맨체스터와 버밍엄, 리즈에서도 현실이고, 모든 대도시에서도 현실이다. 어디에나 한 편에는 야만적인 무관심과 매정한 이기주의, 다른 한 편에는 이루 형언하기 어려운 참상이 있고, 어디서나 사회적 전쟁이 벌어지고 모두의 집이 포위되어 있고, 어디서나 법의 보호 아래 서로를 약탈하고 있으며, 사람들이 이 모든 사태를 너무도 파렴치하게, 너무도 공공연하게 자인하고 있어서, 우리의 사회적 상태의 결과가 숨김없이 드러날 때면 우리는 뒷걸음질을 치게 되며, 기껏해야 사회의 전체 구조가 아직까지 분해되지 않았다는 것을 의아해할 수 있을 뿐이다.

생계수단과 생산수단을 직간접적으로 통제하는 자본은 사회적 전쟁을 수행하는 무기이므로, 그런 상황의 모든 불이익이 빈민들에게 닥칠 것은 불 보듯 뻔하다. 아무도 빈자를 손톱만큼도 염려하지 않는다. 소용돌이 속으로 내던져진 빈자는 있는 힘을 다해 헤쳐나가야 한다. 만일 그가 다행히 일자리를 구한다면, 즉 부르주아지가 자기들 배를 불리기 위해 그를 고용하는 은혜를 베푼다면, 신체와 정신을 근근이 부지하기도 어려운 임금이 그를 기다린다. 만일 그가 일자리를 구하지 못하고 경찰을 두려워하지도 않는다면 도둑질을 할 것이고, 그렇지 않고 굶주린다면 조용하고 얌전하게 굶주리는지를 경찰이 감시할 것이다. 내가 잉글랜드에 머무르는 동안 적어도 20~30명이 가장 메스꺼운 환경에서 그저 굶주림 때문에 죽었지만, 배심원단은 사건의 진상을 말할 용기를 거의 보여주지 않았다. 결코 목격자가 명명백백하게 증언하도록 내버려두지 않는 부르주아지—배심원단도 이들 가운데서 선출한다—는 빈자가 굶어죽었다는 몹시 불쾌한 평결을 모면할 뒷문을 언제나 마련해둔다. 이런 사건에서 부르주아지는 감히 사실대로 말하지 못한다. 스스로에게 유죄를 선고하는 꼴이 되기 때문이다. 그러나 오랫동안 적절한 영양분을 섭취하지 못해 치명적인 질병이 발병한 곳에서는, 영양 결핍 때문에 신체가 몹시 쇠약해져서 영양이 충분했다면 그냥 넘겼을 중병에 걸려 죽은 경우처럼, 굶주림이 직접적인 원인이 되어 죽은 사람보다 간적접인 원인이 되어 죽은 사람이 훨씬 많다. 영국 노동자들은 이런 죽음을 '사회적 살인'이라 부르며, 이런 범죄를 쉴 새 없이 저지르는 우리 사회 전체를 고발한다. 그들이 틀렸는가?

기껏해야 개개인이 굶주리는 것은 사실이지만, 노동자에게 내일은 그의 차례가 아닐 거라는 보장이 어디에 있는가? 그 누가 그의 고용을 보장하는가? 만일 그의 고용주가 내일 어떤 이유로, 또는 아무런 이유도 없이 그를 해고한다면 그가 가족과 함께 '그에게 빵을 줄' 다른 누군가를 찾을 때까지 고군분투할 수 있다는 것을 그 누가 보장하는가? 기꺼이 일하려는 의지만 있으면 일자리를 충분히 구할 수 있다는 것, 정직, 근면, 검약 등 부르주아지가 장려한 덕목들이 실제로 그가 행복에 이르는 길이라는 것을 그 누가 보장하는가? 아무도 보장하지 않는다. 그는 오늘 무언가를 가지고 있을지라도 내일 무언가를 가지고 있을지 여부는 자신에게 달려 있지 않다는 것을 알고 있다. 가볍게 불어오는 어떤 바람도, 고용주의 어떤 변덕도, 교역의 어떤 악화도 그를 사나운 소용돌이 속으로, 지금껏 임시변통으로 빠져나왔지만 물 위로 고개를 내밀기가 어렵고 때로는 불가능한 소용돌이 속으로 다시 내던질 수 있다는 것을 그는 알고 있다. 오늘 호구지책이 있더라도 내일도 있을지는 아주 불확실하다는 것을 그는 알고 있다.

이제 사회적 전쟁으로 말미암아 무산계급이 처한 상황을 더 자세히 알아보자. 사회가 주거, 의복, 음식의 형태로 노동자에게 노동의 대가를 얼마나 지불하는지, 사회의 유지에 가장 크게 기여하는 이들에게 어떤 종류의 생존을 허용하는지 살펴보자. 우선 주거를 알아보자.

모든 대도시에는 노동계급이 모여 사는 빈민굴이 하나 이상 있다. 간혹 부자들의 궁전 근처에 있는 후미진 골목에 빈민층이 거주하는 것은 사실이다.

그러나 보통은 빈민층에게 별도의 구역이 배정되며, 행복한 계급들의 눈에 띄지 않는 그곳에서 빈민층은 간신히 생계를 꾸려나간다. 가장 열악한 구역에 있는 가장 열악한 집들로 이루어지는 이런 빈민굴은 잉글랜드의 어느 대도시에서나 그 구조가 아주 흡사하다. 보통 빈민굴에는 단층이나 복층인 작은 집들이 길게 줄지어 있는데, 지하실을 주거용으로 쓰기도 하는 이 집들은 거의 언제나 대중없이 짓는다. 방 서넛과 부엌 하나를 갖춘 이 집들은 런던의 일부 지역을 뺀 잉글랜드 전역에서 노동계급의 일반적인 거처다. 거리는 보통 비포장에 험하고 지저분하며, 채소와 고기 찌꺼기가 그득하고, 하수도나 배수로가 없는 대신, 물이 고여 악취가 진동하는 웅덩이들이 있다. 게다가 형편없고 난잡한 건축 방법 때문에 다수가 모여 사는 좁은 공간에서 환기마저 원활하지 않으니, 이런 노동자 거주 구역에 어떤 분위기가 팽배해 있을지 쉽게 상상할 수 있을 것이다. 여기에 더해 맑은 날이면 거리가 빨래를 말리는 장소로 쓰여서, 집과 집 사이에 매단 빨랫줄에 젖은 옷들이 걸려 있다.

빈민굴 몇 곳을 순서대로 살펴보자. 맨 처음은 런던이다*. 런던에는 세인트 자일스Saint Giles라는 유명한 빈민굴이 있는데, 지금은 결국 이곳을 꿰뚫는 한 쌍의 넓은 도로가 건설되기 직전이다. 런던에서 인구가 가장 조밀한 지역의 한가운데에 있는 세인트 자일스는 이 도시의 명랑한 사람들이 빈둥거리는 넓고 빛나는 거리들에 둘러싸여 있고, 옥스퍼드 가, 리전트 가, 트라팔가 광장, 스트랜드 가와 맞닿아 있다. 이곳에는 3층이나 4층짜리 높은 집들이 무질서하게 모여 있고, 좁고 구불구불하고 더러운 거리들이 있으며, 노동계급만 눈에 띈다는 점이 다를 뿐 런던의 큰길들 못지않게 사람이 많다. 이곳 거리에는 안 그래도 어려운 통행을 한층 더 방해하는 청과물 시장이 선다. 생선 장수들

* [여기서부터 제시할 묘사를 나는 이미 〈일루미네이티드 매거진Illuminated Magazine〉(1844년 10월호)에 실린 어느 기사에서 우연히 보았다. 런던의 노동계급 거주 구역을 다룬 그 기사는 내가 묘사한 것과 아주 흡사하다—문자 그대로 거의 똑같은 대목도 많고, 전반적인 어조도 줄곧 비슷하다. 그 기사의 제목은 "빈민들의 거처, 어느 의학박사의 노트에서"(The Dwellings of the Poor, from the note-book of an M.D)였다._독일어판 주].

의 노점과 더불어, 당연히 전부 질이 나쁘고 거의 먹기조차 어려운 채소와 과일을 담은 바구니들은 끔찍한 냄새를 풍긴다. 안이나 밖이나 지저분하기는 매한가지인 집들에는 지하실부터 다락방까지 사람들이 들어차 있으며, 겉에서 보면 어떤 인간도 도저히 살아갈 엄두를 내지 못할 것만 같다. 그러나 이 모든 것도 거리들 사이에 있는 좁은 안마당과 골목의 거처에 비하면 아무것도 아니다. 집들 사이에 가려진 통로로 들어가면 보이는 그 불결하고 위태로운 폐허는 묘사하기 어려울 정도다. 멀쩡한 창유리는 거의 찾아보기 어렵고, 벽은 부스러지는 중이고, 문설주와 창틀은 헐겁거나 깨져 있고, 문은 낡은 판자를 대충 못질해 만든 것이다. 이 도둑들의 거주지에는 훔쳐갈 것이 전혀 없기 때문에 문이 아예 없는 경우도 있다. 사방에 쓰레기와 재가 무더기로 쌓여 있고, 문 앞에 부어버리는 구정물은 악취가 코를 찌르는 웅덩이로 모인다. 여기서는 가난한 이들 중에서도 가장 가난한 이들, 급여가 가장 적은 노동자들이 도둑이나 매춘의 희생자들과 구별을 두지 않고 부대끼며 살아간다. 이들 대부분은 아일랜드 인이거나 아일랜드 혈통이다. 이 밖에 아직은 자신을 둘러싼 도덕적 타락의 소용돌이 속으로 가라앉지 않았으나 하루하루 지날수록 점점 깊이 가라앉고, 사람을 비도덕적으로 만드는 결핍과 불결함, 사악한 환경의 영향에 저항할 힘을 점점 잃어버리는 부류도 있다.

세인트 자일스가 런던의 유일한 빈민굴은 아니다. 복잡하게 뒤얽힌 수많은 거리들에는, 인간에게 적합한 거처를 얻을 여력이 조금이라도 있는 사람이라면 누구라도 도저히 살기가 어려운 집들이 늘어선 골목과 안마당〔건물들에 둘러싸인 땅. 99쪽 그림 참조〕이 수백, 수천 개 있다. 부자들의 호화 주택과 가까운 곳에서는 이렇게 가려져 있는 극빈층의 거주지를 쉽게 찾을 수 있다. 그런 까닭에 얼마 전에 꽤나 괜찮은 광장 가운데 하나인 포트먼 광장에서 가까운 지역을 조사한 어느 검시관이 그곳을 가리켜 "빈곤과 불결함 때문에 타락한 아주 많은 아일랜드 인들"의 거주지라고 말한 것이다. 또한 그런 까닭에 고급스럽지는 않아도 '괜찮은' 편에 속하는 롱 에이커를 비롯한 거리들에 있는 수많은 지하실 거처에서 몸집이 작은 아이들과 반쯤 기아 상태인 헐벗은 여인네들이 모습을 드러내는 것이다. 런던에서 둘째가는 극장인 드루어리 레인 극장 지척에는 이 거대도시 전역에서 가장 열악한 축에 드는 찰스 가, 킹 가, 파크 가가 있으며, 이곳의 집들에는 지하실부터 다락방까지 가난한 가족들만 거주한다. 〈통계 협회 저널(Journal of the Statistical Society)〉에 따르면, 1840년에 세인트 존 교구와 세인트 마거릿 교구에서는 5294개의 '거처'(이런 명칭에 합당한 곳이라면!)에 5366세대의 노동자 가구가 살았으며, 연령과 성별을 차치하고 총 2만 6830명에 달하는 남자와 여자, 아이가 있었다. 이 가구들 가운데 4분의 3은 방이 하나밖에 없었다. 같은 자료에 따르면, 귀족적인 세인트 조지 교구의 하노버 광장에는 노동자 가구 1465세대 거의 6000명이 비슷한 여건에서 생활했고, 여기서도 전체 거주자의 3분의 2 이상이 1가구당 방 1개의 비율로 부대끼며 살았다. 그런데 도둑조차 훔쳐갈 것이 없는 이 불행한 이들의 가난을 유산계급은 합법적인 방법으로 얼마나 착취하는가! 방금 말한 드루어리 레인의 혐오스러운 거처들의 집세는 다음과 같다. 일주일을 기준으로 지하실 2개에 3실링, 1층 방 1개에 3실링, 2층 방 1개에 4실링 6펜스, 3층 방 1개에 4실링, 다락방 1개에 3실링이다. 따라서 찰스 가 한 곳에서만 굶주리는 세입자들이 집주인들에게 해마다 2000파운드를 지불하고, 앞에서 말한 웨스트민스터의 5366세대는 연간 4만 파운드를 집세로 낸다.

가장 넓은 노동자 거주 구역은 런던탑 동쪽의 화이트 채플White Chapel과 베스널 그린Bethnal Green으로, 런던에서 가장 많은 노동자들이 여기서 살고 있다. 베스널 그린 교구에 있는 세인트 필립 교회의 전도사 G. 앨스턴G. Alston이 이 교구의 상황에 대해 한 말을 들어보자.

그곳에는 가옥 1400채가 있고, 2795가구의 1만 2000명이 살고 있다. 이렇게 많은 인구가 거주하는 공간의 넓이는 400제곱야드(1200제곱피트)에도 미치지 못하며, 이 과밀한 곳에서 남편과 아내, 자녀 네다섯, 때로는 조부모까지 10~12제곱피트인 방 하나에서 먹고 자고 일하는 것이 전혀 드문 일은 아니다. 런던의 주교가 가난에 찌든 이 교구에 주목할 것을 요청하기 전까지, 웨스트엔드의 주민들은 오스트레일리아나 남양 제도의 야만인을 모르는 것만큼이나 이곳을 몰랐을 것이라고 나는 생각한다. 만일 우리가 개인적 관찰을 통해 이 불행한 사람들을 속속들이 알게 된다면, 그들의 부실한 식사를 관찰하고 질병과 부족한 일자리 때문에 몸이 굽은 모습을 본다면, 의지가 없고 궁핍한 수많은 사람들을 발견한다면, 우리 같은 국민은 이런 일이 가능하다는 것을 알고 틀림없이 얼굴을 붉힐 것이다. 나는 허더즈 필드의 공장들의 상황이 최악이던 3년 동안 그곳에서 교구 목사로 지냈지만, 베스널 그린의 빈민들만큼 완전히 속수무책인 경우는 본 적이 없다. 이 일대의 10가구 가운데 1가구의 가장조차 작업복 말고는 다른 옷이 없으며, 그 작업복마저 낡을 대로 낡은 것이다. 많은 이들이 정말로 이런 누더기 말고는 밤에 덮을 것이 없고, 짚과 대팻밥을 채운 자루 말고는 침상도 없다.

이 묘사를 바탕으로 이 지역 거처들의 내부를 짐작할 수 있다. 그러나 이따금 이 지역 노동자들의 집 한두 곳에 들이닥치는 영국 관리들을 따라가보자.

1843년 11월 14일, 서리Surrey 주의 검시관 카터Carter 씨가 45세로 죽은 앤 골웨이Ann Galway의 시신을 검사했을 때, 신문들은 그 시체에 관해 다음과 같이 상술했다. 그녀는 런던 버몬지 가의 화이트 라이언코트 3번지의 작은 방 한 칸에서 침대틀을 비롯한 가구 하나 없이 남편과 19세의 아들과 살았다. 그녀는 아들 옆에 놓인 깃털 더미 위에 덮개와 침대보조차 없이 거의 벌거벗은 채로 누워 있었다. 그녀의 온몸에 깃털이 아주 단단하게 붙어 있어서 깃털을 치운 다음에야 시신을 검사할 수 있었던 내과의사는 시신이 굶어죽었고, 해충에 물린 상처가 시신에 있다는 것을 발견했다. 방바닥의 일부가 깨져서 생긴 구멍을 그 가족은 변소로 사용하고 있었다.

1844년 1월 15일 월요일, 소년 2명이 굶주린 상태에서 반쯤 요리한 송아지 족을 가게에서 훔쳐 곧바로 먹어치웠다는 이유로 치안판사 앞에 불려왔다. 치안판사는 그 사건을 더 조사할 필요가 있다고 생각했고, 경찰로부터 다음과 같은 사실을 전달받았다. 두 소년의 어머니는 군인 출신 경찰의 미망인으로, 남편이 죽은 뒤부터 아홉 자식을 부양하기 위해 몹시 힘겹게 생활했다. 그녀는 스피탈 필즈의 퀘이커 코트 2번가인 풀스 플레이스에서 극도로 궁핍하게 살았다. 그녀를 찾아간 경찰은 앉는 부분이 없는 낡은 의자 2개, 다리 2개가 부서진 작은 탁자 하나, 깨진 컵 하나, 작은 접시 하나 외에 세간이라곤 없는 작은 뒷방에서 그녀와 여섯 자식이 말 그대로 둥글게 말려 있는 모습을 보았다. 난로에는 불씨 하나 없었고, 방 한구석에서는 여성의 앞치마 하나를 만들 만한 낡은 헝겊들이 가족 전체의 침상으로 쓰이고 있었다. 침구라고는 몸을 가리기도 어려운 일상복이 전부였다. 그 가난한 여인은 경찰에게 작년에 음식을 사려고 침대틀을 팔 수밖에 없었다고 말했다. 침구는 음식물을 얻는 대가로 음식점 주인에게 저당잡혔다. 요컨대 그녀는 음식 때문에 모든 것을 잃은 처지였다. 치안판사는 교회의 자선함에서 상당한 양의 식량을 그 여인에게 주라고 지시했다.

1844년 2월, 60세의 과부 테레사 비숍Theresa Bishop과 26세인 그녀의 아픈 딸이 말버러 가 치안판사의 동정을 받을 대상으로 추천되었다. 그 과부는 그로브너Grosvenor 광장의 브라운 가 5번지의 벽장이나 다름없는 작은 뒷방에서 세간 하나 없이 살았다. 방 한구석에는 모녀가 잠을 청하는 넝마 조각이 몇 장 있었고, 나무상자 하나가 탁자 겸 의자로 쓰이고 있었다. 어머니는 허드렛일을 해서 돈을 조금 벌고 있었다. 집주인은 모녀가 1843년 5월부터 살았고, 모든 소유물을 차례차례 팔거나 저당잡혔으며, 이제껏 집세를 낸 적이 한 번도 없다고 말했다. 치안판사는 자선함에서 모녀에게 1파운드를 주었다.

나는 런던의 모든 노동자가 앞에서 말한 세 가구만큼 빈곤하게 살아간다고 주장하는 것이 결코 아니다. 1명이 사회의 발에 철저히 짓밟힐지라도 10명은 형편이 조금 더 낫다는 것을 나는 아주 잘 알고 있다. 그러나 나는 근면하고 훌륭한 사람 수천 명—런던의 모든 부자보다 훨씬 훌륭하고 존경받을 만한 이들—이 비인간적인 상황에 놓여 있다고 단언한다. 그리고 프롤레타리아들이 단 한 명의 예외도 없이, 잘못하는 것이 없고 갖은 노력을 다하는데도 모두 비슷한 운명에 처해 있다고 단언한다.

그러나 이 모든 사실에도 불구하고, 어떤 거처라도 있는 사람들은 집이 전혀 없는 사람들에 비하면 운이 좋은 것이다. 런던에서는 매일 아침 5만 명이 그날 밤에 머리를 어디에 누여야 할지 모른 채 잠에서 깬다. 이 중에서 저녁까지 1페니나 2펜스를 얻은 행운아들은 모든 대도시에 수두룩한 숙박소에 들어가 침대 하나를 차지한다. 그러나 어떤 침대인가! 이런 숙박소에는 지하실부터 다락방까지 방 하나에 침대를 넷, 다섯, 여섯 개씩 최대한 밀어넣는다. 아픈 사람과 건강한 사람, 젊은 사람과 늙은 사람, 취한 사람과 정신이 맑은 사람, 남자와 여자를 가리지 않고 들어오는 대로 침대마다 넷, 다섯, 여섯 명씩 우겨넣는다. 그러고 나면 싸움박질과 주먹다짐이 벌어져 다치는 사람이 생긴다. 행여 이 잠자리 동료들이 마음이라도 맞는 날이면 상황은 훨씬 더 악화된다. 도둑질을 계획하고, 우리의 행동보다 한결 인도적인 우리의 언어로는 차마 옮길 수 없는 사태가 발생하기 때문이다. 돈이 없어 이런 숙박소마저 들어가지 못하는 사람들은 어떻게 할까? 그들은 복도든 아케이드든, 경찰과 집주인이 내버려두는 후미진 장소든 어디서나 잠을 잔다. 몇몇은 사설 자선단체들이 여기저기서 운영하는 쉼터를 찾아가고, 몇몇은 빅토리아 여왕의 창문 아래쪽과 가까운 공원들의 벤치에서 잠을 청한다. 런던의 〈타임스Times〉 기사를 살펴보자.

> 말버러 가의 치안법원에서 진행된 소송을 보도한 어제 우리 신문의 칼럼에 따르면, 나무와 강기슭의 몇몇 구덩이 말고는 쉼터가 없어 매일 밤 공원으로 모여드는 모든 연령대의 사람들이 평균 50명에 달한다. 이 가운데 대다수는 젊은 여자들이며, 군인들의 유혹으로 시골에서 상경해서는 친구 없는 극빈한 처지, 이른 나이에 무분별하게 비행을 저지르는 처지가 되었다.

참으로 끔찍하다! 빈곤은 어디에나 어김없이 있다. 궁핍은 크고 호화로운 도시의 심장부에 도달해 섬뜩한 상황을 초래할 것이다. 인구가 조밀한 거대도시의 수많은 좁은 길과 샛길 한가운데에는 우리가 두려워하는 심각한 고통—눈에 거슬리는 고통과 눈에 띄지 않는 고통—이 언제나 반드시 있다.

그러나 풍요와 쾌활함과 유행의 관할구역 안에서도, 제왕처럼 위풍당당한 세인트 제임스 근처에서도, 궁궐처럼 장려한 베이스 워터 인근에서도, 오래되었거나 새로 생긴 귀족적인 구역들의 경계에서도, 현대식 설계에 따라 조심스럽고 세련되게 건설해 빈곤이 머물 주택을 단 한 채도 남겨놓지 않은 지역 안에서도, 이를테면 오로지 풍요를 즐기는 데 골몰하는 듯한 곳에서도, **그런 곳에서도** 결핍과 기근과 질병과 악습이 동류 관계인 온갖 참상들과 함께 휘젓고 다니면서 육체로 육체를 소모하고 정신으로 정신을 소모할 것이다!

진정 무시무시한 사태다! 가장 지독한 궁핍과 밀접히 연관된 가장 완전한 향락이나 육체의 안락, 지적 흥분, 또는 더 순진한 감각적 쾌락이 인간의 갈망을 채워준다! 풍요가 밝은 살롱에서 결핍의 드러나지 않은 상처에 비웃음—무례할 만큼 조심성 없는 비웃음—을 보내고 있다! 쾌락이 저 아래서 신음하는 고통을 무심결에 가혹하게 조롱하고 있다! 상반되는 모든 것, 유혹하는 악덕과 유혹당하는 악덕을 뺀 상반되는 모든 것이 서로를 조롱하고 있다!

그러나 모두가 이것을 기억해야 한다. 신의 땅에 있는 가장 부유한 도시의 가장 품위 있는 구역들 안에서 밤이면 밤마다, 겨울이 올 때마다 나이는 어리지만 죄악과 고통에 익숙하고 사회에서 버림받아 굶주림과 오물, 질병으로 썩어가는 여자들을 찾아볼 수 있다. 모두가 이것을 기억하고 공론을 일삼기보다 행동하는 법을 배워야 한다. 신께서는 오늘날 행동할 여지가 많다는 것을 알고 계신다.*

나는 집 없는 이들의 쉼터를 언급했다. 두 가지 사례를 통해 그런 쉼터가

* 〈타임스〉, 1843년 10월 12일자.

얼마나 과밀한지 알아보자. 오글 가 위쪽에 새로 설립된 '집 없는 이들을 위한 쉼터'는 매일 밤 300명을 수용할 수 있으며, 1844년 1월 27일에 문을 연 이래 3월 17일까지 2740명을 받아들인 적이 하루 이상 있었다. 계절이 점차 따듯해졌음에도 화이트 크로스White Cross 가와 와핑Wapping 구역의 보호소들은 물론이고 이 쉼터에서도 입소 희망자 수가 대폭 증가하는 추세였으며, 매일 밤 방이 부족해서 노숙자 무리를 돌려보낼 수밖에 없었다. 플레이하우스 야드에 있는 중앙보호소는 1844년 첫 3개월 동안 밤마다 침대를 평균 460개씩 제공해 6681명을 수용하고 빵 9만 6141개를 나누어주었다. 그럼에도 관리위원회는 동부 보호소까지 문을 연 다음에야 이런 시설들이 궁핍한 이들의 곤경에 어느 정도라도 대처하기 시작했다고 단언한다.

이제 런던을 떠나 세 왕국의 다른 대도시들을 차례로 살펴보자. 우선 바다에서 접근할 때 런던이 인상적인 것만큼이나 매력적인 도시 더블린Dublin을 알아보자. 더블린 만灣은 영국 전역에서 가장 아름다운 만이며, 아일랜드 인들은 이것을 나폴리 만에 견주기까지 한다. 이 도시에는 대단한 명소들도 있으며, 귀족적인 구역들은 영국 도시들의 다른 어떤 구역보다도 훌륭하고 한층 품위 있게 설계되었다. 그 대신 더블린의 빈민 구역들은 세계에서 가장 참혹하고 역겨운 장소 가운데 하나다. 어떤 환경에서는 도리어 더러운 곳만 편안하게 느끼는 아일랜드 인의 기질을 이곳 사람들도 얼마만큼 공유하는 것은 사실이다. 그러나 잉글랜드와 스코틀랜드의 모든 대도시에서 아일랜드 인 수천 명을 볼 수 있는 만큼, 그리고 빈민들이 모두 불결한 환경 속으로 점차 빠져드는 만큼, 더블린의 비참한 상황은 특수한 현상이나 더블린 고유의 현상이 아니라 대도시라면 어디서나 나타나는 현상이다. 더블린의 빈민 구역들은 대단히 넓고, 이곳의 오물과 거주에 적합하지 않은 가옥, 방치된 거리는 형언하기 어려울 정도다. 여기서 빈민들이 부대끼며 살아가는 방식은 다음과 같은 사실로 미루어 어느 정도 알 수 있다. 어느 구빈원 조사관의 보고*에 따르면, 1817년 배럴 가에서 주택 52채의 방 390개에서 1318명이 살았고, 인근 처치 가에서 주택 71채의 방 393개에서 1997명이 살았다.

이 구역과 여기에 인접한 구역에는 더러운 안마당과 골목이 아주 많다. 지하실은 대개 방문으로만 빛이 들어오고, 거주자 대다수가 적어도 침대틀은 가지고 있지만 적지 않은 수가 맨바닥에서 잔다. 예를 들어 니콜슨 코트에서는 작고 초라한 방 28개에서 151명이 살고 있는데, 이곳 전체에는 침대틀 2개와 담요 2장밖에 없다.

더블린에는 빈곤이 워낙 만연해서, 유일한 자선단체인 멘디서티 협회(Mendicity Association)가 매일 낮에 전체 인구의 1퍼센트인 2500명을 받아들여 음식을 주고 밤이 되면 내보낸다.

앨리슨 박사는 더블린과 비슷한 에든버러의 상황을 기술한다. 환경이 아주 훌륭해 현대의 아테네라는 별칭을 얻은 에든버러에서는 신시가지의 눈부신 귀족적 지구와 구시가지의 더럽고 처량한 빈민들이 현저히 대비된다. 앨리슨은 이 광범한 지구가 더블린의 가장 열악한 구역만큼이나 더럽고 끔찍하며, 멘디서티 협회가 에든버러에서 궁핍한 이들을 돕는다면 아일랜드의 수도에서만큼 구호 비율이 높을 것이라고 주장한다. 실제로 앨리슨은 스코틀랜드, 특히 에든버러와 글래스고의 빈민들은 세 왕국 가운데 그 어떤 지역의 빈민들보다도 형편이 어렵고, 가장 가난한 이들은 아일랜드 인이 아니라 스코틀랜드 인이라고 주장한다. 에든버러의 올드 교회의 전도사인 리Lee 박사는 1836년에 종교교육위원회(Commission of Religious Instruction)에서 이렇게 증언했다.

그는 사람들이 세간 하나 없이, 아무것도 없이 살아가고 남녀 두 쌍이 흔히 방

---

* 에든버러 왕립학회의 회원, 왕립내과의사협회의 회원과 회장 등을 역임한 윌리엄 앨리슨William Alison 박사의 〈스코틀랜드의 빈민 관리와 그것이 대도시의 보건에 미치는 영향을 관찰한 기록(Observations on the Management of the Poor in Scotland and its Effects on the Health of Great Towns)〉(Edinburgh, 1840)에서 인용. 저자는 신실한 토리 당원이자 역사가 아치볼드 앨리슨Archibald Alison의 형이다.

하나를 함께 쓰는 자기 교구처럼 궁핍한 곳을 본 적이 없었다. 어느 날 그는 일곱 가구를 방문했지만 침대가 하나도 없었고 몇몇 가구는 밀짚 더미조차 없었다. 여든 살 노인들이 마룻바닥에서 잠을 자고, 거의 모두가 낮에 입는 옷을 그대로 입고 잔다. 한 지하실에서 그는 스코틀랜드 시골 출신인 두 가구를 발견했다. 그들이 이 도시로 이주하자마자 자식 둘이 죽었고, 그가 방문했을 때 세 번째 자식이 죽어가고 있었다. 두 가구는 각자 방 한구석에 더러운 밀짚 더미를 쌓아두고 있었다. 그 지하실은 두 가구 외에 당나귀 한 마리의 거처이기도 했고, 너무 어두워서 낮에도 사람을 구별할 수 없었다. 리 박사는 스코틀랜드와 같은 나라에서 목격한 그런 궁핍은 무정한 사람의 마음마저 아리게 하기에 충분했다고 단언했다.

에든버러의 〈내과 외과 저널(Medical and Surgical Journal)〉에서 헤난Hennan 박사는 비슷한 상황을 보고했다. 의회 보고서*에 따르면, 에든버러 빈민들의 거처에는 이런 환경이라면 충분히 예상할 수 있는 불결함이 만연하다는 것이 분명하다. 저녁이면 닭이 침대기둥에 앉아 쉬고, 개와 말이 인간과 함께 거주하며, 그 자연스러운 귀결은 오물과 해충 떼를 동반하는 충격적인 악취다. 오늘날 에든버러에서 유행하는 건축은 이런 지독한 상황을 한껏 부채질한다. 구시가지는 언덕의 양쪽 비탈에 건설되었고, 언덕의 마루는 하이High 가로 이어진다. 하이 가를 지나면 아래쪽으로 좁고 구불구불한 골목이 수두룩하게 펼쳐지는데, 꺾이는 지점이 많다고 해서 와인드Wynd라 불리는 이 골목들이 에든버러의 프롤레타리아트 거주 지역을 형성한다. 스코틀랜드 도시들의 주택은 보통 5층이나 6층짜리 건물로 파리의 경우와 흡사하고, 각 가정이 가능한 한 별도의 주택을 가지고 있는 잉글랜드의 경우와 상반된다. 그래서 스코틀랜드의 도시에서는 제한된 공간에 더 많은 사람들이 모여살게 된다.

---

* '영국 노동계급의 위생 상태'를 조사한 구빈법 위원들이 내무장관에게 부록과 함께 제출한 보고서. 1842년 7월에 2절판 세 권으로 상하 양원에 제출. 〔구빈법 위원들의 총무인 에드윈 채드윅Edwin Chadwick이 의학 보고서들을 모으고 정리했다._독일어판에만 있는 문구〕.

도시 노동계급의 위생 상태에 관한 기사에서 어느 영국 잡지**는 이렇게 말한다.

> 이 거리들은 대개 폭이 아주 좁아서 한 집의 창문에서 반대편 집의 창문으로 넘어갈 수 있고, 또 집을 층층이 아주 높게 쌓아놓아서 건물들 사이를 가르는 안마당이나 골목까지 빛이 도달하기 어렵다. 도시의 이 지역에는 하수도를 비롯한 배수시설은 물론이고 집에 딸린 옥외 변소조차 없다. 그 결과 매일 밤 적어도 5만 명이 온갖 쓰레기와 음식 찌꺼기, 배설물을 도랑에다 버리는 탓에, 거리를 아무리 청소해도 사방에 말라붙은 오물과 악취가 남게 되고, 그것이 시각과 후각을 공격할 뿐 아니라 주민들의 건강까지 극도로 위협한다. 이런 곳에서 건강과 도덕, 나아가 가장 일반적인 체면까지 전혀 고려하지 않는다 한들 그게 과연 놀랄 일일까? 오히려 이 주민들의 상황을 더 자세히 아는 사람들은 백이면 백 이곳에서 질병과 비참함과 타락이 높은 수준에 이르렀다고 증언할 것이다. 이런 구역의 사람들은 형언하기 어려울 만큼 저급하고 가망이 없는 수준까지 내려갔다. 빈민들의 집은 보통 지저분하고 청소한 흔적을 찾아볼 수 없다. 대부분 방이 하나인 그런 집들은 환기가 대단히 어려운데도 보통 창문이 부서지거나 틀이 맞지 않아서 늘 춥고, 간혹 실내가 축축하고 지면보다 아래 있는 경우도 있으며, 언제나 세간이 변변찮고 몹시 불편하며, 혐오스럽게도 밀짚 더미를 온 가족이 남녀노소 가리지 않고 뒤엉켜 자는 침대로 사용한다. 물은 공용 펌프를 통해서만 구할 수 있고, 이렇게 물을 얻기가 어렵기 때문에 자연히 별의별 오물이 훨씬 더 쌓이게 된다.

다른 커다란 항구 도시들의 전망도 별반 나을 것이 없다. 교역이 번성하는 풍요롭고 장대한 도시 리버풀에서도 노동자들은 똑같이 야만적인 취급을 받는다. 총 인구의 5분의 1을 차지하는 4만 5000명 이상이 이 도시에 있는 7862

** 월간 〈아티전Artisan〉, 1843년 10월호.

개의 좁고 어둡고 습하고 환기가 어려운 지하 거처에서 살아간다. 리버풀에는 이런 지하 거처 말고도 안마당이 2270개 있다. 작은 공간에도 사방으로 집을 지었고, 입구라고는 눈에 안 띄는 좁은 통로가 전부인 안마당들은 보통 매우 더럽고 프롤레타리아들만 거주한다. 이런 안마당에 대해서는 맨체스터를 다룰 때 더 이야기할 것이다. 언젠가 브리스틀의 2800가구를 방문했을 때, 그중 46퍼센트가 방이 하나밖에 없었다.

똑같은 상황이 공장 도시들에도 만연해 있다. 노팅엄에는 가옥이 총 1만 1000채 있는데, 그중 7000~8000채가 이웃집과 뒷벽을 맞대고 있어서 집을 관통하는 환기가 불가능하고, 대부분 여러 집이 옥외 변소 하나를 함께 쓴다. 짧은 시간 동안 조사한 바로는, 얕은 배수로를 판자로만 덮고 그 위에 여러 줄로 늘어선 집들이 건설되었다. 레스터, 더비, 셰필드의 사정도 나을 것이 없다. 앞에서 인용한 〈아티전〉의 기사는 버밍엄에 대해 이렇게 말했다.

> 이 도시의 오래된 지역에는 웅덩이와 쓰레기 더미가 가득한, 더럽고 방치된 열악한 구역들이 있다. 버밍엄에는 안마당이 아주 많아서 2000개에 달하며, 이 도시의 노동자 대다수가 거기서 거주한다. 이런 안마당은 보통 좁고, 질퍽하고, 환기가 어렵고, 배수가 불량하며, 뒷벽을 공유하기 때문에 한쪽으로만 환기할 수 있는 집들이 8~20채씩 줄지어 있다. 안마당 안의 후미진 곳에는 대개 잿더미나, 그 더러움을 형언하기 어려운 잿더미와 비슷한 오물이 쌓여 있다. 그렇지만 새로운 안마당들은 더 분별 있게 건설되고 더 깨끗하게 유지되고 있으며, 오래된 안마당들에서도 작은 집들의 과밀한 정도가 맨체스터와 리버풀보다는 훨씬 덜하다는 것을 꼭 지적해야 한다. 그래서 전염병이 유행하는 기간에도 버밍엄은 이를테면 고작 몇 마일 떨어진 울버햄프턴Wolverhampton, 더들리Dudley, 빌스턴Bilston보다 사망률이 훨씬 낮다. 또한 버밍엄에는 몇몇 지하실이 작업실로 오용되긴 해도 알려진 지하 거처는 없다. 프롤레타리아를 위한 숙박소는 꽤나 많고(400개 이상), 주로 도시 중심부의 안마당들에 있다. 그런 숙박소는 거의 모두 구역질이 날 만큼 더럽

고 악취가 나며, 거지와 도둑, 부랑자, 매춘부는 타락한 이들만이 견딜 수 있는 이 쉼터의 환경에서 안락함이나 품위 따위는 눈곱만큼도 신경쓰지 않은 채 먹고 마시고 담배를 피우고 잠을 잔다.

글래스고는 여러 면에서 에든버러와 비슷한데, 똑같이 구불구불한 골목과 키 큰 주택들이 있다. 이 도시를 〈아티전〉은 이렇게 관찰했다.

노동계급은 여기서 전체 인구(30만여 명)의 약 78퍼센트를 차지하며, 세인트 자일스와 화이트 채플, 더블린의 리버티스, 에든버러의 골목 지대의 가장 열악한 곳보다도 참담하고 불결한 지역에서 살아간다. 이 도시의 심장부인 트론게이트 남쪽과 솔트마켓 서쪽, 그리고 칼튼에는 그런 곳이 많다. 하이 가 너머에는 거의 걸음을 내딛을 때마다 안마당이나 가려진 골목으로 이어지는 좁다란 길들이 끝없는 미로를 형성하고 있으며, 그런 미로를 따라 환기가 어렵고 층층이 높게 쌓여 있고 물도 없는, 다 허물어져가는 집들이 늘어서 있다. 이런 집들에는 말 그대로 거주자들이 득시글거린다. 각 층마다 서너 가구가 있는데 다 합해서 20명 정도가 살 것이다. 때로는 각 층을 수면실로 세를 놓아서 방 하나에 15~20명이 차곡차곡 채워지기도 한다(차마 숙박한다고는 말하지 못하겠다). 이런 구역들은 가장 가난한 이들, 가장 타락한 이들, 공동체에서 쓸모없는 이들을 수용하며, 글래스고 전역을 황폐화시키는 무시무시한 전염병이 발생하고 퍼져나가는 곳으로 간주되기도 한다.

수직공들의 상황을 조사하는 정부위원인 젤링거 쿡슨 시먼즈Jelinger Cookson Symonds가 글래스고의 이 지역을 어떻게 묘사하는지 들어보자.*

---

* 젤링거 쿡슨 시먼즈Jelinger Cookson Symons, 〈국내외에서의 기술과 장인(Arts and Artisans at Home and Abroad)〉 (Edinburgh, 1889). 스코틀랜드 인인 이 책의 저자는 자유당원이며, 따라서 노동자들의 모든 독립적인 운동에 광적으로 반대한 듯하다. 여기서 인용한 대목은 116쪽 이하에서 찾아볼 수 있다.

나는 이 나라와 유럽 대륙에서 열악한 지역들의 참혹한 현실을 본 적이 있지만, 글래스고의 골목 지대를 방문하기 전까지만 해도 문명국에 그토록 심각한 범죄와 궁핍, 질병이 존재할 수 있음을 믿지 않았다. 저급한 숙박소에서 10명, 12명, 때로는 20명이 남녀노소와 헐벗은 정도를 가리지 않고 바닥에서 마구 뒤엉켜 잠을 잔다. 이런 거처는 보통 몹시 눅눅하고 더럽고 황폐해서, 그 누구라도 자기 말조차 여기에 두고 싶지 않을 것이다.

다른 대목에서는 또 이렇게 말했다.

글래스고 골목 지대의 인구는 1만 5000명에서 3만 명 사이를 오르내린다. 이 지대는 좁은 골목과 장방형 안마당으로만 이루어지며, 그 한가운데는 어김없이 똥더미가 있다. 나는 이런 안마당들의 혐오스러운 외양을 보고도 내부의 오물과 참상에 미처 대비하지 못했다. 우리(총경인 밀러Miller 반장과 나)가 밤에 찾아간 몇몇 수면실에서는 일부는 옷을 입고 일부는 벌거벗은 15~20명이 남녀를 가리지 않고 뒤섞여 바닥 전체를 덮고 있었다. 곰팡이가 핀 밀짚과 넝마를 섞은 것이 그들의 침대였다. 세간이라곤 거의 없었고, 희미하게 빛나는 난롯불만이 이 굴이 주거할 수 있는 곳임을 알려주었다. 이곳 사람들의 주된 호구지책은 도둑질과 매춘이다. 아무도 스코틀랜드 왕국의 제2도시 중심부에 있는 이 아우게이아스의 외양간〔그리스 신화에서 유래한 표현으로, 소를 3000마리 키우면서도 30년간 청소하지 않았으나 헤라클레스가 강물을 끌어와 하루 만에 청소를 했다는 외양간이다. 몹시 지저분한 장소를 뜻한다〕, 이 복마전, 범죄와 오물과 역병이 뒤엉킨 이곳을 애써 청결하게 치우려 들지 않는다. 다른 도시들의 가장 열악한 구역들을 추가로 조사했지만, 도덕과 신체에 악영향을 미치는 정도로 보나 인구밀도로 보나 이곳의 반만큼이라도 나쁜 구역은 한 군데도 없었다. 길드 법원(Court of Guild)〔원래는 스코틀랜드의 도시에서 교역 분쟁을 중재하는 법원이었으나 19세기 들어 건축물을 규제하는 역할을 맡게 되었다〕은 이 지대에 있는 대다수 집들이 황폐하고 주거에 부적합하다고 공표했지만, 법에 따라 거주자에게 집세를 요구할 수 없기 때문에 바로 이곳의 인구밀도가 가장 높다.

영국제도 중심부의 커다란 제조업 지역, 즉 요크셔 서부와 랭커셔 남부의 인구가 조밀한, 길게 뻗은 지역과 이 지역에 숱하게 많은 공장 도시들은 다른 커다란 제조업 중심지들보다 나을 것이 전혀 없다. 요크셔의 모직물 지역인 웨스트 라이딩은 초원이 아름답게 펼쳐진 구릉지대로, 아일랜드 해와 북해의 분수령을 이루는 험준한 산등성이인 블랙스톤Blackstone 경사면에서 최고점에 이를 때까지 서쪽으로 올라갈수록 바위가 점점 많아지는 매력적인 곳이다. 리즈를 끼고 도는 에어Aire 강 골짜기와 맨체스터-리즈 철도 노선이 지나는 콜더Calder 강 골짜기는 잉글랜드에서 가장 매력적인 지역으로 꼽히며, 사방에 공장과 마을, 도시가 흩뿌려져 있다. 거칠거칠한 회색 돌로 지은 이곳의 집들은 검은 벽돌로 지은 랭커셔의 건물들과 비교해 외양이 아주 말쑥하고 깨끗해서 보고 있노라면 즐겁다. 그러나 도시 안으로 들어가면 즐길 만한 것이 거의 없다. 〈아티전〉이 묘사했고 내가 직접 조사해 확인했듯이, 리즈는

에어 강 골짜기 쪽으로 완만하게 낮아지는 비탈 위에 있다. 1.5마일쯤 도시를 가로질러 흐르는 이 강은 얼음이 녹거나 폭우가 내리면 맹렬하게 범람할 위험이 있다. 지대가 높은 리즈의 서쪽 지역은 대도시답게 깨끗하다. 그러나 에어 강과 그 지류인 여러 시내를 끼고 있는, 지대가 낮은 지역은 좁고 더러우며 그 자체로 주민, 특히 어린아이의 수명을 줄이기에 충분하다. 여기에 더해 커크게이트 시장, 마시레인 기차역, 크로스 가, 리치먼드 가 주변에 있는 노동자 구역들의 역겨운 상황은 주로 배수설비가 없는 비포장 거리, 난잡한 건축, 수많은 안마당과 골목, 가장 일반적인 청소 도구마저 전혀 없는 현실 탓으로 돌릴 수 있으며, 이 모든 요인을 종합하면 더럽고 궁핍하고 불행한 이곳 벽돌집들의 지나치게 높은 사망률을 설명하고도 남는다. 에어 강*이 넘쳐흐르면 대개 집과 지하실에 물이 가득 차

서 펌프로 물을 퍼내야 한다. 그렇게 수위가 오를 때면 하수도가 있는 곳에서도 물이 역류해 지하실로 들어오고,** 그 결과 황화수소가 짙게 스며든 유독한 증기가 발생하고 건강에 몹시 해로운 메스꺼운 찌꺼기가 남게 된다. 1839년 봄에 강이 범람했을 때는 하수도가 막힌 것이 아주 해로운 영향을 미쳐서, 출생과 사망 기록원의 보고에 따르면 도시의 다른 모든 지역에서는 3개월 동안 출생자와 사망자의 비율이 3대 2였지만 이 지역에서는 2대 3이었다. 인구가 과밀한 다른 구역들은 하수도가 아예 없거나, 있더라도 전혀 도움이 안 될 만큼 형편없게 건설되었다. 몇몇 거리의 지하실은 좀처럼 마르는 날이 없고, 몇몇 구역에서는 거리가 한 발 깊이의 물렁한 진흙으로 덮여 있다. 이런 거리를 복구하기 위해 주민들이 이따금 헛되이 삽으로 재를 뿌리지만, 그런 갖은 노력이 무색하게도 똥더미와 집에서 내다버린 오수가 고인 웅덩이는 바람과 햇빛에 바싹 마를 때까지 거리의 모든 구덩이를 채우고 있다.*** 리즈에서 일반적인 작은 집은 대지가 5평방야드를 넘지 않고, 대개 지하실 하나와 거실 하나, 침실 하나로 이루어진다. 낮이나 밤이나 사람들로 가득한 이 좁은 거처들도 거주자의 도덕과 건강을 둘 다 위협한다.

이 작은 집들이 대단히 과밀하다는 것을 뒷받침하는 증언이 앞에서 인용한 '영국 노동계급의 위생 상태'에 관한 조사보고서에 실려 있다. "리즈에서 우리는 부모의 침실을 함께 쓰는 형제와 자매, 남녀 하숙인을 보았는데, 그런 상황에서 비롯될 결과를 숙고하면 몸서리를 치는 것이 인지상정이다."

몇몇 골짜기가 교차하는 곳에 자리잡은 리즈에서 고작 7마일 떨어진 만큼, 브래드퍼드 역시 새까맣고 악취가 나는 작은 강의 기슭에 자리잡고 있다. 주

* 제조업에 이용되는 다른 모든 강과 마찬가지로 이 강도 한쪽 끝에서 리즈로 흘러들어올 때는 깨끗하고 맑지만 다른쪽 끝에서 흘러나갈 때는 탁하고 시커멓고 더럽고 온갖 쓰레기 냄새를 풍긴다는 말을 꼭 덧붙여야겠다.

** 이런 지하실은 그저 잡동사니를 쌓아두는 곳이 아니라 인간이 사는 곳임을 유념해야 한다.

*** 〈통계 협회 저널(Journal of the Statistical Society)〉, ii. 404에 실린 시의회의 보고서와 비교해보라.

중에 이 도시는 자욱한 회색빛 석탄 연기에 둘러싸여 있지만, 화창한 일요일에 주변 고지에서 바라보면 풍경이 무척 아름답다. 그러나 리즈와 마찬가지로 도시 내부에는 불결함과 불편함이 만연해 있다. 이 도시의 오래된 지역은 가파른 비탈 위에 좁고 불규칙하게 건설되었다. 좁은 길과 골목과 안마당에는 오물과 쓰레기 더미가 널려 있으며, 집들은 황폐하고 더럽고 초라하다. 강과 골짜기의 바닥에 인접한 곳에서 나는 비탈에 반쯤 묻힌 1층을 속수무책으로 방치해둔 집을 여럿 보았다. 대체로 높은 공장들 사이에 노동자들의 오두막들이 밀집해 있는 골짜기 바닥은 브래드퍼드 전역에서 건축물이 가장 열악하고 가장 더러운 지역에 속한다. 다른 모든 공장 도시의 경우와 마찬가지로 이 도시의 새로운 지역에서는 오두막들이 열을 지어 더 규칙적으로 건설되고 있지만, 여기에도 노동자들에게 거처를 제공하는 관습적인 방식에 흔히 따라붙는 온갖 악습, 특히 뒤에서 맨체스터를 다룰 때 더 자세히 살펴볼 악습이 있다. 웨스트 라이딩의 나머지 도시들, 특히 반슬리Barnsley, 핼리팩스, 허더즈필드에서도 사정은 마찬가지다. 마지막에 언급한 도시, 매력적인 환경과 현대식 건축물 덕분에 요크셔와 랭커셔의 모든 공장 도시 중에서 가장 보기 좋은 허더즈필드에도 열악한 구역이 있다. 1844년 8월 5일, 이 도시를 조사하기 위한 시민 모임에서 지명한 위원회는 이렇게 보고했다.

> 우리가 주지하는 사실은 허더즈필드의 모든 거리와 여러 좁은 길과 안마당이 포장되어 있지도 않고 하수도도 없고 다른 배수 시설도 없으며, 그 안에서 모든 종류의 쓰레기와 찌꺼기와 오물이 쌓이고 짓무르고 썩고 있다는 것, 거의 어디에나 물이 고인 웅덩이가 있어서 주변 집들이 열악하고 불결할 수밖에 없고, 따라서 그런 곳에서 질병이 발생해 도시 전체의 보건을 위협한다는 것이다.

블랙스톤 경사면을 넘어가거나 철도를 이용해 가로지르면 영국 제조업이 이룩한 걸작이자 모든 노동운동의 발생지이기도 한 고전적인 토양, 즉 랭커셔 남부와 그 중심 도시인 맨체스터로 들어가게 된다. 이곳 역시 분수령에서 서쪽의 아일랜드 해를 향해 경사가 완만하게 낮아지고, 리블Ribble 강과 어웰 강, 머지 강과 그 지류들의 매력적인 초록빛 골짜기가 있는 아름다운 구릉지대다. 100년 전에는 대체로 습지인 데다가 인구도 희박한 시골이었지만, 지금은 곳곳에 도시와 마을이 있고 잉글랜드에서 인구밀도가 가장 높은 지역이다. 랭커셔, 특히 맨체스터는 영국 제조업의 출발점이자 중심지다. 맨체스터 거래소는 교역에서 일어나는 모든 변동의 지표다. 근대의 제조 기술은 맨체스터에서 완성되었다. 자연력의 이용, 기계(특히 역직기와 자동방적기)에 의한 육체노동의 대체, 노동의 분업은 랭커셔 남부의 면공업에서 최고조에 이른다. 이 세 요소가 근대 제조업의 특징임을 인정한다면, 처음부터 오늘날까지 면공업이 다른 모든 산업 분야를 줄곧 앞서왔다는 것도 인정해야 한다. 근대 제조업이 노동계급에 미치는 영향은 필연적으로 여기서 가장 자유롭고 완전하게 나타나며, 제조업에 종사하는 프롤레타리아트도 바로 여기서 가장 완전하고 고전적인 형태로 나타난다. 증기력과 기계, 분업의 적용으로 인한 노동계급의 위치 하락과 그렇게 추락하는 상황에서 벗어나려는 프롤레타리아트의 노력 또한 여기에서 최고조에 도달하고 가장 자각적으로 이루어진다. 맨체스터가 근대 제조업 도시의 고전적인 형태이고 또 내가 이곳을 나의 고향 도시만큼이나 속속들이, 이곳 주민 대다수보다도 속속들이 알고 있으므로 이 도시에 관해 다른 도시들보다 길게 서술할 것이다.

노동자 구역들에 관한 한, 맨체스터 인근의 도시들은 노동계급이 전체 인구에서 더 큰 비중을 차지한다는 점만 빼면 중심 도시와 별반 다르지 않다. 이 도시들은 전적으로 산업적이고, 모든 면에서 의존하는 맨체스터를 통해 모든 사업활동을 수행하고, 오직 노동자와 소상인만 거주하는 반면에 맨체스터에는 상업 인구, 특히 중매인과 '체통을 지키는' 소매상이 아주 많다. 그런 까닭에 볼턴, 프레스턴, 위건, 베리Bury, 로치데일, 미들턴Middleton, 헤이우드Heywood, 올덤, 애슈턴, 스테일브리지, 스톡포트Stockport 같은 도시들은 거의 전부 주민 수가 3만, 5만, 7만, 9만 명에 달하는데도 거의 노동자 구역들만 있으며, 그 외에는 여기저기 산재하는 공장들, 상점들이 줄지어 선 몇몇 통행로, 제조업자들의 저택과 정원이 별장처럼 흩뿌려져 있는 몇몇 거리가 고작이다. 이런 도시들 자체는 형편없고 불규칙하게 건설되었고, 원래는 이 일대에서 널리 쓰이는 건축 재료인 선홍색 벽돌로 지었으나 시간이 흐르면서 검게 변한 더러운 안마당, 좁은 길, 뒷골목에서는 유난히 거무칙칙한 석탄 연기가 뿜어져 나온다. 이 일대에는 지하 거처가 흔하다. 가능하기만 하면 어디에나 이런 땅속 굴을 지으며, 전체 인구의 상당수가 거기서 거주한다.

이 도시들 가운데 프레스턴과 올덤 다음으로 열악한 곳은 맨체스터에서 북서쪽으로 11마일 떨어진 볼턴이다. 내가 거듭 방문해 관찰한 바로는 이 도시에 번화가라고는 아주 지저분한 딘스게이트 하나밖에 없다. 시장 역할을 하는 이 큰길은 공장들을 빼면 양쪽에 1층과 2층짜리 낮은 집들이 늘어서 있음에도 날씨가 더없이 청명할 때조차 음울하고 호감이 안 가는 소굴이다. 모든 도시의 경우와 마찬가지로, 이 도시에서도 오래된 지역은 특히 황폐하고 초라하다. 보는 이로 하여금 개울인지 아니면 고인 물웅덩이들이 길게 이어진 것인지 헷갈리게 하는 거무칙칙한 물줄기가 도시를 가로질러 흐르며, 이 물줄기가 없었더라도 결코 깨끗하지 않았을 공기의 오염에 일조한다.

머지 강의 체셔 쪽에 있음에도 맨체스터의 제조업 지역에 속하는 스톡포트도 있다. 이 도시는 머지 강을 따라서 뻗은 좁은 골짜기 안에 있는 까닭에 거리들이 한쪽으로는 가파른 내리막이고 다른 쪽으로는 가파른 오르막이며, 맨체스터와 버밍엄을 연결하는 철도가 이 도시와 골짜기 전역보다 높은 위치에 있는 구름다리를 지나간다. 스톡포트는 이 일대를 통틀어 가장 어스름하고 연기가 자욱한 소굴로 유명하고, 특히 구름다리에서 내려다보면 몹시 혐오스럽다. 그러나 훨씬 더 몸서리나는 것은 골짜기 바닥부터 언덕 마루까지 이 도시의 도처에 길게 줄지어 있는 노동계급의 오두막과 지하 거처들이다. 나는 이 일대의 다른 도시에서 그렇게 많은 지하실이 거처로 쓰이는 것을 본 기억이 없다.

스톡포트에서 북동쪽으로 몇 마일 떨어진 곳에는 이 일대에서 가장 최근에 건설된 공장 도시 가운데 하나인 애슈턴언더라인Ashton-under-Lyne이 있다. 이 도시는 기슭에 운하와 템스 강이 있는 언덕의 비탈에 자리잡고 있으며, 대체로 더 새롭고 더 일관된 계획에 따라 건설되었다. 언덕과 나란히 뻗어 있는 대여섯 개의 거리는 골짜기 아래쪽을 향하는 다른 거리들과 직각으로 교차한다. 템스 강과 운하에서 가깝다는 이유로 모든 공장이 골짜기—굴뚝에서 검은 연기를 내뿜는 공장들이 빽빽하게 들어찬—안으로 들어간 것은 아니지만, 이런 설계에 따라 공장들은 도시의 외부에 위치하게 되었다. 애슈턴의 외양이 대다수 공장 도시들보다 훨씬 매력적인 것은 이런 배치 덕분이다. 애슈턴의 거리들은 넓고 더 깨끗하며, 선홍색의 오두막들은 안락하고 최근에 지은 것처럼 보인다. 그러나 노동자 주택을 짓는 현대식 방법에는 고유한 약점이 있다. 모든 거리의 이면에는 포장된 좁은 보도와 연결되는, 훨씬 더러운 뒷골목이 있다. 나는 애슈턴에 들어가면서 본 몇몇 건물 말고는 50년이 넘은 듯한 건물을 전혀 보지 못했지만, 이 도시의 거리에 있는 오두막들은 모퉁이의 벽돌이 더 이상 견고하지 못해 뒤틀리고, 벽에 금이 가고, 백색 도료가 벗겨지는 등 상태가 갈수록 나빠지고 있다. 거리가 더럽고 연기에 그을렸다는 점은 이 지역의 다른 도시들과 조금도 다르지 않다. 다만 애슈턴에서는 그런 더러움이 일반적이지 않고 예외적일 뿐이다.

1마일 동쪽으로 가면 역시 템스 강변에 자리잡은 스테일브리지가 있다. 애슈턴에서 언덕을 넘어오는 사람은 언덕마루에서 좌우 양편으로 정원으로 둘러싸인 별장 같은 멋진 저택들을 발견할 것이다. 이 저택들은 엘리자베스 양식으로 건축되었는데, 이 양식과 고딕 양식의 관계는 영국 국교회와 로마가톨릭의 관계와 같다. 백 걸음쯤 더 가면 아름다운 시골 저택들과 극명하게 대비되고 심지어 애슈턴의 수수하고 작은 집들과도 극명하게 대비되는 스테일브리지가 골짜기 안에서 모습을 드러낸다! 스테일브리지는 좁고 굴곡진 협곡,

스톡포트의 골짜기보다 훨씬 좁은 골짜기 안에 있으며, 이 협곡 양쪽에는 난잡하게 지은 일군의 오두막, 가옥, 공장이 있다. 도시에 들어가면 맨 먼저 연기에 그을려 더러운, 좁고 오래되고 황폐한 오두막들을 만나게 된다. 도시 전체도 이 집들과 다를 바 없다. 좁은 골짜기 아래에 있는 몇 개 없는 거리들은 대부분 언덕을 오르내리면서 난잡하게 교차하며, 이런 비탈에 자리잡고 있기 때문에 거의 모든 집의 1층이 반쯤 땅에 묻혀 있다. 언덕에 올라가 거의 발밑에 있는 것이나 마찬가지인 도시 이곳저곳을 조감하면 이 혼란스러운 건축술에서 비롯된 안마당과 뒷골목, 후미진 곳이 얼마나 많은지 알 수 있다. 여기에 더해, 멋진 주변 환경과 대비되는 스테일브리지의 불결함과 혐오스러운 인상을 쉽게 상상할 수 있을 것이다.

이런 소도시들은 지금까지 살펴본 것으로도 충분하다. 소도시마다 특색이 있지만, 일반적으로 소도시의 노동자들은 맨체스터의 노동자들과 거의 똑같이 살아간다. 그런 까닭에 소도시들의 특이한 구조만 묘사했던 것이고, 맨체스터 노동인구의 더 일반적인 상황을 이런 주변 도시들에도 완전히 적용할 수 있다는 것을 앞으로 확인할 것이다.

맨체스터는 올덤에서부터 이쪽으로 펼쳐지는 구릉지대의 남쪽 비탈 기슭에 자리잡고 있다. 그 구릉지대의 마지막 봉우리인 커설 무어Kersall Moor는 경마장이자 맨체스터의 성산聖山이다. 엄밀히 말해 맨체스터는 어웰 강 좌안에, 즉 어웰 강과, 여기서 이 강에 합류하는 더 작은 두 강인 어크Irk 강과 메드록Medlock 강 사이에 있다. 어웰 강 우안에는 급격하게 꺾이는 이 강에 둘러싸인 샐퍼드Salford가 있고, 여기서 더 서쪽으로 가면 펜들턴Pendleton이 있다. 어웰 강 북쪽에는 어퍼 브로턴Upper Broughton과 로어 브로턴Lower Broughton이 있고, 어크 강 북쪽에는 치탐 힐Cheetham Hill이 있으며, 메드록 강 남쪽에는 흄Hulme이 있다. 더 동쪽으로 가면 메드록 강변에 콜턴Chorlton이 있고, 여기서 더 동쪽으로 가면 맨체스터 동쪽 경계에 다다른 곳에 아드윅Ardwick이 있다. 총칭해서 보통 맨체스터라고 부르는 이 지역 건물들에는 40만 명이 넘는 주민이 살고 있다. 이 도시는 기묘하게 건설되어서, 어떤 사람이 여기서 자기 업무와 즐거운 산책으로만 활동을 국한한다면, 몇 년간 매일 이 도시를 드나들면서도 노동자 구역, 나아가 노동자를 한 번도 마주치지 않는 것이 가능하다. 이런 현실은 대체로 무의식적이고 암묵적인 합의에 따라, 또한 노골적이고 의식적인 결정에 따라, 중간계급을 위해 떼어둔 지역과 노동자 지구들을 뚜렷하게 분리하기 때문에 생겨난다. 또는 분리가 여의치 않을 경우 노동자 구역들을 자선이라는 덮개로 감추기 때문이다. 맨체스터의 심장부에는 길이와 폭이 0.5마일 가량이고 거의 전체가 사무실과 도매상점으로 채워진 꽤 넓은 상업 구역이 있다. 이 구역은 거주자가 거의 없어서 밤이면 인적이 끊기고 드물어진다. 야경꾼과 경찰만이 흐릿한 랜턴을 들고서 좁은 길들을 이리저리 돌아다닐 뿐이다. 이 구역을 관통하는 몇몇 큰길에는 교통이 엄청나게 집중되고, 줄지어 늘어선 건물들의 1층에는 화려한 상점이 있다. 이런 큰길에 있는 건물의 위층에서는 밤 늦게까지 제법 많은 사람들이 머문다. 이 상업 구역을 빼면, 엄밀한 의미의 맨체스터 전체, 샐퍼드와 흄 전체, 펜들턴과 콜턴 대부분, 아드윅의 3분의 2, 치탐 힐과 브로턴의 기다란 지역, 즉 평균 1.5마일 폭으로 이 상업 구역을 둘러싸는 허리띠 같은 지역은 순전히 노동자만 거주하는 지역이다. 이 허리띠 외부에 부르주아지 상층과 중간층이 거주하며, 부르주아지 중간층은 특히 콜턴에서, 그리고 치탐 힐의 저지대에서, 노동자 구역들과 인접한 번듯한 거리들에 거주한다. 부르주아지 상층은 더 멀리 떨어진 콜턴과 아드윅, 또는 치탐 힐과 브로턴, 펜들턴의 산들바람 부는 고지대의 정원 딸린 저택에서, 멋지고 안락하고 30분이나 15분마다 맨체스터로 향하는 합승마차가 지나가는 집에서 건강에 좋은 시골 공기를 마시며 자유롭게 지낸다. 이런 배치의 가장 좋은 점은 이 부자 귀족들이 모든 노동자 구역의 오른쪽과 왼쪽에 숨어 있는 음울한 참상을 보지 않고도 그 구역의 한복판을 통과하는 가장 짧은 도로를 이용해 상업 구역으로 갈 수 있게 해준다는 것이다. 맨체스터 거래소에서 도시의 모든 방향으로 뻗은 도로들의 양편에 상점들이 거의 끊이지 않고

[맨체스터와 그 주변부_독일어판]

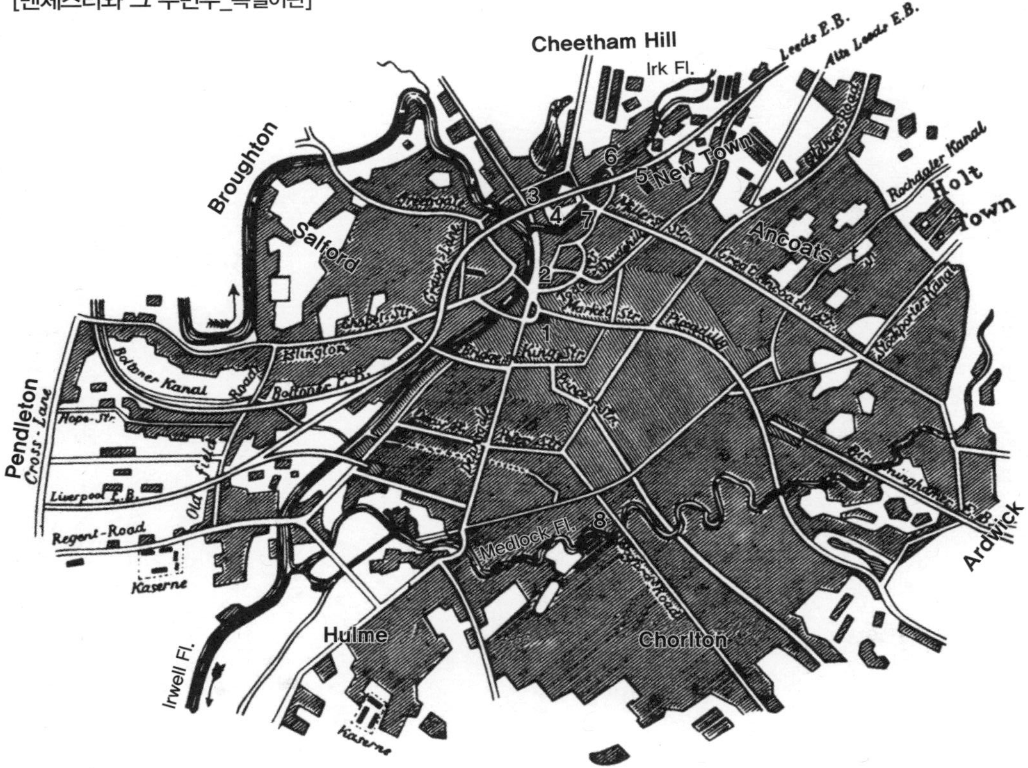

1. 거래소
2. 올드 교회
3. 구빈원
4. 극빈자 묘지
5. 세인트 마이클 교회
6. 어크 강 위의 스코틀랜드 브리지
7. 어크 강 위의 듀시 브리지
8. 리틀 아일랜드

늘어서 있으며, 그런 상점을 소유한 부르주아지 중간층과 하층이 사익을 위해 가게의 외양을 단정하고 깨끗하게 유지하고 또 그럴 여력이 있기 때문이다. 그런 상점들이 뒤편의 구역들과 약간의 관계를 맺고 있다는 것, 그리고 음울한 노동자 거주 구역을 뒤에 감추고 있을 때보다 상업 구역이나 주택 구역에 있을 때 더 우아한 것은 사실이다. 그러나 비위는 강하지만 담력은 약한 부자 남녀가 그들의 부를 한층 돋보이게 하는 궁핍과 더러움을 보지 않게 하는 데는 그런 상점들만으로도 충분하다. 예를 들어 올드 교회에서 남쪽으로 똑바로 뻗은 딘스게이트Deansgate의 앞쪽에는 공장과 도매상점들이 늘어서 있고, 그 위에는 이류 상점과 술집들이 있다. 그렇게 쭉 가다가 상업 구역을 벗어나면 남쪽으로 갈수록 점점 더러워지고 맥주집과 싸구려 술집들이 점점 많아지며, 남쪽 끝에 이르면 틀림없이 손님이라곤 노동자밖에 없는 가게들이 나타난다. 맨체스터 거래소에서 남동쪽으로 뻗은 마켓 가도 마찬가지다. 맨 앞에는 가장 눈부신 상점들이 있고, 그다음에는 회계사무실과 도매상점들이 나타난다. 계속 가면 나오는 피카딜리 거리에는 호텔과 도매상점이 아주 많으며, 피커딜리와 연결되고 메드록 강과 가까운 런던 가에는 공장과 맥주집, 변변찮은 부르주아지와 노동인구가 이용하는 상점이 있다. 여기서 더 가면 부유한 상인과 제조업자의, 정원 딸린 커다란 저택들이 나온다. 맨체스터를 아는 사람은 누구나 이런 식으로 큰길의 겉모습을 보고서 인접한 구역들을 추론할 수야 있겠지만, 거리에서는 노동자들의 실제 거주 구역을 슬쩍 보기도 어렵다. 나는 이런 위선적인 설계가 모든 대도시에서 어느 정도 공통적으로 나타난다는 것을 아주 잘 알고 있다. 나는 소매상들이 그들 사업의 본성상 대로변에 자리잡지 않을 수 없다는 것도 알고 있다. 나는 어디서나 그런 큰길에는 열악한 건물보다 번듯한 건물이 많다는 것, 큰길에서 가까운 땅이 큰길에서 멀리 떨어진 땅보다 가치가 높다는 것을 알고 있다. 그러나 다른 한편으로 나는 맨체스터만큼 큰길에서 노동계급을 체계적으로 차단하는 도시, 부르주아지의 눈과 신경에 거슬릴 만한 모든 것을 세심하게 감추는 도시를 본 적이 없다. 그럼에도 다른 측면에서 보면, 맨체스터만큼 당국의 규제를 받으며 설계에 따라 건설되기보다 자연발생적으로 성장한 도시도 없다. 그리고 이런 맥락에서 노동계급이 아주 잘 지내고 있다는 중간계급의 호언장담을 생각할 때, 나는 자유주의적 제조업자들, 즉 맨체스터의 '거물들'이 결국 이런 세심한 건축 방식이라는 문제와 무관하지 않다는 느낌을 떨칠 수가 없다.

곧바로 노동자 구역들을 묘사하기에 앞서, 공장들은 거의 전부 강들, 또는 맨체스터 전역으로 가지를 치는 운하들에 인접한다는 것을 지적해야겠다. 노동자 거주지로는 우선 상업 구역의 북쪽 경계와 어크 강 사이에 있는 맨체스터의 구시가지가 있다. 이곳의 거리들은 상태가 양호하다 해도 토드 가, 롱 밀게이트, 위디그로브, 슈디힐처럼 좁고 구불구불하며, 집들은 더럽고 낡아서 금방이라도 무너질 것 같고, 옆길의 건물들은 그야말로 끔찍하다. 올드 교회에서 롱 밀게이트로 한가롭게 걸어가는 사람은 우선 오른쪽으로, 한 채도 원형을 유지하고 있지 않은 구식 집들이 늘어선 모습을 보게 된다. 이 집들은 제조업이 발달하기 이전의 맨체스터가 남긴 잔재인데, 예전에 여기에 거주했던 이들은 자손과 함께 더 나은 구역으로 이주하면서 자신에게 적합하지 않은 집들을 아일랜드 인의 피가 많이 섞인 사람들에게 넘겨주었다. 이곳은 거의 아무것도 숨기지 않는 노동자 거주지인데, 상점과 맥주집마저 실내를 깨끗이 치우기 위해 손톱만큼도 애쓰지 않기 때문이다. 그러나 이 모든 것은 한 번에 딱 한 명만 지나갈 수 있는 가려진 통로로 들어가는 뒤편의 안마당과 좁은 길에 비하면 아무것도 아니다. 어떠한 합리적인 설계도 허용하지 않는 방식으로 난삽하게 꽉꽉 들어찬 그 거처들, 말 그대로 겹겹이 쌓이면서 뒤엉킨 그 집들의 인상을 전달하기란 불가능하다. 이런 상황의 책임은 맨체스터의 구시대로부터 살아남은 건물들에 있는 것이 아니다. 구식 건축술이 남겨놓은 작은 공간들을 발 하나 디딜 틈마저 없을 때까지 채우고 덮은 근래에 이르러서야 혼란이 최고조에 달했기 때문이다.

나의 서술이 사실임을 보여주기 위해 맨체스터의 작은 지역을 지도로 그렸

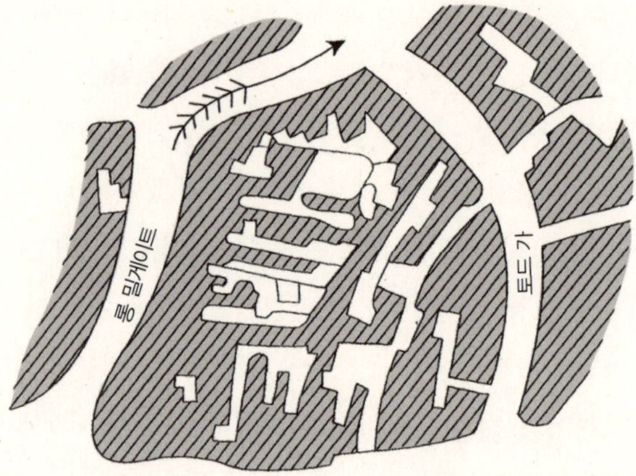

다—가장 열악한 지역은 아니며, 면적은 구시가지의 10분의 1도 채 되지 않는다[그림 참조].

이 구역 전체, 특히 어크 강 인근 지역을 분별 없는 방식으로 건설했음을 보여주는 데는 이 지도로 충분할 것이다.

여기 어크 강의 남쪽은 무척 가파르고 높이가 15~30피트에 달한다. 이 내리막 비탈에 집들이 세 열로 자리잡고 있으며, 그중 지대가 가장 낮은 열은 강 바로 위에 있는 반면, 지대가 가장 높은 열의 앞벽은 롱 밀게이트 거리의 언덕마루에 있다. 이 높은 열 사이사이에는 공장들이 있다. 간단히 말해 이곳도 롱 밀게이트의 아래쪽만큼이나 과밀하고 무질서하게 건설되었다. 큰길의 좌우에는 차폐된 통로가 수두룩하고, 그런 통로로 들어가면 다른 곳에서는 볼 수 없는 오물과 역겨운 때로 덮인 안마당이 나온다—특히 어크 강으로 이어지는 안마당들에는 내가 이제껏 목격한 가장 처참한 거처들이 아무런 제약 없이 들어차 있다. 이 가운데 어느 안마당에는 차폐된 통로가 끝나는 입구에 문도 없는 옥외 변소가 있는데, 이 변소가 어찌나 더러운지 거주자들은 오줌과 똥이 고여 있는 악취 나는 웅덩이들을 통과하지 않고는 이 안마당을 드나들 수가 없다. 이 안마당은 어크 강에 있는 듀시 다리의 북쪽에 있는 첫 번째 안마당이다—발견하려면 거리 안쪽을 주의 깊게 들여다보아야 한다. 이 다리 남쪽 강변에는 무두질 공장이 몇 채 있어서 주변 일대에 동물 썩는 냄새가 가득하다. 듀시 다리 남쪽에서는 쓰레기와 오물 더미가 쌓여 있는 좁고 더러운 계단이 대다수 집들로 들어가는 유일한 입구다. 앨런의 안마당(Allen's Court)이라고 알려진 듀시 다리 남쪽의 첫 안마당은 콜레라가 유행하던 때에 환경이 아주 열악해서, 경찰이 소개 명령을 내리고 청소를 하고 표백분으로 소독 작업을 했다. 케이Kay 박사는 당시 이 안마당의 끔찍한 상황을 묘사했다.* 그때 이래로 이 안마당의 일부가 헐리고 새로 건설된 듯하다. 어쨌든 듀시 다리에서 내려다보는 행인은 새로운 가옥 몇 채와 더불어 몇몇 파괴된 벽과 잔해 더미를 볼 수 있다. 사람 키만큼 높은 다리의 난간 때문에 작달막한 이들은 다행히 보지 못하지만, 이 다리에서 보는 전경은 이 구역 전체의 전형적인 전경이다. 이 다리 아래에서 흐르기보다는 고여 있는 편에 가까운 어크 강은 폭이 좁고, 석탄처럼 검고, 악취가 나고, 잔해와 쓰레기가 가득한 물줄기로, 얕은 우안에 그런 잔해와 쓰레기를 쌓아놓는다. 건조한 날씨에는 검푸른색을 띠는 극히 역겨운 끈적끈적한 웅덩이들이 기다란 띠를 이루며 이 기슭에 남게 되며, 그런 웅덩이 깊은 곳에서 끊임없이 발생하는 유독한 기체 거품은 강 표면보다 40~50피트 높은 다리에서도 도저히 참기 어려운 악취를 내뿜는다. 이외에도 강 자체가 몇 걸음 거리마다 있는 높은 둑에 막혀 유속이 느려지는 탓에, 둑 뒤에서는 끈적끈적한 물질과 쓰레기가 두껍게 쌓인 채로 썩어간다. 듀시 다리 북쪽에서는 무두질 공장, 분골粉骨 공장, 가스 공장들이 모두 폐수와 쓰레기를 어크 강에 배출하며, 여기에 더해 인근의 모든 하수도와 옥외 변소의 내용물도 이 강으로 흘러든다. 그러므로 이

---

* 제임스 케이James Kay, 〈맨체스터 면공업에 고용된 노동계급의 도덕적 육체적 상태(The Moral and Physical Condition of the Working-Class Employed in the Cotton Manufacture in Manchester)〉, 2nd edn., 1832. 케이가 노동계급 일반과 공장노동자를 혼동한다는 점만 빼면 훌륭한 책자다.

물줄기가 어떤 종류의 잔여물을 쌓아올릴지 쉽게 상상할 수 있을 것이다. 다리 아래쪽의 가파른 좌안에는 안마당들에서 나오는 부스러기와 쓰레기, 오물이 쌓인 더미들이 보인다. 집집마다 이웃집과 다닥다닥 붙어 있는 이곳의 모든 집은 연기에 그을려 거무튀튀하고, 낡아빠져서 벽이 바스러지고, 창유리와 창틀이 부서져 있다. 이곳 뒤쪽에는 병영과 비슷한 공장 건물들이 있다. 우안의 저지대에는 집과 공장들이 기다란 열을 이루고 있다. 그중 두 번째 집은 지붕이 없고 잔해 더미가 쌓여 있는 폐가이며, 세 번째 집은 위치가 너무 낮아서 맨 아래층에 거주할 수가 없고 따라서 창문과 문이 없다. 이곳 뒤편에는 극빈층의 매장지, 리버풀과 리즈를 잇는 철도의 역이 있으며, 그 뒤로는 언덕마루에 자리잡은 맨체스터의 '구빈법 바스티유', 즉 구빈원이 마치 요새처럼 높은 벽과 난간 뒤에서 아래쪽의 노동자 구역을 위협하듯 내려다보고 있다.

듀시 다리에서 북쪽으로 좌안은 점점 평평해지고 우안은 점점 가팔라지지만, 양쪽 강변에 있는 가옥들의 상태는 나아지지 않고 갈수록 악화된다. 이곳의 중심가인 롱 밀게이트에서 왼쪽으로 돌아가는 사람은 길을 잃어버린다. 그는 이 안마당 저 안마당을 헤매고, 모퉁이를 수없이 돌고, 비좁고 불결한 구석과 골목만을 지나가다가 결국 몇 분 만에 모든 실마리를 놓치고 어디로 돌아야 할지 모르는 처지가 된다. 어디에나 반쯤 부서지거나 완전히 부서진 건물들이 있으며, 그중 일부—여기서 일부란 상당히 많다는 뜻이다—에는 실제로 사람이 거주하지 않는다. 집 안을 보면 목재나 석재 바닥은 좀처럼 없고, 창문과 문은 거의 한결같이 부서지거나 어긋나 있고, 무엇보다 몹시 불결하다! 어디에나 부스러기와 쓰레기, 음식물 찌꺼기 더미가 있고, 수로에는 고인 웅덩이들이 있으며, 조금이라도 문명화된 사람에게는 거주하지 못할 이유가 되고도 남을 악취가 코를 찌른다. 여기서 어크 강을 건너는 리즈 행 철도는 노선을 연장하면서 이런 안마당과 좁은 길 가운데 일부를 완전히 철거하고, 또 다른 일부를 외부의 시선에 훤히 열어놓았다. 철도교 바로 밑에는 다른 모든 안마당보다 훨씬 지저분하고 처참한 안마당이 있다. 그곳은 여태까지 철저히 격리되고 차단되어왔기 때문에 여간 애쓰지 않고는 들어가는 길을 찾을 수 없었다. 철도를 연장하는 공사가 시행되지 않았다면, 이 지역 전체를 속속들이 안다고 자부하는 나라도 그 안마당을 결코 발견하지 못했을 것이다. 울퉁불퉁한 강변을 따라 말뚝과 빨랫줄 사이를 지나가면 방이 하나뿐인 1층짜리 작은 막사들의 아수라장이 나타난다. 그 막사들에는 대부분 인위로 깔아놓은 바닥이 없고, 부엌과 거실, 침실이 모두 방 하나에 있다. 가로와 세로가 5피트와 6피트에도 못 미치는 그 구덩이에서 나는 계단과 굴뚝 자리와 함께 방을 꽉 채우는 침대 2개—형편없는 침대틀과 침상!—를 발견했다. 문이 열려 있고 거주자들이 문에 기대어 있는 다른 몇몇 집에서는 아무것도 발견하지 못했다. 어느 집이나 문 앞에 쓰레기와 음식물 찌꺼기가 있어서, 바닥에 어떤 종류의 포장도로가 깔려 있든 눈으로는 볼 수 없고 여기저기 발로 더듬어 느낄 수 있을 뿐이다. 이런 인간용 외양간 전체는 좌우 양면에 늘어선 집들과 하나의 공장, 그리고 다른 한 면의 강으로 둘러싸여 있으며, 강변의 좁은 계단 말고는 좁은 출입구 하나만이 이곳과 거의 똑같이 열악하게 지었고 열악하게 관리되는 미로 같은 거주지로 연결된다.

이걸로 충분하다! 어크 강변 전역이 이런 식으로 아무 계획 없이 건축되었다. 이 일대에서는 지저분한 외부 환경에 버금갈 만큼 내부가 더러운, 거주하기 어려운 지경에 이른 집들이 엉망진창으로 뒤얽혀 있다. 가장 자연스럽고 평범한 욕구를 채울 적절한 기회조차 없는 사람들이 어떻게 깨끗할 수 있겠는가? 여기서는 옥외 변소가 아주 드물어서 매일같이 만원이거나, 주민들이 이용하기에는 대부분 너무 멀다. 근처에는 더러운 어크 강물밖에 없고 펌프와 수도관은 도시의 고상한 지역에만 있는 마당에 그들이 어떻게 씻을 수 있겠는가? 돼지우리보다 별로 깨끗하지 않은 집들이 거주 구역에 여기저기 섞여 있다 해도, 그것을 이 현대 사회의 노예들 탓으로 돌릴 수는 없다. 스코틀랜드 다리 바로 아래쪽의 부두 위에 있는 거처 대여섯 곳은 바닥이 어크 강의 저수위보다 적어도 2피트 낮고 또 어크 강과의 거리가 채 6피트도 안 되지만, 집주인은 이런 거처를 세주면서도 부끄러워하지 않는다. 또한 다리 바로 위쪽의 반대편 강변에 자리잡은 모퉁이집의 1층은 사람 살 곳이 결코 못 되고 문과 창문을 달 만한 틀이 전혀 없지만, 집주인은 창피한 줄도 모르고 이 집의 위층에 세를 놓는다. 이 지역에서 결코 드물지 않은 이런 집의 뻥 뚫린 1층은 다른 편의시설이 없기 때문에 이웃주민 전체의 옥외 변소로 쓰인다!

어크 강을 떠나 반대편의 롱 밀게이트에서 다시 한 번 노동자 거주지 한가운데로 들어가면, 세인트 마이클 교회에서 위디그로브와 슈디힐까지 뻗은, 조금 더 새로운 노동자 구역을 마주하게 된다. 이곳은 조금 더 질서가 잡혀 있다. 엉망진창인 건물들 대신, 적어도 곧게 뻗은 좁은 길과 골목, 또는 계획에 따라 건축되었고 대개 장방형인 안마당을 볼 수 있다. 그러나 앞에서 말한 구역들에서 모든 집이 변덕에 따라 건설되었다면, 여기서는 인접한 좁은 길과 안마당을 고려하지 않은 채로 모든 좁은 길과 안마당이 건설되었다. 좁은 길들이 이 방향으로 향하다가 저 방향으로 꺾이는가 하면, 길을 잘못 든 사람은 2분마다 가려진 골목으로 들어가거나 모퉁이를 돌다가 출발점으로 되돌아가곤 한다. 이 미로에서 꽤 오랫동안 거주하지 않은 사람은 분명 이곳을 지나다닐 수 없다.

이 구역에 대해 말하면서 환기라는 낱말을 사용해도 된다면, 방금 말한 혼란상으로 말미암아 이곳의 거리와 안마당은 어크 강 일대만큼이나 환기하기가 어렵다. 그렇더라도 이 구역이 어크 강 일대보다 나은 점이 있다면, 집들이 더 새것이고, 거리에 간간이 수로가 있고, 거의 모든 집에 지하실이 있다는 것이다. 어크 강 인근 집들은 더 오래되고 부실하게 건축되어서 지하실을 찾아보기가 어렵다. 그 밖에 양쪽 구역 모두 거리에 오물과 부스러기, 음식물 찌꺼기가 쌓인 더미와 물웅덩이가 있다. 지금 논하는 구역의 특징 가운데 주민들의 청결에 가장 해로운 특징은 다수의 돼지들이 골목이란 골목은 죄다 헤집고 다니면서 음식물 찌꺼기 더미에 코를 박고 먹을 것을 찾거나 작은 우리에 갇혀 있다는 것이다. 맨체스터의 대다수 노동자 구역들과 마찬가지로, 여기서도 돼지를 기르는 이들은 안마당을 임차해 그 안에 우리를 짓는다. 거의 모든 안마당에 그런 우리가 하나 또는 심하면 몇 개씩 있으며, 돼지들은 안마당 주민들이 우리 안으로 던지는 온갖 찌꺼기를 먹으며 살을 찌운다. 사방이 막힌 이런 안마당의 공기는 부패하는 동식물 찌꺼기 때문에 완전히 오염되어 있다. 널찍하고 제법 말쑥한 거리인 밀러 가가 이 지역을 관통하며 건설되었고, 거리 뒤편도 꽤나 성공적으로 감추긴 했다. 그러나 누군가 호기심에 이끌려 안마당으로 이어지는 수많은 통로를 지나간다면 스무 걸음 거리마다 나타나는 이런 돼지우리를 목격할 것이다.

맨체스터의 구시가지는 이러하다. 상술한 묘사를 다시 읽어보면서 나는 그것이 현실을 암울하게 과장하기는커녕, 오히려 최소 2만~3만 명이 거주하는 구시가지의 오물과 참상, 주거 불가능성, 그리고 청결과 환기, 건강을 전혀 고려하지 않는 이 구역 건축의 특징 등이 주는 실제 인상을 충분히 전달한다는 것을 인정하지 않을 수 없었다. 이런 구역이 잉글랜드 제2의 도시이자 세계 제1의 제조업 도시 심장부에 있다. 인간이 얼마나 좁은 공간에서 움직일 수 있는지, 얼마나 적은 공기—어떤 공기이던가!—로 숨쉴 수 있는지, 문명을 얼마나 적게 공유한 채 살아가는지 보고 싶은 사람은 이곳을 찾아오기만 하면 된다. 이곳이 구시가지인 것은 사실이고, 맨체스터 사람들은 누군가 지상에 있는 이 지옥의 소름 끼치는 상황을 언급할 때면 어김없이 그 사실을 강조한다. 그러나 그 사실이 무엇을 입증하는가? 여기서 공포와 분노를 불러일으키는 모든 것은 최근에 생겨난 것, 산업시대에 속하는 것이다. 구舊 맨체스터에 속하는 가옥 200여 채는 원래 거주자들이 떠난 뒤 오랫동안 방치되었다. 오늘날의 거주민인 노동자들을 이곳에 떼로 우겨넣은 것은 산업시대뿐이다. 농촌지역과 아일랜드의 대중을 이곳으로 불러오고 이 낡은 집들 사이에 있는 모든 공간에 그들이 은신할 거처를 건설한 때는 산업시대뿐이다. 이런 외양간의 주인들이 혼자만 잘 먹고 잘 살기 위해 외양간을 비싼 값에 세놓고, 노동자들의 빈곤을 착취하고, 수천 명의 건강을 악화시킬 수 있게 된 때는 산업시대뿐이다. 봉건적 예속에서 가까스로 벗어난 노동자를 한낱 재료로, 한낱 재산으로 이용하는 것이 가능하게 된 때는 산업시대뿐이며, 그 결과 노동자는 다른 모든 이들은 참아내기 어려운 거처에 스스로를 우겨넣고, 힘들게 번 임금으로 완전한 파멸로 치달을 권리를 구입하지 않을 수 없는 처지가 되었다. 제조업의 이런 성취는 이런 노동자, 이런 빈곤, 이런 노예제가 없었다면 지속되지 못했을 것이다. 이 지역의 건축 상태가 원래 형편없어서 주거하기에 조금도 이롭지 않았던 것은 사실이다. 그러나 땅주인들과 지역 당국이 이 구역을 재건축하면서 환경을 개선하기 위해 어떤 일이라도 했던가? 그러기는커녕 그나마 남아 있는 구석이나 모퉁이마다 집을 지었고, 남아도는 통로가 있으면 거기에도 건물을 세웠다. 제조업이 번창하자 땅값이 올랐고, 땅값이 오를수록 건축 작업이 점점 더 미친 듯이 진행되었다. 이때 고려한 것은 거주자의 건강이나 안락이 아니라, 더 나은 집을 구할 여력이 없는 가여운 이들에게는 누추한 집조차 그리 나쁜 것이 아니다라는 원칙에 따라 얻을 수 있는 최대 수익뿐이었다. 그렇지만 그곳은 어쨌든 구시가지이고, 부르주아지는 이런 생각에서 위안을 얻는다. 그렇다면 신시가지는 얼마나 나은지 살펴보자.

아일랜드 인 타운이라고도 알려진 신시가지는 구시가지 너머 어크 강과 세인즈 조지 가 사이에 있는 점토질 언덕 위에 펼쳐져 있다. 여기에서는 도시의 모든 특징이 사라진다. 잔디조차 자라지 않는 벌거벗은 점토질 땅 여기저기에 마치 마을처럼 집들이 줄지어 있거나 거리들이 무리를 이루고 있다. 결코 수리한 적이 없고 지저분한 데다가 축축하고 불결한 지하 거처까지 딸린, 오두막에 더 가까운 집들이 무질서하게 놓여 있다. 좁은 길들은 비포장인 데다가 하수도마저 갖추지 않았음에도, 작은 땅과 마당에 우리를 쳐서 기르거나 주변을 이리저리 돌아다니도록 내버려두는 수많은 돼지들의 보금자리로 쓰인다. 거리에는 진흙이 높게 쌓여 있어서 극히 건조한 날씨가 아니고는 걸음을 내딛을 때마다 발목까지 푹푹 빠지지 않을 도리가 없다. 세인트 조지 가 근처에는 건물군群들이 서로 더 바짝 붙어 있으며, 여기서 이어지는 좁은 길, 가려진 골목, 뒷골목, 안마당은 신시가지의 중심부에 가까워질수록 더 과밀하고 불규칙해진다. 이 중심부의 길이나 골목이 대개 포장되어 있거나 포장된 보도와 수로를 갖추고 있는 것은 사실이지만, 집, 특히 지하실이 지저분하고 무질서하기는 여기도 매한가지다.

이 대목에서 맨체스터의 노동자 구역들을 건축한 관례적인 방식을 얼마간 전반적으로 살펴본다 해도 이상하지 않을 것이다. 구시가지에서는 대다수 주택군들의 배치가 순전히 자연발생적으로 결정되었다는 것을 앞에서 확인했다. 모든 집이 다른 집을 고려하지 않은 채 건축되었고, 집과 집 사이의 자그마한 공간은 마땅한 명칭이 없어서 '안마당'이라고 불린다. 구시가지에서 그나마 나중에 생긴 구역들과 산업활동 초기에 생겨난 다른 노동자 구역들은 좀 더 질서 있게 배치되어 있다. 두 거리 사이의 공간은 형태가 더 균일하고 대개 정방형인 안마당들로 나뉜다(그림 참조).

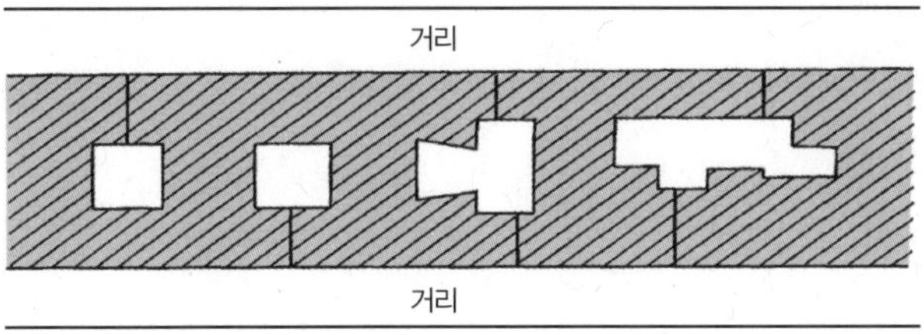

이 안마당은 처음부터 이런 식으로 건축되었고, 가려진 통로를 통해 거리와 연결된다. 아무 계획도 없는 건축이 환기를 방해해서 노동자들의 건강을 악화시킨다면, 사방이 둘러싸인 안마당에 그들을 가두는 이런 방식은 건강을 훨씬 더 악화시킨다. 여기서는 공기가 전혀 빠져나가지 못한다. 집에 달린 굴뚝이 안마당의 갇힌 공기를 빼낼 유일한 배출구이지만, 굴뚝을 그런 용도로 쓰려면 불을 계속 지펴야 한다.* 더욱이 그런 안마당을 에워싸는 집들은 대개 뒷벽을 공유한 채 등을 맞대고 있으며, 이것만으로도 환기가 충분히 이루어지지 않을 이유가 된다. 거리 감독을 책임지는 경찰도 이런 안마당의 상황에 구태여 신경 쓰지 않을 뿐더러 모든 것이 원래대로 조용히 있으므로, 여기서 오물과 잿더미와 음식물 쓰레기를 본다 해도 놀랄 이유가 전혀 없다. 나는 밀러 가에서 큰길보다 지면이 적어도 0.5피트는 낮고 물이 한 방울도 배수되지 않아서 비라도 내리는 날이면 안에 물이 차는 안마당에 가본 적이 있다! 오늘날에는 더 나중에 채택된 건축 방식이 일반적으로 쓰인다. 노동자의 작은 집은 1채만 짓는 경우는 거의 없고 언제나 10~20채씩 건축하며, 도급업자 1명이 거리 1~2개를 한꺼번에 짓는다. 이런 집들은 다음과 같이 배치된다. 첫째 열은 아주 다행히도 뒷문과 작은 안마당을 갖춘 최상급 가옥들로 채워지며 집세가 가장 비싸다. 가옥들 뒤편에는 좁은 도로나 가려진 통로를 통해 왼쪽이나 오른쪽 끝에서 들어가는 좁은 골목길, 즉 뒷길이 있다. 이런 뒷길을 마주하는 작은 집들은 집세가 가장 싸고 가장 방치된다. 이 집들은 또 다른 거리를 마주하는 셋째 열의 작은 집들과 뒷벽을 공유하는데, 셋째 열의 집세는 첫째 열보다는 싸고 둘째 열보다는 비싸다. 대체로 이런 거리들은 다음과 같은 방식으로 배열된다[그림 참조].

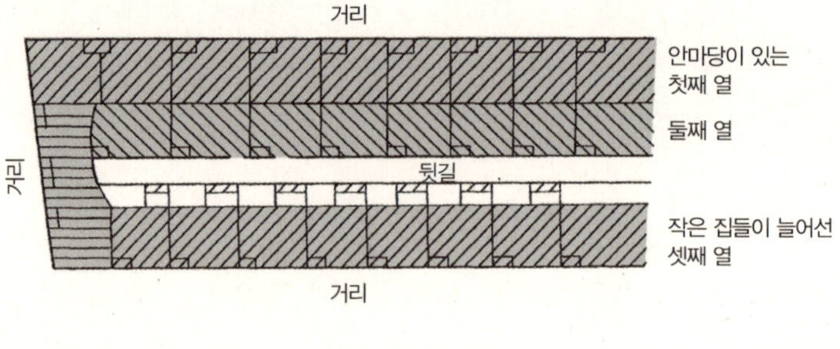

* 그럼에도 현자인 체하는 영국의 어느 자유당원은 어린이 고용위원회의 보고서에서 다수의 작은 공원들과 마찬가지로 안마당들이 환기, 즉 공기의 순환을 개선한다는 이유로 이런 안마당이 자치도시 건축의 걸작이라고 역설한다! 분명 안마당마다 서로 마주보는 널찍한 입구가 2개나 4개씩 있다면 공기가 시원하게 들어올 수 있다. 그러나 안마당에 입구가 2개 있는 경우란 결코 없고 1개 있는 경우도 드물 뿐 아니라, 보통은 좁고 가려진 통로 하나가 고작이다.

이런 건축 방법에 따라 지으면 첫째 열은 비교적 환기가 잘 되고 셋째 열도 과거의 방법으로 지을 때보다 나쁠 것이 없다. 반면에 둘째 열은 적어도 안마당의 집만큼이나 환기가 되지 않으며, 뒷길은 언제나 불결하고 역겨운 상태로 방치된다. 도급업자들은 이 방법을 더 선호한다. 공간을 절약할 수 있고, 첫째와 셋째 열의 집들에 집세를 더 비싸게 매겨서 벌이가 조금 나은 노동자들로부터 폭리를 취할 수 있기 때문이다. 이처럼 작은 집들을 짓는 세 가지 형태를 맨체스터 전역과 랭커셔와 요크셔 도처에서 찾아볼 수 있다. 간혹 두세 가지 형태가 섞여 있기도 하지만, 보통은 도시 각 지역의 상대적인 연대를 알 수 있을 만큼 구별된다. 뒷길을 배치하는 셋째 형태는 세인트 조지 가와 앤코츠 가 동쪽에 있는 커다란 노동자 구역에서 일반적인 형태이며, 맨체스터와 그 교외의 다른 노동자 구역들에서도 가장 흔하게 나타나는 형태 가운데 하나다.

마지막에 언급한 넓은 구역, 즉 앤코츠라는 지명에 속하는 구역에는 맨체스터에서 가장 큰 공장들이 운하를 따라 늘어서 있고, 6층이나 7층인 이 거대한 건물들의 기다란 굴뚝은 노동자의 작은 집들 위에 우뚝 솟아 있다. 그래서 이 구역의 주민은 대개가 공장노동자들이며, 가장 열악한 거리들에는 수직공들이 산다. 도시 심장부에 인접한 거리들은 가장 오래되었고 따라서 가장 열악하지만, 포장되어 있고 배수로도 갖추고 있다. 나는 올덤 가와 그레이트 앤코츠 가와 가장 가깝고 평행하는 거리들도 그런 오래되고 열악한 거리들에 포함시킨다. 멀리 북동쪽에는 새로 건설한 거리들이 많다. 이제 막 페인트를 칠한 새 문과 창문이 달려 있고 방 안에도 새로 회칠을 한 이곳의 작은 집들은 단정하고 깨끗해 보인다. 거리들 자체도 환기가 더 잘 되고, 거리들 사이에 있는 건축용 공터도 더 넓을 뿐 아니라 수도 더 많다. 그러나 이런 말은 소수의 집에만 들어맞는 반면에 지하 거처는 거의 모든 집에서 찾아볼 수 있다. 많은 거리들이 비포장인 데다가 하수도마저 없다. 무엇보다 나쁜 점은 이 말끔한 외양이 10년 안에 사라질 겉치레에 지나지 않는다는 것이다. 거리 계획 못지않게, 건축된 작은 집들 하나하나가 부적합 판정을 받을 것이기 때문이다.

그런 집들은 모두 처음에는 단정하고 튼튼해 보인다. 벽돌로 지은 큼직한 벽은 눈을 현혹하며, 뒷골목과 집 자체의 건축 방법을 잊은 채 새로 지은 노동자 구역의 거리를 지나가는 사람은 노동인구의 거처가 잉글랜드만큼 좋은 곳은 없다는 자유당 제조업자들의 단언에 동의하기 십상이다. 그러나 더 면밀히 조사해보면 이 작은 집들의 벽을 최대한 얇게 지었다는 것을 확인할 수 있다. 벽돌들이 넓은 면을 맞대고(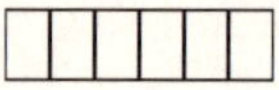) 있을 경우, 1층과 지붕의 무게를 지탱해야 하는 지하실의 외벽은 기껏해야 벽돌 하나 두께다. 그러나 나는 집의 높이는 같지만 벽돌들이 좁은 면을 맞대고(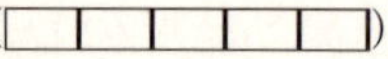) 있어서 외벽의 두께가 벽돌 반 개 두께인 집들—일부는 건축 중이었다—을 많이 봤다. 이렇게 짓는 목적은 자재를 아끼려는 것이지만 다른 이유도 있다. 도급업자는 땅을 소유하는 것이 아니라 영국의 관습에 따라 20년, 30년, 40년, 50년, 또는 99년 동안 임차하고, 기간이 끝나면 그 땅 위에 있는 모든 것을 원래 주인, 그 땅을 개발한 대가를 한 푼도 지불하지 않는 주인에게 돌려주어야 하기 때문이다. 그러므로 임차인은 약정한 기한이 끝나면 개발은 아무런 가치도 없다고 계산하게 된다. 그리고 작은 집들은 대개 기한 만료를 20년이나 30년 앞두고 짓기 때문에 도급업자들이 불필요한 지출을 하지 않으리라는 것을 쉽게 짐작할 수 있다. 더욱이 보통 목수나 건축업자, 제조업자인 이런 도급업자들은 한편으로는 집세 수령액이 줄어드는 경우를 피하고 다른 한편으로는 개발해놓은 것을 땅주인에게 넘겨주어야 할 시점이 점점 다가온다는 것을 감안해, 보수에는 웬만해선 돈을 쓰지 않는다. 불황이 닥치고 뒤이어 실업 사태가 일어날 때면 대개 모든 거리에서 인적이 사라지고, 작은 집들은 급속히 주거가 불가능한 폐가로 전락한다. 노동자의 작은 집들은 일반적으로 평균 40년밖에 쓰이지 않는 것으로 추정된다. 200년은 끄떡없을 듯한 신축 가옥들의 큼직한 벽을 볼 때면 이런 말이 다분히 이상하게 들릴 것이다. 그러나 애초에 집을 지을 때 지출에 인색하고, 보수에 전혀 신경쓰지 않고, 집이 자주 비고, 거주자들이 자주 바뀌고, 마지막 10년 동안 거주자들—집에서 나무로 된 부분을 서

습없이 땔깜으로 사용하는 아일랜드 인 가족인 경우가 많다—이 집을 파괴하는 등 온갖 원인이 작용해 40년 만에 집을 황폐하게 바꿔버린다. 주로 제조업이 급성장한 이후, 실은 주로 이번 세기 들어서 건설된 앤코츠에 황폐한 집들, 사실 대다수가 가까스로 주거할 만한 수준인 집들이 수없이 많은 이유가 바로 이것이다. 나는 초기 개발에 투입한 자본의 액수와 보수하는 데 지출한 소액의 추가 비용에 대해 세세히 말하지 않을 것이다—보수가 충분히 이루어졌다면 이 구역 전체가 몇 년간 깨끗하고 단정하고 살 만한 곳으로 유지되었을 것이다. 여기서 나는 가옥과 거주자들의 상황을 다루어야 한다. 그리고 노동자들에게 거처를 제공하는 방법 가운데 바로 이곳의 방법보다 건강에 해롭고 사람을 타락시키는 방법은 발견하지 못했다는 것을 인정해야 한다. 노동자는 그런 황폐한 거처에 거주할 수밖에 없는데, 다른 거처를 구할 여력도 없고 공장 근처에 다른 거처도 없기 때문이다. 또한 그런 집에 주거하는 조건으로 노동자를 고용하는 고용주에 종속되어 있을 것이기 때문이다. 작은 집의 사용기간이 40년이라는 추정이 언제나 정확히 들어맞는 것은 물론 아니다. 도시에서 건물들이 빽빽하게 들어선 지역에 가옥이 위치해 있고 지대地代가 비싸더라도 입주자를 꾸준히 찾을 가능성이 크다면, 40년이 지난 후에도 가옥을 살 만한 곳으로 유지하기 위해 도급업자가 조금은 손을 쓰기 때문이다. 그렇지만 도급업자는 도저히 불가피한 경우를 빼면 절대 집을 수리하지 않으며, 그렇게 보수하는 집은 가장 열악한 집이다. 이따금 전염병이 건강을 위협할 때면 평소에는 잠들어 있는 양심을 살짝 일깨운 위생경찰이 노동자 구역들에 불시에 들이닥쳐 줄줄이 늘어선 모든 지하실과 가옥을 폐쇄하곤 한다. 올덤 가 인근의 몇몇 좁은 길에서 이런 일이 일어났다. 그러나 이런 폐쇄가 오래 지속되진 않는다. 거주 부적격 판정을 받은 작은 집들에 머지않아 다시 입주자가 들어가고, 집주인은 그런 집을 세놓아 더욱 부유해지고, 위생경찰은 당분간 다시 찾아오지 않는다. 이곳 맨체스터의 동쪽과 북동쪽은 부르주아지가 건물을 짓지 않은 유일한 지역이다. 1년에 10~11개월 동안 서풍과 남서풍

이 이곳으로 모든 공장의 매연을 실어와 노동자들만이 숨을 쉴 수 있기 때문이다.

그레이트 앤코츠 가 남쪽에는 제멋대로 뻗어나가는 널찍한 노동자 구역이 있다. 언덕이 많고 척박한 이곳에는 불규칙하게 일렬로 늘어서거나 정방형 구획을 이루는 집들이 띄엄띄엄 있으며, 이런 열과 구획 사이에는 울퉁불퉁하고 점토질인 데다가 잔디마저 없어서 비 오는 날에는 지나가기 어려운 건축용 공터들이 있다. 작은 집들은 전부 불결하고 오래되어서 신시가지를 상기시킨다. 버밍엄 철도가 지나가는 기다란 지역은 건물들이 가장 밀집해 있고 또 가장 열악하다. 여기서 메드록 강은 곳곳에서 어크 강 골짜기와 수평을 이루는 골짜기 안을 수없이 굽이쳐 흐른다. 새까맣고 더럽고 악취를 풍기는 메드록 강 양편에는 상태가 가장 열악한 노동자 가옥들과 공장들이 들어선 지대가 넓게 펼쳐져 있다. 앞에서 살펴본 어크 강의 경우와 꼭 마찬가지로, 메드록 강변은 대체로 가파르며 물가 바로 위에 있다. 반면에 집들은 맨체스터 쪽에 있든 아드윅이나 콜턴에 있든 흄에 있든 똑같이 열악하다. 그러나 가장 끔찍한 장소(만일 내가 모든 장소를 따로따로 상세하게 묘사하려 든다면 끝이 나지 않을 것이다)는 맨체스터 쪽에서 옥스퍼드 가 남서쪽과 맞닿은 곳, 리틀 아일랜드Little Ireland라고 알려진 곳이다. 메드록 강의 만곡부에 꽤나 깊숙이 자리잡은 이 빈민굴은 사방이 키가 큰 공장들과 높은 제방들에 둘러싸이고 건물들에 가려져 있다. 이곳에서 두 무리를 이루는 작은 집 200여 채는 대체로 뒷벽을 맞대고 있으며, 대다수가 아일랜드 인인 4000명 남짓이 여기서 살고 있다. 이곳의 오래된 작은 집들은 더럽고, 크기도 가장 작은 축에 들며, 거리들은 판에 박은 듯 똑같고 일부는 배수로가 없거나 비포장이다. 사면에 널린 웅덩이들에는 쓰레기와 음식물 찌꺼기, 구역질 나는 오물이 쌓여 있다. 이런 웅덩이에서 나오는 고약한 냄새가 공기를 오염시키고, 10여 개의 높다란 공장 굴뚝에서 내뿜는 매연이 대기를 가득 채우고 검게 물들인다. 여기에는 웅덩이 안에서 음식물 찌꺼기를 먹으며 무럭무럭 자라는 돼지만큼이나 더러운, 누더기를 걸친 여자와 아이 무리가 득시글거린다. 요컨대 이 빈민굴 전체의 참상은 어크 강변의 가장 열악한 안마당마저도 필적하지 못할 만큼 역겹고 혐오스럽다. 이런 황폐한 집에서, 깨져서 방수포를 덮은 창문과 휘어진 문, 썩은 문설주 뒤에서 사는 부류, 또는 어두컴컴하고 축축한 지하실에서, 헤아리기 어려운 오물과 악취 속에서, 마치 일부러 갇힌 듯한 이런 환경에서 사는 부류는 가장 낮은 수준의 인간에 도달한 것이 틀림없다. 이 구역의 겉모습을 바라보는 사람은 이런 인상을 받고 이런 생각을 하지 않을 도리가 없다. 그러나 기껏해야 방 2개와 다락방 하나와 어쩌면 지하실 하나가 있는 이런 우리마다 평균 20명이 산다는 말을 들을 때, 이 구역 전역에 대개 이용하기 어려운 옥외 변소가 120명당 하나 꼴로 있다는 말을 들을 때, 의사들의 온갖 설교에도 불구하고, 콜레라가 유행하자 위생경찰이 리틀 아일랜드의 상태 때문에 야단법석을 떨었음에도 불구하고, 그동안의 모든 사태에도 불구하고 서기 1844년인 올해의 상태가 1831년의 상태와 거의 똑같다는 말을 들을 때, 대체 무슨 생각을 해야 할까! 케이 박사가 역설하듯이* 이 구역은 지하실만이 아니라 모든 집의 1층도 축축하고, 아일랜드 사람들이 한때 흙으로 가득 찼던 지하실들의 흙을 비워내고서 다시 거주하고 있고, 강의 수면보다 낮은 어느 지하실에서는 점토로 틀어막은 구멍을 통해 물이 계속 올라오는 바람에 거주자인 수직공이 매일 아침 물을 퍼다가 거리에 쏟아부어야 한다!

더 남쪽으로 내려가면 메드록 강 왼편에 흄, 정확히 말하면 커다란 노동자 구역이 있다. 이곳의 상황은 앤코츠의 상황과 거의 정확히 일치한다. 더 조밀하게 건설된 지역들은 대개 열악하고 황폐해지고 있고 덜 조밀하게 건설된 지역들에는 근래에 지은 건물들이 있지만, 전반적으로 오물에 잠겨 있다. 메드록 강 오른편에 자리잡은 본래의 맨체스터에는 저 멀리 상업 구역까지 이어지는 딘스게이트 양편으로 맨체스터에서 둘째로 큰 노동자 구역이 있다. 이곳의

* 〈맨체스터 면공업에 고용된 노동계급의 도덕적 육체적 상태〉.

몇몇 지역은 구시가지만큼이나 열악하다. 특히 상업 구역과 인접한 지역, 즉 브리지 가와 키 가, 프린세스 가와 피터 가 사이에 있는 지역에는 구시가지의 가장 비좁은 안마당들보다도 건물들이 더 빽빽하게 밀집해 있다. 이곳의 길고 좁은 길들 사이에는 옹색하고 구불구불한 안마당과 통로가 있으며, 여기로 들어가는 입구는 아주 불규칙해서 모든 안마당과 모든 골목을 따로따로 정확히 알고 있는 사람이 아니라면 몇 걸음을 내딛을 때마다 가려진 골목으로 들어서거나 전혀 예상치 못했던 곳으로 나오게 된다. 케이에 따르면 이 황폐하고 불결한 구역에는 맨체스터에서 가장 타락한 계급이 살고 있으며, 그들의 직업은 절도와 매춘이다. 그리고 어느 모로 보나 케이의 주장은 지금 이 시점에도 참이다. 1831년에 이곳을 조사한 위생경찰은 이곳이 리틀 아일랜드나 어크 강변만큼이나 불결하다는 것을 발견했다(나는 이곳이 지금도 별반 나아지지 않았다는 것을 입증할 수 있다). 무엇보다 위생경찰은 팔리아먼트 가에 380명이 산다는 것과 가옥 30채가 밀집한 팔리아먼트 통로에 옥외 변소가 달랑 하나뿐이라는 것을 발견했다.

어웰 강 건너편에는 이 강이 만든 반도형 지대 위에 8만 명이 거주하는 도시, 정확히 말하면 큰길 하나가 꿰뚫고 지나가는 커다란 노동자 구역인 샐퍼드가 있다. 한때 맨체스터보다 중요했던 샐퍼드는 주변 지역의 중심 도시였으며, 그런 까닭에 이 지역은 지금까지도 샐퍼드 촌락이라 불린다. 맨체스터의 올드 교회 맞은편에 있는 샐퍼드는 그렇게 오래된 만큼 대단히 유해하고 더럽고 황폐하며, 어웰 강 반대쪽에 있는 구시가지만큼이나 환경이 열악하다. 어웰 강에서 더 떨어진 곳에는 비교적 나중에 건설했으나 이미 작은 집의 기한인 40년을 넘은 까닭에 충분히 황폐한 지역이 있다. 샐퍼드 어디에나 좁은 안마당이나 골목이 있는데, 어찌나 비좁은지 이제껏 내가 목격한 가장 좁은 골목인 제노바의 골목을 떠올리게 한다. 이 점에서 샐퍼드의 평균 건물은 맨체스터의 평균 건물보다 훨씬 열악하며, 청결을 기준으로 보더라도 마찬가지다. 맨체스터에서는 경찰이 이따금씩, 6~10년에 한 번씩 노동자 구역에 들이닥쳐서 가장 열악한 거처들을 폐쇄하고 이 아우게이아스의 외양간에서 가장 지저분한 장소들을 청소하는 반면, 샐퍼드에서는 손가락 하나 까딱하지 않은 듯하다. 채펄 가, 그린게이트, 그래블레인의 좁은 골목과 안마당은 건축한 이래 한 번도 청소하지 않은 것이 분명하다. 최근에 리버풀 철도가 구름다리를 통해 이 거리들 한가운데를 지나가게 되면서 가장 지저분한 구석진 장소들 상당수가 철거되었다. 그러나 그런들 무슨 소용이 있는가? 이 구름다리를 건너면서 아래를 내려다보는 사람이라면 누구나 오물과 참상을 충분히 목격한다. 그리고 누군가 이 좁은 길들을 지나가면서 열린 문과 창문을 통해 집과 지하실을 들여다보는 수고를 감수한다면, 그는 걸음을 내딛을 때마다 샐퍼드의 노동자들이 이런 거처에서 청결하고 안락하게 살기란 불가능하다는 것을 거듭 확신할 수 있다. 정확히 똑같은 상황을 샐퍼드의 더 먼 지역들, 즉 이슬링턴, 리전트 가 주변, 볼턴 철도 뒤편에서 찾아볼 수 있다. 올드필드 가와 크로스 가 사이에 있는, 가장 열악한 안마당과 골목으로 가득한 구역의 노동자 거처들은 불결과 과밀이라는 면에서 구시가지의 거처들과 어깨를 나란히 한다. 이 구역에서 나는 60세쯤으로 보이는 한 남성이 외양간에서 살아가는 모습을 보았다. 그는 창문도 없고 마루와 천장도 없는 장방형 우리에 일종의 굴뚝을 만들어놓고는 썩은 지붕에서 빗물이 뚝뚝 떨어지는데도 침대틀을 하나 구해 거기서 살고 있었다. 이 남자는 너무 늙고 약해서 일정하게 일하지 못했고, 손수레로 분뇨를 치워서 생계를 꾸렸다. 그의 대궐 옆에는 똥떠미들이 쌓여 있었다!

지금까지 서술한 것이 내가 20개월 동안 직접 관찰할 기회가 있었던 맨체스터의 다양한 노동자 구역들이다. 이러저리 돌아다닌 결과를 간략하게 정리하면, 우리는 맨체스터와 그 인근 지역들의 노동자 35만 명 거의 전부가 비참하고 축축하고 지저분한 작은 집들에서 살고 있다는 것, 그런 집들을 둘러싼 거리들은 보통 가장 허름하고 더러우며 환기는 눈곱만큼도 고려하지 않고 오로지 도급업자의 이익만을 고려해 건설되었다는 것을 인정해야만 한다. 한마디로 우리는 맨체스터의 노동자 거처들에서는 청결과 편의가 불가능하고 따라서 편안한 가정생활도 불가능하다는 것, 거기서는 육체가 퇴화한 인종, 모든 인간성을 박탈당하고 도덕적 육체적으로 짐승처럼 타락하고 추락한 인종만이 쾌적함과 안락함을 느낄 수 있다는 것을 인정해야만 한다. 그리고 이렇게 역설하는 사람이 나 혼자만은 아니다. 앞에서 보았듯이 케이 박사도 정확히 똑같이 묘사한다. 필요 이상이긴 하지만, 어느 자유당원의 말을 추가로 인용하겠다.* 그는 제조업자들이 인정하고 높이 평가하는 권위자이며, 노동자들의 모든 독립적 운동에 광적으로 반대하는 사람이기도 하다.

> 나는 아일랜드 인의 도시인 앤코츠와 리틀 아일랜드에 있는 공장노동자들의 거주 구역을 지나가면서 이런 집들에서 적절한 건강 상태를 유지할 수 있다는 사실에 경악했다. 크기와 주민 수로 보아 도시에 해당하는 이 도시들은 투기를 노리는 건축업자의 직접적 이익 말고는 어떤 것도 고려하지 않은 채 건설되었다. 목수와 건축업자는 힘을 합쳐 일련의 건축 부지를 사들이고(즉 건축 부지를 다년간 임차하고), 그 부지를 이른바 집들로 덮는다. 한 장소에서 우리는 거리 전체가 도랑을 따라 건설된 것을 발견했는데, 이런 방식으로 땅을 파는 비용을 들이지 않고도 더 깊은 위치의 지하실, 물품이나 쓰레기를 저장하는 곳이 아니라 인간의 거처인 지하실을 확보할 수 있었기 때문이다. 이 거리의 어떤 집도 콜레라를 피하지 못했다. 보통 이 교외의 거리들은 비포장이며 한가운데에 똥더미나 도랑이 있다. 집들은 등을 맞대고 있어서 환기와 배수가 되지 않고, 모든 가구가 지하실이나 다락방 구석에서 살아간다.

앞에서 콜레라가 유행할 때 위생경찰이 보여준 이례적인 행동을 언급했다.

---

* 나소 시니어Nassau Senior, 《상무장관 각하(찰스 플릿 톰슨 님)에게 보내는 공장법에 관한 서한(Letters on the Factory Act to the Right Honourable, the President of the Board of Trade)(Chas. Poulett Thomson, Esq.)》, London, 1837, 24.

그 전염병이 접근해오자 맨체스터의 부르주아지 전체가 공포에 사로잡혔다. 사람들은 빈민층의 해로운 거주 구역들을 기억해냈고, 이런 빈민굴들이 저마다 역병의 중심지가 될 것이고 여기서 역병이 사방으로 퍼져나가 유산계급의 저택들을 폐허로 만들 것이라는 확신에 벌벌 떨었다. 이 구역들을 조사해 어떤 상황인지를 시의회에 보고하기 위한 보건위원회가 즉시 조직되었다. 이 위원회의 위원이면서 11구역을 뺀 경찰의 모든 관할구역을 일일이 직접 방문한 케이 박사는 위원회의 보고서에서 다음과 같은 내용을 인용한다. 모두 합해 6951채의 집을 조사했다—당연히 샐퍼드와 다른 교외지역들은 빼고 본래의 맨체스터만 조사했다. 이 가운데 6565채는 시급히 내부를 회칠할 필요가 있었고, 960채는 파손되어 있었고, 939채는 배수가 원활하지 않았고, 1435채는 축축했고, 452채는 환기가 열악했고, 2221채는 옥외 변소가 없었다. 조사한 687개의 거리 가운데 248개는 비포장이었고, 53개는 일부분만 포장이었고, 112개는 환기가 열악했고, 352개는 물이 고인 웅덩이, 찌꺼기와 쓰레기 더미 등이 있었다. 콜레라가 도착하기 전에 이 아우게이아스의 외양간을 청소한다는 것은 당연히 불가능했다. 그래서 가장 열악한 구석 몇 군데만 청소하고 나머지는 예전 그대로 방치해두었다. 리틀 아일랜드의 사례가 보여주었듯이, 청소한 장소들도 두 달 만에 예전의 더러운 상태로 자연스레 되돌아갔다. 보건위원회는 이 집들의 내부 상태가 우리가 이미 살펴본, 런던과 에든버러를 비롯한 도시들의 상태와 비슷하다고 보고한다.**

아일랜드 인 가족 모두가 침대 하나에서 북적거리는 경우가 흔하다. 모두가 결핍과 무신경과 비참함 때문에 타락하는 이곳에서는 더러운 짚더미나 낡은 자루로 만든 누비이불을 아무렇게나 뒤엉킨 가족 전체가 덮는 경우도 흔하다. 조사관들은 집 1채에서 두 가족이 방 2개를 사용하는 경우를 흔히 보았다. 모두가 같은 방에서 잠을 자고 다른 방은 부엌 겸 식당으로 함께 사용했

** 〈맨체스터 면공업에 고용된 노동계급의 도덕적 육체적 상태〉, 32.

다. 흔히 축축한 지하실 한 곳에서 한 가족 이상이 생활했으며, 건강에 몹시 해로운 그 공기 안에 12~16명이 몰려 있었다. 이런 환경을 포함한 여러 발병 원인들 말고도, 돼지를 키운다는 사실과 가장 혐오스러운 종류의 다른 역겨운 것들도 발견된다는 사실을 꼭 덧붙여야 한다.

방이 하나밖에 없는 많은 가족들이 하숙인과 숙박인을 맞아들인다는 사실과 그런 남녀 숙박인들이 결혼한 부부와 한 침대에서 자는 경우가 결코 드물지 않다는 사실도 꼭 덧붙여야 한다. 그리고 〈노동계급의 위생 상태에 관한 보고서(Report Concerning the Sanitary Condition of the Working-class)〉에 따르면 맨체스터에서 한 남자가 아내뿐 아니라 성인인 처제와도 한 침대에서 자는 경우가 여섯 번이나 발견되었다는 사실도 덧붙여야 한다. 공동숙박소도 아주 많다. 케이 박사는 1831년에 본래의 맨체스터에 그런 숙박소가 267개 있다고 말했는데, 그때 이래로 공동숙박소의 수는 분명히 급증했다. 이런 숙박소들은 저마다 20~30명을 맞아들이므로, 모두 합해 밤마다 5000~7000명을 수용한다. 이곳 공동숙박소와 손님들의 성격은 다른 도시들의 경우와 동일하다. 방마다 마루에 틀도 없는 침대가 5~7개 있고, 그 위에서 최대한 많은 사람들이 마구잡이로 뒤엉켜 잔다. 이런 누추한 숙소를 지배하는 신체적 도덕적 분위기가 어떨지는 굳이 말할 필요가 없을 것이다. 이 숙박소들은 저마다 범죄의 진원지, 이처럼 악덕이 집중되지 않았다면 결코 행하지 않았을 행위의 무대다.*

---

* P. 개스켈P. Gaskell, 〈잉글랜드의 제조업 인구: 도덕적 사회적 물리적 여건과 증기기계의 사용이 초래한 변화, 그리고 아동노동 조사(The Manufacturing Population of England: Its Moral, Social and Physical Condition, and the Changes which have arisen from the Use of Steam Machinery; with an Examination of Infant Labour)〉, "정의를 세우라"(Fiat Justitia)(1833). 이 글은 주로 랭커셔의 노동계급의 상황을 기술한다. 저자는 자유당원이지만 노동자들의 행복을 노래하는 것이 자유주의의 특징이 아니던 시절에 이 글을 썼다. 그러므로 그는 편견이 없고, 현재 상황의 폐해, 특히 공장제의 폐해를 알아볼 안목을 갖추었다. 반면에 그는 공장 조사위원회(Factories Enquiry Commission)가 조직되기 이전에 글을 썼고, 나중에 이 위원회의 보고서에 의해 논박된, 신뢰하기 어려운 자료들에서 여러 주장을 받아들였다. 그러므로 이 글은 전반적으로 가치가 있지만 신중하게 인용해야 하며, 특히 케이 박사처럼 저자가 노동계급 전체와 공장노동자들을 혼동하기 때문에 더 주의해야 한다. 이 책의 "서론"에 포함한 프롤레타리아트의 발달사는 주로 개스켈의 이 글을 참조해서 썼다.

개스켈은 본래의 맨체스터의 지하실에서 살아가는 사람이 2만 명이라고 말한다. 〈위클리 디스패치Weekly Dispatch〉는 "공식 보고서들에 따르면" 그 수가 노동계급의 12퍼센트라고 말하는데, 이 비율은 개스켈이 제시한 수와 일치한다. 17만 5000명으로 추정되는 노동자 가운데 12퍼센트는 2만 1000명이기 때문이다. 교외의 지하 거처 수가 적어도 본래 맨체스터의 수만큼 많으므로, 맨체스터—이 이름을 넓은 의미로 사용하면—에서 지하실에 주거하는 사람들의 총수는 자그마치 4만~5만 명이다. 가장 큰 도시들과 소도시들의 노동자 거처에 관한 서술은 이쯤에서 마치겠다. 주거지에 대한 욕구를 채우는 방식은 다른 모든 필수품에 대한 욕구를 채우는 방식의 기준이 된다. 이처럼 지저분한 빈민굴에서는 남루하고 제대로 못 먹는 사람들만 주거할 수 있다는 것이 안전한 결론이고, 또 그게 사실이다. 노동자의 옷은 대부분 아주 형편없다. 그 옷을 만드는 데 쓰이는 재료는 가장 적합한 옷감이 아니다. 남녀 노동자의 옷장에서는 모직물과 리넨 류가 거의 사라지고 면직물이 그 자리를 차지했다. 셔츠는 표백하거나 염색한 면직물로 만든다. 여성용 드레스의 재료는 주로 날염한 면직물이고, 모직 속치마는 빨랫줄에서 좀처럼 찾아보기 어렵다. 남자들은 주로 퍼스티언[능직 무명의 일종] 옷감이나 다른 무거운 면직물로 만든 바지, 그리고 바지와 똑같은 옷감으로 만든 재킷이나 코트를 입는다. 퍼스티언은 노동자들의 유명한 복장이 되었으며, 노동자들은 '퍼스티언 재킷'이라 불린다. 중간계급을 특징짓는 표현으로 쓰이는 브로드클로스[모직물의 일종]를 입는 신사들과 대비해 노동자들은 스스로를 '퍼스티언 재킷'이라고 부른다. 차티스트 운동의 지도자 퍼거스 오코너Feargus O'Connor는 1842년 봉기 기간에 맨체스터에 왔을 때, 노동자들로부터 귀청이 터질 듯한 환호를 받으며 퍼스티언 옷을 입고 등장했다. 잉글랜드에서는 누구나 테 있는 모자를 쓰며, 이는 노동자들도 마찬가지다. 둥근 것, 높은 것, 테가 넓은 것, 테가 좁은 것, 또는 테가 없는 것—공장도시의 젊은 남자들만 테가 없는 모자를 쓴다—등 모자의 형태는 아주 다양하다. 모자가 없는 사람은 높이가 낮고 네모난 종이 모자를 접는다.

노동계급의 모든 옷은 설령 상태가 좋더라도 기후에 부적합하다. 영국은 공기가 습하고 기온이 갑작스럽게 변하기 때문에 다른 어떤 나라보다 감기에 걸리기 십상이다. 그래서 중간계급은 거의 모두 맨살에 플란넬을 입고 두르며, 플란넬 스카프와 셔츠를 착용한다. 노동계급은 이런 대비책이 없을 뿐 아니라, 모직옷을 하나라도 입을 수 있는 경우조차 거의 없다. 무거운 면옷은 모직옷보다 두껍고 질기고 무겁지만 추위와 습기에 훨씬 취약하고, 두께와 재료의 성질 때문에 훨씬 오랫동안 축축한 상태로 있으며, 축융縮絨[털을 엉키게 해 조직을 조밀하게 만드는 모직물 가공의 한 공정]을 거친 모직옷만큼 옷감이 조밀하지 못하다. 설령 어떤 노동자가 일요일에 입으려고 모직 코트를 사더라도, 그는 이른바 '악마의 유해'라 불리는 형편없는 옷, 입기 위해서가 아니라 팔기 위해 만든 옷, 2주 만에 찢어지거나 너덜너덜해지기 십상인 옷을 싸구려 가게에서 구입하거나, 아니면 상태가 양호하던 시기가 지나 이제 몇 주밖에 입을 수 없는 반쯤 해진 코트를 헌옷 장수로부터 구입할 수밖에 없다. 더욱이 노동자의 옷은 대부분 상태가 나쁘며, 가장 좋은 옷가지를 전당포에 맡겨야 하는 피치 못할 사정이 자꾸 생긴다. 아주 많은 노동자들, 그중에서도 아일랜드 인들의 옷은 대체로 도저히 수선이 불가능한 완전한 누더기이거나 원래 색을 알아볼 수 없을 만큼 깁고 또 기운 옷이다. 그럼에도 잉글랜드 인들과 영국계 아일랜드 인들은 퍼스티언에 모직이나 마직 조각을 덧대거나 또는 정반대로 덧대는 식으로—이러나 저러나 그들에게는 똑같다—옷을 계속 기우며, 이 기술을 놀라운 수준까지 끌어올렸다. 그러나 잉글랜드로 이주해온 아일랜드 인들은 옷이 조각날 정도로 극히 불가피한 경우가 아니면 여간해서는 옷을 깁지 않는 것이 사실이다. 누더기 같은 셔츠는 보통 코트나 바지의 찢어진 틈으로 삐져나온다. 토머스 칼라일Thomas Carlyle의 말마따나 그들은 "입고 벗기가 어렵고 한 해의 축제와 좋은 날에만 거래되는 누더기 한 벌"*을 입는다. 아일랜드 인들은 이전에 잉글랜드에는 없었던 맨발로 돌아다니는 풍습도 소개했다. 모든 제조업 도시에서는 오늘날 많은 사람들, 특히 여자와 아이들이 맨발로 다니는 모습을 볼 수 있으며, 잉글랜드 빈민들도 점차 이 풍습을 받아들이고 있다.

음식도 옷만큼이나 열악하다. 노동자들은 유산계급이 먹기에는 너무 나쁜 음식을 먹는다. 잉글랜드 대도시들에서는 최상급 식재료를 무엇이든 구할 수 있겠지만 그러려면 돈이 든다. 2펜스로 가정의 생계를 꾸려야 하는 노동자는 식비를 많이 지출할 여력이 없다. 더욱이 노동자는 보통 토요일 저녁에 임금을 받는다. 금요일에 임금을 지급하는 방식도 시작되었으나 이 훌륭한 방식은 결코 일반적이지 않기 때문이다. 그래서 노동자는 5시, 또는 늦으면 7시나 되어야 시장에 도착하는 반면, 중간계급 손님들은 가장 좋은 식품들이 가득한 아침에 시장에 와서 먼저 식재료를 고른다. 노동자들이 시장에 도착할 쯤이면 가장 좋은 식품은 이미 팔리고 없고, 설령 남아 있더라도 그들은 십중팔구 살 수 없다. 노동자들이 구입하는 감자는 대개 형편없고, 채소는 시든 상태이고, 치즈는 오래되어 질이 나쁘고, 베이컨은 상해 있고, 기름기가 적고 질긴 고기는 대개 병에 걸린 늙은 소나 자연사한 소의 고기라서 애초부터 신선하지가 않고 흔히 반쯤 부패해 있다. 일반적으로 판매자들은 열악한 식품을 사들여서 파는 변변찮은 행상으로, 이들은 식품의 질이 나쁘기 때문에 싸게 팔 수 있다. 극빈한 노동자들은 고작 몇 펜스로 필요한 것을 구하기 위해 다른 방책을 강구할 수밖에 없다. 일요일에는 아무것도 팔 수 없고 모든 가게가 토요일 12시에 문을 닫아야 하기 때문에, 월요일까지 신선도를 유지하지 못할 식품은 토요일 10시에서 자정 사이에 아무 값에나 팔린다. 그러나 토요일 10시에 팔리는 식품 열에 아홉은 일요일 아침이면 먹기에 적합하지 않은 상태가 된다. 그럼에도 바로 이런 식품이 극빈한 계급의 일요일 저녁식사를 이루는 양식이다. 노동자들이 구입하는 고기는 십중팔구 먹기에 부적합하다. 그러

* 토머스 칼라일Thomas Carlyle, 《차티즘Chartism》, London, 1840, 28.

나 구입했으므로 그들은 먹어야만 한다. 1844년 1월 6일(내가 크게 잘못 알고 있는 게 아니라면), 맨체스터에서 열린 영주재판에서 고기 판매업자 11명이 부패한 고기를 팔았다는 이유로 벌금형을 선고받았다. 그들은 저마다 소나 돼지 한 마리, 또는 양 몇 마리, 또는 50~60파운드의 고기를 가지고 있었으며, 이 고기는 전부 부패한 채로 압수되었다. 리버풀에서는 팔 수 없는, 속을 채운 크리스마스용 거위 64마리를 맨체스터로 가져와서 더럽고 부패한 채로 시장에 내놓았다가 압수된 경우도 있었다. 판매업자들의 이름과 벌금을 비롯한 모든 자세한 사실이 당시 〈맨체스터 가디언Manchester Guardian〉에 실렸다. 7월 1일부터 8월 14일까지 6주 동안 이 신문은 비슷한 사건을 3건 보도했다. 8월 3일자 〈맨체스터 가디언〉에 따르면, 헤이우드의 어느 푸주한이 죽고 부패한 돼지고기 200파운드를 잘라서 팔려고 내놓았다가 고기를 압수당했다. 7월 31일자에 따르면, 위건의 푸주한 2명—이 가운데 1명은 이전에 같은 죄를 저질러 유죄판결을 받은 적이 있었다—이 부패한 고기를 판매용으로 진열했다는 이유로 각각 벌금 2파운드와 4파운드를 부과받았다. 또 8월 10일자에 따르면, 볼턴의 어느 상인으로부터 부패한 햄 덩어리 26개를 압수한 뒤 공개적으로 불태우고 상인에게 벌금 20실링을 물렸다. 그러나 이런 일들은 결코 사태의 전부가 아니다. 연평균 발생건수를 고려하면 6주 동안의 평균 발생건수에도 미치지 못한다. 주 2회 발행되는 〈맨체스터 가디언〉의 매호마다 맨체스터나 그 인근에서 비슷한 사건이 발생했다는 보도가 실리는 기간이 연중 자주 있다. 모든 대로의 앞면을 따라 뻗어 있는 널찍한 시장들에서 시장조사관들의 허술한 감독에 발각되지 않을 것이 분명한 많은 경우—그렇지 않다면 대담하게 팔려고 내놓는 그 모든 고기를 어떻게 설명하겠는가?—를 생각할 때, 앞에서 말한 사건들처럼 벌금을 이해할 수 없을 만큼 적게 물리는 상황에서 부패한 고기를 팔려는 유혹이 얼마나 클지를 생각할 때, 조사관들이 압수하는 고기가 어떤 상태일지 생각할 때, 노동자들이 평소에 질 좋고 영양가 많은 고기를 얻을 것이라고 믿기란 도무지 불가능하다. 노동계급은 중간계급의 돈 욕심 때문에 다른 방식으로도 기만당한다. 판매업자와 제조업자는 구매자의 건강을 눈곱만큼도 고려하지 않은 채 악독한 방식으로 모든 종류의 식료품에 불순물을 섞는다. 앞에서 이 주제에 관한 〈맨체스터 가디언〉의 말을 들었으므로, 이제 중간계급의 다른 기관지—적들의 증언을 제시할 수 있어서 기쁘기 그지없다—인 〈리버풀 머큐리Liverpool Mercury〉의 말을 들어보자.

> 소금에 절인 버터를 신선한 버터처럼 팔거나, 신선한 버터를 표면에 바른 덩어리를 팔거나, 신선한 버터 1파운드를 맨 위에 놓고 맛보게 한 뒤 소금에 절인 버터를 팔거나, 버터 덩어리 전체를 씻은 다음 신선한 버터처럼 판다. 설탕에 쌀가루와 다른 값싼 재료를 섞어서 정가에 팔기도 한다. 비누 제조 시설에서 나온 찌꺼기와 다른 재료를 섞어서 설탕으로 팔기도 한다. 치커리와 다른 값싼 재료를 커피가루에 섞기도 하고, 갈지 않은 원두에 가짜 커피열매를 섞기도 한다. 흔히 코코아에는 진짜 코코아로 착각하기 쉽게 기름으로 처리한 갈색 흙을 섞는다. 찻잎에 자두 잎과 기타 찌꺼기를 섞기도 하고, 뜨거운 동판銅板에 마른 찻잎을 볶아서 본연의 색을 되살린 뒤 신선한 찻잎으로 팔기도 한다. 후추에는 견과의 껍질 가루를 섞는다. 포트 와인은 (알코올과 염료 등을 가지고) 즉석에서 제조하며, 그런데도 잉글랜드 한 곳에서만 포르투갈에서 제조하는 것보다 더 많은 양의 포트 와인을 소비한다는 것은 주지의 사실이다. 담배는 온갖 종류의 역겨운 재료와 섞이고 온갖 형태로 제조된다.

지난 여름에 맨체스터에서 가장 존경받는 몇몇 담배상이, 담배에 불순물을 섞는 것이 일반화되었기 때문에 어떤 기업도 불순물을 섞지 않고는 사업을 계속할 수 없고 가격이 3펜스 이하인 잎궐련 가운데 담배로만 만드는 것은 없다고 공공연히 발표했다는 말을 덧붙일 수도 있다. 밀가루에 석고나 백악을 섞는 극악무도한 짓을 비롯해 10여 가지 사례를 더 말할 수 있지만, 당연히 이런 사기는 식료품에만 국한되지 않는다. 모든 종류의 상품을 판매하는 과정에서 사기가 자행된다. 플란넬과 스타킹 등은 늘어나고, 한 번 빨고 나면 줄어든다. 폭이 좁은 천은 원래보다 1.5인치에서 3인치 정도 늘려서 판매한다. 도자기는 유약을 너무 얇게 칠해서 유약칠이 아무 쓸모도 없고 곧바로 금이 간다. 이것 말고도 우리 나라[독일]의 경우와 마찬가지로 악랄한 짓거리가 백 가지는 더 있다. 그러나 이런 사기의 해로운 결과를 가장 많이 뒤집어쓰는 것은 노동자들이다. 부자들은 덜 속는다. 그들은 큰 상점에서 비싼 값에 상품을 구입할 수 있는데, 그런 상점은 질이 나쁘거나 불순물이 섞인 상품을 취급하다가는 기존의 평판을 잃게 되거나 고객들보다 더 해를 입을 것이기 때문이다. 또한 평소에 좋은 음식을 먹는 부자들은 예민한 미각으로 불순물을 더 쉽사리 감지한다. 그러나 한두 푼이 중요한 가난한 노동자들, 적은 돈으로 많은 물건을 사야 하고, 상품의 질을 꼼꼼히 따져가며 구입할 여력이 없고, 어쨌거나 미각을 발달시킬 기회가 전혀 없었으므로 그럴 수도 없는 노동자들에게는 불순물을 섞은 해로운 식료품만이 떨어진다. 노동자들은 소규모 소매상들과 거래하면서 형편에 따라 외상으로 구입할 수밖에 없으며, 이런 소규모 소매상은 자본이 적고 거래에서 경비의 비중이 커서 품질이 같은 상품이라도 대규모 소매상만큼 싸게 팔 수가 없으므로, 상품을 더 싼 가격에 팔고 다른 상인들과의 경쟁에 대처하기 위해 고의로든 아니든 불순물을 섞은 상품을 구입할 수밖에 없다. 더구나 자기 사업에 자본을 많이 투자한 대규모 소매상은 사기행위가 발각되면 신용을 잃어버려 망하겠지만, 달랑 거리 한 군데에서만 손님들을 차지하는 변변찮은 식료품 잡화상의 경우 사기가 드러난다 한들 무슨 손해를 입겠는가? 설령 앤코츠에서 아무도 그 잡화상을 믿지 않는다 해도, 그는 자신을 아는 사람이 하나도 없는 콜턴이나 흄으로 가서 예전처럼 계속 사기를 친다. 그러나 불순물을 섞는다 해도 수입을 속이지만 않으면 법정형을 구형받는 경우는 극히 드물다. 잉글랜드 노동자는 상품의 질에 대해서만 속는 게 아니라 양도 속는다. 소상인들은 대개 가짜 저울과 자를 가지고 있으며, 그런 위법행위에 내려진 믿기 힘들 만큼 많은 유죄판결 사례들을 경찰 보고서에서 읽을 수 있을 것이다. 제조업 구역들에서 이런 사기 행태가 얼마나 만연해 있는지는 〈맨체스터 가디언〉의 몇몇 호에서 발췌한 기사를 보면 알 수 있을 것이다. 이 호들은 짧은 기간만을 다루며, 그나마 내가 이 호들을 전부 가지고 있는 것도 아니다.

1844년 6월 16일, 로치데일 재판소: 상인 4명이 가벼운 저울을 사용했다는 죄목으로 벌금 5~10실링을 부과받았다. 스톡포트 재판소: 상인 2명이 벌금 1실링을 부과받았다. 1명은 가벼운 저울 7개와 가짜 저울눈 1개를 가지고 있었고, 둘 다 이전에 경고를 받은 적이 있다.

6월 19일, 로치데일 재판소: 상인 1명이 벌금 5실링, 농민 2명이 10실링을 부과받았다.

6월 22일, 맨체스터 치안재판소: 상인 19명이 벌금 2실링 6펜스~2파운드를 부과받았다.

6월 26일, 애슈턴 재판소: 상인과 농민 14명이 벌금 2실링 6펜스~1파운드를 부과받았다. 하이드 피티Hyde Petty 재판소: 농민과 상인 9명이 비용을 지불하고 벌금 5실링을 내라는 판결을 받았다.

7월 9일, 맨체스터: 상인 16명이 비용을 지불하고 10실링 미만의 벌금을 내라는 판결을 받았다.

7월 13일, 맨체스터: 상인 9명이 벌금 2실링 6펜스~20실링을 부과받았다.

7월 24일, 로치데일: 상인 4명이 10~20실링을 부과받았다.

7월 27일, 볼턴: 상인과 여관주인 12명이 비용을 지불하라는 판결을 받았다.

8월 3일, 볼턴: 상인 3명이 벌금 2실링 6펜스와 5실링을 부과받았다.

8월 10일, 볼턴: 상인 1명이 벌금 5실링을 부과받았다.

상품의 질을 속이는 사기 때문에 주로 노동계급이 당하는 손해와, 상품의 양을 속이는 사기 때문에 보통 노동계급이 당하는 피해의 원인은 똑같은 것이다.

노동자 개개인이 평소에 먹는 음식은 당연히 임금에 따라 달라진다. 벌이가 괜찮은 노동자들, 특히 가족원 모두가 얼마간 돈을 벌 수 있는 이들은 그런 상황이 지속되는 한 좋은 음식을 먹는다. 이를테면 매일 고기를 먹고, 저녁식사로 베이컨과 치즈를 먹을 수 있다. 임금이 더 적은 노동자들은 일주일에 2~3번 고기를 먹고, 빵과 감자의 비율이 올라간다. 형편이 더 나쁘면 감자와 육류라고는 잘게 썬 베이컨뿐인 식사를 하고, 이보다 더 나쁘면 식사에 베이컨마저 사라지고 빵과 치즈, 죽, 감자만이 남으며, 사다리의 맨 아래 계단에 있는 아일랜드 인들의 식사는 오로지 감자로만 이루어진다. 보통 음료로는 경우에 따라 설탕이나 우유, 증류주를 조금 넣은 묽은 차를 곁들인다. 독일에서 커피가 필수인 것만큼이나 차는 잉글랜드뿐 아니라 아일랜드에서도 빠져서는 안 되는 음료이며, 차를 마시지 않는 곳은 쓰디쓴 빈곤이 군림하는 곳이다. 그러나 이 모든 음식은 노동자에게 일거리가 있다는 것을 전제한다. 일거리가 없는 노동자는 완전히 우연에 휘둘리면서 자기에게 주어진 것, 구걸하거나 훔칠 수 있는 것을 먹는다. 아무것도 얻지 못하면 앞에서 살펴보았듯이 그냥 굶는다. 음식의 질과 마찬가지로 음식의 양도 물론 임금에 따라 달라지기 때문에, 벌이가 변변찮은 노동자들은 설령 식구가 많지 않고 일정한 작업을 시간을 다 채워가며 하더라도 굶기를 밥 먹듯이 한다. 그리고 대단히 많은 노동자들이 임금을 적게 받는다. 인구가 늘어나면서 노동자들 사이의 경쟁이 치열해지고 있는 런던에 특히 이런 이들이 아주 많지만, 다른 도시들에서도 찾아볼 수 있다. 이런 경우 온갖 호구지책을 강구한다. 다른 음식이 없으므로 감자 껍질, 채소 찌꺼기, 썩은 채소*를 먹고, 영양분을 티끌만큼이라도 함유하고 있을 가능성이 있는 것이면 무엇이든 탐욕스럽게 그러모은다. 그리고 일주일이 끝나기 전에 주급을 다 써버리면 막바지 며칠 동안 가족 전체가 설령 음식이 있다 해도 굶주림을 면하기 어려운 만큼만 먹는 일이 예사로 일어난다.

---

* [〈위클리 디스패치Weekly Dispatch〉, 1844년 4월 또는 5월. 런던 빈민층의 처지에 관한 사우스우드 스미스Southwood Smith 박사의 보고서_독일어판 주].

당연히 이런 생활방식은 불가피하게 다수의 질병을 유발한다. 행여 발병하는 날이면, 노동으로 가족의 생계를 주로 책임지고 고되게 일하므로 영양분이 가장 많이 필요한 아버지가 그래서 제일 먼저 병에 걸려 쓰러지는 날이면, 아버지가 몸져눕는 날이면 가족의 궁핍이 극에 달하고, 사회의 구성원들이 가장 절실하게 도움을 요청하는 바로 그때에 사회가 그들을 저버리는 만행이 백주대낮에 훤히 드러난다.

이제까지 열거한 사실들을 간략하게 요약해보자. 대도시에는 주로 노동자들이 산다. 부르주아 1명당 노동자 2명이 가장 나은 경우이고, 노동자 3명인 경우도 흔하며, 이따금 4명인 경우도 있다. 이 노동자들은 자기 소유 자산이 전혀 없고, 거의 임금에만 의존해 보통 하루 벌어 하루 먹는다. 원자들로만 이루어진 사회는 구태여 노동자들에게 신경을 쓰지 않으며, 효율적이고 지속적으로 살아갈 방편도 제공하지 않은 채 그들이 그들 자신과 가족을 돌보도록 방치한다. 그러므로 형편이 가장 나은 노동자를 포함해 모든 노동자는 일자리와 음식을 잃을 위험, 즉 굶어죽을 위험에 끊임없이 노출되며, 실제로 많은 이들이 그렇게 죽는다. 노동자들의 거처는 어디서나 형편없이 설계되고, 형편없이 건축되고, 최악의 상태로 유지되고, 환기가 열악하고, 축축하고, 건강에 해롭다. 거주자들의 공간은 최대한 좁게 한정되고, 보통 방 하나에서 적어도 한 가족이 잠을 잔다. 집들의 내부는 꼭 필요한 세간마저 하나도 없는 경우를 포함해 각양각색의 가난으로 찌들어 있다. 노동자들의 옷 역시 보통 볼품없고 대다수가 누더기다. 음식은 일반적으로 형편없고, 흔히 거의 모든 음식이 먹기에 부적당하며, 적어도 가끔씩은 음식의 양마저 부족한 이들이 많아서 극단적인 경우 굶어죽는 일까지 생긴다. 이처럼 대도시의 노동계급은 다양한 생활수준을 보여준다. 가장 양호한 경우 노동자는 중노동을 하고 임금을 후하게 받아서 잠시나마 그럭저럭, 어디까지나 노동자의 관점에서 볼 때 그럭저럭 생활할 수 있다. 가장 열악한 경우에는 결핍이 극심해서 노숙자가 되거나 굶어죽기까지 한다. 노동자들의 평균 생활수준은 가장 양호한 경우보다 가장 열악한 경우에 훨씬 더 가깝다. 게다가 이런 수준들이 고정되어 있지가 않아서, 노동계급 가운데 이 집단은 형편이 넉넉하고 이제까지 줄곧 넉넉했고 앞으로도 넉넉할 것이라고 말할 수 없다. 도처에서 사정이 이러하다면, 설령 노동의 특정한 부문들이 대체로 다른 부문들보다 낫더라도 각 부문에 속한 노동자들의 상황이 크게 요동치기 때문에, 노동자 개개인은 비교적 안락한 수준에서 극히 빈곤한 수준에 이르기까지 모든 생활수준을 경험할 여지가 있으며, 실제로 영국의 거의 모든 노동자는 자기 삶의 뚜렷한 부침에 대해 이야기할 수 있다. 이제 이런 부침의 원인을 좀 더 자세히 검토해보자.

경쟁

Die Lage der arbeitenden Klasse in England _ The Condition of the Working Class in England

서론에서 우리는 산업활동 초기에 경쟁이 어떻게 프롤레타리아트를 창출했는지 살펴보았다. 직물류 수요가 증가한 결과 경쟁이 치열해져 직조공들의 품삯이 인상되었고, 그러자 농사를 겸하던 직조공들이 농지를 포기하고 베틀에만 매달려 돈을 더 벌려고 마음먹게 되었다. 우리는 경쟁이 어떻게 대규모 농장제라는 수단으로 소규모 농민들을 몰아내고, 어떻게 그들을 프롤레타리아로 추락시키고, 어떻게 그들 일부를 도시로 끌어들였는지 살펴보았다. 더 나아가 경쟁이 어떻게 소부르주아지 상당수를 몰락시키고 그들 역시 프롤레타리아로 추락시켰는지, 어떻게 소수의 손에 자본을 몰아주고 인구를 대도시로 모아들였는지 알아보았다. 근대 산업에서 적나라하게 나타나고 자유롭게 벌어진 경쟁은 이처럼 다양한 방식과 수단으로 프롤레타리아트를 창출하고 확장했다. 이제 우리는 이미 창출된 노동계급에 경쟁이 미치는 영향을 살펴보아야 한다. 먼저 노동자 개개인의 경쟁이 불러오는 결과를 살펴보자.

경쟁은 근대 시민사회를 지배하는 만인 대 만인의 투쟁의 가장 완전한 표현이다. 삶과 생존과 모든 것을 둘러싼 이 투쟁, 유사시 목숨을 걸어야 하는 이 투쟁은 사회의 서로 다른 계급들 사이에서만 벌어지는 것이 아니라 각 계급의 구성원들 사이에서도 벌어진다. 서로의 길을 방해하는 개개인은 자기 길에 있는 다른 이들을 전부 밀어내고 그들의 자리를 대신 차지하고자 한다. 부르주아들의 경우와 마찬가지로, 노동자들도 자기들끼리 끊임없이 경쟁한다. 역직기 직조공은 수직기 직조공과 경쟁하고, 일거리가 없거나 임금을 적게 받는 수직기 직조공은 일거리가 있거나 임금을 많이 받는 수직기 직조공과 경쟁하며, 이들은 저마다 서로를 대체하려 한다. 그러나 노동자들의 이런 경쟁은 현재의 상황이 그들에게 미치는 가장 해로운 영향이자, 부르주아지가 프롤레타리아트에게 휘두르는 가장 날카로운 무기다. 그렇기 때문에 노동자들은 연합을 통해 이런 경쟁을 무력화하려 노력하는 것이고, 그렇기 때문에 부르주아지는 이런 연합을 증오하고 노동자들에게 분열이 닥쳐 노동자들이 패배하면 승리에 환호하는 것이다.

프롤레타리아는 속수무책이다. 외톨이가 된 프롤레타리아는 단 하루도 살 수 없다. 부르주아지는 가장 넓은 의미의 생존수단들을 모조리 독점해왔다. 프롤레타리아트는 국가권력에 의해 그런 독점을 보호받는 부르주아지에게서만 필요한 것을 얻을 수 있다. 그러므로 프롤레타리아는 법적으로나 실제적으로나 프롤레타리아의 생사를 결정할 수 있는 부르주아지의 노예다. 부르주아지는 프롤레타리아에게 생존수단을 제공하지만 오직 노동의 '등가물'만을 준다. 부르주아지는 프롤레타리아가 성년이 된 책임 있는 행위자로서 자유롭게 선택하고 자기 의사에 따라 자유롭게 계약을 맺게끔 내버려두기까지 한다.

부르주아지가 제시하는 조건을 받아들이든지 아니면 굶어죽거나 얼어죽거나 숲속의 짐승들 사이에서 헐벗은 채로 잠을 자는 것 말고는 프롤레타리아에게 다른 선택지가 없는 상황에서 멋진 자유라니! 부르주아지가 마음대로 평가한 멋진 '등가물'이라니! 설령 어떤 프롤레타리아가 부르주아지의 공평한 제안에 동의하지 않고 굶어죽을 만큼 멍청하더라도, 그의 '타고난 상전들'은 그를 대신할 다른 누군가를 손쉽게 찾을 수 있다. 이 세상에는 프롤레타리아들이 차고 넘치며, 그들 모두가 사는 쪽보다 죽는 쪽을 택할 만큼 미친 것은 아니다.

이처럼 노동자들은 자기들끼리 경쟁한다. 만일 모든 프롤레타리아가 부르주아지를 위해 일하는 대신 굶주리기로 작심한다면 부르주아지는 독점을 포기할 수밖에 없을 것이다. 그러나 현실은 그렇지 않으므로—그런 일은 사실상 불가능하다—부르주아지는 계속 번영한다. 노동자들의 경쟁을 제한하는 것은 딱 한 가지밖에 없다. 바로 어떤 노동자도 먹고사는 데 필요한 임금액보다 적게 받고 일하지는 않으리라는 것이다. 어차피 굶주릴 수밖에 없다면, 노동자는 고생스럽게 일하며 굶주리느니 빈둥거리며 굶주릴 것이다. 이 제약이 상대적인 것은 사실이다. 어떤 노동자는 다른 노동자보다 필요한 것이 더 많고, 어떤 노동자는 다른 노동자보다 편안한 생활에 더 익숙하다. 어느 정도 문명화된 잉글랜드 인은 누더기를 입고 감자를 먹고 돼지우리에서 자는 아일랜드 인보다 필요한 것이 더 많다. 그러나 이 사실 때문에 아일랜드 인이 잉글랜드 인과 경쟁하지 못하는 것은 아니며, 경쟁 과정에서 임금과 더불어 잉글랜드 인의 문명 수준도 점차 아일랜드 인의 수준으로 떨어지게 된다. 어떤 종류의 일을 하는 데는 일정한 수준의 문명화가 필요하며, 산업 분야에서는 거의 모든 형태의 직업이 그런 일에 해당한다. 그러므로 이런 경우에는 직업에 필요한 문명 수준을 유지할 수 있을 만큼 노동자에게 임금을 주는 것이 부르주아지의 이익에 부합한다.

새로 이주해온 아일랜드 인은 첫번째 최적의 장소인 마구간에서 임시로 지내는 처지로, 또는 술 마시느라 돈을 다 써버리고 방세를 내지 못해 일주일 만에 거리에 나앉은 처지로 가난한 공장노동자가 될 것이다. 그 결과 그 공장노동자는 자식들을 규칙적으로 노동하는 사람으로 키울 수 있을 만큼 임금을 받을 것이다. 그러나 그 이상 받지는 못하는데, 노동자가 자식들의 임금 없이도 살아가고 따라서 그들을 노동자가 아닌 사람으로 키우는 것을 부르주아지가 막기 때문이다. 공장노동자들 사이에서도 경쟁을 제약하는 최저임금은 상대적이다. 가족 모두가 일할 경우 노동자 개개인은 그만큼 적게 벌고도 생활할 수 있으며, 부르주아지는 기계를 도입함으로써 여성과 어린이를 고용하고 그들의 노동력을 이용해 이윤을 얻을 기회를 좀처럼 놓친 적이 없다. 물론 어느 가족이나 구성원 모두가 노동을 시작할 수 있는 것은 아니며, 구성원 전부가 고용된 가족이 최저임금으로 근근이 생활하는 정도라면 그렇지 못한 가족은 최저임금으로 생계를 꾸리기가 어려울 것이다. 그러므로 일반적인 평균 임금은, 구성원 모두가 고용된 가족은 그럭저럭 잘 지낼 만한 액수이지만 1~2명만 일할 수 있는 가족은 생활하기가 상당히 어려운 액수다. 그러나 최악의 경우, 모든 노동자는 삶을 포기하기보다 하찮은 사치를 포기하는 편을 택한다. 다시 말해 지붕조차 없는 곳보다는 돼지우리를, 벌거벗고 다니는 것보다는 누더기라도 입는 편을, 굶주리기보다는 감자만이라도 먹는 편을 택한다. 어떤 일거리도 없었던 수많은 이들처럼 거리로 내쫓겨 세상사람들이 지켜보는 가운데 비명횡사하기보다는, 임금을 절반만 받고 더 나은 시절이 오기를 바라는 처지를 감수한다. 그러므로 이 푼돈, 아예 없는 것보다 조금 나은 이 무언가가 바로 최저임금이다. 그리고 부르주아지가 고용하려는 인원보다 노동자 수가 많으면, 일자리를 둘러싼 전투 같은 경쟁이 끝날 무렵에도 할 일을 찾지 못한 노동자들이 있다면, 그들은 그저 굶주릴 수밖에 없다. 그들 노동의 산물을 팔아서 이윤을 남길 수 없다면, 부르주아가 그들에게 일거리를 줄 가능성은 거의 없기 때문이다.

이로부터 최저임금이 무엇인지 분명히 드러난다. 최고임금은 부르주아들의 경쟁에 따라 결정된다. 우리가 살펴봤듯이 그들 역시 서로 경쟁해야 하기 때문이다. 부르주아는 상업과 제조업으로만 자본을 불릴 수 있고, 두 경우 모두 그에게는 노동자들이 필요하다. 설령 이자를 얻는 데 자본을 투자하더라도 부르주아에게는 간접적으로 상업과 제조업이 필요하다. 상업과 제조업이 없다면 아무도 그의 자본에 이자를 지불하지 않을 것이고, 그의 자본을 사용할 수 없을 것이기 때문이다. 따라서 부르주아는 분명 노동자들을 필요로 하는

데, 만일의 경우 자본을 소비할 수 있는 만큼 당면한 생계를 위해 필요로 하는 것이 아니라 교역 품목이나 짐 나르는 짐승처럼 수익을 얻을 수단으로서 필요로 한다. 부르주아가 팔아서 이익을 남기는 상품은 프롤레타리아가 생산한다. 그러므로 이런 상품에 대한 수요가 높아져서 서로 경쟁하는 노동자들이 전부 고용되고 좀 더 많은 노동자들이 유용해질 때면 그들 간의 경쟁이 사라지고 부르주아들 간의 경쟁이 시작된다. 노동자를 구하는 자본가는 자기 상품에 대한 수요가 높아지면 가격이 오르고 이윤도 덩달아 오른다는 것을 아주 잘 알고 있으며, 이윤을 전부 잃기보다 임금을 조금 더 주는 편을 택한다. 자본가는 버터를 내주고 치즈를 얻으려 하고, 치즈를 얻으면 버터를 노동자들에게 아낌없이 넘겨준다. 그 결과 자본가들의 노동자 추격전이 벌어져 임금이 오른다. 그러나 증가하는 수요가 허용하는 만큼만 오른다. 추가 이윤 중 일부를 기꺼이 희생한 자본가는 평상시 자신의 평균 이윤을 조금이라도 희생해야 하는 위험에 직면할 경우, 평균 임금 이상을 지불하지 않으려고 바짝 신경을 쓴다.

이로부터 평균 임금률을 추정할 수 있다. 상황이 평균적일 때, 즉 노동자들과 자본가들이 특히 자기들끼리 경쟁할 이유가 없을 때, 상품을 정확히 수요량만큼만 생산하기 위해 고용할 수 있는 노동자의 수와 실제 노동자의 수가 같을 때, 임금은 최저 수준을 조금 웃돈다. 임금이 최저 수준보다 얼마나 높을지는 노동자들의 평균적인 욕구와 문명화 정도에 달려 있다. 노동자들이 일주일에 몇 차례 고기를 먹는 생활에 익숙하다면, 자본가들은 노동자가 고기를 구입할 수 있을 만큼 임금을 지불할 수밖에 없다. 자본가가 임금을 더 적게 줄 수는 없다. 노동자들은 자기들끼리 경쟁하지 않거니와 더 적게 받고 만족할 이유가 없기 때문이다. 그렇다고 더 많이 주지도 않는다. 자기들끼리 경쟁하지 않는 상황에서 자본가들은 유별난 호의를 베풀어 노동자를 유인할 이유가 없기 때문이다.

노동자들의 평균적인 욕구와 평균적인 문명화라는 이 기준은 영국 산업계의 복잡한 상황 때문에 아주 복잡해졌고, 앞에서 지적했듯이 노동자들의 부류에 따라 각기 다르다. 산업 분야의 대다수 직업들은 어느 정도 기술과 규칙적인 작업을 요구하며, 어느 정도 문명화가 필요한 이런 자질을 갖추게끔 유도하려면 노동자가 기술을 습득하고 규칙적인 작업을 고분고분히 수행할 수 있을 만큼 임금을 주어야 한다. 산업노동자의 평균 임금이 한낱 짐꾼과 날품팔이 등의 임금보다 많고 특히 농업노동자의 임금보다 많은 데는 도시에서 살면 생필품 구입비가 더 든다는 사실도 한몫한다. 달리 말해 노동자는 법적으로나 실제적으로나 자산계급의 노예, 낱개 제품처럼 팔리고 상품처럼 가치가 오르내릴 정도로 확실한 노예다. 노동자에 대한 수요가 증가하면 노동자의 가격도 오르고, 수요가 감소하면 가격도 내려간다. 가격이 너무 내려가서 다수의 노동자들이 팔리지 않고 재고로 남으면, 그들은 그저 빈둥거릴 수밖에 없다. 그리고 빈둥거려서는 먹고살 수 없기 때문에 그들은 굶어죽는다. 경제학자들의 표현대로 말하자면, 그들을 유지하는 데 드는 비용이 재생산되지 않고 허비될 것이고 이런 결말에는 아무도 자본을 투입하지 않을 것이기 때문이다. 게다가 이제까지 맬서스Malthus의 인구론은 완전히 옳았다. 과거의 노골적인 노예제와 현대의 노예제의 유일한 차이는 오늘날의 노동자가 자유로워 보인다는 것인데, 그 이유는 그가 한 번에 팔리지 않고 일日, 주週, 연年 단위로 조금씩 팔리고, 어떤 주인도 그를 다른 주인에게 팔지 않기 때문이다. 그러나 노동자는 특정한 사람의 노예가 되는 대신 자산계급 전체의 노예가 되어 스스로를 팔지 않을 수 없다. 근본적으로 보면 노동자의 처지는 바뀌지 않았으며, 설령 이런 겉치레 자유가 불가피하게 그에게 진짜 자유를 약간 주더라도 다른 한편으로는 아무도 그의 생존을 보장해주지 않는다는 불이익을 수반한다. 노동자는 주인인 부르주아지에게 언제라도 버림받을 수 있는 위태로운 처지이며, 부르주아지가 그의 일자리와 생존에 더 이상 관심을 두지 않으면 굶어죽고 만다. 반면에 부르주아지에게는 과거의 노예제보다 현재의 방식이 훨씬 낫다. 투자한 자본을 손해보지 않고도 피고용자를 마음대로 해고할 수 있고, 부르주아지를 위로하는 듯한 아담 스미스Adam Smith의 지적*처럼 노예제에서 가능했던 것보다 훨씬 값싸게 노동을 이용할 수 있기 때문이다.

그러므로 아담 스미스의 다음 주장도 완전히 옳다. "사람에 대한 수요는 다른 모든 상품에 대한 수요와 마찬가지로 사람의 생산을 필연적으로 규제한다. 즉 사람의 생산이 너무 느리면 빠르게 하고, 너무 빠르면 멈추게 한다."

다른 모든 상품의 경우와 똑같다! 고용할 수 있는 노동자가 너무 적으면 노동자 수가 충분해질 때까지 노동자의 가격, 즉 임금이 상승하고, 노동자의 형편이 나아지고, 결혼 횟수가 늘어나고, 아이가 더 많이 태어나 성년까지 더 많이 살아남는다. 고용할 수 있는 노동자가 너무 많으면 가격이 떨어지고, 실업과 빈곤, 굶주림과 그에 따른 질병이 심화되고 '과잉 인구'가 제거된다. 맬서스가 스미스의 논지를 더 밀고나아가 과잉 인구는 언제나 있다고 주장한 것, 세상에는 언제나 사람이 너무 많다고 주장한 것 또한 그 나름대로 옳았다. 맬서스가 유일하게 틀렸던 때는 세상에는 이용 가능한 생계수단으로 먹여살릴 수 있는 수보다 많은 인구가 있다고 주장했을 때다. 더 정확히 말해 과잉 인구가 생겨나는 이유는 노동자들끼리 경쟁하기 때문이며, 이 경쟁 때문에 노동자는 매일 체력이 허용하는 한 최대한 많은 시간을 일할 수밖에 없다. 노동자 10명을 매일 9시간씩 고용할 수 있는 제조업자는 만일 이 노동자들이 저마다 하루에 10시간씩 일하면 9명만 고용할 수 있고, 그러면 열 번째 노동자는 굶주리게 된다. 노동자에 대한 수요가 그리 많지 않을 때 제조업자가 해고하겠다고 위협하면서 동일한 임금으로 노동자 9명에게 하루에 1시간씩 일을 더 시킬 수

---

* 아담 스미스Adam Smith, 《국부론(Wealth of Nations)》, ed. I., McCulloch, I-vol., edn. London, 1841, sect.8, p. 36. "노예의 손상은 그 주인의 손실이지만 자유로운 하인의 손상은 그 자신의 손실이라고들 말한다. 그렇지만 자유로운 하인의 손상은 실제로는 하인의 손실인 것만큼이나 그 주인의 손실이다. 모든 부류의 직인과 하인에게 지급하는 임금은 증가하거나 감소하거나 변하지 않는 사회의 수요에 발맞추어 직인과 하인 생활을 계속할 수 있을 만한 액수여야 한다. 그러나 자유로운 하인의 손상 역시 그 주인의 손실일지라도, 일반적으로 하인으로 인한 손실이 노예로 인한 손실보다 훨씬 적다. 이렇게 말해도 괜찮을지 모르겠지만, 손상된 노예를 교체하고 수선하기 위한 자금은 대부분 태만한 주인이나 부주의한 감독관이 관리한다."

있으면, 그는 열 번째 노동자를 해고하고 그만큼 임금을 아낄 수 있다. 소규모로 이렇게 진행되는 과정은 전국적으로 보면 대규모로 진행된다. 노동자들끼리의 경쟁 때문에 최고조에 도달한 생산성, 분업, 기계의 도입, 자연력의 정복 등은 노동자 다수에게서 빵을 빼앗는다. 이처럼 굶주리는 노동자들은 아무것도 구입할 수 없으므로 시장에서 배제되며, 그들이 이전에 필요로 하던 물건들은 더는 소비되지 않아서 계속 생산할 필요가 없어진다. 그리하여 그런 물건들을 생산하는 일에 종사하던 노동자들은 일터에서 내쫓기고 시장에서도 배제된다. 이런 식으로 언제나 똑같은 악순환이 발생하고, 다른 사건이 개입하지 않는 한 악순환이 계속된다. 앞에서 말한 대로 생산량을 늘리기 위해 산업 동력을 도입하면 시간이 지나면서 상품 가격이 떨어지고, 그 결과 소비량이 늘어서 마침내 쫓겨났던 노동자 대부분이 오랜 고통을 겪은 뒤에 다시 일자리를 구한다. 여기에 더해 지난 60년 동안 영국의 사례처럼 외국시장을 정복함으로써 상품에 대한 수요가 꾸준히 급증하면 노동자에 대한 수요도 증가하고 그에 비례해 인구도 늘어난다. 이런 이유로 대영국의 인구는 줄기는커녕 놀랄 만큼 빠르게 늘어왔고 지금도 계속 늘고 있다. 그러나 산업이 팽창했음에도, 일반적으로 노동자에 대한 수요가 증가했음에도, 모든 공식 정당들(토리 당, 휘그 당, 급진당)의 고백에 따르면 영국에는 언제나 과잉 인구와 잉여인구가 있다. 노동자들 간의 경쟁은 항상 노동자를 확보하려는 경쟁보다 격렬하다.

이런 부조화는 무엇에서 비롯될까? 산업의 본질인 경쟁과 이 경쟁 때문에 발생하는 공황에서 비롯된다. 오늘날처럼 생계수단을 창출하고 분배하는 활동이 규제받지 않을 뿐더러 욕구를 채우기 위해서가 아니라 이윤을 얻기 위해 수행되는 상황에서는, 모두가 자기 배를 불리기 위해 일하는 체제에서는, 매순간 혼란이 일어나기 마련이다. 예를 들어 영국은 많은 나라들에 가장 다양한 상품을 공급한다. 오늘날 제조업자는 각 나라에서 매년 각 품목이 얼마나 소비되는지는 알 수 있을지라도, 특정한 시점에 재고가 얼마나 있는지는 알 수 없고, 경쟁자들이 각국으로 얼마나 수출하는지는 더더욱 알 수 없다. 제조업자는 기껏해야 끊임없이 요동치는 가격을 토대로 특정한 시점의 재고량과 수요를 극히 불확실하게 추측할 뿐이다. 그는 상품 수출을 운에 맡길 수밖에 없다. 기의 우연에 맡긴 채 어림짐작으로 무턱대고 수출하는 것이다. 조금이라도 긍정적인 보고가 들려오면 모든 제조업자가 한껏 수출하며, 그러면 오래지 않아 시장에 상품이 넘쳐나고, 판매가 멈추고, 자본의 유통이 중단되고, 가격이 떨어지고, 영국 제조업이 더 이상 노동자를 고용하지 않게 된다. 제조업 발전 초기에는 이런 문제들이 개별 부문과 개별 시장에 한정되었다. 그러나 한 부문에서 내쫓긴 노동자를 가장 접근하기 쉬운 다른 부문으로 몰아넣고 한 시장에서 소화할 수 없는 상품을 다른 시장으로 밀어넣는 경쟁의 집중화 추세로 인해, 대수롭지 않은 위기들이 점차 하나로 합쳐져 공황이 주기적으로 재발하게 되었다. 그런 공황은 보통 호황과 전반적인 번영을 누리는 짧은 기간이 지난 뒤 5년에 한 번 꼴로 발생한다. 공황기에는 모든 외국시장과 마찬가지로 국내시장도 서서히 흡수할 수밖에 없는 영국산 상품으로 넘쳐나고, 거의 모든 부문에서 산업활동이 멈추고, 투자한 자본이 장기간 묶여 있으면 견딜 재간이 없는 소규모 제조업자와 상인은 퇴락하고, 대규모 제조업자와 상인은 최악의 기간 동안 사업을 중단하고 공장 문을 닫거나 조업을 단축해 이를테면 반나절만 가동한다. 실업자들 간의 경쟁과 노동시간 단축, 상품을 팔아서 수익을 올리기 어려운 현실 때문에 임금은 떨어진다. 노동자들 사이에 결핍이 만연하고, 개개인이 근근이 모아둔 변변찮은 저금이 순식간에 사라지고, 자선단체들의 부담이 가중되고, 구빈세가 2배, 3배로 올라도 부족하고, 굶주리는 사람이 늘어나고, 엄청나게 많은 '과잉' 인구 전체가 전면에 드러난다. 이런 상황이 한동안 계속된다. '과잉' 인구는 어떻게든 살아남기도 하지만 죽기도 한다. 자선활동과 구빈법의 도움을 받아 그들 다수는 고통스러운 삶을 연명한다. 다른 이들은 지금껏 경쟁이 가장 덜했고 제조업과 가장 거리가 먼, 얼마 없는 생계수단을 찾아 이곳저곳을 기웃거린다. 인간이 그토록 열악한 생활로도 한동안 연명할 수 있다니! 상황은 서서히 나아진다. 재고가 소비되더라도 대체로 풀이 죽은 상인과 제조업자는 서둘러 시장에 다시 상품을 공급하지 않는다. 마침내 가격이 오르고 사방에서 긍정적인 보고가 들려오면 생산을 재개한다. 대부분 멀리 떨어져 있는 시장들에서는 첫 수출 물량이 도착하는 동안 계속 수요가 증가하고 가격이 오른다. 사람들은 처음 도착한 상품들을 차지하려고 몸싸움을 벌이고, 첫 판매가 교역에 활기를 더하고, 밝은 전망이 한층 높은 가격을 약속한다. 가격이 더 오를 것을 기대하는 상인들은 투기를 목적으로 수요가 가장 많은 때에 상품을 사들이기 시작한다. 투기는 다른 이들의 구입을 부추기고 새로운 수입 물량을 즉시 확보함으로써 가격을 더욱 높인다. 이 모든 일이 영국에 보고되고, 제조업자들이 생산에 박차를 가하기 시작하고, 공장이 새로 건축되며, 유리한 기회를 최대한 이용하기 위해 모든 수단이 동원된다. 영국에서도 투기가 시작되어 가격을 올리고 시장에서 물량을 확보해 제조업의 생산량을 최대치로 끌어올리는 등 외국시장에서와 똑같은 영향을 미친다. 그러면 의제자본을 굴리고 신용으로 먹고살고 상품을 재빨리 팔지 못하면 파산하고 마는 배짱 좋은 투기꾼들이 등장한다. 투기꾼들은 이윤을 노리는 이 전반적이고 무질서한 경주에 뛰어들어 무질서를 배가하고, 자신의 고삐 풀린 욕망으로 가격과 생산량을 무모한 수준까지 끌어올리도록 부채질한다. 이것은 가장 경험 많고 침착한 이들마저 정신을 차리지 못하게 하는 광적인 투쟁이다. 마치 모든 인류가 상품을 새로 구입할 것처럼, 소비자 20억 명이 달에서 새로 발견된 것처럼, 실을 잣고 짜고 망치질을 해서 상품을 만들어낸다. 갑자기 돈을 가진 것이 분명한 외국의 미덥지 못한 투기꾼들이 물론 급전이 필요해서 상품을 시가보다 싸게 팔기 시작한다. 판매가 잇따르고, 가격이 요동치고, 투기꾼들이 화들짝 놀라 시장에 상품을 내던지고, 시장이 혼란에 빠지고, 신용이 흔들리고, 기업들이 차례로 지불을 중단하고, 파산이 줄을 잇고, 소비할 수 있는 것보다 3배나 많은 상품이 재고로 쌓여 있거나 생산 중이라는 사실이 밝혀진다. 그동안 전속력으로 상품을 생산해온 영국에 이 소식이 전해지고, 공포가 모든 노동자를 사로잡고, 외국의 지불 불능이 영국에서 지불 불능을 초래하고, 공포가 다수의 기업을 무너뜨리고, 이 불안한 순간에 영국에서도 모든 재고품이 시장에 쏟아지고, 경고음이 실제보다 훨씬 요란하게 울려댄다. 이것이 공황의 시작이며, 그 이후에는 이전 공황과 똑같은 경로로 공황이 발생하고 결국 다시 호황기로 넘어간다. 이런 식으로 호황, 공황, 호황, 공황이 끝없이 이어지며, 영국 산업의 무대인 이 영원한 순환은 이제껏 관찰된 대로 보통 5~6년에 한 번씩 완료된다.

그러므로 최고의 번영을 누리는 짧은 기간을 빼면 영국 제조업에는 언제나 실직 노동자들로 이루어진 산업예비군이 있어야 한다는 것이 분명해진다. 제조업이 가장 활발한 몇 달 동안 상품을 대량으로 생산하려면 이들이 필요하다. 이 산업예비군의 규모는 경기에 맞추어 시장이 이들을 얼마나 고용하느냐에 따라 커지거나 작아진다. 시장이 가장 활발할 때는 농업 지역인 아일랜드와 전반적인 호황의 영향을 가장 덜 받는 부문들에서 일시적으로 많은 노동자들이 제조업으로 넘어가지만, 이들은 작은 부분에 불과하고 다른 노동자들과 마찬가지로 산업예비군에 속한다. 유일한 차이점이라면 호황기에만 이들과 산업예비군의 연관성이 드러난다는 것이다. 이들이 더 활발한 산업 부문들로 빠져나가는 때에 다소 움츠러드는 이들의 예전 고용주들은 박탈감을 완화하기 위해 노동시간을 늘리고 여성과 어린 노동자들을 고용한다. 그래서 공황이 시작되어 해고당한 뒤 과거의 터전으로 돌아갔을 때, 떠돌이 노동자들은 자기 일자리를 다른 사람이 차지하고 있어서 자신이 잉여가 되었음을 깨닫는다—적어도 십중팔구는 이렇다. 이 산업예비군, 공황기에는 어마어마하게 많고, 호황의 절정과 공황 사이의 평균적인 시기에는 상당히 많은 사람들이 영국의 '과잉 인구'다. 이들은 구걸, 절도, 거리 청소, 퇴비 수거, 손수레 끌기, 당나귀 몰이, 도붓장사를 하거나 이따금 잡일을 해서 근근이 연명한다. 모든 대도시에서 이런 사람들을 많이 볼 수 있을 것이다. 이런 '과잉 인구'는 믿기 힘든 방법으로 생계를 꾸려간다. 런던의 건널목 청소부들은 전 세계에 알려져 있지만, 지금까지 모든 대도시에서 건널목뿐 아니라 주요 거리까지 청소한 것은 실업자들, 그리고 민생위원이나 시 당국이 빈민 구제를 목적으로 고용한 사람들이었다. 그렇지만 이제는 새로 발명된 기계가 매일 덜컹거리며 거리를 청소하는 탓에 실업자들은 이 소득원마저 잃어버렸다. 도시로 진입하는 간선도로에는 마차의 통행량이 아주 많은데, 이 길에서 많은 사람들이 지나가는 역마차와 합승마차에 치어 죽을 위험을 무릅쓰면서 방금 떨어진 말똥을 작은 수레에 모으는 모습을 볼 수 있다. 그들은 대개 이 특권을 위해 일주일에 2실링씩 당국에 지불한다. 그러나 보통 거리에서 수거한 말똥은 질이 나빠 퇴비로 팔 수 없기 때문에 이 직업은 여러 장소에서 금지되었다. '과잉' 인구 중에 손수레를 가지고 다니는 사람은 행복한 편이다. 수레에 더해 나귀까지 가진 사람은 더욱 행복한 편이다. 나귀는 스스로 먹이를 구하거나 약간의 음식물 찌꺼기를 받아먹어야 하지만 그래도 조금이나마 돈을 벌어다준다. '과잉' 인구는 대부분 하는 수 없이 도붓장사를 한다. 특히 노동인구 전체가 거리로 나오는 토요일 오후에는 도붓장사와 행상으로 먹고사는 무리를 볼 수 있다. 남자와 여자와 아이들이 신발끈과 코르셋 끈, 가죽띠, 노끈, 케이크, 오렌지를 비롯해 온갖 종류의 변변찮은 물건을 판매한다. 다른 때에도 거리 모퉁이에 서 있거나, 케이크나 진저비어ginger-beer, 네틀비어nettle-beer*를 가지고 돌아다니는 그런 행상인들을 언제나 볼 수 있다. 성냥과 봉랍, 특허를 받은 점화용 혼합물 등도 행상인들이 파는 물품이다. 이른바 품팔이꾼들은 변변찮은 일거리를 찾아 거리를 헤맨다. 많은 이들이 하루 일거리를 구하지만, 다른 많은 이들은 그렇게 운이 좋지 못하다.

(이스트엔드의 전도사 W. 챔프니W. Champneys 목사가 말하기를) 겨울에 런던에

* 〔이 두 가지 냉각 발포성 음료 가운데 진저비어는 물과 설탕과 소량의 생강으로 만들고, 네틀비어는 물과 설탕과 쐐기풀로 만든다. 노동자들, 특히 금주가들이 이런 음료를 아주 좋아한다._독일어판 주〕.

있는 모든 부두의 수문에는 매일 동이 트기 전 이른 새벽부터 하루 일거리를 구하려는 빈민 수백 명이 나타난다. 그들은 수문이 열리기를 기다린다. 가장 젊고 가장 힘이 세고 가장 잘 알려진 이들이 고용되고 나면, 낙담해 풀이 죽은 수백 명이 초라한 집으로 돌아간다.

이들이 다른 일거리를 구하지 못하고 사회에 저항할 의지도 없다면 구걸하는 것 말고 어떤 선택지가 남겠는가? 엄청나게 많은 걸인 부대원 — 경찰이 영원한 전쟁을 벌이는 상대 — 대다수의 신체가 멀쩡하다는 것은 의심할 나위가 없다. 그러나 이들의 구걸은 그 성격이 독특하다. 보통 한 남자가 가족과 함께 거리를 돌아다니면서 행인들에게 자선을 간청하는 노래를 부르거나 말로 도움을 호소한다. 놀랍게도 이 걸인들은 거의 언제나 노동자 구역에만 나타나고 거의 전적으로 빈민들의 자선에 의지해 살아간다. 때로 걸인 가족은 분주한 거리에 자리를 잡고서 말 한 마디 없이 그저 속수무책인 처지를 내보임으로써 도움을 간청한다. 이 경우에도 걸인 가족은 굶주린다는 것이 어떤 느낌인지 경험으로 알고 있고 언제든 똑같이 구걸하는 처지가 되기 십상인 노동자들에게만 의존한다. 입을 닫고 있음에도 다른 무엇보다 마음을 움직이는 이런 간청은 거의 노동자들이 자주 찾는 거리에서만, 그리고 노동자들이 거리를 지나가는 시간에만 보답을 받는다. 특히 노동자 구역의 '비밀'이 만천하에 드러나고 중간계급이 그토록 불결한 구역에 최대한 거리를 두는 토요일 저녁에 보답을 받는다. 한편 '과잉' 인구 가운데 사회에 공공연히 저항할 만큼, 부르주아지가 노동계급을 상대로 은밀히 걸어오는 전쟁에 선전포고로 대응할 만큼, 용감하고 정열적인 노동자는 도둑질과 약탈, 살인, 방화를 저지른다!

구빈법 위원들의 보고서에 따르면, 잉글랜드와 웨일스에는 이런 과잉 인구가 평균 150만 명 있다. 스코틀랜드에는 구빈법 규정이 없기 때문에 과잉 인구의 수를 확인할 수 없으며, 아일랜드는 뒤에서 따로 다룰 것이다. 더욱이 이 150만 명은 교구에 실제로 구호를 신청한 사람들이다. 극히 증오하는 이 편법에 의존하지 않은 채 투쟁을 이어가는 아주 많은 이들은 이 숫자에 포함되지 않는다. 그런가 하면 150만 명 가운데 상당수는 농업 지역에 속하므로 지금 논의와 관련이 없다. 공황기에는 이 숫자가 자연히 눈에 띄게 증가하고 결핍이 최고조에 달한다. 가장 최근에 발생했고 가장 격렬했던 1842년 공황을 예로 들어보자. 공황의 강도는 반복해서 발생할 때마다 강해지므로 늦어도 1847년에는 발생할 것으로 예측되는 다음번 공황*은 훨씬 더 격렬하고 오래 지속될 것이다. 1842년 공황기에 모든 도시에서 구빈세가 역대 최고로 올랐다. 그중 스톡포트에서는 집세 1파운드당 8실링을 구빈세로 내야 해서, 구빈세만 해도 집세의 40퍼센트에 달했다. 더구나 거리마다 집들이 텅 비어서 평소보다 주민 수가 적어도 2만 명이나 적었으므로, 빈집들의 문에는 "스톡포트를 세냄"이라고 적혀 있었을지도 모른다. 평범한 해에는 구빈세를 부과하는 집세가 평균 8만 6000파운드인 볼턴에서는 집세가 3만 6000파운드로 뚝 떨어졌다. 반면에 구호를 받는 빈민의 수는 1만 4000명으로 늘어서 전체 주민의 20퍼센트를 넘어섰다. 리즈의 민생위원들은 예비금으로 1만 파운드를 가지고 있었다. 이 돈과 기부금 7000파운드는 공황이 최고조에 도달하기도 전에 고갈되었다. 다른 지역들도 어디나 마찬가지였다. 1843년 1월에 반곡물법동맹(Anti-Corn Law League)의 한 위원회가 제조업자들의 상세한 진술을 토대로 1842년 산업 지역들의 상황에 관해 작성한 보고서는, 1839년보다 구빈세가 평균 2배 올랐고 이때 이래로 구호를 요청하는 사람의 수가 3배, 심한 경우 5배로 늘었다고 역설한다. 또한 보고서에 따르면 구호 신청자 가운데 상당수는 과거에 구호를 요청한 적이 없는 계급의 사람들이었고, 노동계급의 수입은 1834~1836년의 3분의 1에도 못 미치는 수준으로 감소했고, 육류 소비량은 어떤 곳에서는 20퍼센트, 어떤 곳에서는 60퍼센트까지 확연히 줄었고, 수공예가와 대장장이, 벽돌공처럼 최악의 불경기에도 대체로 모두가 고용되던

* 실제로 1847년에 발생했다.

이들마저 지금은 일거리 부족과 임금 감소로 곤욕을 치르고 있으며, 1843년 1월인 현재까지도 임금이 꾸준히 떨어지고 있다. 게다가 이런 사실은 제조업자들이 보고한 것이다! 공장이 가동되지 않고 고용주가 일거리를 줄 수 없게 된 탓에 굶주린 노동자들은 모든 방면의 거리에 서서 혼자서 또는 무리를 이루어 구걸을 했고, 보도를 포위한 채 행인들에게 도움을 호소했다. 그들은 평범한 걸인처럼 굽실거리며 구걸하지 않고 수적 우세와 몸짓, 말로 행인들을 위협했다. 레스터에서 리즈까지, 맨체스터에서 버밍엄까지 모든 산업 지역의 상황이 이러했다. 스태포드셔의 도자기 산지에서 7월에 일어난 사태처럼 여기저기서 소란이 발생했다. 8월에 제조업 지역들 도처에서 전면적인 폭동이 일어나기 전까지, 노동자들은 극도의 흥분에 사로잡혔다. 내가 맨체스터에 도착한 1842년 11월에 모든 거리의 모퉁이마다 실직한 노동자 무리가 있었고, 많은 공장들이 여전히 놀고 있었다. 그다음 몇 달 동안 하는 수 없이 길모퉁이에서 빈둥거리던 이 무리가 점차 사라지고 공장들이 다시 가동되었다.

공황기에 이런 실업자들이 감내해야 하는 결핍과 고통이 어느 정도인지는 구태여 말할 필요가 없을 것이다. 구빈세는 부족하다. 턱없이 부족하다. 부자들의 자선은 바다에 떨어지는 순간 사라지고 마는 빗방울과 같고, 실업자 무리 가운데 구걸해서 먹고살 수 있는 사람은 거의 없다. 어려운 시절에 소상인들이 노동자들에게 물품을 최대한 오랫동안 외상으로 팔지 않았다면—나중에 외상값을 톡톡히 받아냈다는 것은 꼭 지적해야겠지만—그리고 노동자들이 서로를 돕지 않았다면, 공황이 일어날 때마다 과잉 인구의 상당수가 굶어 죽었을 것이다. 그렇지만 최악의 불황기일지라도 1년이나 2년, 또는 2년 반을 넘지 않으므로 과잉 인구 대다수는 지독한 궁핍을 겪고도 살아남는다. 그러나 앞으로 살펴볼 것처럼 공황기마다 많은 이들이 질병 같은 간접적인 원인 때문에 희생된다. 우선은 영국 노동자들의 상황을 악화시키는 또 다른 원인, 노동계급 전체를 끊임없이 추락시키는 원인으로 주의를 돌려보자.

아일랜드 이주민

앞에서 지나가는 말로 잉글랜드로 이주한 아일랜드 인에 대해 이미 몇 차례 언급했다. 이제 이런 이주의 원인과 결과를 더 상세히 조사할 차례다.

아일랜드에 잉글랜드가 통솔할 수 있는 빈궁한 대규모 산업예비군이 없었다면, 잉글랜드의 산업은 빠르게 확장할 수 없었을 것이다. 아일랜드 사람들은 고향에서 잃을 것이 없었고 잉글랜드에서 얻을 것이 많았다. 세인트 조지 해협[아일랜드와 그레이트브리튼 섬의 웨일스 사이에 있는 해협] 동쪽에서는 튼튼한 노동자가 안정적이고 보수가 괜찮은 일거리를 구할 수 있다는 사실이 아일랜드에 알려진 이래, 매년 아일랜드 인들이 떼를 지어 그레이트브리튼 섬으로 넘어왔다. 이미 100만 명이 이주했고 지금도 매년 대략 5만 명이 이주하는 것으로 추정된다. 그들은 거의 전부 산업 지역, 특히 대도시로 흘러들어 주민 가운데 최하층 계급을 형성한다. 예를 들어 빈곤한 아일랜드 인이 런던에 12만 명, 맨체스터에 4만 명, 리버풀에 3만 4000명, 브리스틀에 2만 4000명, 글래스고에 4만 명, 에든버러에 2만 9000명이 있다.* 이 사람들은 어려서부터 갖은

---

* 아치볼드 앨리슨Archibald Alison, 《인구의 원리와 인간 행복과의 연관성(Principles of Population and their Connection with Human Happiness)》, 2 vols. 1840. 앨리슨은 프랑스혁명사가이며 형 윌

궁핍에 적응하며 문명과 거의 무관하게 성장했고, 거칠고 무절제한 데다가 앞날에 대비하지 않으며, 사실상 교육을 받고 도덕성을 함양할 유인이 거의 없는 잉글랜드 인 계급 사이에 자신들의 야만적인 습성을 퍼뜨렸다. 이 문제에 관한 토머스 칼라일의 말을 들어보자.**

난폭한 밀레시안〔아일랜드 인을 뜻하는 말로서, 밀 또는 밀레시우스라는 신화적 인물의 아들들이 아일랜드 인의 조상이라는 전설에서 유래한 표현이다〕의 특징은 재주가 있는 듯이 가장하고, 차분히 있지를 못하고, 비이성적이고, 비참하고, 조롱거리이며, 모든 큰길과 샛길에서 여러분에게 인사를 한다는 것이다. 잉글랜드 인 마부는 밀레시안을 쏜살같이 지나치면서 채찍으로 그를 후려치고 욕지거리를 퍼붓지만, 밀레시안은 모자를 내밀고 구걸할 뿐이다. 밀레시안은 이 나라가 대처해야 하는 가장 고약한 해악이다. 누더기를 걸치고 우스꽝스러울 만큼 야만스럽게 살아가는 밀레시안은 감자 값 정도를 임금으로 받기 위해 그저 손과 등의 힘으로 할 수 있는 일이라면 뭐든지 한다. 밀레시안은 조미료로 소금만 있으면 되고, 돼지우리나 개집에서도 기꺼이 숙박하고, 헛간에서도 잠을 청하며, 넝마 한 벌을 입고 있는데, 그 넝마를 입고 벗는 것이 여간 어려운 일이 아니라서 축제 기간이나 한 해의 좋은 때에만 갈아입는다고 알려져 있다. 색슨 인은 이런 조건으로 일하지 못하겠다 한다면 일거리를 구할 수 없다. 개화되지 않은 아일랜드 인은 자신의 힘이 아니라 힘과 정반대되는 것으로 토박이 색슨 인을 내쫓고 색슨 인의 방을 차지한다. 거기서 아일랜드 인은 기존의 퇴락과 무질서의 핵심으로서 불결하고 비이성적으로, 거짓을 일삼고 술에 취해 폭력을 휘두르며 살아간다. 힘이 들더라도 헤엄치려고 발버둥치는 사람들은 오늘날 인간이 헤엄치지 않고 가라앉으면서도 생존하는 사례를 볼 수 있을 것이다. 모든 시장에서 아일랜드 인들과 경쟁하는 잉글랜드 인

리엄 앨리슨과 마찬가지로 열렬한 토리 당원이다.

** 《차티즘》, 28, 31 etc.

하층 노동자들의 상황은 점점 더 아일랜드 인들의 상황과 비슷해지고 있다. 기술이 별로 필요없고 힘만으로 할 수 있는 모든 노동의 대가는 잉글랜드 인의 가격이 아니라 아일랜드 인의 가격에 가까워질 것이다. 아직까지 그 가격은 아일랜드 인, 즉 1년에 30주 동안 감자가 부족한 아일랜드 인의 가격보다는 높다. 그렇지만 매 시간 기선이 도착할 때마다 그 가격은 아일랜드 인의 가격과 동일한 수준으로 점점 낮아지고 있다.

아일랜드 인의 민족성에 대한 칼라일의 과장되고 편파적인 비난을 빼면 이 인용문은 완벽하게 정확하다. 4펜스를 내고 대개 가축처럼 기선에 가득 실려서 잉글랜드로 이주하는 이 아일랜드 인들은 어디로든 간다. 가장 열악한 거처도 그들에게는 흡족한 곳이다. 실 한 가닥이 옷감들을 엮고만 있다면 그들에게 옷은 문제될 것이 없다. 그들은 구두를 모른다. 그들이 먹는 음식이라곤 감자와 또 감자뿐이다. 이처럼 필요한 것을 사고도 남는 돈은 술 마시는데 써버린다. 이런 인종이 높은 임금을 받는다 한들 무엇을 바라겠는가? 모든 대도시의 가장 열악한 구역에는 아일랜드 인들이 살고 있다. 어떤 지역이 유달리 지저분하고 유달리 황폐한 곳으로 유명하다면, 그곳을 답사하는 사람은 한눈에 보아도 토착민 색슨 족과 얼굴 생김새가 다르고 진정한 아일랜드 인이라면 결코 잊지 않을 격음激音 사투리로 떠들어대는 켈트 족 사람들을 주로 만날 것이라고 예상해도 무방하리라. 이따금 나는 맨체스터에서도 인구가 가장 과밀한 지역들에서 아일랜드 계 켈트 어를 들었다. 거의 어디서나 지하실에 거주하는 가족들은 대부분 아일랜드 출신이다. 요컨대 케이 박사의 말마따나 아일랜드 인들은 생활필수품의 최저한도를 발견했으며, 오늘날 잉글랜드 노동자들이 그 최저한도에 익숙해지도록 만들고 있다. 그들은 불결함과 만취 역시 가져왔다. 인구가 분산되어 있는 농촌에서는 아일랜드 인의 제2의 천성인 불결함이 그다지 해롭지 않지만, 여기 대도시에서는 인구가 집중되어 있기 때문에 무시무시하고 심각할 정도로 위험한 문제가 된다. 아일랜드 인은 고향에서 하던 대로 여기서도 음식물 찌꺼기와 오물을 죄다 자기 집 문 앞에 버리기 때문에 노동자 구역의 외관을 해치고 공기를 오염시키는 웅덩이와 쓰레기 더미가 늘어나게 된다. 아일랜드 인은 고향에서 하던 대로 집벽에 붙여서 돼지우리를 짓고, 이것이 금지될 때는 방에서 돼지와 함께 잔다. 도시에서 가축을 키우는 이 새롭고 부자연스러운 방법은 전적으로 아일랜드에서 기원한 것이다. 아랍 인이 말을 사랑하는 것만큼이나 아일랜드 인은 돼지를 사랑한다. 차이점이라면 아일랜드 인은 도축해도 될 만큼 돼지가 살이 찌면 돼지를 판다는 것이다. 그렇지 않을 때 아일랜드 인은 돼지와 함께 먹고 자고, 그의 아이들은 돼지와 놀고 돼지 등에 올라타고 흙에서 돼지와 뒹군다. 누구든지 잉글랜드의 모든 대도시에서 이런 모습을 천 번씩은 봤을 것이다. 집 안이 얼마나 불결하고 불편한지는 형언하기 어려울 정도다. 아일랜드 인은 가구를 갖추고 사는 데 익숙하지 않다. 밀짚 더미와 도저히 옷으로 쓸 수 없는 넝마 몇 조각이면 아일랜드 인이 밤을 지낼 침상으로 충분하다. 아일랜드 인은 널판 하나, 부서진 의자 하나, 탁자로 쓸 낡은 상자 하나면 족하다. 아일랜드 인의 침실 겸 거실이기도 한 부엌의 세간은 찻주전자 하나와 그릇과 접시 몇 개다. 아일랜드 인에게 땔감이 부족할 때면 의자, 문설주, 쇠시리, 바닥재 등 그의 손이 닿는 모든 가연물이 굴뚝에서 올라오는 연기로 변한다. 게다가 어째서 아일랜드 인에게 많은 방이 필요하겠는가? 고향에서 진흙으로 지은 아일랜드 인의 오두막에는 가정의 모든 일을 위한 방이 하나밖에 없었다. 잉글랜드에서도 아일랜드 인 가족에게는 방이 하나 이상 필요하지 않다. 그 결과 방 하나에 사람을 여럿 몰아넣는 관습이 주로 아일랜드 이주민에 의해 도입되어 지금은 아주 널리 퍼졌다. 그런데 가련한 사람에게도 한 가지 즐거움은 있어야 하고 사회가 그를 다른 모든 즐거움으로부터 차단했기 때문에, 그는 증류주에 흠뻑 빠져버린다. 아일랜드 인의 인생을 살 만하게 해주는 것은 술, 그리고 쾌활하고 태평한 그의 기질뿐이다. 그래서 아일랜드 인은 고주망태가 될 때까지 흥청망청 마셔댄다. 남방인 같은 안이한 기질, 야만인보다 별반 나을 것이 없는 상스러움, 그런 상스러움 때문에 공유하지 못하는 모든 인간적인 즐거움에 대한 경멸, 불결함과 가난, 이 모든 것이 아일랜드 인이 취하도록 부추긴다. 음주의 유혹이 워낙 강해서 아일랜드 인은 돈이 생겼다 하면 참지 못하고 목구멍으로 술을 쏟아붓고야 만다. 아일랜드 인에게 달리 무슨 수가 있겠는가? 거의 필연적으로 술고래가 되는 처지로 아일랜드 인을 몰아넣고 야만 상태 그대로 내버려두는 사회가 어떻게 그를 비난할 수 있단 말인가?

잉글랜드 노동자는 이런 경쟁자, 즉 문명국에서 상상할 수 있는 가장 낮은 수준에서 살아가고 바로 그 이유 때문에 다른 누구보다도 낮은 임금을 필요로 하는 경쟁자와 각축을 벌여야 한다. 그러므로 칼라일이 말했듯이 아일랜드 인과 경쟁하는 모든 부문에서 잉글랜드 노동자의 임금은 내려가고 또 내려갈 수밖에 없다. 그리고 이런 부문들은 많다. 숙련이 거의 필요없거나 전혀 필요없는 모든 분야는 아일랜드 인에게 열려 있다. 오랜 훈련을 거쳐야 하거나 규칙적이고 끈덕지게 전념해야 하는 일을 하기에 방탕하고 불규칙한 주정뱅이 아일랜드 인은 수준이 너무 낮다. 아일랜드 인이 기계공이나 공장노동자가 되려면 잉글랜드 문명과 잉글랜드 관습을 받아들여야 하고, 무엇보다 잉글랜드 인이 되어야 한다. 그러나 숙련보다 힘이 중요한 단순하고 덜 정교한 모든 일은 아일랜드 인도 잉글랜드 인만큼 할 수 있다. 그러므로 그런 직종들에는 특히 아일랜드 인이 넘쳐난다. 수직공, 벽돌공, 짐꾼, 삯일꾼 같은 노동자들 사이에서 아일랜드 인들은 무리를 이루고 있으며, 이 인종이 밀어닥친 탓에 노동계급의 임금과 수준은 크게 떨어졌다. 더욱이 다른 직종들로 밀고 들어간 아일랜드 인들은 설령 조금 더 개화될지라도, 고되게 일하는 잉글랜드 인 동료들의 수준을 대폭 끌어내리는 오래된 습관을 계속 고수할 것이다. 특히 아일랜드 노동자들에게 둘려싸여 있는 상황 자체가 잉글랜드 노동자들의 수준을 전반적으로 끌어내리는 결과를 초래할 것이다. 거의 모든 대도시에서 노동자의 5분의 1이나 4분의 1이 아일랜드 인이거나 아일랜드 인의 불결함 속에서 성장한 아일랜드 인 부모의 자식인 상황에서 생활과 습관, 지능, 도덕적 상태 등 간단히 말해 노동계급의 모든 특징이 대부분 아일랜드 인의 특징을 닮아가고 있다는 것을 의심할 사람은 없기 때문이다. 우리의 현대사와 그 직접적인 결과로 말미암아 낮아지고 있는 잉글랜드 노동자의 위치가 아일랜드 인과 경쟁하는 현실 때문에 한층 더 낮아졌다는 것을 이해하기란 어렵지 않다.

결과

지금까지 영국 노동계급의 상황을 어느 정도 상세히 살펴보았으므로 이제는 앞에서 서술한 사실들로부터 몇 가지 추론을 이끌어낸 다음, 우리의 추론을 실제 상황과 비교할 차례다. 주어진 환경에서 노동자들은 어떻게 되었는지, 그들은 어떤 부류이고 그들의 육체적 정신적 도덕적 상태는 어떠한지 알아보자.

한 사람이 다른 사람의 신체에 상해를 입혔는데 그 상해가 죽음을 초래한다면, 우리는 그 행위를 과실치사라고 부른다. 만일 가해자가 자신이 입힐 상해가 치명적일 것을 사전에 알았다면, 우리는 그의 행위를 살인이라고 부른다. 그런데 사회*가 프롤레타리아 수백 명을 제 수명보다 훨씬 일찍 부자연스

* 이곳과 다른 곳에서 내가 의무와 권리를 가진 책임 있는 전체로서의 사회에 관해 말할 때, 내가 뜻하는 사회의 통치세력이란 당연히 계급, 즉 현재 사회적 정치적 통제권을 손에 쥐고 있으므로 그런 통제권을 공유하지 못하는 이들의 상황에 책임을 져야 하는 계급이다. 영국에서 이 지배계급은 다른 모든 문명국의 경우와 마찬가지로 부르주아지다. 그러나 이 사회, 특히 부르주아지에게 사회의 모든 구성원을 보호할 의무, 예를 들어 적어도 굶주리는 사람은 없도록 보호할 의무가 있다는 점을 여기서 독일 독자들에게 입증할 필요는 없을 것이다. 내가 영국 부르주아지를 대상으로 글을 썼다면 다르게 썼을 것이다. (이 점은 오늘날 독일의 경우도 마찬가지다. 적어도 이 점에서 독일 자본가들은 서기 1886년이라는 이 해에 영국과 대등한 수준에 도달했다.)

럽게 죽을 수밖에 없는 위치로 내몰 때, 즉 칼이나 총알 못지않은 폭력을 휘둘러 죽음으로 내몰 때, 수천 명에게서 생활필수품을 빼앗고 그들을 도저히 살 수 없는 위치로 몰아넣을 때, 법의 완력을 이용해 그들을 필연적으로 죽을 수밖에 없는 상황에 묶어둘 때, 이 희생자 수천 명이 사라질 것을 알면서도 그런 상황이 지속되도록 허용할 때, 그럴 때 사회의 행위는 앞에서 말한 한 사람의 행위와 마찬가지로 틀림없이 살인이다. 그 살인은 실상을 감춘 악의적인 살인, 아무도 막아낼 수 없는 살인, 아무도 살인자를 볼 수 없는 데다가 작위보다 부작위에 가까운 범행이라서 희생자가 자연스럽게 죽는 것처럼 보이기 때문에 정체를 알 수 없는 살인이다. 그렇지만 살인은 엄연히 살인이다. 이제부터 나는 노동계급 기관지들이 더할 나위 없이 정확하게 사회적 살인이라고 묘사한 것을 영국 사회가 매일 매 시간마다 저지르고 있다는 것, 영국 사회가 노동자들을, 건강을 유지할 수도 오래 살 수도 없는 상황으로 몰아넣고 있다는 것, 이 노동자들의 생명력을 조금씩 갉아먹으면서 그들이 무덤에 묻힐 시간을 앞당기고 있다는 것을 입증할 것이다. 더 나아가 나는 그런 상황이 노동자들의 건강과 생명에 얼마나 해로운지를 사회가 알고 있다는 것, 그러면서도 그런 상황을 개선하기 위해 하는 일이 전혀 없다는 것을 입증할 것이다. 이 사회가 자기 행위의 결과를 알고 있다는 것, 그러므로 그 행위는 그저 과실치사가 아니라 살인이라는 것을 나는 입증할 것이고, 공식 문서, 의회와 정부의 보고서를 인용해 나의 고발을 뒷받침할 것이다.

앞에서 묘사한 환경에서 생활필수품마저 태부족한 처지로 살아가는 계급이 건강할 수 없고 고령까지 살 수 없다는 것은 자명하다. 특히 노동자들의 건강과 관련하여 그 환경을 다시 한 번 검토해보자. 대도시로의 인구 집중은 그 자체로 건강에 악영향을 미친다. 런던의 대기는 결코 시골의 공기만큼 깨끗할 수도, 산소가 풍부할 수도 없다. 3~4평방마일에 빽빽히 들어찬 250만 쌍의 폐와 25만 개의 난로가 어마어마한 양의 산소를 소비하지만, 도시를 건축하는 방법 자체가 환기를 방해하기 때문에 소비된 만큼 산소가 유입되기 어렵다. 호흡과 난방 과정에서 발생한 탄산가스는 그 무게 때문에 거리에 잔류하며, 기류는 주로 도시의 지붕들 위로 지나간다. 주민들은 적절한 양의 산소를 들이마시지 못해서 정신적으로나 신체적으로나 나른하고 무기력해진다. 이런 이유로 도시 주민들은 자유롭게 흘러가는 정상적인 대기 속에서 사는 시골 주민들보다 급성 질환, 특히 염증 질환에는 훨씬 덜 노출되지만 만성 질환으로 더 고생한다. 그리고 대도시 생활이 그 자체로 건강에 해롭다면, 앞에서 살펴봤듯이 생활의 모든 요소가 공기를 오염시키는 노동자 구역의 비정상적인 공기는 얼마나 해롭겠는가? 시골에서는 거처 인근에 똥더미를 두더라도 공기가 사방으로 자유롭게 흘러가기 때문에 비교적 덜 해로울 것이다. 그러나 좁은 길과 안마당들이 빽빽하게 건설된 탓에 대기가 옴짝달싹 못하는 대도시 한가운데는 사정이 다르다. 부패 중인 채소류와 육류는 건강에 단연코 해로운 기체를 내뿜으며, 이런 기체는 외부로 빠져나갈 길이 없을 경우 틀림없이 대기를 오염시킬 것이다. 그러므로 대도시에서 노동자 구역의 오물과 웅덩이는 바로 거기서 발생하는 기체가 질병을 유발하기 때문에 공중보건에 가장 해로운 영향을 미친다. 오염된 개울에서 증발하는 기체도 마찬가지다. 그러나 이게 전부가 아니다. 오늘날 사회가 빈민 대다수를 대하는 방식은 혐오스럽기 짝이 없다. 빈민들은 대도시로 끌려와서 시골에서보다 나쁜 공기를 들이마신다. 그들은 건축 방법 때문에 다른 어떤 구역보다 환기가 되지 않는 구역으로 내몰린다. 돈을 내야만 수도관을 설치해주고 청소용으로 쓰기엔 강물이 너무 오염되었기 때문에, 그들은 물을 포함해 청결을 유지하는 데 필요한 모든 수단을 박탈당한다. 그들은 어쩔 수 없이 음식물 찌꺼기와 쓰레기, 구정물, 흔히 역겨운 오수와 분뇨까지 전부 거리에 내다버린다. 달리 처리할 방도가 없기 때문이다. 이처럼 그들은 자기 거주지를 오염시킬 수밖에 없다. 여기서 끝이 아니다. 상상할 수 있는 모든 해악이 빈민들의 머리 위에 듬뿍 쌓인다. 대도시 전역의 인구밀도가 지나치게 높다면, 특히 빈민들이 최소한의 공간을 가득 메우기 마련이다. 거리의 오염된 대기로도 부족하다는 듯이, 빈민들은 방 하나에 수십 명씩 들어차기 때문에 밤이면 숨쉴 공기가 부족해서 질식할 지경에 이른다. 그들은 바닥이 방수되지 않는 지하의 굴이나 천장에서 물이 새는 다락방 같은 축축한 거처를 배정받는다. 그들의 집은 습한 공기가 빠져나갈 수 없게 만들어졌다. 그들은 형편없거나 해지거나 너덜너덜한 옷과, 불순물이 섞인 소화하기 어려운 음식을 제공받는다. 그들은 심리 상태의 가장 자극적인 변화, 희망과 절망을 오가는 가장 격렬한 동요에 노출되어 있다. 그들은 사냥감처럼 쫓기고, 내면의 평화와 삶의 고요한 즐거움을 누릴 기회가 없다. 그들은 성적 탐닉과 음주 외에 모든 즐거움을 박탈당하고, 매일매일 정신과 신체의 기운을 다 써버리고 녹초가 될 때까지 일하며, 그래서 자기들 마음대로 누릴 수 있는 단 두 가지 즐거움에 미치광이처럼 끊임없이 열중한다. 설령 그들이 이 모든 난관을 극복하더라도, 이제까지 그들에게 허락된 보잘것없는 것들을 전부 빼앗아가는 공황기가 되면 실업자 신세로 전락하고 만다.

이런 상황에서 하층계급이 어떻게 건강하게 장수할 수 있겠는가? 노동자들의 지나치게 높은 사망률, 끊이지 않는 전염병, 갈수록 왜소해지는 체형 말고 무엇을 기대할 수 있겠는가? 대체 노동계급의 실태가 어떠한지 살펴보자.

이 계급의 여타 생활 여건과 더불어 도시의 가장 열악한 지역에 있는 거처가 수많은 질병을 유발한다는 것을 도처에서 확인할 수 있다. 앞에서 인용한 〈아티전〉의 기사는 폐병이 노동계급이 처한 상황의 불가피한 귀결이며 폐병 환자가 노동계급 사이에 유독 많다는 지극히 옳은 주장을 편다. 대단히 많은 사람들의 붉은 얼굴빛을 보고 충분히 알 수 있듯이, 런던의 더러운 공기, 특히 노동자 구역들의 더러운 공기는 폐결핵이 발병하기에 최적의 조건이다. 군중이 일하러 가는 이른 아침에 거리를 잠시 돌아다녀보면 완전히 또는 반쯤 폐결핵에 걸린 듯한 사람들의 수에 깜짝 놀랄 것이다. 맨체스터에서마저 폐결핵 환자들은 얼굴빛이 다르다. 북부의 공장도시들에서도 매년 수많은 폐결핵 환자들이 발생하고 있지만, 나는 런던 한 곳에서만 이 창백하고 여위고 가슴이 좁고 눈이 움푹 들어간 유령들, 발걸음을 내딛을 때마다 지나치는 이 무기력하고 축 늘어지고 활기 찬 표정이라고는 조금도 지을 수 없는 얼굴들을 화들짝 놀랄 만큼 많이 보았다. 선홍열은 논외로 치더라도 폐결핵 못지않은 질병으로는 티푸스가 있다. 이 질병은 노동계급 사람들을 가장 끔찍하게 파괴한다. 노동계급의 위생 상태에 관한 공식 보고서에 따르면, 이 나라 전역으로 확산된 고통인 티푸스의 직접적인 발병 원인은 환기, 배수, 청결 면에서 열악한 거주지의 상태다. 영국의 일류 의사들이 다른 의사들의 증언을 토대로 작성—이 점을 잊어서는 안 된다—한 이 보고서는 환기가 잘 되지 않는 안마당 하나, 배수로가 없는 후미진 골목길 하나라도 열병을 유발할 수 있고, 대부분 실제로 유발하며, 특히 주민들이 대단히 밀집해서 사는 경우 그렇다고 단언한다. 이 열병은 거의 어디서나 똑같은 특징을 보이고, 거의 모든 경우에 특정한 티푸스로 발전한다. 모든 대도시의 노동자 구역들과 더 작은 구역들에 형편없이 건설되고 형편없이 유지되는 거리들에서 티푸스를 찾아볼 수 있으며, 환경이 더 나은 구역들에서도 당연히 드문드문 티푸스 환자가 발생한다. 지금까지 런던에서는 티푸스가 상당히 오랫동안 퍼져왔다. 티푸스가 특히 극심했던 1837년에는 앞에서 언급한 보고서가 작성되었다. 런던 열병병원(London Fever Hospital)에 관한 사우스우드 스미스 박사의 연례 보고서에 따르면, 1843년에 환자 수는 1462명으로 그 전년보다 418명 더 많았다. 런던 북부와 남부, 동부의 습하고 더러운 구역들에서 이 질병은 유독 맹위를 떨쳤다. 환자들 가운데 다수는 시골에서 온 노동자로, 혹독한 궁핍을 견디며 도시로 이주한 뒤 굶주리고 헐벗은 채로 거리에서 자다가 티푸스에 걸리고 말았다. 그들은 극히 쇠약한 상태로 병원으로 실려왔기 때문에 치료하는 데 이례적으로 많은 양의 와인, 코냑, 암모니아 조제약과 여타 흥분제가 필요했으며, 전체 환자 중 16.5퍼센트가 사망했다. 이 악성 열병은 맨체스터에서 발견되며, 구시가지의 가장 열악한 구역들과 앤코츠, 리틀 아일랜드 등지에서 좀처럼 사라지지 않는다. 그렇지만 잉글랜드 도시들의 일반적인 상황과 마찬가지로 맨체스터에서는 이 열병이 예상보다 덜 퍼졌다. 반면에 스코틀랜드와 아일랜드에서는 상상을 뛰어넘을 정도로 창궐했다. 에든버러와 글래스고에서는 기근을 겪은 뒤 1817년에 유행했고, 상업공황을 겪은 뒤인 1826년과 1837년에 특히 급속하게 퍼졌으며, 대략 3년씩 맹위를 떨친 뒤 다소 잠잠해지곤 했다. 에든버러에서는 1817년에 이 열병이 유행하는 동안 약 6000명, 1837년에 약 1만 명이 병에 걸렸으며, 이 열병이 다시 찾아올 때마다 환자의 수만이 아니라 병의 기세도 점점 사나워졌다.*

그러나 1842년 공황 이후에 이 전염병이 입힌 참화에 비하면, 그 이전의 모든 맹위는 어린애 장난에 지나지 않아 보인다. 스코틀랜드의 궁핍한 전체 인구 가운데 6분의 1이 이 열병에 걸렸으며, 이곳저곳을 발 빠르게 돌아다니는 걸인들이 병을 옮겼다. 스코틀랜드의 중간계급과 상층계급 사이에서 병이 퍼지지 않았음에도 두 달 만에 그 이전 12년 동안 발생한 것보다 많은 환자가 발생했다. 글래스고에서는 1843년 주민의 12퍼센트가 병에 걸렸고, 그중 32퍼센트인 3만 2000명이 죽었다. 반면에 맨체스터와 리버풀에서는 사망률이 보통 8퍼센트를 넘지 않았다. 환자들은 7일째와 15일째가 고비였고 그 후로는 보통 노랗게 변했는데, 어느 권위자**에 따르면 이런 증상은 그 발병 원인을 정신적 흥분과 불안에서 찾아야 한다는 것을 나타낸다. 아일랜드에서도 이 고열성 전염병들은 토착화되었다. 1817~1818년의 21개월 동안 열병 환자 3만 9000명이 더블린 병원을 거쳐갔고, 주 장관 앨리슨***에 따르면 더 최근의 어느 해에는 6만 명이 거쳐갔다. 코크Cork에서는 1817~1818년에 열병병원이 주민의 7분의 1을 치료했고, 리머릭Limerick에서는 같은 기간에 주민의 4분의 1이 치료를 받았으며, 워터퍼드Waterford의 열악한 지구에서는 주민의 20분의 19가 한 번씩은 열병에 걸렸다.****

---

* 윌리엄 앨리슨, 〈스코틀랜드의 빈민 관리와 그것이 대도시의 보건에 미치는 영향을 관찰한 기록〉.

** 아치볼드 앨리슨, 《인구의 원리와 인간 행복과의 연관성》, vol. ii.

*** 1844년 10월 요크에서 아치볼드 앨리슨이 '영국 과학 발전 협회'(British Association for the Advancement of Science)를 상대로 발표한 논문.

노동자들이 어떤 환경에서 살고 있는지, 그들의 거처가 얼마나 붐비는지, 구석구석마다 사람들이 얼마나 득시글대는지, 한 방의 한 침대에서 병든 사람과 건강한 사람이 어떻게 함께 잠을 자는지를 상기할 때, 불가사의한 사실은 이 열병과 같은 전염성 질병이 더 널리 확산되지 않는다는 것이다. 그리고 병자들이 의료 지원을 얼마나 적게 받았는지, 진찰받은 적이 없는 데다가 가장 평범한 예방조치마저 모르는 이들이 얼마나 많은지를 곰곰이 생각할 때, 사망률은 오히려 낮아 보인다. 이 질병을 면밀히 연구한 앨리슨 박사는 앞에서 인용한 보고서와 마찬가지로 직접적인 발병 원인으로 빈민들의 결핍과 비참한 상황을 꼽았다. 앨리슨은 빈민들의 궁핍한 처지와 생명 유지에 필수적인 것들을 충분히 얻지 못하는 상황이 전염이 일어날 조건을 조성하고, 전염병을 널리 퍼뜨려 끔찍한 결과를 불러온다고 역설한다. 앨리슨은 궁핍이나 상업공황, 흉작을 겪은 시기마다 스코틀랜드에서처럼 아일랜드에서도 유행성 티푸스가 발병했고, 이 전염병의 맹위가 거의 전부 노동계급에게 닥쳤다는 것을 입증한다. 앨리슨은 티푸스로 사망하는 사람들 대다수가 부양가족 때문에 몸을 사릴 여유가 가장 없는 아버지라는 것을 입증하는데, 이는 주목할 만한 사실이다. 앨리슨이 인용하는 아일랜드 의사 몇 명도 동일한 사실을 입증한다.

다른 범주의 질병들은 노동자들의 거처보다는 음식이 직접적인 원인이 되어 발병한다. 노동자의 음식은 그 자체로 소화하기 어렵고 어린아이가 먹기에 전혀 적합하지 않지만, 그에게는 자녀에게 더 알맞은 음식을 구할 방도도 시간도 없다. 게다가 어린이들에게 증류주와 심지어 아편까지 주는 관습이 아주 널리 퍼져 있다. 이 두 가지는 신체 발달에 해로운 나머지 생활 여건과 더불어 어린이의 소화기관들에 갖가지 영향을 미쳐서 평생토록 그 흔적을 남긴다. 거의 모든 노동자가 위가 다소 약한데도 해로움의 근원인 식사를 계속할 수밖에 없다. 노동자들이 소화가 안 되는 이유를 어떻게 알 수 있겠는가? 그

**** 〔윌리엄 앨리슨, 〈스코틀랜드의 빈민 관리와 그것이 대도시의 보건에 미치는 영향을 관찰한 기록〉_독일어판 주〕.

리고 설령 안다고 한들, 생활방식을 바꿀 수도 없고 더 나은 교육을 받을 수도 없는 처지에 어떻게 더 적합한 양생법을 실천할 수 있겠는가? 그러나 새로운 질병은 아동기의 소화불량 때문에 발병한다. 연주창은 거의 모든 노동자가 앓고 있는 질병이고 연주창에 걸린 부모 밑에는 연주창에 걸린 자식들이 있는데, 특히 애초에 연주창을 유발한 원인이 부모의 성향을 물려받은 아이들에게도 그대로 영향을 미칠 경우 그렇다. 신체가 성장하고 발달하는 시기에 이처럼 불충분한 영양 섭취가 초래하는 두 번째 결과는 노동계급 자녀들 사이에 아주 흔한 구루병이다. 구루병의 일반적인 증상 말고도 뼈의 강화가 늦어지고, 골격 일반의 성장이 제한되고, 다리와 척추가 기형이 되는 증상이 다반사로 나타난다. 경기의 부침, 공황기의 일자리 부족과 쥐꼬리만 한 임금 등 노동자들이 휘둘리기 마련인 변화 때문에 이 모든 해악이 얼마나 증폭되는지를 굳이 상술할 필요는 없을 것이다. 거의 모든 노동자가 평생 적어도 한 번은 경험하는 일시적인 음식 부족은, 양은 충분하지만 질은 형편없는 평상시 식사의 결과를 한층 강화할 뿐이다. 넉넉하고 영양분이 풍부한 음식이 가장 필요한 시기에 반쯤 굶주리는 아이들—모든 공황기는 물론이고 경기가 가장 좋을 때도 이런 아이들은 수두룩하다—은 필연적으로 약해지고, 높은 비율로 연주창과 구루병에 걸린다. 이 사실은 그들의 겉모습만 봐도 충분히 알 수 있다. 노동자의 자녀들은 대부분 방치되는데, 이런 현실은 그들에게 지워지지 않는 흔적을 남기고 노동계급 전체를 허약하게 만든다. 이것 말고도 노동계급은 적합한 옷이 없고, 감기를 예방하지 못하고, 건강이 허락하는 한 고되게 일해야 하고, 병이라도 얻으면 지독한 결핍에 시달려야 하고, 십중팔구 어떠한 의료 지원도 받지 못한다. 우리는 영국 노동계급의 위생 상태도 대강 파악하고 있다. 오늘날 각각의 직종이 초래하는 유해한 결과는 여기서 다루지 않을 것이다.

이런 요인들 말고도 수많은 노동자들의 건강을 해치는 다른 요인들이 있으며, 그중 가장 심각한 요인은 폭음이다. 온갖 유인과 미끼가 노동자들을 부추겨 술에 취하게 한다. 술은 노동자들에게 거의 유일한 쾌락의 원천이며, 세상 만사가 공모해 그들을 술로 이끈다. 노동자는 피곤하고 기진맥진한 채로 일터에서 돌아오지만, 그의 집은 불편하고 축축하고 더럽고 역겹다. 노동자는 기분 전환이 간절히 필요하고, 고된 노동을 할 만한 것으로 만들어주고 내일을 견디게 해줄 무언가를 반드시 얻어야 한다. 건강에 해로운 환경, 특히 소화불량에서 기인하는 노동자의 불안하고 불편하고 우울한 심신 상태는 그의 일반적인 생활 여건, 생계의 불안정성, 온갖 사건과 우연에 휘둘리는 처지, 확실한 지위를 얻기 위해 아무것도 못하는 무능 때문에 도저히 견디기 어려울 만큼 악화된다. 오염된 공기와 부실한 음식 때문에 약해진 노동자의 쇠약한 몸뚱이는 외부의 어떤 자극을 강렬하게 원한다. 노동자의 사교 욕구는 술집에서만 충족될 수 있는데, 다른 장소에서는 친구들을 만날 수 없기 때문이다. 노동자가 어떻게 술집의 유혹에 저항할 수 있겠는가? 이런 환경에서 수많은 노동자들이 폭음에 빠지는 것은 정신적으로나 신체적으로 불가피한 일이다. 노동자를 술독에 빠뜨리는 것은 주로 신체적인 요인들이지만 그 외에 다른 요인들도 많다. 교육을 등한시하는 노동자들의 태도, 많은 경우 자녀에게 술을 권하는 주정뱅이 부모로부터 직접적인 영향을 받는 청년층의 음주욕을 막기 어려운 현실, 한두 시간 만이라도 삶의 비참함과 괴로움을 확실히 잊게 해주는 음주의 효과를 비롯해 많은 요인들이 있다. 이 요인들은 워낙 강력하기 때문에 노동자들이 그 압도적인 압력에 굴복한다고 해도 비난할 수 없다. 이렇게 볼 때 음주는 더 이상 방탕한 노동자들에게 책임을 물을 수 있는 악덕이 아니다. 음주는 하나의 현상, 선택권이 전혀 없는 대상에 작용하는 상황의 필연적이고도 불가피한 귀결이 된다. 음주의 책임은 노동자를 한낱 대상으로 전락시킨 사람들이 져야 한다. 그런데 수많은 노동자들이 술의 먹잇감으로 전락하는 것 못지않게 불가피한 귀결은, 술이 그 희생자들의 신체와 정신에 미치는 파멸적인 영향이 분명하게 드러나는 것이다. 술은 노동자들의 생활 여건에서 기인하는 모든 질병 소인素因을 한층 조장하고, 폐와 소화기의 질환을 최대한 키우고, 유행성 티푸스의 발생과 확산을 최대한 촉진한다.

노동계급의 신체에 탈이 나는 또 다른 이유는 병에 걸렸을 때 숙련된 의사의 치료를 받을 수 없기 때문이다. 자선단체들이 이 결핍을 채워주려 노력하고 있고, 일례로 맨체스터 병원이 매년 환자 2만 2000명을 수용하거나 진료를 하고 약을 준 것은 사실이다. 그러나 개스켈의 추정*에 따르면 인구의 4분의 3이 매년 의료 지원을 받아야 하는 이 도시에서 그렇게 노력한들 얼마나 도움이 되겠는가? 잉글랜드 의사들은 진료비를 비싸게 받고, 노동자들은 그 돈을 낼 형편이 못 된다. 따라서 노동자들은 아무런 치료도 받지 못하거나, 돈이 적게 드는 돌팔이 의사를 부르고, 득보다 실이 많은 엉터리 약을 복용할 수밖에 없다. 잉글랜드의 어느 도시에나 광고와 벽보 같은 수단을 이용해 빈민들 사이에서 고객을 확보하고 짭짤한 수익을 올리는 엉터리 의사가 부지기수다. 이 외에 상상할 수 있는 모든 질병을 치료한다는 특허약(patent medicines)〔실제 약효와는 다른 효능을 홍보하며 판매한 혼합물들을 가리키는 말로, 17세기 말에 만병통치약을 판매하는 이들이 영국 왕실로부터 특허장(letter patent)을 받아서 그것을 광고에 활용한 데서 유래했다. 이름과 달리 현대적 의미의 특허를 받은 의약품이 아니라 대부분 허브, 알코올, 마약, 추출물 등을 섞은 혼합물이었다. 대체로 신통한 묘약이라고 광고했으므로 실제 성분을 밝히지 않았으며, 20세기 들어 의약품 규제가 강화되면서 차츰 사라졌다〕이 엄청나게 많이 팔린다. 모리슨 알약(Morrison's Pills), 파아르 활력 알약(Parr's Life Pills), 메인워링 박사 알약(Dr. Mainwaring's Pills)과 그 밖에 1000가지는 되는 알약, 농축액, 연고는 죄다 만병통치약이다. 이 가운데 실제로 유해한 물질을 함유하고 있는 약은 드물지만, 마음대로 자주 복용할 경우 신체에 해로운 영향을 미친다. 그리고 부주의한 구매자들은 언제나 최대한 많이 복용하라는 말을 듣기 때문에 그들이 좋든 싫든 그런 약을 한껏 삼킨다 해도 놀랄 일은 아니다.

파아르 활력 알약의 제조업자가 몸에 좋은 이 알약을 일주일에 2만~2만

---

* 〈잉글랜드의 제조업 인구〉, ch. 8.

5000박스씩 파는 경우는 결코 드물지 않은데, 누군가는 이 약을 변비 때문에 복용하고, 누군가는 설사 때문에 복용하고, 또 누군가는 열병, 허약 체질 등 상상할 수 있는 모든 질환 때문에 복용한다. 독일 농민들이 특정한 계절에 부항을 뜨거나 방혈放血을 하는 것처럼, 오늘날 영국 노동자들은 특허약을 먹음으로써 자신에게 해를 입히고 제조업자에게 큰 이익을 안겨준다. 이런 특허약 가운데 가장 해로운 것은 아편 팅크가 주성분인 아편제로 조제하는 고드프리 강장제(Godfrey's Cordial)라는 약물이다. 집에서 일을 하면서 자신과 다른 사람의 아들딸을 돌보는 여자들은 아이들을 계속 조용히 시키기 위해, 그리고 많은 이들이 믿듯이 아이들을 튼튼하게 키우기 위해 이 약물을 먹인다. 대개 그들은 아이들이 신생아일 때부터 먹이기 시작하고, 이 '마음의 평화' 효능을 알지 못한 채 아이들이 죽을 때까지 계속 먹인다. 아이의 신체가 아편의 효과에 덜 민감할수록 더 많은 양을 투여한다. 이 강장제가 더는 효과가 없게 되면 아편 팅크만을 먹이는데, 한 번에 투여하는 양은 대개 15~20방울이다. 노팅엄의 검시관은 의회의 한 위원회* 앞에서 어느 약제사의 발언을 인용해 고드프리 강장제를 조제하는 데 1년에 아편 팅크 13cwt〔660킬로그램〕을 사용했다고 증언했다. 그러니 강장제를 투여받은 아이들이 어떻게 될지 쉬이 짐작할 수 있을 것이다. 그 아이들은 창백하고 허약하고 풀이 죽어 있으며 보통 두 돌을 맞기도 전에 죽는다. 이 강장제는 이 왕국의 모든 대도시와 산업 지역에서 아주 광범하게 쓰이고 있다.

이 모든 영향의 결과, 노동계급의 신체는 전반적으로 쇠약해진다. 노동자들, 즉 우리가 여기서 논하는 유일한 대상인 공장노동자들 가운데 활기차고

---

* 광산과 탄광, 상업과 제조업에서 공장 규제법의 조항들을 적용받지 못한 채 일하는 다수 어린이와 연소자의 고용 현황에 관한 조사위원회 보고서. 첫째와 둘째 보고서, 그레인저Grainger의 보고서가 있다. 둘째 보고서는 보통 '어린이 고용위원회의 보고서'로 인용된다. 〔이 보고서는 가장 훌륭한 공식 보고서 가운데 하나로, 가장 유익한 동시에 가장 끔찍한 사실들을 많이 담고 있다._독일어판에만 있는 문구〕. 첫째 보고서는 1841년에 발표되었고〔실제로는 1842년에 발표되었다〕, 둘째 보고서는 1843년에 발표되었다.

체격이 다부지고 건강한 사람은 극히 드물다. 그들은 거의 전부 허약하고, 말라빠져 건장하지 않고, 안색이 해쓱하고, 일할 때 많이 사용하는 근육을 빼고는 몸이 단단하지 못하다. 거의 모두가 소화불량으로 고생하고, 그 결과 건강염려증, 우울증, 신경과민증을 어느 정도 앓고 있다. 그들의 허약해진 신체는 질병을 막아내지 못하고 매번 병을 얻고 만다. 따라서 그들은 때 이르게 노화되고 일찍 죽는다. 이 점에 관해 사망률 통계는 의심할 바 없는 증거를 제공한다.

인구등록청장(Register-General) 그레이엄Graham의 보고서에 따르면, 잉글랜드와 웨일스 전역의 연간 사망률은 2.25퍼센트를 조금 밑돈다. 다시 말해 매년 45명 중 1명이 죽는다.** 이것은 1839~1840년의 평균 수치였다. 1840~1841년에는 사망률이 약간 낮아져서 46명 중 1명 꼴로 죽었다. 그러나 대도시들의 사망률은 확연히 다르다. 나는 공식 사망률 표(〈맨체스터 가디언〉, 1844년 7월 31일자)를 가지고 있는데, 이 표에 따르면 몇몇 대도시의 사망률은 다음과 같다. 맨체스터는 콜턴과 샐퍼드를 포함할 경우 32.72명당 1명, 제외할 경우 30.75명당 1명이다. 리버풀은 웨스트 더비West Derby(교외)를 포함할 경우 31.90명당 1명, 제외할 경우 29.90명당 1명이다. 반면에 체셔, 랭커셔, 요크셔는 완전히 시골이거나 일부 시골인 지역들과 여러 소도시들을 포함해 총 인구가 217만 2506명이고, 평균 39.80명당 1명 꼴로 죽었다. 대도시 노동자들이 얼마나 불리한 위치에 있는지는 랭커셔 주 프레스콧Prescott의 사망률로 확인할 수 있다. 프레스콧은 광부들이 거주하는 지역으로, 광업이 결코 건강에 좋은 직업이 아닌 까닭에 농업 지역들보다 위생 상태가 나쁘다. 그러나 이 광부들은 시골에서 살고 있고, 이들의 사망률은 잉글랜드 전체의 사망률보다 낮은 47.54명당 1명, 즉 거의 2.5퍼센트에 지나지 않는다. 이런 서술은 모두 1843년의 사망률 표에 근거한 것이다. 스코틀랜드 도시들의 사망률은 훨씬 더 높다. 에든버러

** 출생, 사망, 결혼에 관한 인구등록청장의 다섯 번째 연례 보고서.

의 경우 1838~1839년에 29명당 1명, 1831년에 구시가지 한 곳만 보면 22명당 1명이었다. 코웬Cowen 박사에 따르면* 1830년 이래 글래스고의 평균 사망률은 30명당 1명이었고, 어떤 해에는 22~24명당 1명이었다. 이런 엄청난 수명 단축이 주로 노동계급에게 닥친다는 것, 상층계급과 중간계급의 낮은 사망률이 전체 평균치를 끌어내린다는 것은 모든 측면에서 입증된다. 가장 최근 진술 가운데 하나는 P. H. 홀랜드P. H. Holland 박사가 공식 위임을 받아서 맨체스터 교외의 콜턴온메드록Chorlton-on-medlock을 조사한 뒤 증언한 것이다. 홀랜드는 이 지역의 집과 거리를 세 등급으로 나눈 뒤 사망률에 다음과 같은 편차가 있음을 밝혀냈다.

거리의 등급 I	집의 등급 I	사망률 51명당 1명
	II	45명당 1명
	III	36명당 1명
거리의 등급 II	집의 등급 I	사망률 55명당 1명
	II	38명당 1명
	III	35명당 1명
거리의 등급 III	집의 등급 I	자료 없음
	II	사망률 35명당 1명
	III	25명당 1명

홀랜드가 제시한 다른 표들을 보면 거리의 경우 제1등급 거리들의 사망률보다 제2등급 거리들의 사망률이 18퍼센트, 제3등급 거리들의 사망률이 68퍼센트 높고, 집의 경우 제1등급 집들보다 제2등급 집들의 사망률이 31퍼센트, 제3등급 집들의 사망률이 78퍼센트 높다는 것, 그리고 제2등급과 제3등급 거리들이라도 환경을 개선하면 사망률이 25퍼센트 떨어진다는 것을 확인할 수 있다. 홀랜드는 영국 부르주아치고는 아주 솔직하게 자신의 진술을 끝

* 코웬Cowen, '글래스고의 사망 통계'(Vital Statistics of Glasgow), 〈통계 협회 저널〉, London, 1840, 10.

맺는다.**

일부 거리들의 사망률이 다른 거리들의 사망률보다 4배 높고, 세 등급의 거리들 전체의 사망률이 다른 등급에 속하는 거리들의 사망률보다 2배 높다는 것을 발견했을 때, 더 나아가 상태가 열악한 거리들의 사망률이 한결같이 높고 상태가 좋은 거리들의 사망률이 한결같이 낮다는 것을 발견했을 때, 우리는 수많은 동포들, **우리 곁에 사는 이웃 수백 명**이 매년 너무도 명백한 예방조치가 부족해서 죽는다는 결론을 내릴 수밖에 없다.

노동계급의 위생 상태에 관한 이 보고서에는 동일한 사실을 입증하는 정보가 담겨 있다. 1840년 리버풀에서 상층계급과 젠트리, 전문직 종사자 등의 평균 수명은 35세였고, 사업가와 형편이 괜찮은 수공업자의 평균 수명은 22세였으며, 숙련노동자와 날품팔이, 시중을 드는 계급 일반의 평균 수명은 15세에 불과했다. 의회의 보고서들에도 이와 비슷한 사실이 많이 담겨 있다.

사망률이 아주 높게 유지되는 이유는 무엇보다 노동계급의 어린 자녀들의 음울한 사망률 때문이다. 어린이의 연약한 신체로는 열악한 생활환경의 악영향을 견뎌내기가 몹시 어렵다. 부모가 맞벌이를 하거나 둘 중 한 명이 사망한 가정의 아이들은 대개 방치되어 즉각 방치의 대가를 치르게 된다. 방금 인용한 보고서에 따르면 맨체스터에서 노동계급 자녀의 57퍼센트 이상이 5세 이전에 죽는 반면에 상층계급 자녀의 경우 이 비율이 20퍼센트이고 시골의 모든 계급의 자녀의 경우 32퍼센트를 넘지 않는데, 이런 사실에 놀랄 사람은 아무도 없을 것이다.*** 이미 몇 차례 언급한 〈아티전〉의 기사는 이 점과 관련해 더

** 대도시들과 인구밀도가 높은 구역들의 현황에 관한 조사위원회의 보고서. 1844년 첫째 보고서의 부록.

*** 공장 조사위원회의 보고서, 제3권. 랭커셔에 관한 호킨스Hawkins 박사의 보고서. 여기에 '맨체스터 최고의 통계 권위자' 로버턴Roberton 박사의 통계가 인용되어 있다.

정확한 정보를 제공한다. 그 기사는 특정한 질병들로 인한 도시 어린이들과 시골 어린이들의 사망률을 비교함으로써 일반적으로 시골 지역보다 맨체스터와 리버풀에서 전염병은 3배, 신경계 질환은 5배, 위장병은 3배, 폐병은 2.5배 더 치명적이라는 것을 입증한다. 치명적인 질병인 천연두와 홍역, 성홍열, 백일해는 어린이들 사이에서 4배 더 발생하고, 뇌수종은 3배, 경련증은 10배 더 발생한다. 나는 널리 인정받는 또 다른 권위자를 인용하기 위해 다음 표를 덧붙였다. 이 표는 지역별로 1만 명이 어느 연령대에 사망했는지를 나타낸 것이다.*

	5세 미만	5 ~19	20 ~39	40 ~59	60 ~69	70 ~79	80 ~89	90 ~99	100세 이상
러틀랜드셔 (건강에 좋은 농촌 지역)	2865	891	1275	1299	1189	1428	938	112	3
에식스(습지대의 농촌 지역)	3159	1110	1526	1413	963	1019	630	177	3
칼라일(공장 도입 이전인 1779~1787년)	4408	911	1006	1201	940	826	533	153	22
칼라일(공장 도입 이후)	4738	930	1261	1134	677	727	452	80	1
프레스턴 (공장 도시)	4947	1136	1379	1114	553	532	298	38	3
리즈(공장 도시)	5286	927	1228	1198	593	512	225	29	2

오늘날 가난한 계급들을 방치하고 억압한 데 따르는 필연적인 결과인 각종 질병들 말고도, 유아의 사망률을 높이는 다른 요인들이 있다. 많은 가정은 남편과 마찬가지로 아내도 나가서 일을 해야 하며, 그 결과 집 안에 갇혀 지내거나 집 밖에서 보살핌을 받아야 하는 아이들은 완전히 방치된다. 그러니 그

* 웨이드Wade 박사가 인용한 의회 공장 조사위원회의 1832년 보고서. 웨이드의 저서 《중간계급과 노동계급의 역사(History of Middle and Working-Classes)》(3rd edn., London, 1835)에 수록.

런 아이들 수백 명이 온갖 사고로 죽는다고 해도 놀랄 일은 아니다. 잉글랜드의 대도시와 도시만큼 많은 아이들이 이동수단에 치이는 곳, 떨어지고 물에 빠지고 화상을 입어서 죽는 곳은 없다. 불이나 뜨거운 물에 데어서 죽는 사고가 특히 빈발하는데, 신문들은 거의 언급조차 하지 않지만 맨체스터에서는 겨울철에 거의 일주일에 한 번 꼴로 발생하고 런던에서도 빈번히 발생한다. 나는 1844년 12월 15일자 〈위클리 디스패치〉를 한 부 가지고 있는데, 이 신문에 따르면 12월 1일부터 12월 7일까지 일주일 동안 그런 사고가 6건 발생했다. 이처럼 끔찍하게 죽는 불행한 아이들은 우리의 사회적 무질서의 희생자, 이 무질서를 유지하고 연장하는 데 관심을 쏟는 자산계급의 희생자다. 그럼에도 우리는 지독하게 괴로운 이런 죽음조차 고달프고 비참한 삶, 고통은 많고 즐거움은 적은 기나긴 삶에서 아이들을 구해주는 축복이 아닐까 하는 의문을 품게 된다. 지금까지 이런 일이 잉글랜드에서 일어났다. 부르주아지는 매일 신문에서 이런 사건을 읽고도 무심히 지나친다. 그러나 이 책에서 인용한 공식적 비공식적 증언—부르주아지도 틀림없이 알고 있을 것이다—에 뒤이어 내가 부르주아지 전체를 사회적 살인 혐의로 고발하더라도 그들은 불평을 호소할 수 없다. 지배계급은 이런 처참한 상황을 개선하든지, 아니면 공통의 이해관계를 관리하는 업무를 노동계급에게 넘겨주어야 한다. 부르주아지는 후자의 길을 선택할 의향이 눈곱만큼도 없다. 전자의 과제와 관련해서도, 자신들의 편견에 빠져 갈피를 잡지 못하는 한 부르주아지는 상황을 개선할 수 없다. 결국 희생자 수십만 명이 죽은 뒤에 설령 부르주아지가 미래를 걱정하는 마음을 약간 내비치면서 '대도시 건축법'(Metropolitan Buildings Act)〔1844년 시행〕, 즉 건물들을 극히 파렴치하게 밀집해서 짓는 것을 아주 조금이나마 제한하는 법을 통과시키더라도, 그리고 해악의 뿌리를 공격하기는커녕 위생경찰들이 한목소리로 요구하는 것조차 결단코 수용하지 않는 조치를 자랑스럽게 지적하더라도, 그들은 나의 고발에 맞서 스스로의 정당성을 입증할 수 없기 때문이다. 영국 부르주아지는 선택권이 하나밖에 없다. 그들은 반박할 수 없는 살인 협의를 받으면서까지 계속 지배를 하든지 아니면 노동계급을 위해 지배를 포기해야 한다. 이제까지 부르주아지는 전자의 길을 선택했다.

이제 노동자들의 신체 상태에서 정신 상태로 관심을 돌려보자. 부르주아지는 노동자들에게 절대적으로 필요한 생활수준만을 허락하므로, 그들이 자기네에게 이익이 되는 만큼만 노동자들을 교육시킨다 해도 놀랄 이유는 없다. 실제로 현실이 그러하다. 영국의 교육기관은 전체 인구에 비해 부족한 실정이다. 노동계급이 운영하는 몇 안 되는 주간학교는 극소수만이 다닐 수 있고, 그나마 교육의 질도 형편없다. 노쇠한 노동자들과 오로지 생계를 위해 교직을 택한 이들로 이루어진 그 부적격 교사들은 보통 교직에 반드시 필요한 기초 지식과 도덕적 규율을 결여하고 있고, 어떠한 공적 감독도 받지 않는다. 교육 분야 역시 자유경쟁이 지배하고 있으며, 늘 그렇듯이 부자들은 자유경쟁으로 이득을 얻는 반면 빈자들은 그 경쟁이란 것이 자유경쟁이 아닌 데다가 올바로 판단하는 데 필요한 지식도 없기 때문에 해로운 결과를 떠안는다. 의무교육은 존재하지 않는다. 뒤에서 보겠지만 공장에서의 의무교육은 허울에 지나지 않는다. 1843년 의회 회기 중 정부가 이처럼 유명무실한 의무를 실질적인 의무로 바꾸려 했을 때, 노동계급이 의무교육을 공공연히 지지했음에도 제조업 부르주아지는 기를 쓰고 정부의 조치에 반대했다. 더욱이 어린이 대다수는 일주일 내내 공장이나 집에서 일하기 때문에 학교에 다닐 수가 없다. 낮 동안 고용되어 일하는 어린이들이 다닐 것이라던 야간학교는 거의 아무도 다니지 않으며, 설령 다니더라도 어린이에게 이롭지 않다. 낮에 12시간씩 일하며 기운을 다 써버린 어린 노동자들에게 밤 8시부터 10시까지 학교에 다니라는 것은 지나친 요구다. 어린이 고용위원회의 보고서에 실린 수많은 증언이 입증하듯이, 그나마 학교에 다니려 노력하는 어린이들도 대개 잠이 든다. 일요학교들이 설립된 것은 사실이지만 역시 대부분 교사가 부족한 데다가 이미 주간학교에서 무언가를 배운 어린이들에게만 도움이 된다. 이번 일요일부터 다음번 일요일까지 일주일이라는 시간은 무지한 어린이가 한 주 전에 배웠던 것을 기억하기에 너무 긴 시간이다. 어린이 고용위원회의 보고서는 수많은 증거를 제시하며, 주간학교든 일요학교든 국민의 요구에 조금도 부응하지 못한다는 것을 이 위원회 자체가 아주 단호하게 주장한다. 이 보고서는 영국 노동계급이 무지하다는 증거를 제공하는데, 에스파냐나 이탈리아의 노동계급이 무지할 것이라고는 생각하기 어렵다. 영국 노동계급은 무지할 수밖에 없다. 영국 부르주아지는 노동계급의 교육을 바라기는커녕 외려 두려워한다. 정부의 총예산 5500만 파운드 가운데 사소한 항목인 공교육에는 고작 4만 파운드가 배정될 뿐이며, 이로운 만큼 해롭기도 한 종파들의 광신이 없다면 교육기관의 수는 더욱 줄어들 것이다. 영국 국교회는 국립학교들을 운영하고, 다양한 종파들은 교인의 자녀를 신도로 묶어두고 가난한 어린이의 영혼을 다른 종파에서 자기 종파로 끌어오려는 일념으로 학교들을 운영한다. 그 결과 종교가, 그리고 바로 종교의 가장 무익한 측면인 격렬한 토론이 교육의 주요한 주제가 되고, 어린이들은 도무지 이해할 수 없는 교리와 신학적 차이를 기억하느라 고생하게 된다. 또한 각 종파의 증오심과 편협한 신앙을 너무 어린 나이에 자각하게 되고, 수치스럽게도 이성적인 정신적 도덕적 수양을 일체 도외시하게 된다. 종교는 각 종파의 목사들에게 맡겨두고 완전히 세속적인 공교육 체계를 도입할 것을 노동계급은 거듭 요구했다. 그러나 지금까지 어떤 정부도 이 요구를 수용할 의향이 없었다. 성직자들은 부르주아지의 고분고분한 하인이며, 부르주아지는 수많은 종파들로 나뉘어 있다. 그러나 모든 부르주아는 노동자들이 위험할지도 모르는 교육에 대한 일종의 해독제로서 종파들의 고유한 교리를 받아들이기만 한다면, 노동자들이 교육받는 것을 기꺼이 용인할 것이다. 그런데 이 종파들이 아직까지도 주도권 싸움을 하고 있기 때문에 노동자들은 교육을 받지 못하는 실정이다. 제조업자들은 자신이 고용한 노동자들이 대부분 읽기를 깨쳤다고 자랑하지만, 어린이 고용위원회가 입증하듯이 그들의 읽기 수준은 겨우 교육을 받을 만한 정도다. 이 위원회의 보고서에 따르면, 문자를 아는 노동자는 제조업자들이 양심의 가책을 느끼지 않을 만큼은 읽는다. 영어의 철자법이 워낙 혼란스러워서 오랫동안 교육을 받아야만 습득할 수 있고 그런 까닭에 영어 읽기가 일종의 기예인 현실을 감안하면, 노동자들의 이런 무지는 쉽게 이해할 수 있다. 노동자 가운데 손쉽게 글자를 쓰는 사람은 극소수이며, 철자법에 맞게 쓰는 것은 '교육받은' 이들에게도 대개 능력에 부치는 일이다. 국교회와 퀘이커 교, 그리고 내 생각에 몇몇 다른 종파의 일요학교는 '일요일에 하기에는 지나치게 세속적인 활동이기 때문에' 쓰기를 가르치지 않는다. 노동자들이 제공받는 교육의 질이 어떠한지는 어린이 고용위원회의 보고서에 실린 한두 가지 사례를 토대로 판단할 수 있을 것이다. 유감스럽게도 이 보고서는 공장노동 자체는 알려주지 않는다.

그레인저Grainger 위원은 이렇게 말한다. "전체적으로 보아 버밍엄에서 내가 조사한 어린이들은 유익하다고 말할 여지가 일말이라도 있는 교육을 전혀 받지 못하고 있다. 거의 모든 학교가 종교만을 가르치는데도 종교에 판무식한 어린이들이 대다수다." 혼Horne 위원은 이렇게 말한다. "나는 특히 다음과 같은 사례를 발견했다. 주간학교와 일요학교를 모두 다니는 열한 살 먹은 한 소녀는 "다른 세계, 즉 천국이나 사후의 삶에 대해 들어본 적이 없었다." 열일곱 살 먹은 한 소년은 2의 2배가 4라는 사실을 몰랐고, 자기 손에 돈을 쥐고도 2펜스가 몇 파딩[영국의 옛 화폐 단위, 4분의 1페니]인지도 몰랐다. 몇몇 소년들은 런던은 물론이고 자기들 고향에서 걸어서 겨우 1시간 거리인 데다가 울버햄프턴과 밀접한 관계를 맺고 있는 윌렌홀Willenhall에 대해서도 들어본 적이 없었다. 몇몇은 여왕의 이름을 비롯해 넬슨Nelson, 웰링턴Wellington, 보나파르트Bonaparte라는 이름도 들어본 기억이 없었다. 주목할 만한 사실은 성 바울이나 모세, 솔로몬을 들어본 적조차 없는 이들이 딕 터핀Dick Turpin[18세기 영국의 노상강도], 특히 잭 셰퍼드Jack Sheppard[18세기 영국의 강도, 절도범, 탈옥범]의 생애와 활동, 성격은 속속들이 알고 있었다는 것이다. 16세의 한 연소자는 2의 2배가 얼마인지도, 4파딩의 값어치가 얼마인지도 몰랐다. 17세의 어느 연소자는 4파딩이 4.5펜스라고 주장했다. 또 다른 17세 연소자는 아주 간단한 질문 몇 개에 "아무 생각이 없다(was ne jedge o' nothin)"라고 짧게 답했다.* 4~5년 동안 줄곧 종교적 교리를 주입받은 이 어린이들은 교육을 시작할 때만큼이나 끝마칠 때도 아는 것이 거의 없었다. 한 어린이는 "5년간 꾸준히 일요학교에 다녔는데, 예수 그리스도가 누구인지는 모르지만 그 이름은 들어본 적이 있었고, 열두 제자와 삼손, 모세, 아론 등은 들어본 기억이 없었다."** 또 다른 어린이는 "6년간 꾸준히 일요학교에 다녔고, 예수 그리스도가 누구이고 십자가 위에서 인류의 구원을 위해 죽었다는 것을 알았지만, 성 베드로나 성 바울에 대해서는 들어본 적이 없었다."*** 어떤 어린이는 "다른 일요학교에 7년간 다녔고, 간단한 단어들로 이루어진 얇고 쉬운 책만 읽을 수 있었고, 열두 제자에 대해 들어봤지만 성 베드로나 성 요한이 열두 제자에 속하는지는 몰랐으며, 성 요한은 분명히 성 존 웨슬리St. John Wesley라고 알고 있었다."**** 그리스도가 누구냐는 질문을 했을 때, 혼은 다음과 같은 대답을 들었다. "그는 아담입니다", "그는 사도입니다", "그는 구세주의 아들입니다." 그리고 16세 연소자로부터 "그는 오래전 런던의 왕이었습니다"라는 말을 들었다. 셰필드에서 시먼즈 위원은 일요학교에서 어린이들에게 큰 소리로 읽어보라고 시켰다. 어린이들은 자기가 읽은 것을 말하지 못하거나, 방금 읽은 열두 제자가 어떤 사람들인지 말하지 못했다. 시먼즈는 모든 어린에게 한 명씩 차례로 열두 제자가 누구인지 물었지만 올바른 답을 듣지 못했다. 개구쟁이처럼 보이는 한 꼬마는 잔뜩 신이 나서 이렇게 외쳤다. "제가 알아요, 각하. 그들은 문둥이였어요!"***** 도자기 산지와 랭커셔에서 작성한 보고서도 비슷한 내용이다.

* 어린이 고용위원회의 혼Horne의 보고서, Appendix, Part II, Q. 18, No. 216, 217, 226, 233 등.

** 위의 보고서, 증언, pp. 9, 39; 133.

*** 어린이 고용위원회의 보고서, pp. 9, 36; 146.

**** 위의 보고서, pp. 34, 158.

***** 시먼즈의 보고서, Appendix, Part I, pp. E., 22ff.

바로 이것이 부르주아지와 국가가 노동계급의 교육과 개선을 위해 하고 있는 일이다. 다행스러운 점은 노동계급이 살아가는 상황 자체가 일종의 실무훈련으로 기능함으로써, 주입식 학교를 대체하고 학교와 연관된 혼란스러운 종교적 개념의 유해성을 제거할 뿐 아니라 노동자들을 영국 국민운동의 선봉에 세우기까지 한다는 것이다. 필요는 발명의 어머니이고, 더 중요하게는 사고와 행동의 어머니다. 영국 노동자는 거의 읽을 줄을 모르고 쓸 줄은 더더욱 모르지만, 자신과 국민의 이익이 무엇에 달려 있는지는 아주 잘 안다. 또한 부르주아지의 특별한 이익이 무엇이고 그 부르주아지로부터 무엇을 기대해야 하는지도 알고 있다. 노동자는 쓸 수 없더라도 말할 수 있으며, 특히 공개적으로 말할 수 있다. 노동자는 산수를 못하더라도 정치경제학자들을 상대할 수 있으며, 곡물법 폐지를 주장하는 부르주아의 속내를 꿰뚫어 볼 수 있고, 그 부르주아와 논쟁해서 이길 수 있다. 설교사들이 갖은 노력을 다하더라도 노동자에게 천상의 일은 극히 혼란스러운 문제로 남을 것이다. 그러나 노동자는 지상의 정치적 사회적 문제는 훨씬 명쾌하게 꿰뚫어 본다. 이 점은 나중에 다시 다룰 것이다. 우선은 영국 노동자들의 도덕적 특징을 알아보자.

효과 면에서 도덕 교육은 분명히 종교적 가르침—영국의 모든 학교에서 교육과 뒤섞여 있는—보다 나을 게 없다. 영국에서는 만인 대 만인이 투쟁하는 사회적 현실 때문에 인간과 인간의 관계가 극도로 혼란스러워졌는데, 이런 현실에서 평범한 인간들 사이의 관계를 규제하는 간단한 원칙이 도무지 이해할 수 없는 교리와 뒤섞이고 또 임의적이고 교조적인 계율이라는 종교적 형태로 설교되는 한, 노동자에게 그 원칙은 계속 혼란스럽고 이질적인 것일 수밖에 없다. 모든 관계당국의 고백에 따르면, 특히 어린이 고용위원회에 따르면, 학교들은 노동계급의 도덕성에 거의 아무런 기여도 하지 않는다. 이기주의에 빠진 영국 부르주아지는 너무나 근시안적이고 미련할 정도로 옹졸해서, 자신들을 보호하기 위해 자신들에게 유리하게 대충 짜맞춘 오늘날의 도덕성을 노동자들에게 주입하는 일조차 하지 않는다! 쇠약하고 둔한 부르주아지에게는 이 예방조치마저도 너무나 수고로운 일인 것이다. 부르주아지가 오늘날의 태만을 뒤늦게 후회할 날이 반드시 올 것이다. 그러나 부르주아지에게는 자기네의 도덕체계를 노동자들이 전혀 모르고 그에 따라 행동하지 않는다고 불평할 권리가 없다.

이처럼 노동자들은 권력을 가진 계급으로부터 신체적 정신적으로는 물론이고 도덕적으로도 버림을 받고 무시를 당하고 있다. 노동자들을 위한 조치는 그들이 부르주아지에게 오만불손하게 굴 때 그들을 옭아매는 법률뿐이다. 둔하디 둔한 짐승들을 다룰 때와 마찬가지로 노동자들을 길들일 때는 채찍, 즉 설득을 배제한 채 위협을 가하는 물리력만을 이용한다. 그러므로 짐승처럼 다루어지는 노동자들이 실제로 짐승이 된다고 해도 놀랄 이유는 없다. 그들이 인간의 양심을 지키는 유일한 방법은 권력을 가진 부르주아지를 향한 맹렬한 증오심과 굽히지 않는 반항심을 마음속에 간직하는 것뿐이다. 노동자들은 지배계급을 향한 분노로 불타오를 때만 인간이다. 멍에에 메인 채로 인내할 때, 멍에를 부수려는 시도를 포기하고 그저 삶을 참고 견디려 할 때, 노동자들은 짐승이 된다.

부르주아지가 프롤레타리아트의 교육을 위해 해온 일이라곤 이게 전부다. 노동계급이 살아가는 환경 전반을 고려할 때, 이 계급이 마음에 품는 지배계급에 대한 분노는 나쁘게 생각할 것이 아니다. 노동자는 학교에서 가르치지 않는 도덕 교육을 다른 생활 여건에서도 배우지 못한다. 그 도덕 교육은 부르주아지에게만 가치 있는 것이다. 노동자의 모든 처지와 환경은 부도덕성을 강하게 부추긴다. 노동자는 빈곤하고 인생에 낙이 없고 거의 어떤 즐거움도 누리지 못하며, 법의 처벌도 더이상 두려워하지 않는다. 어째서 노동자는 욕구를 참아야 하고, 부자들이 생득권을 누리는 꼴을 두고 봐야 하고, 그 권리의 일부를 차지하지 않아야 하는가? 프롤레타리아가 도둑질을 삼가야 할 이유가 있는가! 부르주아에게 '재산의 신성함'을 옹호하는 주장은 더없이 듣기 좋고 십분 찬동할 만한 소리다. 그러나 무산자에게 재산의 신성함이란 저절로 사라지는 것이다. 돈이 이 세계의 신이다. 부르주아는 프롤레타리아에게서 돈을 빼앗음으로써 그를 현실적인 무신론자로 만들어버린다. 그러므로 프롤레타리아가 무신론을 고수하고 지상의 신이 가진 신성과 권능을 더는 경외하지 않는다고 해도 이상할 것이 없다. 그리고 프롤레타리아의 빈곤이 최소한의 생필품마저 실제로 부족한 지경, 생활고에 굶주리는 지경에까지 이를 경우, 사회질서를 모조리 무시하라는 유혹이 힘을 얻을 수밖에 없다. 이 점은 부르주아지도 대부분 인정한다. 시먼즈*는 빈곤이 정신에 미치는 파멸적인 영향이 만취가 신체에 미치는 악영향에 필적한다는 것을 관찰했다. 또한 앨리슨 박사는 노동계급에 대한 사회적 억압의 필연적인 결과가 무엇인지를 자산계급 독자들에게 아주 정확하게 설명했다.** 결핍은 노동자에게 서서히 굶주리거나 재빨리 자살하는 선택지와, 필요한 물건이 있는 곳에서 그것을 훔치는 선택지—쉽게 말해 절도—를 준다. 대다수 노동자들이 굶주림과 자살보다 절도를 선호한다고 해도 놀랄 이유는 전혀 없다.

사실 노동계급 가운데 많은 이들은 너무나 도덕적이어서 극단적인 상황에 처하더라도 도둑질을 하는 대신 굶주리거나 자살한다. 한때 상층계급의 부러움을 사는 특권이었던 자살이 영국 노동자들 사이에서 유행하게 되었으며, 도무지 벗어날 방도가 없는 궁핍을 피하기 위해 많은 빈민들이 스스로 목숨을 끊고 있다.

그러나 빈곤보다 훨씬 더 영국 노동자를 타락시키는 것은 그의 불안정한 처지, 즉 하루 벌어 하루 먹기에도 빠듯한 임금으로 살아갈 수밖에 없는 현실, 요컨대 그를 프롤레타리아로 만드는 현실이다. 독일의 소농들은 대부분 가난하고 결핍에 시달리지만 우연에 덜 휘둘리고 적어도 안정적인 무언가를 가지고 있다. 프롤레타리아는 두 손밖에 없고, 어제 번 것을 오늘 쓰고, 갖가

* 《국내외에서의 기술과 장인》

** 《인구의 원리와 인간 행복과의 연관성》, ii. 196, 197.

지 우연에 휘둘리고, 최소한의 생필품을 얻을 보장마저 전혀 없으며, 공황이 닥치고 고용주가 변덕을 부릴 때마다 빵을 빼앗길 여지가 있다. 이처럼 프롤레타리아는 인간이 상상할 수 있는 가장 혐오스럽고 비인간적인 처지에 놓여 있다. 노예는 주인의 이익을 위해 최저 생계를 보장받고, 농노는 적어도 먹고 살 땅뙈기를 가지고 있다. 둘 다 최악의 경우에도 생존은 보장받는다. 그러나 프롤레타리아는 의지할 사람이 자신밖에 없는 데다가 스스로에게 의지하기 위해 능력을 발휘하는 것마저 방해받는다. 프롤레타리아가 처지를 개선하기 위해 할 수 있는 모든 일은, 훤히 보이지만 그가 전혀 통제할 수 없는 다양한 가능성의 홍수에 비하면, 대양의 물 한 방울에 지나지 않는다. 노동자는 상황이 어떻게 흘러가든 언제나 수동적인 대상이며, 잠시 목숨을 부지하는 것마저 행운으로 여겨야 한다. 노동자의 성격과 생활방식은 자연히 이런 상황에 의해 결정된다. 한편으로 노동자는 이런 소용돌이 위로 머리를 내밀어 자신의 인간성을 지키기 위해, 그를 무자비하게 약탈한 뒤 그의 운명—인간에게는 너무도 참혹한 처지에 그를 묶어두려 안간힘을 쓰는—에 내맡기는 계급에 맞서 저항한다.*** 아니면 운명에 맞서는 가망 없는 싸움을 포기하고, 가장 유리한 순간에 최대한 이익을 얻으려 애쓴다. 저축은 해봐야 소용이 없다. 기껏해야 잠깐 동안 목숨을 부지할 정도밖에 저축할 수 없거니와, 일자리를 잃을 경우 실업이 단기간에 그치지 않기 때문이다. 노동자가 혼자 힘으로 영속적인 자산을 축적하기란 불가능하다. 만일 자산을 축적한다면 그는 더는 노동자가 아닐 것이고, 다른 사람이 그의 자리를 대신할 것이다. 현실이 이럴진대 높은 임금을 받는 때에 그 임금을 쓰면서 편안하게 사는 것보다 나은 일이 노동자에게 있겠는가? 영국 부르주아지는 임금이 높을 때에 노동자들이 사치스럽게 사는 꼴을 보면 부들부들 떨면서 분개한다. 그러나 노동자들이 삶을 즐길 수 있는 시절에 보물을 모아두는 대신 즐기는 것은 아주 자연스러울 뿐 아니

*** 영국에서 부르주아지에 맞선 노동계급의 저항이 단결권에 의해 어떻게 합법화되는지 뒤에서 살펴볼 것이다.

라 아주 분별 있는 선택이기도 하다. 그 보물이라고 해봐야 오랫동안 사용하지도 못할 뿐더러 결국에는 좀과 녹(즉 부르주아지)이 차지하기 때문이다. 그럼에도 노동자들의 삶은 누구라도 견디기 어려울 만큼 절망적이다. 칼라일이 면방적공들에 대해 다음과 같이 말한 것은 영국의 모든 산업노동자에게도 적용된다.*

> 오늘날 과도하게 번창하고 있으나 머지않아 영양실조와 '조업 단축'의 시기로 접어들 그들의 업종은 그 성격이 도박과 같다. 그 성격 때문에 그들은 어떤 때는 호사를 누리고 어떤 때는 굶주리면서 도박꾼처럼 살아간다. 어둡고 불온한 불만이 그들을 집어삼킨다. 그야말로 인간의 마음에 깃들 수 있는 가장 비참한 감정이다. 영국의 상업은 전 세계에 걸친 경련성 변동과 더불어, 프로테우스처럼 종잡을 수 없게 변화무쌍한 증기력과 더불어, 그들의 모든 길을 불확실하게 만들고 그들의 온 생애를 혼란에 빠뜨린다. 사회, 확고부동, 평화로운 존속, 인간이 받은 최초의 은총은 그들의 몫이 아니다. 이 세계는 그들에게 집이 아니라, 그들 자신과 만인에 맞서 무모하게 낭비하고 반항하고 앙심을 품고 분개하는 거무죽죽한 감옥이다. 이 세계는 푸르고 꽃이 만발한 땅 위로 영원한 담청색 하늘이 펼쳐진, 신이 만들고 다스리는 곳인가, 아니면 황산가스, 무명실의 잔털, 음주 폭동, 분노, 고생으로 가득한, 악마가 만들고 악마가 다스리는 어두침침하고 부글부글 끓는 도벳 Tophet[구약성서에서 유래한 표현으로 지옥을 뜻한다]인가?

그리고 다른 대목에서는 이렇게 말한다.**

> 진리와 사실과 자연의 질서를 배반하는 불의는 당연히 현세의 해악이고, 불의

---

* 《차티즘》, 34f.

** 위의 책, 40.

를 느끼는 것은 현세의 견딜 수 없는 고통인바, 이 노동자들의 상황에 대한 우리의 중대한 질문은 이것이다. 그 상황은 정의로운가? 그리고 무엇보다도 그 상황의 정의에 관해 노동자들 자신은 어떤 신념을 형성해왔는가? 그들이 퍼뜨리는 말은 답변으로서 주목할 만하고, 그들의 행동은 더더욱 주목할 만하다. 반항, 상층계급을 향한 부루퉁하고 복수심에 불타는 반항심, 세속적 상전들이 명하는 것에 대한 존경심의 감소, 정신적 상전들이 가르치는 것에 대한 신뢰감의 감소는 갈수록 하층계급의 보편적인 정신이 되어가고 있다. 그런 정신은 비난받을 수도 있고 옹호될 수도 있지만, 모두가 그 정신이 존재함을 인정할 것이고, 모두가 그 정신은 구슬픈 정신이고 바꾸지 않으면 치명적인 결과를 불러올 것을 알고 있을 것이다.

칼라일은 사실과 관련해서는 지극히 옳지만, 상층계급에 대한 노동자들의 과격한 분노를 책망한 것만은 틀렸다. 오히려 이런 분노와 격정은 노동자들이 자기네 처지의 비인간성을 느끼고, 짐승의 수준으로 떨어지기를 거부하고, 언젠가는 부르주아지에 예속된 상태에서 벗어날 것이라는 증거다. 이런 분노를 공유하지 않는 이들은 다음과 같을 것이다. 한편으로 그들은 자신을 덮치는 운명에 공손히 고개를 숙이고, 되도록 존경받는 사생활을 영위하고, 공무公務의 추이에 관심을 두지 않고, 부르주아지를 도와 노동자들을 옭아매는 사슬을 더욱 단단하게 벼리고, 산업시대가 시작되기 이전에 만연했던 무지몽매에서 벗어나지 못한다. 그렇지 않으면 그들은 운명에 휘둘리고, 이미 경제적 통제력을 잃었듯이 도덕적 통제력도 잃어버리고, 하루하루 살아가고, 술에 취하고 호색에 빠져든다. 둘 중 어느 경우에나 그들은 짐승이다. 나중 부류는 무엇보다 '악습의 급증'에 이바지하는데, 부르주아지는 악습이 급증하도록 조장한 장본인이면서도 이런 현실에 몸서리를 친다.

노동자들을 타락시키는 또 다른 요인은 노동해야만 하는 처지다. 자발적인 생산활동이 인간에게 가장 큰 즐거움인 것과 마찬가지로, 강제적인 노역은 인간에게 가장 가혹하고 모멸스러운 처벌이다. 매일 아침부터 밤까지 어떤 한 가지 노동을 마지못해 해야만 하는 처지보다 끔찍한 것은 없다. 자신을 인간으로 느끼는 노동자일수록 자신의 노동을 지긋지긋하게 여긴다. 자기가 하는 노동의 속박과 무목적성을 느끼기 때문이다. 노동자가 노동하는 이유는 뭘까? 노동을 사랑해서? 타고난 충동 때문에? 전혀 아니다! 노동자는 돈을 벌기 위해, 노동 자체와 아무런 관련도 없는 것을 벌기 위해 노동한다. 더욱이 노동자는 장시간 쉬지도 못하고 단조로운 작업을 하기 때문에, 노동자가 인간다운 감정을 조금이나마 간직하고 있다면 처음 몇 주 동안 노동은 그에게 고문이나 마찬가지일 것이다. 인간을 짐승처럼 만드는 강제노동의 영향은 분업 때문에 몇 배로 증대해왔다. 대다수 부문들에서 노동자의 활동은 매년 똑같고 매분마다 반복되는, 순전히 기계적인 하찮은 작업으로 전락한다.* 줄곧 영국 프롤레타리아에게 강요된 환경에서 살면서 어린 시절부터 매일 12시간씩 바늘끝을 만들거나 톱니바퀴를 다듬다가 30세가 된 사람이 인간다운 감정을 얼마나 간직하고 있고 어떤 능력을 발휘할 수 있겠는가? 증기력이 도입된 이후에도 사정은 조금도 달라지지 않았다. 노동자의 활동이 쉬워지고 근육을 덜 쓰게 되긴 했지만, 노동 자체가 무의미해지고 극도로 단로조워졌다. 이런 노동은 정신활동을 할 틈을 주지 않으며, 다른 생각을 일체 못할 정도로 노동자의 주의력을 잡아끈다. 이렇게 노동하라는 형벌, 즉 먹고 자기에도 부족한 시간만을 줄 뿐 야외에서 운동을 하거나 자연을 즐길 시간을 전혀 주지 않고 정신활동을 할 시간은 더더욱 주지 않은 채 시종일관 노동하라는 형벌이 어떻게 인간이 짐승 수준으로 떨어지는 것을 완화할 수 있겠는가? 다시 한번 노동자는 선택을 내려야만 한다. 운명에 굴복해 '훌륭한' 노동자로서 '충실하게' 부르주아지의 이익을 중시함으로써 거의 틀림없이 짐승이 되든지, 아니면 자신의 인간성을 지키기 위해 끝까지 저항하고 싸워야 한다. 두 번째 길은

---

* 여기서도 나에게 유리하게 증언하는 부르주아를 증인으로 세워야 할까? 나는 모두가 읽었을 아담 스미스의 《국부론》 하나만 거론하겠다. 《국부론(Wealth of Nations)》, ed. J. R. McCulloch, 4 vol. London, 1828, vol. iii, book 5, ch. 1, p. 297.

부르주아지에 맞서 싸워야만 실현할 수 있다.

이 모든 조건이 노동자들 사이에서 광범한 도덕적 타락을 초래할 때, 종래의 영향에 새로운 영향이 더해져 이 타락을 더 널리 퍼뜨리고 극한까지 몰고 간다. 그 영향이란 바로 인구의 집중이다. 영국의 부르주아 저자들은 대도시의 도덕적 타락 추세에 비명을 질러대고, 도시들이 파괴되는 것 때문이 아니라 성장하는 것 때문에 〈예레미야 서〉의 배교자들처럼 구슬픈 노래를 부른다. 주 장관 앨리슨은 거의 모든 결과를 이 영향 탓으로 돌리며, 《대도시의 시대(The Age of Great Cities)》의 저자 본Vaughan 박사는 훨씬 더 그렇다. 이는 당연한 생각이다. 노동자의 신체와 영혼을 파괴하기 십상인 다른 조건들과 자산계급의 이해관계가 그야말로 직결되어 있기 때문이다. 자산계급이 "빈곤, 불안정, 과로, 강제노동은 노동자를 파멸시키는 주요한 영향이다"라는 것을 인정한다면, "빈자들에게 재산을 주고, 그들의 생계를 보장하고, 과로를 금지하는 법을 제정하자"라는 결론을 이끌어내야 할 테지만, 부르주아지는 이 결론을 분명하게 말할 엄두를 내지 못한다. 그러나 대도시들은 아주 자연스럽게 성장했고, 주민들은 온전히 자신의 의향에 따라 대도시로 이주했으며, 제조업과 이 제조업에서만 이윤을 얻는 중간계급이 도시들을 만들어냈다는 생각은 실제와 거리가 먼 생각이다. 그러므로 모든 해악을 이처럼 명백히 불가피한 문제의 근원 탓으로 돌리는 것, 그리고 실제로 대도시들은 이미 싹이 터서 존재하는 해악을 더 빠르고 확실하게 키울 뿐이라고 말하는 것은 지배계급에게 식은 죽 먹기나 마찬가지다. 앨리슨은 이 점을 인정할 만큼 인간적이다. 앨리슨은 순수 혈통 자유당원 제조업자가 아니라 절반만 토리 당원인 부르주아여서, 완숙한 부르주아가 전혀 못 보는 것들을 이따금 보곤 한다. 그의 말을 들어보자.**

** 아치볼드 앨리슨, 《인구의 원리와 인간 행복과의 연관성》, ii. 76ff., 82, 135.

대도시는 많은 이들이 악덕에 이끌리고 쾌락에 홀리고 바보짓에 현혹되는 곳, 처벌을 면하리라는 희망이 범죄를 부추기고 수두룩한 게으름뱅이들이 게으름을 더욱 조장하는 곳이다. 비열한 이들과 방탕한 이들은 소박한 시골 생활에서 벗어나 인간의 타락을 사고파는 이 커다란 시장에 자주 찾아오고, 여기서 악행의 희생자들과 악행에 따르는 위험을 보상해줄 이익을 발견한다. 여기서 덕행은 세상에 알려지지 않아서 위축되고, 범죄는 발각하기 어려워서 기승을 부리며, 쾌락을 기대하는 음탕한 마음은 즉시 보상을 받는다. 밤에 세인트 자일스의 빈민굴이나 더블린의 혼잡한 골목, 글래스고의 빈민 구역을 걸어가는 사람은 누구나 이런 세태의 증거를 차고 넘치게 목격할 것이다. 그는 더 이상 하층민의 난잡한 습관과 방탕한 쾌락을 이상하게 여기지 않을 것이다. 그는 이 세상에 범죄가 너무 많아서가 아니라 오히려 너무 적어서 깜짝 놀랄 것이다. 이처럼 혼잡한 환경에서 인간이 타락하는 주된 이유는 하층민 가운데 젊은층이 매일 나쁜 사례와 악행을 보면서 지낼 경우, 그런 나쁜 사례가 전염될 뿐 아니라 악행의 유혹을 피하기가 극히 어렵기 때문이다. 우리가 덕행의 힘에 관해 어떻게 생각하든 간에 경험이 입증하는 바에 따르면, 상류층이 흉악한 범죄나 난잡한 습관에 시달리지 않는 이유는 무엇보다 그들이 운 좋게도 유혹의 현장에 있지 않기 때문이고, 유혹에 노출된 곳에서는 상류층 가운데 하층에 있는 이들 또한 유혹의 맹공에 여지없이 무릎을 꿇고 만다. 이처럼 저항하기 어려운 유혹에서 달아날 수 없고 어느 쪽을 향하든 매혹적인 악행이나 죄책감이 드는 쾌락의 유혹을 마주하는 것은 대도시 빈민들의 고유한 불행이다. 대도시에 살면서 도덕적 타락의 원인을 너무도 많이 접하는 빈민 젊은층에게 악행의 유혹을 감추는 것은 경험상 불가능하다. 이 모든 사태는 음탕함에 사로잡힌 이들이 보기 드물게 또는 유별나게 타락한 데서 기인하는 것이 아니라, 빈민들이 접하는 유혹의 거의 저항할 수 없는 성격에서 기인한다. 빈민들의 행동을 질책하는 부자들도 엇비슷한 원인들의 영향을 받는다면, 십중팔구 빈민들만큼이나 빠르게 굴복할 것이다. 덕행으로도 여간해서는 견뎌내기 어렵고 특히 젊은층은 대개 저항할 수 없는 궁핍과 죄악이 존재한다. 그런 환경에서 악행은 거의 전염병만큼이나 확실하게, 그리고 대개 전염병만큼이나 빠르게 퍼져나간다.

다른 대목에서 앨리슨은 이렇게 말한다.

> 상류층이 자기네 이윤을 위해 노동계급의 수많은 사람들을 좁은 공간에 몰아넣을 때, 범죄가 빠르게 확산되는 것은 불가피한 귀결이다. 하층민이 받는 도덕적 교육이나 종교적 교육을 고려하면, 그들이 티푸스 열병에 걸리는 것과 그들을 둘러싼 유혹에 굴복하는 것 가운데 후자를 더 강하게 비난하기 어려운 경우가 많다.

이걸로 충분하다! 절반쯤 부르주아인 앨리슨은, 자기 의견을 편협한 방식으로 표현하긴 하지만, 대도시가 노동자의 도덕적 발달에 미치는 악영향을 우리에게 누설한다. 반곡물법동맹 지도부의 배후에 있는 또 다른 순수 혈통(pur sang) 부르주아인 앤드루 유어Andrew Ure 박사*는 다른 측면을 누설한다. 유어는 우리에게 대도시 생활이 노동자들 사이에서 음모를 조장하고 평민들에게 권력을 부여한다고 말한다. 대도시의 노동자들은 만일 교육을 받지 않는다면(즉 부르주아지에게 복종하는 법을 교육받지 않는다면) 사악하고 이기적인 관점에서 사태를 편파적으로 볼 것이고, 교활한 선동가에게 쉽게 속아 넘어갈 것이다. 여기서 그치지 않고 그들을 가장 많이 후원하는 이들, 즉 검소하고 진취적인 자본가들을 질시하고 적대할지도 모른다. 대도시에서 효과가 있는 것은 적절한 교육뿐이다. 이런 교육이 이루어지지 않는다면 노동자들은 거의 틀림없이 혁명을 일으킬 것이므로, 국가의 파산을 비롯한 참사가 반드시 뒤따를 것이다. 그러니 영국 부르주아지가 두려워하는 것은 지극히 당연한 일이다. 인구의 집중은 자산계급을 자극하고 성장시키지만, 노동자들을 훨씬 더 빠르게 성장시킨다. 노동자들은 자신들을 계급으로, 하나의 전체로 느끼기

* 《제조업의 철학(Philosophy of Manufacturing)》, London, 1835, 406ff. 이 논쟁적인 저서를 언급할 기회가 있을 것이다.

시작한다. 노동자들은 개개인으로는 미약할지라도 뭉치면 하나의 세력임을 인식하기 시작한다. 노동자들은 부르주아지와 더욱 분명하게 분리되고, 자기네 인생살이에 상응하는 고유한 견해를 갖추게 되며, 억압을 자각하게 되고, 사회적 정치적으로 중요한 존재가 된다. 대도시는 노동운동의 발생지다. 대도시에서 노동자들이 처음으로 자신들의 상황을 곰곰이 생각하고 그 상황에 맞서 투쟁하기 시작했고, 대도시에서 프롤레타리아트와 부르주아지의 대립이 처음으로 분명하게 드러났으며, 대도시에서 노조와 차티스트 운동, 사회주의가 등장했다. 시골에서는 만성적인 형태로 나타나는 사회체의 병폐가 대도시에서는 급성으로 바뀌고, 그리하여 그 병폐의 실제 성질과 치료 방법이 드러난다. 대도시와 대도시가 대중의 의식에 미치는 강력한 영향이 없다면, 노동계급은 지금보다 훨씬 덜 전진해 있을 것이다. 더욱이 대도시는 노동자와 고용주의 가부장적 관계의 마지막 잔재까지 파괴했다. 제조업은 단 한 명의 고용주에 의존하는 피고용인의 수를 대폭 늘림으로써 이런 결과에 크게 기여했다. 부르주아지는 이 모든 사태를 개탄해 마지않는데, 그들에게는 그럴 만한 이유가 있다. 과거의 상황에서 부르주아는 자기 일꾼들이 반발하더라도 비교적 안전했기 때문이다. 부르주아는 일꾼들을 폭군처럼 지배하고 실컷 부려먹으면서도, 아무런 비용도 들지 않는 친절을 선심 쓰듯 조금 베풀고 경우에 따라 보잘것없는 선물을 하사함으로써 이 우둔한 사람들로부터 복종과 감사, 동의를 받을 수 있었다. 이런 친절과 선물은 순수하고 자기희생적이고 자발적인 선의에서 우러나온 것처럼 보이지만, 실은 부르주아의 의무의 10분의 1도 되지 않는 것이다. 과거에 자신이 만들어내지 않은 상황에 놓여 있었던 부르주아 개인은 자기 의무를 일부라도 수행했을 것이다. 그러나 지배계급은 지배하고 있다는 사실 하나만으로도 전 국민의 상황을 책임져야 함에도, 그 일원인 부르주아 개인은 자신의 위치에 수반되는 의무를 전혀 수행하지 않았다. 오히려 사사로운 이익을 위해 전 국민을 수탈했다. 노동자의 노예 신세를 위선적으로 은폐했던 가부장적 관계에서 노동자는 틀림없이 자신의 이익을 하나도 모르는 철저한 무지 상태에 그저 한 개인으로 머물렀을 것이다. 고용주로부터 소외당하고, 고용주와 피고용인 사이에 존재하는 유대는 금전상의 이익이라는 유대뿐임을 확신하고, 경미한 시련도 견디지 못하는 그들 사이의 감정적 유대가 완전히 사라진 뒤에야 노동자는 자신의 이해관계를 알아채고 독립적으로 발전하기 시작한다. 그런 뒤에야 생각하고 느끼고 자기 의지를 표현함에 있어 부르주아지의 노예이기를 멈춘다. 그리고 이런 귀결에 이르기까지 가장 크게 기여한 것은 대도시의 대규모 제조업이다.

잉글랜드 노동자들의 성격 형성에 중대한 영향을 미치는 또 다른 요인은 이미 언급한 아일랜드 인의 이주다. 앞에서 보았듯이, 한편으로 아일랜드 인의 이주는 잉글랜드 노동자들을 타락시키고, 그들에게서 문명을 제거하고, 안 그래도 어려운 그들의 형편을 더욱 어렵게 만들었다. 그러나 다른 한편으로는 노동자들과 부르주아지 사이의 골을 더 깊게 파고 다가오는 위기를 재촉했다. 잉글랜드가 앓고 있는 사회적 질병의 경과가 신체적 질병의 경과와 동일하기 때문이다. 그 질병은 특정한 법칙에 따라 발달하고, 환자의 운명을 결정하는 가장 격렬한 마지막 고비에 도달한다. 그런데 영국 국민이 마지막 고비에 굴복할 리 만무하며 틀림없이 고비를 넘어 다시 태어나고 젊음을 되찾을 것이므로, 우리는 그 질병의 경과를 재촉하는 모든 일을 기쁘게 맞이할 수 있다. 그리고 아일랜드 인의 이주가 이 경과를 한층 재촉한다. 아일랜드 인의 격정적이고 활달한 기질이 잉글랜드와 잉글랜드 노동계급으로 유입되기 때문이다. 아일랜드 인과 잉글랜드 인의 관계는 프랑스 인과 독일인의 관계와 비슷하다. 더 민첩하고 쉽게 흥분하고 격렬한 아일랜드 인의 기질과 침착하고 이성적이고 끈기가 강한 잉글랜드 인의 기질을 섞는다면 장기적으로 볼 때 틀림없이 양쪽 모두에게 이로울 것이다. 만일 인종들 간의 교제와 일상에서의 접촉을 통해, 잘못에 너그럽고 주로 감정에 좌우되는 아일랜드 인의 기질이 냉정하고 합리적인 잉글랜드 인의 기질을 제지하거나 누그러뜨리지 않았다면, 영국 부르주아지의 난폭한 자기중심주의가 노동계급을 훨씬 더 확고하게 장악했을 것이다.

이 모든 사실을 감안할 때, 영국 노동계급이 점차 영국 부르주아지와 완전히 다른 인종이 되어갔다는 것은 놀라운 일이 아니다. 영국 부르주아지는 그들을 둘러싼 노동자들보다 지구상의 다른 모든 민족들과 공통점이 더 많다. 영국 노동자들은 부르주아지와는 다른 방언을 말하고, 다른 생각과 이상, 다른 관습과 도덕 원칙, 다른 종교와 정치를 갖고 있다. 그러므로 프롤레타리아트와 부르주아지는 상이한 두 인종인 것만큼이나 서로 근본적으로 다른 두 민족이다. 유럽 대륙의 사람들은 둘 중 하나만, 즉 부르주아지만 알아왔다. 그러나 영국의 미래에 훨씬 더 중요한 이들은 바로 프롤레타리아트다.*

결사와 정치적 원칙으로 표현되는 영국 노동자의 공적인 성격에 대해서는 나중에 말할 기회가 있을 것이다. 여기서는 앞에서 인용한 영향들이 노동자의 사적인 성격에 작용하여 어떤 결과를 낳는지 살펴보자. 평범한 일상에서 노동자는 부르주아보다 훨씬 인간적이다. 이미 나는 걸인들이 거의 언제나 노동자들에게 구걸을 하고, 대체로 부르주아지보다 노동자들이 빈민들의 생계를 더 많이 돕는다는 사실을 지적했다. 맨체스터의 성당 참사회원 파킨슨Parkinson 박사는 누구나 어느 날이고 직접 입증할 수 있을 이 사실을 이렇게 확인해준다.**

> 빈자들이 서로에게 주는 것이 부자들이 빈자들에게 주는 것보다 많다. 나는 가장 연장자이고 가장 숙련되었고 가장 관찰력이 예리하고 인간적인 의사 가운데 한 명인 바즐리Bardsley 박사의 증언으로 나의 말을 확증할 수 있다. 바즐리 박사는 매년 빈자들이 서로에게 주는 것의 총합이, 같은 기간에 부자들이 기부하는 것보다 훨씬 많다고 단언하곤 했다.

---

* 〔잘 알려져 있듯이, 대규모 산업이 영국인을 상이한 두 민족으로 나눈다는 생각은 거의 같은 시기에 디즈레일리Disraeli의 소설 《시빌, 또는 두 민족(Sybil, or the Two Nations)》에서도 표현되었다._1892년 독일어판 주〕.

** "맨체스터의 노동빈민들의 현재 상황에 관하여"(On the Present Condition of the Labouring Poor in Manchester) 등이 수록된 팸플릿(3rd edn., London and Manchester, 1841).

다른 방식으로도 노동자들의 친절한 인간성은 끊임없이 드러난다. 노동자들은 어려운 시절을 겪은 까닭에 곤경에 빠진 사람들을 가엾게 여긴다. 노동자에게는 모든 사람이 인간인 반면 부르주아에게는 노동자가 인간 이하인 존재다. 그런 까닭에 노동자들이 더 친근하고 우호적이며, 자산계급보다 돈이 훨씬 더 필요한데도 돈 욕심이 덜하다. 노동자에게 돈이란 무언가를 구입하게 해주는 가치만 있는 것이지만, 부르주아에게는 특별한 내재적 가치, 즉 신과 같은 가치가 있는 것이고, 그를 야박하고 저속한 수전노로 만드는 것이다. 노동자는 돈을 경외하는 이런 감정을 전혀 모르기 때문에, 오로지 이익을 위해 활동하고 돈주머니를 쌓는 일에서 인생의 궁극적인 목표를 찾는 부르주아보다 덜 탐욕스럽다. 그러므로 노동자는 부르주아보다 편견이 없고, 사실을 있는 그대로 더 또렷하게 보고, 만사를 개인의 이기심이라는 안경을 통해 보지 않는다. 노동자는 부실한 교육을 받는 까닭에 종교적 선입관이 없고, 종교적 문제를 이해하지 못하고, 그 문제 때문에 골머리를 앓지도 않으며, 부르주아지를 옭아매는 광신도 전혀 모른다. 설령 노동자가 우연히 어떤 종교를 갖더라도 명목상 갖는 것이지 이론상 갖는 것은 아니다. 사실상 노동자는 현세를 위해서 살고, 현세에서 편안하게 지내려고 분투한다. 부르주아 저자들은 한결같이 이 점에, 노동자들이 종교적이지 않고 교회에 다니지 않는다는 사실에 동의한다. 이런 일반적인 서술에서 예외인 이들은 아일랜드 인, 소수의 노인, 반쯤 부르주아인 사람, 감독자, 십장 등이다. 그러나 대다수 노동자들은 거의 예외 없이 종교에 철저하게 무관심하며, 기껏해야 말에 지나지 않는 이신론의 흔적을 조금 간직하고 있거나, 이교적인 말이나 무신론적인 말 등을 막연히 두려워할 뿐이다. 모든 종파의 성직자들은, 최근에야 영향력을 잃기 시작하긴 했지만, 노동자들 사이에서 평판이 무척 나쁘다. 오늘날 "그는 목사요!"라고 외치기만 해도 대개 성직자를 공개 집회의 연단에서 쫓아버릴 수 있다. 그리고 노동자는 여타 생활여건과 마찬가지로 종교적 문화를 비롯한 문화를 결여한 덕분에, 어려서부터 주입받은 계급적 편견에 흠뻑 젖어 있는 부르주아보다 과거로부터 물려받은 불변의 교리나 고루한 의견에 덜 얽매이고 덜 구애받는다. 부르주아는 시종일관 고집불통이다. 부르주아는 제아무리 자유주의적인 척 가장하더라도 본질적으로 보수적이고, 자산계급과 긴밀한 이해관계로 얽혀 있으며, 현실의 모든 운동에 무신경하다. 부르주아는 영국의 역사적 전개의 선봉이라는 위치를 잃어버리고 있다. 노동자들은 처음에는 부르주아의 위치를 정당하게 요구했으나 이제는 실제로 그 위치를 차지하고 있다.

이 모든 사실은 우리가 뒤에서 살펴볼 노동자들의 공적인 행위와 더불어, 노동계급의 성격 가운데 긍정적인 측면을 형성한다. 아주 간략하게 요약할 수 있는 노동계급 성격의 부정적인 측면은 그들이 당면한 조건의 아주 자연스러운 귀결이다. 부르주아지는 주로 노동자들의 음주, 성적으로 난잡한 행실, 야만성, 재산권을 무시하는 태도를 비난한다. 노동자들이 폭음하는 것은 예상할 수 있는 일이다. 주 장관 앨리슨은 글래스고에서 토요일 밤마다 노동자 약 3만 명이 술에 취하고 이 추정치는 분명 과장이 아니라고 역설한다. 그리고 글래스고에서는 1830년에 열두 집 가운데 한 집이 술집이었고, 1840년에 열 집 가운데 한 집이 술집이었다고 말한다. 또한 스코틀랜드에서는 1823년에 230만 갤런, 1837년에 662만 갤런의 증류주에 소비세가 부과되었고, 잉글랜드에서는 1823년에 196만 6000갤런, 1837년에 787만 5000갤런의 증류주에 소비세가 부과되었다고 단언한다.* 1830년의 맥주법(Beer Act) 덕분에 허가를 받은 주인이 점포 안에서 맥주를 판매하는 맥주집(일명 제리숍jerry-shop)을 개업하기가 한결 수월해졌고, 그에 따라 말하자면 모든 사람의 집 근처에 맥주집들이 생겨서 폭음이 더 빠르게 퍼져나갔다. 거의 모든 거리마다 맥주집이 몇 개씩 있으며, 시골에서는 인접한 두세 집 가운데 한 집은 틀림없이 제리숍이다. 이 외에도 허쉬숍hush-shop, 즉 허가를 받지 않은 비밀 술집들이 수두룩하고, 경찰이 좀처럼 찾아오지 않는 대도시의 외진 장소에서 엄청난 양의 증류주를 생

* [《인구의 원리와 인간 행복과의 연관성》, 여기저기._독일어판 주].

산하는 비밀 양조업자들도 허쉬숍만큼이나 많다. 개스켈은 이런 비밀 양조업자들이 맨체스터에만 100명 넘게 있으며 그들의 생산량이 최소 15만 6000갤런이라고 추정한다. 게다가 맨체스터에는 온갖 종류의 알코올성 음료를 파는 술집이 1000곳 이상, 또는 글래스고의 경우처럼 주민 수에 비례하는 만큼 있다. 다른 모든 대도시의 사정도 다르지 않다. 폭음의 일반적인 영향은 차치하더라도 남자와 여자, 심지어 어린이까지, 때로는 아기를 품에 안은 어머니까지 술집에서 부르주아 체제의 가장 타락한 희생자인 도둑, 사기꾼, 매춘부를 만난다는 사실을 생각할 때, 그리고 많은 어머니들이 품에 안은 아기에게 진gin을 먹인다는 사실을 생각할 때, 그런 장소에 자주 드나드는 것이 도덕적 타락을 초래한다는 점을 부정하기 어렵다.

토요일 저녁, 특히 임금이 지불되고 일이 평소보다 조금 일찍 끝날 때, 노동계급 전체가 빈민 거주 구역에서 큰 거리로 쏟아져 나올 때면 곤드레만드레 취한 이들을 볼 수 있다. 그런 저녁에 맨체스터에서 나올 때마다 나는 갈지자로 비틀거리거나 배수로에 드러누운 이들을 여럿 보곤 했다. 일요일 저녁에도 다만 덜 시끄러울 뿐 똑같은 광경이 되풀이된다. 주정뱅이들은 돈이 다 떨어지면 가장 가까운 전당포로 가서 가지고 있는 것은 무엇이든 저당잡힌다. 어느 도시에나 전당포가 많이 있다—맨체스터에 60곳 이상, 샐퍼드의 채펄 가에 10~12곳이 있다. 토요일 밤이면 노동자는 가구, 혹시 있으면 일요일 예복, 다수의 부엌 세간을 전당포 주인에게서 찾아오지만 십중팔구 다음 수요일이 오기 전에 다시 전당포에 저당잡히며, 그러다가 결국 저당물을 되찾지 못할 사정이 생겨서 저당물이 하나씩 고리대금업자의 수중으로 떨어지게 되거나, 전당포 주인이 오래 써서 낡고 닳은 저당물에 1파딩도 내주지 않는 지경이 된다. 영국 노동자들이 얼마나 폭음을 하는지 목격한 사람은 이 계급이 매년 주류酒類에 약 2500만 파운드를 지출한다는 앤서니 애슐리 쿠퍼Anthony Ashley Cooper 경의 발언*을 선뜻 믿을 것이다. 또한 그 결과 외적 조건이 악화되고, 정신과 신체의 건강이 끔찍하게 망가지고, 가족관계가 전부 파괴되리라는 것을 쉽게 상상할 수 있을 것이다. 금주협회들이 많은 일을 한 것은 사실이지만, 노동자 수백만 명 가운데 금주하는 이들이 몇 천 명이나 있겠는가? 아일랜드인 금주 주창자인 매튜Mattew 신부는 잉글랜드의 도시들을 지나면서 노동자 3만~6만 명에게 금주 맹세를 받았다. 그러나 그들 대다수는 한 달 안에 그 맹세를 어긴다. 맨체스터에서 지난 3~4년간 금주를 맹세한 어마어마하게 많은 사람의 수는 이 도시의 총 인구보다도 많다—그리고 지금도 폭음이 명백하게 감소하고 있는 것은 결코 아니다.

주류를 닥치는 대로 마시는 것 외에 영국 노동자들의 또 다른 주된 결점은 성적 방종이다. 그러나 이 결점 역시 냉혹한 논리의 귀결이자, 자유를 적절히 행사할 길이 없는 처지로 내몰린 노동계급의 필연적인 결과다. 부르주아지는 노동계급에게 갖가지 노동과 고충을 강요하면서도 이 두 가지 쾌락만을 남겨 주었으며, 그 결과 노동자들은 인생에서 무언가를 얻기 위해 두 가지 쾌락에 기운을 다 써버리고, 지나치게 쾌락을 추구하고, 가장 무절제한 방식으로 쾌락에 무릎을 꿇고야 만다. 인간의 수욕獸慾에만 호소하는 상황에 처했을 때, 적나라한 야성에 저항하거나 굴복하는 것 말고 다른 어떤 방도가 있겠는가? 게다가 부르주아지도 매춘이 유지되는 데 한몫을 톡톡히 하고 있다—매일 저녁 런던의 거리들을 채우는 무려 4만 명의 매춘부**가 정숙한 부르주아지에 힘입어 살아간다! 먹고살기 위해 행인에게 몸을 팔아야만 하는 매춘부들 가운데 얼마나 많은 수가 부르주아를 유혹하는가? 분명 부르주아지는 노동자들의 성적 만행을 비난할 권리가 조금도 없다.

보통 노동자들이 추락하는 이유로는 쾌락을 한없이 갈망하고, 앞날을 내다보지 못하고, 사회질서에 적응하는 유연성이 없고, 일반적으로 훗날의 이익을 위해 순간의 쾌락을 포기하지 못하는 것 등을 들 수 있을 것이다. 그러나 이

---

* 〔1843년 2월 28일 하원 회기 중._독일어판 주〕.

** 〔주 장관 앨리슨, 《인구의 원리와 인간 행복과의 연관성》, vol. ii._독일어판 주〕.

것이 놀랄 일인가? 어떤 계급이 기진맥진할 만큼 고생해서 가장 감각적인 쾌락만을 그나마 아주 조금 얻을 수 있을 때, 그 쾌락에 무작정 미친 듯이 빠져들지 않을 도리가 있겠는가? 아무도 그들의 교육에 신경쓰지 않고, 온갖 우연에 휘둘리며, 인생에서의 안정을 전혀 알지 못하는 계급, 이런 계급에게 앞날을 내다보고, '체통을 지키고', 훗날의 즐거움—끊임없이 변화하고 요동치는 상황 속에서 살아가는 프롤레타리아트에게는 그야말로 가장 불확실한 즐거움—을 위해 순간의 쾌락을 포기할 동기가 있겠는가? 노동계급은 사회질서의 이점을 누리지 못하면서도 그 질서의 불이익을 전부 감수해야 한다. 노동계급에게는 사회체제의 적대적인 측면만이 보인다. 이런 계급에게 누가 사회질서를 존중하라고 요구할 수 있겠는가? 정말로 무리한 요구가 아닌가! 그럼에도 노동자는 사회가 존속하는 한 현재 질서에서 벗어날 수 없으며, 그 질서에 저항하는 노동자 개인은 극심한 상해를 입고 만다.

이런 사회질서 때문에 노동자가 가정생활을 하기란 거의 불가능하다. 불편하고 더러워서 밤새 쉬기도 어렵고, 세간도 변변치 않고, 대개 지붕에서 물이 샐 뿐더러 따뜻하지도 않고, 사람이 너무 많아서 탁한 공기가 방을 가득 채우는 집에서 안락하게 지내기란 불가능하다. 남편은 온종일 일을 하고, 형편에 따라 부인과 나이 많은 자식들까지 일을 한다. 일하는 장소는 모두 다르다. 그들은 밤과 아침에만 만나고, 모두 음주의 유혹에 끊임없이 시달린다. 이런 마당에 어떤 가정생활이 가능하겠는가? 그럼에도 노동자는 가족에게서 벗어날 수 없고 가족과 함께 살아야만 한다. 그 결과 부모와 자식 모두의 도덕에 심대한 악영향을 미치는 가족 간 갈등과 가정 불화가 끊임없이 잇따르게 된다. 잉글랜드 노동자들 사이에는 가족의 의무, 특히 자식을 등한시하는 풍조가 아주 흔하며 현존하는 사회제도가 이런 풍조를 세차게 부추긴다. 이처럼 도덕을 타락시키는 영향들 한가운데서 야만적으로 자라는 아이들이 결국에는 선량하고 도덕적인 사람이 될 것을 부르주아지는 요구한다! 자기만족에 빠진 부르주아지의 참으로 순진한 요구다!

현존하는 사회질서를 경멸하는 마음은 극단적인 방식, 즉 법을 어기는 범행이라는 방식으로 가장 뚜렷하게 표출된다. 노동자를 타락시키는 영향들이 평소보다 더 강력하고 집중적으로 작용하면, 물이 열씨 80도에서 액체에서 수증기로 변하는 것만큼이나 확실하게 노동자는 범죄자가 된다. 부르주아지로부터 잔혹한 대우와 짐승 취급을 받는 노동자는 물만큼이나 자유의지가 없는 대상이 되고, 물만큼이나 필연적으로 자연의 법칙에 종속된다. 특정한 온도에서 자유를 완전히 상실하는 것이다. 그러므로 잉글랜드에서는 프롤레타리아트가 팽창함에 따라 범죄가 증가했고, 영국 국민은 세계에서 범죄를 가장 많이 저지르는 국민이 되었다. 내무장관의 연간 범죄자 통계표에 따르면, 잉글랜드에서 범죄가 불가사의할 만큼 빠르게 증가한 것이 분명하다. 형사상 범죄를 저지른 죄로 체포된 사람의 수는 잉글랜드와 웨일스만 해도 1805년 4605명, 1810년 5146명, 1815년 7898명, 1820년 1만 3710명, 1825년 1만 4437명, 1830년 1만 8107명, 1835년 2만 731명, 1840년 2만 7187명, 1841년 2만 7760명, 1842년 3만 1309명이었다. 즉 37년간 범죄가 7배나 증가했다. 1842년에는 랭커셔에서만 전체 범죄자 가운데 14퍼센트 이상인 4497명이 체포되었고, 런던을 포함하는 미들섹스 주에서 13퍼센트 이상인 4094명이 체포되었다. 프롤레타리아가 다수 거주하는 대도시들을 포함하는 이 두 지역의 인구가 총인구의 4분의 1에 한참 미치지 못하는데도, 전체 범죄의 4분의 1이 이들 지역에서 발생한 것이다. 더욱이 범죄자 통계표는 거의 모든 범죄를 프롤레타리아트가 저지른다는 것을 명확하게 입증한다. 1842년에 평균적으로 범죄자 100명 가운데 32.35명은 읽지도 쓰지도 못했고, 58.32명은 읽기와 쓰기가 불완전했고, 6.77명은 능숙하게 읽고 쓸 줄 알았고, 0.22명은 고등교육을 받았고, 2.34명은 교육 수준을 확인할 수 없었다. 스코틀랜드에서는 범죄가 더욱 빠르게 증가했다. 1819년 형사상 범죄로 체포된 사람은 89명에 불과했지만 이미 1837년에 3176명으로 증가했고, 1842년에 4189명이 되었다. 주 장관 앨리슨이 직접 공식 보고서를 작성한 랭커셔에서 인구는 30년마다 2배가 된 반면 범죄는 5년 6

개월마다 2배가 되어 인구보다 약 6배 빠르게 증가했다. 모든 문명국의 사례와 마찬가지로 절대다수의 범죄는 재산을 침해하는 범죄이며 따라서 어떤 결핍에서 기인하는 범죄다. 자기가 가지고 있는 것을 훔치지는 않기 때문이다. 인구 대비 재산 범죄의 비율은 네덜란드에서 1:7140, 프랑스에서 1:1804이고, 개스켈이 책을 썼을 때 잉글랜드에서 1:799였다. 인구 대비 상해 범죄의 비율은 네덜란드에서 1:28904, 프랑스에서 1:17573, 잉글랜드에서 1:23395다. 잉글랜드에서 인구 대비 범죄 일반의 비율은 농업 지역에서 1:1043이고 제조업 지역에서 1:840이다.* 개스캘의 책이 나온 지 고작 10년밖에 지나지 않았건만 오늘날 잉글랜드 전역에서 그 비율은 1:660**이다!

이런 사실을 마주한다면 분명 누구라도, 부르주아일지라도 잠시 멈춰 서서 이런 사태의 귀결이 어떠할지 곰곰이 생각해볼 것이다. 앞으로 20년 동안 이런 비율로 도덕적 타락과 범죄가 증가한다면(설령 이 20년 동안 잉글랜드 제조업이 이제까지보다 덜 번영하더라도, 꾸준히 증가하는 범죄는 더욱 빠르게 늘어나기만 할 것이다), 그 결과가 어떻겠는가? 사회는 이미 눈에 띄게 해체되고 있다. 어느 신문에나 사회적 유대가 모조리 깨지고 있음을 뚜렷하게 나타내는 증거가 어김없이 실려 있다. 나는 눈앞에 쌓여 있는 잉글랜드 신문들을 잡히는 대로 살펴본다. 그중에는 사흘 동안의 사건을 보도하는 1844년 10월 30일자 〈맨체스터 가디언〉이 있다. 이 신문은 더 이상 맨체스터와 관련된 세세한 일들을 꼼꼼하게 전달하느라 애쓰지 않고 가장 흥미로운 사건들만을 보도한다. 이를테면 어느 공장의 노동자들이 임금 인상을 요구하며 파업에 돌입하자 치안판사가 노동을 재개하라는 판결을 내린 사건이라든지, 샐퍼드에서 두 소년이 도둑질을 하다 붙잡혔고 파산한 상인이 채권자들을 속이려 했던 사건 등을 보도한다. 맨체스터에 인접한 도시들과 관련된 보도는 더 상세하다. 애슈턴에서 절도 2

* 〈잉글랜드의 제조업 인구〉, ch. 10.

** 약 1500만 명인 총인구를 유죄 선고를 받은 범죄자(2만 2733명)로 나눈 수치.

건과 침입 절도 1건, 자살 1건, 베리에서 절도 1건, 볼턴에서 절도 2건과 총수입을 속인 사건 1건, 리Leigh에서는 절도 1건이 발생했다. 올덤에서 임금 인상을 요구하는 파업 1건, 절도 1건, 아일랜드 여자들의 싸움 1건, 노조원들이 노조에 속하지 않은 모자 장수를 폭행한 사건 1건, 아들이 어머니를 때린 사건 1건, 경찰을 공격한 사건 1건, 교회에서 강도질 1건이 발생했다. 스톡포트에서 노동자들이 임금에 반발한 사건 1건, 절도 1건, 사기 1건, 싸움 1건, 남편이 아내를 때린 사건이 1건 발생했고, 워링턴에서 절도 1건과 싸움 1건, 위건에서 절도 1건과 교회에서의 강도질이 1건 발생했다. 상황이 훨씬 심각한 런던에서는 사기와 절도, 폭행, 가정 불화가 신문들의 지면을 가득 채운다. 내 손에 들린 1844년 9월 12일자 〈타임스〉는 절도, 경찰에 대한 공격, 아버지에게 사생아를 부양하라고 명하는 판결, 부모의 아이 유기, 아내의 남편 독살 등 하루 동안 일어난 사건들을 보도한다. 이와 비슷한 보도를 잉글랜드의 어느 신문에서나 찾아볼 수 있다. 사회적 전쟁이 급박하게 벌어지고 있는 이 나라에서는 모든 사람이 홀로 선 채로 다가오는 모든 사람과 싸우며, 무엇이 자신에게 가장 이로운지를 이기적으로 계산한 것에 근거해 공공연한 적인 모든 타인을 해칠지 말지를 결정한다. 동료와 평화롭게 합의하는 경우는 더 이상 없다. 모든 입장 차이는 위협이나 폭력을 통해, 또는 법정에서 해결된다. 간단히 말해 모든 사람이 자신의 이웃을 제거해야 할 적으로 보거나, 기껏해야 자신의 이익을 위해 써먹을 수단으로 여긴다. 게다가 범죄자 통계표가 보여주듯이, 이 전쟁은 해가 갈수록 점점 더 난폭하고 격렬하고 조정이 불가능한 상황으로 치닫고 있다. 적들은 점차 커다란 두 진영—한 쪽은 부르주아지, 다른 쪽은 노동자들—으로 나뉘고 있다. 이런 만인 대 만인의 전쟁, 부르주아지 대 프롤레타리아트의 전쟁에 우리가 놀랄 이유는 없다. 자유경쟁에 내재하는 원리의 논리적 귀결일 뿐이기 때문이다. 정말로 놀라운 점은 부르주아지가 먹구름이 빠르게 드리우는 광경을 보면서도 아주 조용하고 침착하다는 것, 그러한 상황에 분개하지 않는 건 아니지만 신문들이 매일 보도하는 이 모든 사태를 읽으면서도 그 결과, 즉 하루하루 범죄라는 형태로 그 징후를 드러내고 있는 전면적인 폭발을 두려워하지 않는다는 것이다. 그도 그럴 것이 그들은 부르주아지이며, 그들의 관점에 서면 사실조차 볼 수 없고 사실의 결과는 더더욱 알아차릴 수 없기 때문이다. 인간들로 이루어진 한 계급 전체가 계급의 편견과 선입견 때문에 그토록 철저한 맹목, 거의 광기나 다름없는 맹목에 사로잡힐 수 있다는 사실만이 실로 놀라울 따름이다. 그러는 동안에도 국민은 부르주아지가 주시하거나 말거나 계속 성장하며, 언젠가 부르주아지의 철학으로는 꿈에도 생각하지 못한 사태로 자산계급을 놀래킬 것이다.

산업의 단일 부문들 : 공장노동자

잉글랜드 제조업의 더 중요한 부문들에 종사하는 프롤레타리아트를 다루는 이 장에서는 앞에서 정한 원칙에 따라서 우선 공장노동자들, 즉 공장법의 적용을 받는 노동자들부터 살펴볼 것이다. 이 법은 수력이나 증기력을 이용해 양모와 명주실, 면사, 아마사를 잣거나 짜는 공장의 노동시간을 규제하고, 따라서 잉글랜드 제조업의 더 중요한 부문들을 포괄한다. 이들 부문에 고용된 노동자들은 잉글랜드 노동자들 가운데 가장 똑똑하고 활기차며, 그런 까닭에 가장 부단히 활동하고 부르주아지가 가장 질색하는 부류다. 이 노동자들, 특히 면직물업 노동자들은 제조업자들, 특히 랭커셔 제조업자들이 부르주아지의 선동을 주도하듯이, 하나의 전체로서 노동운동의 선두에 서 있다.

우리는 이미 서론에서 직물업에 고용된 이들이 어떻게 과거의 생활방식에서 제일 먼저 떨어져 나갔는지를 살펴보았다. 그러므로 훗날 기계가 발명되고 발달하면서 바로 이 노동자들이 가장 심대하고 지속적인 영향을 받았다는 것은 놀랄 일이 아니다. 유어*와 베인스Baines**를 비롯한 이들이 말했듯이, 면직

* 앤드루 유어Andrew Ure, 《대영국의 면공업(The Cotton Manufacture of Great Britain)》, 1836.

물 제조업의 역사는 어느 모로 보나 개량에 관한 이야기이며, 이런 개량은 다른 산업 부분들에서도 대부분 채택되었다. 수작업이 거의 어디서나 기계 작업으로 대체되고, 거의 모든 조작이 증기력이나 수력의 도움을 받아 수행되며, 매년 새로운 개량이 이루어진다.

질서가 잡힌 사회에서는 그런 개량이 기쁨의 원천일 뿐이지만, 만인 대 만인의 전쟁 상황에는 일부 개인들이 이익을 독차지하고 대다수 사람들로부터 생존수단을 빼앗는 결과를 낳는다. 기계가 개량될 때마다 노동자들은 일자리를 잃어버리며, 더 많이 개량될수록 더 많은 이들이 실직한다. 그러므로 중대한 개량은 매번 노동자들에게 상업공황과 같은 영향을 미치고, 결핍과 궁핍, 범죄를 낳는다. 몇 가지 예를 들어보자. 최초의 발명품인 제니 방적기는 한 사람이 조작했고, 같은 시간 동안 물레보다 적어도 6배나 많은 실을 생산했다. 따라서 제니 방적기가 1대 만들어질 때마다 방적공 5명이 일자리를 잃었다. 제니 방적기보다 생산량이 훨씬 많으면서도 역시 한 사람이 조작하는 소모梳毛 방적기는 더 많은 이들의 일자리를 빼앗았다. 생산량에 비해 노동자가 더 적게 필요한 뮬 방적기도 똑같은 결과를 초래했으며, 뮬 방적기가 개량되고 방추 수가 늘어날 때마다 고용된 노동자의 수가 줄었다. 그런데 이 뮬 방적기의 방추 수가 워낙 급속하게 늘어나서 결국 노동자 군단 전체가 일자리를 잃게 되었다. 과거에는 방적공 1명이 어린이 조수 2명과 함께 방추 600개를 조작한 반면 이제는 방적공 1명이 뮬 방적기 2대의 방추 1400~2000개를 조작할 수 있게 되었고, 그 결과 성인 방적공 2명과 조수들 일부가 일자리를 잃게 되었다. 그리고 방적 공장에 자동식 뮬 방적기가 아주 많이 도입된 이후 방적공의 노동은 기계의 작동으로 완전히 대체되었다. 내 앞에는 맨체스터 차티스트 운동의 유명한 지도자 가운데 한 사람인 제임스 리치James Leach***가 쓴 책이 있다. 이 저자는 다년간 공장과 탄광 등 다양한 산업 부문들에서 일했으

** 에드워드 베인스Edward Baines, 《대영국의 면공업 역사(History of the Cotton Manufacture of Great Britain)》, 1835.

며, 내가 알기로는 정직하고 믿음직하고 유능한 사람이다. 리치는 정치적 위치 덕분에 노동자들이 직접 수집한 여러 공장에 관한 폭넓고 상세한 정보를 손에 넣을 수 있었다. 리치가 발표한 통계표에 따르면, 1841년에 공장 35곳에는 1829년보다 방추 수가 9만 9239개나 더 많았는데도 뮬 방적공 수는 1060명이나 더 적었다. 리치는 방적공을 단 1명도 고용하지 않고 자동식 뮬 방적기만을 사용하는 공장 5곳의 사례를 인용한다. 리치에 따르면 방추 수가 10퍼센트 증가하는 동안 방적공 수는 60퍼센트 넘게 감소했다. 여기에 더해 1841년 이래 2단 방추를 비롯한 수많은 개량점들이 도입되어 앞에서 말한 공장들 일부에서 공원工員의 절반이 해고를 당했다고 리치는 말한다. 어떤 공장은 얼마 전까지만 해도 방적공 80명을 고용했으나 지금은 20명만 남아 있다. 나머지 노동자들은 해고를 당했거나 어린이 임금을 받으면서 어린이 수준의 일을 하는 처지가 되었다. 리치는 스톡포트와 관련해서도 비슷한 이야기를 들려준다. 스톡포트에서는 지난 8~9년간 제조업이 엄청나게 성장했음에도 고용된 방적공 수는 1835년 800명에서 고작 1840년 140명으로 줄었다. 다른 한편 이제까지 소면기에도 비슷한 개량점들이 도입되어 노동자들 절반이 일자리를 잃었다. 어느 공장에서는 개량된 소면기들이 들어오자 노동자가 8명에서 4명으로 줄고, 남은 4명의 임금마저 8실링에서 7실링으로 줄었다. 이와 똑같은 과정이 직조 산업에서도 전개되었다. 역직기가 손으로 직물을 짜는 부문들을 하나씩 차지해갔다. 역직기가 수직기보다 생산량이 훨씬 많은 데다가 직조공 1명이 역직기 2대를 조작할 수 있기 때문에 수많은 노동자들이 역직기로 대체되었다. 아마 방적과 양모 방적, 명주실 꼬기 등 제조업의 어느 부문에서나 사정은 똑같다. 모직물과 아마포를 직조하는 부문들도 차례로 역직기 도입을 시도하고 있다. 로치데일의 경우 플란넬과 여타 모직물을 직조하는 부문들에

*** 《한 맨체스터 공원이 말하는, 공장의 엄혹한 사실들(Stubborn Facts from the Factories by a Manchester Operative)》, London, 1844, 28ff. 하원의원 W. 래시리W. Rashleigh가 출판하여 노동계급에게 헌정했다.

서 수직기보다 역직기가 더 많다. 이런 상황에 대해 보통 부르주아지는 기계가 개량된 덕에 생산비가 떨어져서 완성품을 더 낮은 가격에 공급할 수 있고, 이렇게 낮아진 가격 덕에 소비가 급증해서 실직한 노동자들이 머지않아 신축 공장들에 전부 고용된다고 대꾸한다.* 어느 정도는 옳은 말이다. 제조업이 두루 발전하는 호황 국면에는 값싼 원료로 만드는 상품의 가격이 떨어질 때마다 소비가 급증하고 공장들이 새로 건설된다. 그러나 나머지는 전부 거짓말이다. 부르주아지는 가격 인하가 공장 신축으로 이어지는 데 몇 년이나 걸린다는 사실을 무시한다. 부르주아지는 기계가 개량될 때마다 사람이 실제로 노동하고 기력을 소모하는 작업이 점점 더 기계의 몫으로 넘어가고, 그 결과 다 자란 남자들의 노동이 그저 기계를 감독하는 일, 즉 연약한 여성이나 어린이도 성인 남성 임금의 절반이나 3분의 2만 받고도 잘할 수 있는 일로 바뀐다는 사실, 그런 까닭에 성인 남성들이 갈수록 다른 이들로 대체되고 제조업이 확대되더라도 재고용되지 않는다는 사실에 침묵을 지킨다. 부르주아지는 산업의 모든 부문이 서서히 사라지든지 아니면 몰라보게 변해서 노동자들이 작업을 새롭게 배워야 한다는 사실을 은폐한다. 부르주아지는 어린이 노동을 금지하는 문제가 불거질 때마다 평소에는 지겹도록 되풀이하는 말, 즉 공장노동을 제대로 배우려면 되도록 어린 나이부터 배워야 한다는 말을 내뱉지 않으려고 각별히 주의한다. 부르주아지는 개량 과정이 끊임없이 계속된다는 사실, 공원이 실제로 새로운 부문에 익숙해지더라도 그 부문에서도 곧바로 일자리를 잃을 것이고 실직과 더불어 빵을 얻을 수 있다는 마지막 안도감마저 사라질 것이라는 사실을 언급하지 않는다. 그러나 부르주아지는 기계의 개량으로 이익을 얻는다. 다수의 낡은 기계들이 아직 사용되고 있고 개량된 기계가 아직 널리 도입되지 않은 몇 년간 부르주아지는 돈을 모을 절호의 기회를 잡는다. 그러니 부르주아지에게 이런 개량이 어김없이 초래하는 폐해를 직시하라고 요

* 공장 조사위원회(Factories' Inquiry Commission)의 보고서와 비교해보라.

구하는 것은 무리다.

노동자들이 기계류가 개량되는 탓에 임금이 떨어진다는 사실을 끊임없이 되풀이해 말하는 것만큼이나 부르주아지는 이 사실을 맹렬하게 논박한다. 부르주아지는 개수 임금〔생산 개수에 따라 지불하는 임금〕은 줄었을지라도 주급 총액은 증가했고, 공원들의 상황도 악화되기보다는 개선되었다고 역설한다. 보통 공원들은 개수 임금만 따지기 때문에 진상을 밝히기가 쉽지 않다. 그러나 여러 부문에서 기계류의 개량 때문에 주급 또한 감소했다는 것은 확실하다. 예를 들어 이른바 숙련 방적공들(방적기로 고품질 실을 뽑는)은 임금을 높게 유지하기 위해 강력한 결사를 조직하고 또 오랜 숙련이 필요한 기술을 익히고 있기 때문에 주당 30~40실링에 달하는 비교적 높은 임금을 받는다. 그러나 미숙련 방적공들(아직 고품질 실을 뽑는 작업에 익숙하지 않은)은 자동식 방적기와 경쟁해야 하거니와 이 기계가 도입되면서 결사마저 깨졌기 때문에 아주 낮은 임금을 받는다. 어느 뮬 방적공은 나에게 자신이 일주일에 14실링 이상 벌지 못한다고 말했는데, 이는 제임스 리치가 말한 것과 일치한다. 리치에 따르면 여러 공장에서 미숙련 방적공들은 일주일에 16실링 6펜스보다 적은 임금을 받고 있으며, 어느 방적공은 몇 년 전만 해도 30실링을 받았으나 지금은 12실링 6펜스 벌기도 어렵고 작년에도 평균적으로 올해보다 많이 벌지 못했다. 여성과 어린이의 임금은 이보다 덜 떨어졌을 테지만 애초에 임금이 높지 않았기 때문이지 다른 이유 때문은 아니다. 내가 아는 과부들은 자식들이 있지만 일주일에 8~9실링을 버느라 애를 먹는다. 잉글랜드에서 최소 생필품을 구입하는 데 드는 비용을 아는 사람이라면 누구든지 이 과부 가족들이 남부끄럽지 않게 생활할 수 없다는 사실을 인정할 것이다. 기계류의 개량 때문에 임금이 전반적으로 감소했다고 공원들은 이구동성으로 증언한다. 공장 지역의 모든 노동자 모임에서는 기계류 덕분에 노동계급의 형편이 나아졌다는 부르주아지의 주장이 거짓임을 격렬하게 선언한다. 설령 상대적 임금인 개수 임금만 떨어졌고 절대적 임금인 주급은 변하지 않은 것이 사실일지라도, 그 결과는 어떠했는가? 기계류가 개량될 때마다 제조업자들이 노동자들과 이익을 한 푼도 나누지 않은 채 자기 지갑을 채우는 모습을 공원들은 잠자코 바라보아야 했다. 부르주아는 노동자와 싸울 때 자기네 정치경제학의 가장 평범한 원리들을 잊어버린다. 부르주아는 다른 때에는 맬서스를 깊이 신뢰하면서도 노동자들 앞에서만큼은 불안해하며 이렇게 소리친다. "기계류가 개량되지 않는다면 잉글랜드의 늘어난 인구 수백만 명이 어디서 일자리를 찾겠는가?"* 부르주아는 기계류가 도입되어 산업이 팽창하지 않았다면 애초에 이 '수백만 명'이 태어나고 자라지 않았으리라는 것을 잘 알면서도 마치 모른다는 듯이 시치미를 뗀다! 기계류가 노동자들에게 어떤 도움을 주었다면, 앞으로 기계류를 그들에게 불리한 방향이 아니라 이로운 방향으로 이용할 사회 개혁의 필요성을 깨닫게 해주었다는 것뿐이다. 영리한 부르주아더러 맨체스터와 여타 도시에서 거리를 청소하는 이들(거리 청소용으로 발명된 기계들이 도입된 까닭에 지금은 이런 광경마저 옛일이 되었지만), 또는 거리에서 소금과 성냥, 오렌지, 구두끈을 파는 이들, 아니면 구걸하는 이들에게 예전에 무슨 일을 했느냐고 물어보라고 하자. 그는 많은 이들로부터 "기계류 때문에 일자리를 잃은 공장노동자"라는 대답을 들을 것이다. 현재와 같은 사회적 상황에서 기계류의 개량은 노동자에게 해로운 영향, 대개 극도로 가혹한 영향을 미칠 뿐이다. 기계류의 새로운 발전은 어김없이 실직과 결핍, 고통을 동반하며, 잉글랜드처럼 기계류가 개량될 뿐 아니라 평상시에 '과잉 인구'까지 있는 나라에서는 해고를 당하는 것이 공원에게 닥치는 최악의 사건이다. 이처럼 끊임없이 발전하는 기계류로 말미암아 불안해지는 노동자의 처지는 이미 충분히 위태로운 그를 얼마나 무기력하고 의기소침하게 만들 것인가! 노동자가 절망에서 벗어날 길은 두 가지밖에 없다. 하나는 부르주아지에게 마음과 행동으로 저항하는 것이고, 다른 하나는 술에 취하고 도덕적으로 완전히 타락하는 것이다. 잉글랜드 프롤레타리아

---

* 시먼즈, 《국내외에서의 기술과 장인》.

트의 역사는 기계류와 부르주아지에 맞서 저항한 수백 차례의 사건들에 대해 말해준다. 그 자체로 절망의 또 다른 형태인 도덕적 타락에 대해서는 이미 이야기했다.

발전하는 기계와 경쟁해야 하는 노동자들은 최악의 상황에 처해 있다. 그들이 생산하는 상품의 가격은 기계가 생산하는 유사한 상품의 가격에 따라 결정되며, 기계가 더 저렴하게 작동하기 때문에 인간 경쟁자는 최저 임금을 받게 된다. 이와 똑같은 일이 개량된 기계와 경쟁하는 낡은 기계를 조작하는 모든 공원에게도 닥친다. 이들 말고 고난을 감내할 사람이 누가 있는가? 제조업자는 자신의 낡은 기계를 버리지도 않을 것이고, 그 기계 때문에 손실을 입지도 않을 것이다. 생명이 없는 기계장치는 어찌 해볼 도리가 없으므로, 제조업자는 사회의 일반적인 희생양인 살아 있는 노동자에게 눈독을 들인다. 기계류와 경쟁하는 모든 노동자 가운데 베틀로 면직물을 짜는 직조공들이 가장 혹사를 당한다. 그들은 임금을 가장 적게 받으며 꼬박 일해도 일주일에 10실링 이상 벌지 못한다. 오늘날에는 역직기가 직물류를 한 종류씩 차례로 병합하고 있으며, 수직手織은 다른 부문들에서 해고당한 노동자들의 마지막 피난처인 까닭에 언제나 초만원인 업종이다. 이런 이유로 수직공은 평년에 주당 6~7실링을 벌 수 있으면 재수가 좋다고 생각하지만, 이 돈을 벌려면 하루에 14~18시간 동안 베틀에 앉아 있어야 한다. 게다가 씨실이 끊어지는 것을 막기 위해 대다수 직물류에는 습한 직조실이 필요한데, 한편으로는 이 이유 때문에, 다른 한편으로는 더 나은 거처를 마련할 여력이 없는 가난 때문에, 수직공들의 작업실에는 보통 나무나 돌이 바닥에 깔려 있지 않다. 나는 외지고 몹시 불결한 안마당과 골목에서 보통 지하에 있는 이런 수직공들의 거처를 많이 방문했다. 대개 작업실 1~2개와 넓은 침실 1개가 있는 작은 집에서 이런 수직공 6명—몇 명은 결혼했다—이 함께 생활한다. 이들은 거의 감자만 먹고 형편에 따라 귀리 죽을 먹기도 하며, 우유와 고기를 먹는 경우는 좀처럼 없다. 이들의 절대다수가 아일랜드 인이거나 아일랜드 혈통이다. 그런데 부르주아지는 공황이 닥칠 때마다 제일 먼저 고통받고 제일 나중에야 고통에서 벗어나는 이 가난한 수직공들을 이용해 공장제에 대한 공격에 대응한다. 부르주아지는 의기양양하게 소리친다. "보라, 공장의 공원들이 번영하는 동안 이 가엾은 피조물들이 얼마나 굶주리는지를 본 다음에 공장제*를 판단하라!" 마치 수직공들을 그토록 치욕스럽게 짓뭉갠 것이 바로 공장제와 그에 속한 기계류가 아니었던 것처럼, 부르주아지가 우리와 마찬가지로 이 사실을 전혀 몰랐던 것처럼 말이다! 그러나 부르주아지는 자기네 이해관계가 걸려 있을 때는 한두 가지 거짓말과 약간의 위선도 개의치 않는다.

기계류가 인간의 노동을 점점 대체한다는 사실을 더 자세히 검토해보자. 실을 잣고 직물을 짜는 작업에서 인간 노동의 몫은 주로 끊어진 실을 잇는 것이고 나머지는 전부 기계가 담당한다. 이 일을 하는 데는 근육의 힘이 아니라 손가락의 유연성만이 필요하다. 그러므로 남자는 이 일에 불필요할 뿐 아니라 손의 근육이 더 발달하기 때문에 실제로 여자와 어린이보다 부적합하며, 따라서 자연히 거의 전부 여자와 어린이로 대체된다. 이런 이유로 근육을 사용하고 힘을 쓰는 일을 증기력이나 수력이 대체하면 할수록 고용할 필요가 있는 남자의 수가 줄어든다. 또한 여자와 어린이는 임금이 더 싸고 이 부문들에서 남자보다 일을 잘하기 때문에 남자를 대체해간다. 방적 공장에서 소모 방적기를 차지하는 이들은 거의 전부 여자와 소녀다. 뮬 방적기에는 성인 남자 방적공 1명(자동식 뮬 방적기가 도입되면 불필요해진다), 보통 어린이나 여자이고 이따금 18~20세 먹은 젊은 남자인 실을 잇는 직공 몇 명이 배치되며, 다른 일자리에서 해고당한 늙은 방적공 1명이 뮬 방적기들 사이를 돌아다닌다.** 역직기에는 15~20세 여자들이 주로 고용되고 남자들이 소수 배치된다. 그렇지만

---

* 앤드루 유어의 《제조업의 철학》 참조.

** 공장조사관 L. 호너L. Horner의 1844년 10월 보고서. "랭커셔 면 제조업의 몇몇 부문들의 임금 현황은 대단히 비정상적이다. 여기서 실을 잇는 작업과 여타 작업을 하는 20~30세 젊은 남자들 수백 명은 일주일에 8실링이나 9실링 이상 벌지 못하고, 같은 지붕 아래서 일하는 13세 이하 어린이들은 5실링을 벌고, 16~20세 젊은 여자들은 주당 10~12실링을 번다."

이들은 21세가 지나면 이 업종에 거의 남지 못한다. 준비 공정에 쓰이는 기계류에도 여자들만 배치되며, 남자 1명이 여기저기서 소면기들을 청소하고 날카롭게 다듬는다. 공장들은 이 모든 노동자 말고도 실패(bobbin)를 끼우고 빼는 어린이들—도퍼doffer—다수와 노동을 감독하는 남자 몇 명, 증기기관을 담당하는 기계공 1명과 기술자 1명, 목수와 짐꾼 등을 고용한다. 그러나 공장들에서 실제 노동은 여자와 어린이가 수행한다. 이 점을 제조업자들은 부인한다.

작년에 제조업자들은 기계가 성인 남성 공원들을 대체하지 않는다는 것을 입증하기 위해 복잡한 통계표들을 발표했다. 이 통계표들에 따르면 고용된 공장노동자 가운데 절반이 약간 넘는 52퍼센트가 여성이고 48퍼센트가 남성이었으며, 이들 중 절반 이상이 18세 이상이었다. 여기까지는 좋다. 그러나 제조업자들은 성인 노동자 가운데 남성이 몇 명이고 여성이 몇 명인지 말하지 않으려고 각별히 주의한다. 바로 이게 문제다. 이외에도 제조업자들은 기계공과 엔지니어, 목수, 심지어 사무원까지 어떤 식으로든 공장에 고용되어 있는 남자들을 전부 셈에 넣으며, 그러면서도 진실을 있는 그대로 말할 용기를 내지 못한다. 대체로 이 통계표들은 거짓, 곡해, 왜곡된 발언, 통계를 모르는 독자에게는 많은 것을 입증하지만, 잘 아는 독자에게는 아무것도 입증하지 않는 평균 추정치, 사태의 핵심과 관련된 사실을 은폐한 사례로 가득하다. 이것들이 입증하는 것이라곤 제조업자들의 이기적인 맹목성과 간사함뿐이다. 1844년 3월 15일 애슐리 경이 하원에 10시간 노동 법안(Ten Hours' Bill)을 발의하면서 연설한 내용 가운데 일부를 살펴보자. 애슐리 경은 공원들의 성별과 연령의 관계에 대한 몇몇 수치를 제시하는데, 제조업자들은 아직까지 이 수치를 논박하지 못했다. 게다가 앞에서 인용한 제조업자들의 통계는 잉글랜드의 제조업 중에서도 일부만을 포함할 뿐이다. 애슐리 경에 따르면 1839년 대영국의 공장노동자 41만 9560명 가운데 거의 절반인 19만 2887명이 18세 이하였고, 24만 2296명이 여성이었으며, 이 가운데 11만 2192명이 18세 이하였다. 그러므로 18세 이하인 남성 공원은 8만 695명이었고, 성인 남성 공원은 총수의 4분의 1에도 못 미치는 9만 6569명이었다. 전체 공원 가운데 여성의 비율은 면직물 공장에서 56.25퍼센트, 모직물 공장에서 69.5퍼센트, 견직물 공장에서 70.5퍼센트, 아마 방적 공장에서 70.5퍼센트였다. 이 수치들은 성인 남성이 밀려났다는 것을 입증하고도 남는다. 제일 가까운 공장에 들어가 둘러보기만 해도 이 사실을 확인할 수 있다. 이런 이유로 노동자들에게 강요되는 현존 사회질서가 급변할 경우 필연적으로 노동자들이 가장 파멸적인 영향을 받게 된다. 가족은 여성이 취업하는 즉시 파탄이 난다. 아내가 공장에서 12시간 내지 13시간 일하고 남편도 같은 공장이나 다른 공장에서 같은 시간 동안 일한다면 아이들은 어떻게 되겠는가? 그럴 때 아이들은 야생 잡초처럼 자라게 된다. 부모는 일주일에 1실링이나 18펜스를 주고 유모에게 아이들을 맡기는데, 아이들이 어떻게 다루어질지 쉽게 상상할 수 있을 것이다. 이런 사정 때문에 공장 지역에서는 어린아이들이 사고를 당하는 횟수가 끔찍할 정도로 급증한다. 맨체스터 검시관의 명부*는 9개월 동안 65명이 화상으로** 죽고, 56명이 물에 빠져서, 23명이 추락해서, 77명이 기타 원인 때문에 죽는 등 총 225명이 사고사로 목숨을 잃은 반면 제조업 도시가 아닌 리버풀에서는 12개월 동안 146명만 죽었다는 것을 보여준다. 두 경우 모두 광산에서의 사고는 포함하지 않았다. 그리고 샐퍼드는 맨체스터 검시관의 관할 구역이 아니기 때문에 방금 비교한 두 도시의 인구는 거의 같다. 〈맨체스터 가디언〉은 거의 매호마다 화상으로 인한 사망 사건을 1건 이상 보도한다. 어린아이들의 일반적인 사망률이 어머니의 취업 때문에 증가한다는 것은, 악명 높은 사실들이 의심할 나위 없이 뒷받침하는 자명한 현실이다. 여자들은 대개 분만한 지 사흘이나 나흘 만에 당연히 아기를 남겨둔 채로 공장으로 복귀한다. 저녁시간에 여자들은 부리나케 집

* 공장 조사위원회의 보고서. 호킨스 박사의 증언, p. 3.

** 1843년 맨체스터 병원에 실려온 사고자 가운데 189명이 화상 환자였다.

으로 달려가 아이에게 젖을 물리고 자기도 뭔가를 먹는다. 그러니 모유 수유가 어떨지도 불 보듯 뻔하다. 애슐리 경은 몇몇 일하는 여자들의 증언을 들려준다.

"20세인 M. H.는 남이 돌보는 막내 아기와 몇 살 더 먹은 맏이, 이렇게 자식이 둘 있다. 이 어머니는 새벽 5시 직후에 공장으로 가서 밤 8시에 집으로 돌아온다. 하루 종일 가슴에서 모유가 마구 흘러나와서 옷이 흠뻑 젖는다." "H. W.는 자식이 셋 있고, 월요일 새벽 5시 정각에 나가서 토요일 저녁에 돌아온다. 그러고 나면 자식들을 위해 할 일이 너무 많아서 새벽 3시나 되어야 잠자리에 든다. 자주 피부가 흠뻑 젖지만 그 상태로 일할 수밖에 없다." 그녀는 "젖가슴이 몹시 고통스러웠고 모유가 옷에서 뚝뚝 떨어졌다"라고 말했다.

이런 악명 높은 제도 때문에 아이들을 얌전히 묶어두기 위해 진정제를 더욱 많이 사용하게 되고, 공장 지역에서 진정제 사용량이 엄청나게 증가하는 것이다. 맨체스터의 호적담당관 존스Johns 박사는 이 관습이 많은 이들이 경련으로 사망하는 주된 원인이라고 말한다. 아내의 취업은 필연적으로 가정을 완전히 해체하고, 가정에 토대를 둔 현재 우리 사회에서 이런 해체는 아이들은 물론이고 부모까지도 도덕적으로 대단히 타락시키는 결과를 낳는다. 생후 1년간 아기를 걱정할 시간도 없고 남들처럼 다정하게 돌볼 시간도 없는 어머니, 실제로 아기를 거의 보지도 못하는 어머니는 자식에게 참된 어머니일 수 없고, 불가피하게 자식에게 점점 무관심해지며, 모르는 사람 대하듯이 자식을 애정 없이 대하게 된다. 이런 환경에서 자란 아이들은 훗날 가정생활을 망치기 마련이고, 언제나 혼자 지내는 데 익숙하기 때문에 자신이 속한 가정을 결코 편하게 느끼지 못하며, 그 결과 이미 전반적으로 흔들리고 있는 노동계급의 가정을 더욱 흔들게 된다. 어머니의 취업과 비슷하게 자식의 취업도 가정의 해체를 초래한다. 일주일마다 부모가 자식을 위해 쓰는 돈보다 자식이 버는 돈이 많아지는 때가 되면, 자식들은 부모에게 숙식비로 일정한 액수를 주고 나머지는 자기가 갖기 시작한다. 이런 일은 대개 14세나 15세에 일어난다.* 간단히 말해 자식들은 부모에게서 벗어나게 되고, 부모의 집을 자기 입맛대로 자주 바꾸는 하숙집처럼 여기게 된다.

대체로 아내의 취업은 가정을 완전히 해체하기보다 가정 내의 역할을 뒤바꾸어 놓는다. 아내가 가족을 부양하고, 남편이 집에 들어앉아 자식을 돌보고 방을 청소하고 요리를 하는 것이다. 이런 경우는 아주 흔하다. 맨체스터에만 가사일을 하는 그런 남자들이 수백 명이나 있다. 다른 사회적 조건은 그대로인데 이렇게 가정 내의 모든 관계가 뒤바뀌는 상황이 남성 노동자들을 분노케 하리라는 것은 쉽게 짐작할 수 있다. 내게는 리즈의 무어사이드, 우드하우스, 바론스 빌딩스(Moorside, Woodhouse, Baron's Bildings, 부르주아지가 찾을 수 있도록 정확한 주소를 적는다)에 사는 잉글랜드 노동자 로버트 파운더Robert Pounder가 리처드 오스틀러Richard Oastler에게 쓴 편지가 있다.**

파운더는 또 다른 노동자가 이리저리 떠돌다가 랭커셔의 세인트 헬레스에 도착해서 옛 친구를 찾아간 이야기를 들려준다.

> 그는 세간이 거의 없는 초라하고 습한 지하실에서 친구를 만났다. 나의 가엾은 친구가 안으로 들어갔을 때 가엾은 잭Jack이 난롯불 옆에 앉아서 무얼 하고 있었는지 아는가? 글쎄 앉아서 돗바늘로 아내의 양말을 꿰매고 있었다. 그가 문설주에서 옛 친구를 보자마자 잭은 양말을 감추려 했다. 그러나 이미 그 모습을 본 조Joe(내 친구 이름이다)가 말했다. "잭, 무슨 염병할 짓을 하는 건가? 마누라는 어딨어? 그 일을 왜 자네가 해?" 그러자 가엾은 잭이 창피해하며 말했다. "그래, 나도 이게 내 일이 아닌 줄 알지만, 불쌍한 마누라는 공장에 있어. 마누라는 5시 반

* 공장 조사위원회의 보고서, 리즈에 관한 파워Power의 보고서 여기저기와 맨체스터에 관한 터프넬Tufnell의 보고서 p.17 등.

** 이 편지는 독일어에서 다시 번역한 것이다. 원본 편지의 철자나 요크셔 방언은 되살리지 않았다.

에 나가서 밤 8시까지 일을 하고, 집에 돌아오면 기진맥진해서 아무것도 못하기 때문에 내가 할 수 있는 일은 전부 해야 하네. 나는 지금 일자리가 없고 지난 3년 내내 없었기 때문이지. 생전에 다시는 일자리를 얻지 못할 거야." 이 말을 하고 나서 굵은 눈물을 흘리던 잭이 다시 말을 이었다. "이 근처에 여자들과 아이들 일자리는 많지만 남자들 일자리는 전혀 없어. 남자들 일자리보다 길에서 100파운드를 발견하는 편이 더 빠를 거야. 그래도 자네나 다른 누군가가 아내 양말을 꿰매는 나를 보리라고는 생각하지 못했네. 괴로운 일이니까. 그치만 마누라는 제 발로 서 있기조차 어려워. 마누라가 몸져누울까 걱정이야. 꽤 오랫동안 이 집에서 마누라가 남자였고 내가 여자였기 때문에 마누라가 쓰러지면 우리가 어떻게 될지 모르겠어. 괴로운 일이야, 조." 그러고는 엉엉 울고 나서 말했다. "항상 이렇지는 않았는데." 조가 말했다. "그랬지, 그런데 일자리가 아직 있을 때 어째서 다른 방도를 찾아보지 않았나?" "내가 최대한 자세히 말해줄 테지만, 조, 그게 여의치가 않았어. 자네는 내가 결혼했을 때 일거리가 많았고 게으르지 않았다는 걸 알 걸세." "맞아, 자네는 게으르지 않았지." "그리고 우리에게 가구를 갖춘 좋은 집이 있었고, 메리Mary는 나갈 필요가 없었지. 내가 우리 두 사람 생활비를 벌 수 있었어. 그치만 지금은 세상이 뒤집히고 있어. 메리는 일을 해야 하고, 나는 집에 틀어박혀 아이들을 보살피고, 쓸고 닦고, 빵을 굽고 바느질을 해야 하네. 가엾은 마누라는 밤에 집에 돌아오면 쓰러져버리지. 자네도 알 거야, 조, 지금과 다르게 살던 사람에겐 괴로운 일이야." "그래, 친구, 괴로운 일이지." 그러자 잭이 다시 울음을 터뜨리기 시작했고, 차라리 결혼하지 않고 태어나지 않았으면 좋았을 거라고 말했다. 그러나 잭은 메리와 결혼할 때만 해도 이렇게 되리라고는 꿈에도 생각지 못했다. "자주 신세를 한탄한다네." 잭이 말했다. 조는 이 말을 듣고서 공장과 제조업자, 정부를 악담하고 욕했으며 자신이 어릴 때부터 공장에서 배운 온갖 저주를 퍼부었다고 나에게 말했다.

이 편지에 묘사된 것보다 터무니없는 상황을 상상할 수 있는가? 그럼에도 남성에게 진정한 여성성을 부여하거나 여성에게 진정한 남성성을 부여하지도 못하면서 남성의 특질을 없애고 여성에게서 여성성을 전부 빼앗아가는 이런 상황, 가장 수치스러운 방식으로 양성을 퇴화시키고 그리하여 인간성까지 퇴화시키는 이런 상황이 바로 그토록 찬양받는 우리 문명의 최종 결실, 수백 세대가 자신과 후손의 처지를 개선하기 위해 노력하고 투쟁한 모든 활동의 최종 성취다. 우리의 모든 노동과 노고의 결과가 이런 조롱일 때, 우리는 인류 자체와 인류의 목적과 노력에 절망하든지, 아니면 이제까지 인간 사회가 그릇된 방향에서 구원을 찾아왔다는 것을 인정해야 한다. 양성의 위치가 정반대로 뒤바뀔 수 있는 이유는 단지 애초부터 양성이 그릇된 위치에 있어왔기 때문이라는 것을 우리는 인정해야 한다. 공장제로 인해 불가피하게 나타난, 남편에 대한 아내의 군림이 비인간적이라면 아내에 대한 남편의 원시적인 지배 역시 비인간적이다. 오늘날 아내가 가족의 공동재산의 대부분, 아니 전부를 벌어들인다는 사실을 토대로 자신의 우위를 주장할 수 있다면, 그 공동체는 참되고 합리적인 공동체가 아니라고 추론할 수밖에 없다. 가족원 한 사람이 자신이 공동재산에 더 많이 기여한다는 사실을 무례하게 뽐내는 꼴이기 때문이다. 그러므로 오늘날 우리 사회의 가족이 해체되고 있더라도, 실제로 이 해체는 가족을 묶는 유대가 가족 간의 애정이 아니라 재산공동체라는 덮개로 위장한 사익私益임을 보여줄 뿐이다. 앞에서 말한 대로 부모에게 숙식비만 주는 것이 아니라 실직한 부모를 부양까지 하는 자식들과 부모 사이의 관계는 실직한 남편과 일하는 아내 사이의 관계와 똑같다.* 호킨스는 공장 조사위원회의 보고서에서 이런 관계가 아주 흔하고 특히 맨체스터에 이런 관계가 많다는 악평이 자자하다고 증언했다. 이런 경우 앞에서 살펴본 아내의 경우처럼 자식

* 얼마나 많은 기혼 여성이 공장에서 일하는지는 어느 제조업자가 제공한 정보로 확인할 수 있다. 랭커셔에 있는 공장 412곳에는 기혼 여성 1만 721명이 고용되어 있었다. 이 여자들의 남편들 가운데 고작 5314명만이 역시 공장에 고용되어 있었고, 3927명은 다른 곳에 고용되어 있었으며, 821명은 실직 상태였고, 659명은 관련 정보가 없었다. 즉 각 공장마다 아내의 노동에 의지해 생활하는 남자가 3명까지는 아니더라도 2명은 있었다.

들이 집안의 주인이 된다. 애슐리 경은 연설 도중에 한 가지 사례를 들었다.* 한 아버지가 두 딸이 술집에 가는 것을 야단치자 딸들은 명령을 받는 것이 지긋지긋하다면서 "빌어먹을, 우리가 당신을 먹여살려야 한다고!"라고 말했다. 일해서 버는 돈을 자기들이 갖기로 결심한 딸들은 부모를 그들의 운명에 내맡긴 채 집을 떠나버렸다.

공장에서 자란 미혼 여성들도 기혼 여성들보다 나을 것이 없다. 9세부터 공장에서 일해온 소녀가 집안일을 도통 모른다는 것은 자명하며, 그런 이유로 여성 공원들은 주부로는 턱없이 미숙하고 부적합하다. 그들은 뜨개질이나 바느질, 요리나 청소를 할 줄 모르고, 주부의 가장 평범한 임무에도 익숙하지 않으며, 돌봐야 할 아기가 생기더라도 어떻게 시작해야 한다는 아주 어렴풋한 생각조차 하지 못한다. 공장 조사위원회의 보고서는 이에 관한 사례를 수십 개 제시하며, 랭커셔 담당 위원인 호킨스는 자기 의견을 이렇게 표현한다.**

> 소녀들은 이른 나이에 무모하게 결혼한다. 그들에겐 가정생활의 평범한 임무들을 배울 방도와 시간, 기회가 없다. 설령 그들에게 방도와 시간과 기회가 모두 있더라도, 결혼생활에서 그 임무들을 수행할 시간이 없을 것이다. 어머니는 매일 12시간 넘게 자식과 떨어져 지내고, 아기는 어린 소녀나 늙은 여자가 맡아서 돌본다. 이 외에 공장노동자들의 거처 가운데 너무나 많은 수가 집이 아니라 지하실이며, 이런 지하실에는 조리도구나 청소도구도 없고, 바느질하거나 수선할 옷감도 없고, 인생을 쾌적하고 세련되게 해주거나 가정생활을 매력적으로 만들어주는 것도 전혀 없다. 이런 이유와 다른 이유 때문에, 그리고 특히 어린아이들이 인생에서 더 나은 기회를 누릴 수 있도록, 언젠가 기혼 여성들이 공장에 들어가지 못하는 날이 오기를 나는 바라고 소망할 수 있을 뿐이다.***

---

* 하원, 1844년 3월 15일.

** 공장 조사위원회의 보고서, p. 4.

*** 다른 사례들과 정보는 공장 조사위원회의 보고서 가운데 다음을 참조하라. 코웰Cowell의 증거,

그러나 이것은 그다지 심각한 해악이 아니다. 훨씬 심각한 해악은 여성의 공장 취업이 초래하는 도덕적 결과다. 모든 연령대의 남성과 여성이 단일 작업실에서 일하면서 불가피하게 신체를 접촉하는 환경, 정신적 교육도 도덕적 교육도 받지 않은 사람들이 좁은 공간에서 우글거리는 환경이 여성의 성격 형성에 이로울 리가 없다. 제조업자는 설령 이 문제에 주의한다 해도 실제로 어떤 추악한 일이 터지고 나서야 간섭할 수 있다. 방탕한 이들이 더 도덕적인 이들에게, 특히 더 어린 이들에게 미치는, 영속적이지만 눈에 덜 띄는 영향을 제조업자는 확인할 수 없고 따라서 막을 수도 없다. 그러나 바로 이 영향이 가장 해롭다. 1833년 보고서에 수록된 많은 증언들은 공장에서 쓰이는 언어가 "음란하다", "불량하다", "추잡하다"고 말한다.**** 앞에서 살펴본 대도시에서의 대규모 과정이 공장에서도 소규모로 똑같이 진행된다. 인구의 집중은 대도시에서든 작은 공장에서든 동일한 사람들에게 동일한 영향을 미친다. 공장의 규모가 작을수록 노동자들 사이의 거리가 가까워져서 원치 않는 신체 접촉을 피하기가 어려워진다. 레스터의 어느 증인은 자기 딸을 공장에 보내느니 구걸을 시키겠으며, 공장은 완벽한 지옥문이고, 도시의 매춘부 대다수가 과거에 공장에 취업했다가 지금과 같은 처지가 되었다고 말했다.***** 맨체스터의 다른 증인은 "14세에서 20세 사이인 공장의 젊은 피고용인 가운데 4분의 3이 정숙하지 못하다고 단언하는 데 주저하지 않았다."****** 코웰 위원은 공원들의 도덕성이 노동계급 일반의 평균 도덕성보다 낮다는 의견을 표명한다.******* 그리고 호킨스는 이렇게 말한다.********

---

pp. 37, 38, 39, 72, 77, 82와 터프넬의 증거, pp. 9, 15, 45, 54 등.

**** 코웰의 증거, pp. 35, 37 등.

***** 파워의 증언, p. 8.

****** 코웰의 증언, p. 57.

******* 위의 증언, 82.

******** 공장 조사위원회의 보고서, p. 4.

성도덕에 대한 판단을 수치로 환산하기는 어렵다. 그러나 나 자신의 관찰과 나와 이야기한 이들의 일반적인 의견, 나에게 제공된 증언들의 전반적인 어조를 신뢰한다면, 공장 생활이 젊은 여성 인구의 도덕성에 심대한 악영향을 미친다고 말할 수 있다.

이 외에 공장에서의 종속관계가 다른 종속관계와 마찬가지로, 심지어 그보다 더한 정도로 제조업자에게 초야권初夜權(jus primae noctis)을 부여한다는 것도 당연히 문제다. 이런 측면에서 보면 고용주는 피고용인들의 인신과 아리따운 용모를 지배하는 군주이기도 하다. 고용주가 해고하겠다고 위협만 해도 어차피 순결을 단호하게 지킬 마음도 없는 소녀들 10명 가운데 9명—100명 가운데 99명까지는 아니더라도—은 어떤 저항도 하지 않는다. 제조업자가 몹시 비열한 사람이라면 그의 공장은 하렘이기도 하며, 공식 보고서에 그런 사례가 몇 가지 실려 있다. 제조업자들 모두가 권력을 사용하는 것은 아니라 해도 소녀들의 처지는 조금도 바뀌지 않는다. 제조산업 초기에 고용주들 대다수는 교양이 없거나 사회의 위선을 고려하지 않는 벼락부자였고, 그 무엇도 자신의 기득권 행사를 방해하지 못하게 했다.

공장노동이 여성의 건강에 미치는 영향을 올바로 판단하려면 우선 어린이의 노동을 고찰해야 하고, 그다음으로 노동의 본질 자체를 고찰해야 한다. 어린이들은 제조산업 초기부터 공장에 고용되었는데, 처음에는 거의 기계가 작다—나중에는 커졌다—는 이유 하나 때문에 고용되었다. 구빈원의 많은 어린이들까지도 수년간 제조업자에게 임대 형식의 견습공으로 고용되었다. 그들은 의식주를 공동으로 제공받았고, 그들을 극히 난폭하고 잔혹하게 다루는 주인의 두말할 나위 없는 노예였다. 일찍이 1796년에 퍼시벌Percival 박사와 로버트 필Robert Peel 경(현 총리의 아버지이자 그 자신이 면직물 제조업자였다)이 이 역겨운 제도를 공개적으로 격렬하게 반대한 결과 1802년에 의회가 견습공법(Apprentices' Bill)〔정확한 명칭은 '견습공의 건강과 도덕에 관한 법(Health and Morals of

Apprentices Act)이다]을 통과시켰고, 이로 인해 가장 지독한 해악이 사라졌다. 갈수록 치열해지는 자유로운 노동자들 간의 경쟁이 점차 견습공 제도를 대신해갔다. 공장들이 도시에 건설되었고, 기계류가 더 큰 규모로 설치되었으며, 작업실의 환기와 위생이 개선되었다. 성인과 청년을 위한 일자리도 점차 늘어났다. 공장에서 일하는 어린이의 수가 약간 감소했고, 어린이가 노동을 시작하는 연령이 조금 올라가기 시작했다. 오늘날 8~9세 이하 어린이는 거의 고용되지 않는다. 앞으로 살펴볼 테지만, 부르주아지의 금전욕으로부터 어린이를 보호하기 위해 국가 권력이 몇 차례 개입하기도 했다.

노동계급의 어린이들, 특히 공원의 어린이들의 높은 사망률은 그들이 유년기를 보내는 환경이 건강에 해롭다는 것을 입증하고도 남는다. 이런 악영향은 유해한 환경에 굴복하는 어린이들에게 작용하는 것만큼 강력하게는 아닐지라도, 살아남는 어린이들에게도 당연히 작용한다. 그 결과 가장 양호한 경우라도 병에 걸리거나 성장이 늦어지곤 하며, 신체의 활력이 평균 이하로 떨어지게 된다. 어느 공원의 아홉 살 난 자식은 빈곤하고 궁핍하고 계속 변하는 환경에서, 변변한 옷도 없이 건강에 해로운 춥고 축축한 거처에서 자란 탓에 건강에 좋은 환경에서 자란 어린이보다 노동력이 훨씬 떨어진다. 노동자의 어린이는 9세에 공장으로 보내져 매일 6시간 30분(과거에는 8시간이었고, 그 전에는 12~14시간, 심하면 16시간이었다) 동안 일하고, 13세부터 18세까지는 12시간 동안 일한다. 노동시간이 늘어나는 동안에도 신체를 쇠약하게 만든 유년기의 악영향이 계속 작용한다. 어린이의 성장을 눈에 띄게 저해하는 원인이 이런 노동이라는 것을 누구나 밝혀낼 수 있지만, 공원의 어린이까지 포함해 9세 어린이가 매일 6시간 30분의 노동을 견딜 수 있다는 것을 부정하지는 않겠다. 그러나 공장의 축축하고 불쾌한 공기, 이따금 덥고 습한 그 공기 속에서 지내는 것이 건강에 이롭다고는 결코 말할 수 없다. 여하튼 신체와 정신의 발달에만 쏟아야 할 어린이들의 시간을 매정한 부르주아지의 탐욕을 위해 소모하는 것, 제조업자의 이익을 위해 부려먹으려는 심산으로 어린이들을 학교와 맑은 공기에서 빼내는 것은 용서할 수 없는 일이다. 부르주아지는 "우리가 어린이들을 공장에 고용하지 않는다면 그들은 발달에 해로운 환경에 계속 머무를 뿐이다"라고 말하며, 이 말은 대체로 사실이다. 그러나 이 말을 하는 부르주아지는 우선 노동계급의 어린이들을 유해한 환경에 놓은 다음 이 열악한 환경을 자기네 이익을 위해 이용해먹고, 공장제 못지않게 그들의 책임이기도 한 것에 호소하고, 어제의 죄로 오늘의 죄를 변명한다고 고백하는 것이나 마찬가지다. 만일 공장법이 그들의 손을 어느 정도 속박하지 않았다면 오로지 노동계급을 위해 공장을 건설했다는 '인도적'이고 '자애로운' 부르주아지가 노동자들의 이해관계에 신경이나 썼겠는가! 공장조사관이 그들을 면밀히 감시하기 전에 그들이 어떻게 행동했는지 들어보자. 1833년 공장 조사위원회의 보고서에서 그들 스스로 인정한 증언이 그들에게 유죄를 선고할 것이다.

중앙위원회(Central Commission)의 보고서에 따르면, 제조업자들은 보통 8~9세 어린이를 고용하지만 5세 어린이는 드물게, 6세 어린이는 흔하게, 7세 어린이는 아주 흔하게 고용하기 시작했다. 노동은 대개 식사시간과 중간 휴식시간을 빼고도 14~16시간 동안 이어졌다. 제조업자들은 감독자가 어린이들을 매질하고 학대하는 것을 허용했고, 본인이 직접 나서는 경우도 잦았다. 스코틀랜드의 한 제조업자는 16세 노동자가 도망치자 말을 타고 쫓아가서 잡은 다음 자기 뒤에서 말이 속보하는 것만큼 빠르게 달려서 돌아오도록 강요했고, 돌아오는 내내 기다란 채찍으로 후려쳤다고 한다.* 공원들이 한층 격렬하게 저항하는 대도시들에서는 자연히 그런 일이 더 적게 일어난다. 그러나 이처럼 긴 노동시간도 자본가들의 탐욕을 채워주지 못했다. 그들의 목표는 어떤 수단을 동원해서라도 건물과 기계류에 투자한 자본에서 최대한 높은 수익을 얻어내고 자본을 가능한 한 활발하게 운용하는 것이었다. 그래서 제조업자들은 고약한 야간노동 제도를 도입했다. 일부 제조업자들은 공원들을 두

* 스튜어트Stuart의 증언, p. 35.

집단—각 집단은 공장을 가득 채울 만큼 많은 공원들로 이루어졌다—으로 나누어 고용한 뒤 한 집단은 낮에 12시간 동안, 다른 집단은 밤에 12시간 동안 일하게 했다. 밤에 계속해서 잠을 못 자는 생활이 어린이의 체격은 물론이고 청년과 성인의 건강에까지 영향을 미칠 것은 불 보듯 뻔한 일이다. 이런 생활은 낮 동안 잠을 아무리 많이 자더라도 건강에 좋을 수가 없다. 야간노동은 필연적으로 신경계 전체의 과민 상태, 전반적인 무기력과 쇠약을 초래하며, 아울러 음주와 무절제한 성적 탐닉을 조장한다. 어느 제조업자는 자기 공장에서 야간노동을 계속한 2년 동안 사생아 수가 2배로 늘어나는 등 도덕적 타락이 만연해서 야간노동을 포기할 수밖에 없었다고 증언한다.** 이보다 훨씬 악랄한 다른 제조업자들은 많은 노동자들에게 수면시간을 겨우 2시간만 주면서 일주일에 몇 차례나 30~40시간 동안 연속으로 일할 것을 요구했다. 야간노동을 하는 공원의 수가 부족해서 일부만 교대를 했기 때문이다.

이런 만행에 관한 위원회의 보고서들은 내가 알고 있는 모든 관련 사실을 훌쩍 넘어선다. 이 보고서들이 말하는 파렴치한 행위들은 다른 어디서도 찾아볼 수 없다—앞으로 보겠지만, 그럼에도 부르주아지는 위원회의 증언이 자기네에게 유리하다는 듯이 그 증언에 끊임없이 호소한다. 이런 잔학 행위들의 결과는 순식간에 명확하게 드러났다. 위원들은 자신들 앞에 나타난, 오랜 노동시간 때문에 골격이 비틀어진 것이 분명한 다수의 불구자들을 언급한다. 이런 비틀림은 보통 척추와 다리뼈가 굽은 것으로, 영국왕립외과의협회 회원인 리즈의 프랜시스 샤프Francis Sharp는 그에 대해 이렇게 말한다.***

> 리즈에 오기 전까지 나는 대퇴골 하부가 그처럼 기이하게 굽은 것을 본 적이 없었다. 처음에 나는 구루병이라고 생각했지만, 병원을 찾아온 많은 환자들을 보

** 터프넬의 증언, p. 91

*** 루던Loudon 박사의 증언, pp. 12, 13.

고서 곧 소견을 바꾸었다. 그 병에 걸린 이들이 보통 구루병에 걸리지 않는 나이(8~14세)의 어린이였을 뿐 아니라 공장이라는 환경에서 일을 시작한 이후에 그 병이 처음 발병했기 때문이다. 이제까지 나는 그런 사례를 약 100건 보았으며 그 사례들이 과로의 결과라는 소견을 단호하게 표명할 수 있다. 내가 아는 한 그들은 모두 공장에서 일하는 어린이였고, 그들 자신도 그 해악의 원인으로 공장을 지목했다. 내가 관찰했고 또 지나치게 오랫동안 선 채로 일해서 생긴 것이 분명한 척추 만곡 사례의 수는 자그마치 300건이었다.

리즈의 병원에서 18년간 내과의사로 재직한 헤이Hey 박사의 증언도 아주 흡사하다.*

척추 기형은 공장노동자들 사이에 아주 흔하다. 일부는 그저 과로로 말미암아 생긴 것이고, 일부는 원래 허약하거나 열악한 음식 때문에 약해진 신체로 장시간 노동을 하다가 생긴 것이다. 변형은 이 질병보다 훨씬 흔한 듯하다. 무릎이 안쪽으로 굽어 있는가 하면 인대가 늘어나거나 약해진 경우도 아주 많았고 다리의 장골이 굽어 있기도 했다. 이 장골의 두꺼운 골단이 특히 굽거나 불균형하게 발달하는 경향이 있었으며, 이 환자들은 장시간 노동이 잦은 공장 출신이었다.

브래드퍼드의 외과의사 보몬트Beaumont와 샤프도 같은 증언을 한다. 드링크워터Drinkwater, 파워, 루던 박사의 보고서들에는 그런 비틀림 사례가 다수 실려 있고, 이 문제와의 직접적인 연관성은 덜한 터프넬과 데이비드 배리David Barry 경의 보고서들도 간혹 그런 사례를 제시한다.** 랭커셔 담당 위원인 코웰

* 루던의 증언, p. 16.

** 드링크워터Drinkwater의 증언, pp. 72, 80, 146, 148, 150(두 형제); 69(두 형제); 155, 기타 여러 곳. / 파워의 증언, pp. 63, 66, 67(두 경우); 68(세 경우); 69(두 경우); 리즈에서, pp. 29, 31, 40, 43, 53ff. / 루던의 증언, pp. 4, 7(세 경우); 8(몇몇 경우) 등. / 데이비드 배리 경의 증언, pp. 6, 8, 13, 21, 22, 44, 55(세 경우) 등. / 터프넬의 증언, pp. 5, 6, 16 등.

과 터프넬, 호킨스는 이 지역이 요크셔에 필적함에도 불구하고 공장제의 생리적 결과 가운데 이 측면을 거의 완전히 간과했다. 나는 맨체스터를 가로지를 때면 십중팔구 앞에서 묘사한 비틀림과 정확히 동일한 척추와 다리의 비틀림으로 고통받는 이들을 서너 명은 보았고, 대개 그들을 가까이서 관찰할 수 있었다. 나는 앞에서 인용한 헤이 박사의 묘사와 정확히 일치하는 사람을 개인적으로 알고 있는데, 그는 펜들턴에 있으며 과거에 밤이면 밤마다 장시간 노동을 시켰던 까닭에 공원들 사이에서 달갑지 않은 악명을 누리고 있는 더글러스Douglas 씨의 공장에서 일하다가 그런 상태가 되었다. 슬쩍 보기만 해도 이런 불구자들의 비틀림이 무엇에서 비롯되는지 분명하게 알 수 있다. 그들의 겉모습이 정확히 같기 때문이다. 무릎은 안쪽과 뒤쪽으로 굽어 있고, 발목은 두껍고 변형되어 있으며, 척추는 대개 앞쪽이나 좌우 한쪽으로 굽어 있다. 그러나 왕관은 매클즈필드Macclesfield 견직물 지역의 인정 많은 제조업자들에게 돌아간다. 그들은 가장 어린 5세와 6세 어린이들까지 고용했다. 터프넬 위원의 보충 증언에서 나는 공장장 라이트Wright의 발언을 발견했다. 라이트는 자신의 두 누이가 몹시 흉한 불구가 되었고, 언젠가 매클즈필드에서 제일 깨끗하고 단정한 거리들 일부를 포함해 몇몇 거리에서 불구자의 수를 세어보았다고 말했다. 라이트는 타운리 가에서 10명, 조지 가에서 5명, 샬럿 가에서 4명, 워터코츠 가에서 15명, 뱅크탑에서 3명, 로드 가에서 7명, 밀레인에서 12명, 그레이트조지 가에서 2명, 구빈원에서 2명, 그린 공원에서 1명, 펙포드 가에서 2명을 발견했으며, 불구자의 가족들은 한목소리로 견직물 공장에서 과로한 결과 그렇게 되었다고 단언했다. 한 소년은 계단을 오를 수 없을 정도로 불구가 되었고, 소녀들은 등과 엉덩이가 변형되었다고 한다.

리즈의 내과의사들과 외과의사들***과 마찬가지로 데이비드 배리 경****이 자

*** 공장 조사위원회의 보고서, 1833, 루던의 증언, pp. 13. 16 등.

**** 공장 조사위원회의 보고서, 1833, 데이비드 배리 경의 증언, p. 21(두 경우).

주 관찰했듯이, 다른 변형들, 특히 평발도 이런 과로에서 비롯되었다. 체질이 더 건강하고 더 좋은 음식을 먹고 여타 환경도 더 양호한 곳에서 일하는 젊은 공원들은 이처럼 가혹한 착취의 영향을 견뎌낼 수 있었지만, 그들 역시 적어도 등과 엉덩이와 다리의 고통, 부어오른 관절, 하지정맥류, 허벅지와 종아리의 만성적인 궤양으로 고생한다. 거의 모든 공원이 이런 질환을 앓는다. 스튜어트와 매킨토시Mackintosh, 데이비드 배리 경의 보고서에는 이런 사례가 수백 개 실려 있다. 그들은 이런 질환들 중 어떤 것으로도 고통받지 않는 공원을 사실상 한 사람도 알지 못한다. 그리고 나머지 보고서들에서도 많은 내과의사들이 동일한 현상이 일어난다는 것을 입증한다. 스코틀랜드를 다루는 보고서들은 던디Dundee와 던펌린Dunfermline의 아마 방적 공장들과 글래스고와 래너크Lanark의 면직물 공장들에서의 13시간 노동이 18~22세의 남자들과 여자들조차 적어도 이런 질환들에 걸리게 한다는 것을 의심할 나위 없이 확인해준다.

이런 질환들은 모두 공장노동의 성격으로 쉽게 설명할 수 있다. 제조업자들의 말마따나 공장노동은 아주 '가벼운' 노동이고, 바로 이 가볍다는 이유 때문에 다른 어떤 노동보다 사람의 기력을 떨어뜨린다. 공원들은 별로 하는 일도 없이 노동시간 내내 서 있어야 한다. 누구든 앉는 사람, 이를테면 창턱이나 바구니에 앉는 사람은 벌금을 물어야 하며, 이처럼 계속 직립하는 자세, 상체가 척추와 엉덩이, 다리에 끊임없이 물리적 압력을 가하는 자세는 필연적으로 앞에서 언급한 결과들을 초래한다. 이 직립 자세가 노동 자체에 필요한 것은 아니며, 노팅엄에서는 의자를 제공하자 이런 질환들이 사라졌고 공원들이 더는 장시간 노동에 반대하지 않았다. 그러나 공원이 오로지 부르주아를 위해 일하고 자기 일을 잘하는 데 별로 관심이 없는 공장의 경우, 공원은 제조업자가 허용하는 정도보다, 제조업자에게 이익이 되는 정도보다 더 자주 의자에 앉을 것이고, 부르주아에 이롭도록 원료의 낭비를 줄이기 위해 자신의 건강과 힘을 희생해야 할 것이다.* 오랫동안 직립하는 자세는 공장을 가득 채우는 해로운 공기와 더불어 앞에서 말한 변형들을 초래할 뿐 아니라 신체의 활력도 눈에 띄게 떨어뜨리고, 그리하여 신체의 일부분이 아니라 전체에 걸쳐서 온갖 종류의 다른 질환들까지 유발한다. 공장의 공기는 보통 습하면서도 필요 이상으로 무더운 편이고, 환기가 아주 좋지 않을 때면 탁하고 답답하고 산소가 부족하고 먼지와 윤활유 냄새로 가득 찬다. 윤활유는 거의 모든 공장에서 바닥을 더럽히고 바닥에 스며들어 산패된다. 공원들은 더위 때문에 옷을 가볍게 입으므로 기온이 오르내릴 경우 쉽사리 감기에 걸리곤 한다. 그들은 전신의 기력을 떨어뜨려 점차 신체의 모든 기능을 약화시키고 체온까지 낮추는 외풍을 싫어한다. 찬바람은 외부에서 들어오므로 공원들은 문과 창문을 모조리 닫고서 공장의 더운 공기 안에서 지내는 데 기꺼이 동의한다. 그러다가 일이 끝나면 비를 막을 수단도 없이, 축축한 옷을 마른 옷으로 갈아입지도 못한 채로 공장 밖의 차갑고 습한 공기나 냉랭한 공기를 쐬게 되는데, 이런 환경은 언제나 감기를 유발한다. 이 모든 사실 외에 다리 근육 말고는 신체의 어떤 근육도 실제로 사용하거나 움직이지 않는다는 사실, 이 모든 조건이 초래하는 노동자의 무기력화와 쇠약화 추세를 그 무엇도 막지 않는다는 사실, 근육을 강하게 만들고 근섬유를 유연하고 단단하게 해주는 어떤 요소도 없다는 사실, 공원이 어려서부터 맑은 공기를 마시며 기운을 회복할 기회를 박탈당한다는 사실을 고려할 때, 공장 보고서에 실린 내과의사들의 만장일치나 다름없는 증언, 즉 노동자들은 질병 저항력이 턱없이 부족하고 신체의 활동력이 전반적으로 떨어져 있고 정신과 신체의 힘이 끊임없이 쇠약해진다는 증언을 의심하기란 불가능하다. 우선 데이비드 배리 경의 말을 들어보자.**

공장노동이 노동자들에게 미치는 해로운 영향은 다음과 같다. 1) 동력을 일정한 속도로 끊임없이 공급받으며 작동하는 기계와 보조를 맞추도록 노동자들의

---

* 리즈에 있는 어느 공장의 방적 작업실에도 의자가 제공되었다. 드링크워터의 증언, p. 85.

** 데이비드 배리 경의 일반 보고서.

정신적 신체적 노력을 불가피하게 강제하는 것. 2) 부자연스럽게 길고 순식간에 되풀이되는 기간 동안 직립 자세를 유지하게 하는 것. 3) 지나치게 긴 노동시간으로 말미암은 수면 부족, 다리의 고통, 신체 전반의 교란. 이것 말고도 대개 천장이 낮거나 붐비거나 먼지가 많거나 축축한 작업실, 탁한 공기, 높은 온도, 끊임없이 흐르는 땀이 부가된다. 그러므로 소년들은 거의 예외 없이, 유달리 빠르게 아동기의 장밋빛 생기를 잃어버리고, 다른 소년들보다 창백하고 여위게 된다. 수직공에게 속박되어 작업실에서 맨발을 진흙 바닥에 댄 채로 베틀 앞에 앉아 있는 소년조차 공장의 소년보다는 겉모습에 생기가 있다. 때때로 잠시 동안 맑은 공기를 쐬기 때문이다. 그러나 공장의 어린이는 식사시간 말고는 한순간도 자유롭지 못하고, 식사하러 갈 때 말고는 결코 맑은 공기를 쐬지 못한다. 성인 남성 방적공들은 모두 창백하고 수척하며, 변덕스러운 식욕과 소화불량으로 고생한다. 그들 모두가 어려서부터 공장에서 양성되고 그들 사이에 키가 크고 건장한 남자가 극히 드물기 때문에 그들의 직업이 남성 신체의 발달에 무척 해롭다는 결론이 정당화된다. 여성들은 이런 노동을 훨씬 잘 견딘다. (아주 당연한 일이다. 그러나 앞으로 보겠지만 여성들도 그들 나름의 질병들을 앓는다.)

파워의 증언도 들어보자.*

나는 브래드퍼드의 공장제가 불구자들을 다수 낳았고, 장시간 계속되는 노동이 분명히 체격에 영향을 미치며, 그 결과는 변형만이 아니라 훨씬 더 일반적인 왜소 성장, 근육의 이완, 골격 전체의 허약화라는 것을 증언할 수 있다.

이미 인용한 리즈의 외과의사 프랜시스 샤프의 말도 들어보자.**

---

* 파워의 보고서, p. 74.

** 잉글랜드의 외과의사들은 내과의사들과 마찬가지로 과학적으로 교육받으며, 일반적으로 외과 실습뿐 아니라 내과 실습도 한다. 여러 가지 이유로 내과의사들보다 외과의사들이 대체로 선호된다.

스카버러Scarborough에서 리즈로 이주하자마자 나는 이곳 어린이들이 스카버러와 그 주변의 어린이들보다 외양이 전반적으로 훨씬 더 창백하고 근섬유의 활력이 더 떨어진다는 사실에 놀랐다. 또한 많은 어린이들이 그들 나이에 비해 유난히 작아 보였다. 나는 연주창, 폐병, 장간막 질환, 소화불량 환자들을 무수히 만났으며, 이와 관련해 의사로서 그들이 공장노동 때문에 병에 걸렸다고 확신한다. 나는 장시간 노동이 신체의 신경에너지를 약화시키고 많은 질병들의 토대를 놓는다고 믿는다. 시골에서 사람들이 끊임없이 유입되지 않는다면, 공장노동자라는 인종은 머지않아 완전히 퇴화할 것이다.

브래드퍼드의 외과의사 보몬트의 말도 들어보자.

내 생각으로는 여기 공장들에서 노동을 통제하는 제도가 전신의 독특한 쇠약을 초래하고, 그 때문에 어린이들이 전염병과 부수적인 질병에 극히 쉽게 감염된다. 나는 공장들의 환기와 청결에 대한 적절한 규제가 전무한 것이, 독특한 쇠약을 초래하거나 내가 진료 중에 그토록 빈번하게 접하는 소름 끼치는 질환들에 쉽사리 걸리게 만드는 주된 원인이라고 단연코 확신한다.

케이 박사도 비슷한 증언을 한다.

1) 나는 공장제가 가장 양호한 환경(브래드퍼드 지역에서 가장 정연한 우드Wood의 공장. 우드는 이 공장의 외과의사이기도 했다)에서 일하는 어린이들의 건강에 미치는 영향을 관찰할 기회가 있었다. 2) 이 영향은 뚜렷하고, 이처럼 가장 양호한 환경에서도 대단히 해롭다. 3) 1842년에 우드의 공장에 고용된 어린이들의 5분의 3이 나에게 진찰을 받았다. 4) 가장 해로운 영향은 흔하게 눈에 띄는 변형이 아니라 쇠약하고 병에 쉽게 걸리는 신체다. 5) 이 모든 상황은 우드의 공장에서 어린이들의 노동시간이 10시간으로 줄어든 이래 크게 나아지고 있다.

이런 증언들을 인용하는 공장 조사위원회 위원 루던 박사는 이렇게 말한다.

요컨대 나는 어린이들이 매일 극히 불합리하고 잔인하게 장시간 노동해왔다는 것, 성인들조차 어떤 인간도 견뎌내기 어려운 노동량을 강요받아왔다는 것이 명확하게 입증되었다고 생각한다. 그 결과 많은 이들이 때 이르게 죽었고, 살아남은 이들도 불구가 된 몸으로 평생 고생한다. 생리적 관점에서 볼 때 생존자들의 망가진 신체 때문에 후손들까지 쇠약해질지 모른다는 두려움은 유감스럽게도 충분히 근거가 있는 것이다.

마지막으로 맨체스터에 관한 호킨스의 증언을 들어보자.

나는 대다수 여행자들이 맨체스터에서, 그중에서도 공장 계급들 사이에서 너무나 자주 눈에 띄는 작은 키와 마른 몸, 창백한 안색에 놀랄 거라고 생각한다. 나는 영국은 물론 유럽에서도 주민의 체격과 안색이 국민 표준에 비해 그토록 명백하게 떨어지는 도시를 본 적이 없다. 이곳의 기혼 여성들은 잉글랜드 아내의 독특한 특징들 일체를 눈에 띄게 결여하고 있다. 나는 맨체스터의 공장들에서 나에게 실려온 소년들과 소녀들이 전부 기운이 없고 아주 창백해 보였다고 고백할 수밖에 없다. 그들의 얼굴에는 아이들이 으레 드러내기 마련인 풍부한 표정과 활기, 명랑함이 전혀 드러나지 않는다. 그들 대부분이 나에게 토요일과 일요일에 밖에서 놀고 싶은 마음이 조금도 없고 집에서 조용히 지내고 싶다고 말했다.

지금 논의와는 절반만 관련되지만 이 맥락뿐만 아니라 어떤 맥락에서도 인용할 수 있는, 호킨스 보고서의 다른 대목을 덧붙이겠다.

폭음과 방종, 앞날을 대비하지 않는 태도가 공장노동자들의 주된 결점이며, 이런 폐단의 원인으로는 현행 제도 아래에서 형성되고 거의 필연적으로 그 제도에서 비롯되는 습관을 서슴없이 꼽을 수 있다. 소화불량과 심기증, 전신의 쇠약이 이 계급에게 심대한 영향을 미친다는 것은 누구나 인정하는 사실이다. 단조롭고 고된 노동을 12시간 동안 한 뒤에 이런저런 자극을 찾는 것은 자연스러운 일이다. 그러나 통상적인 피로에 앞에서 말한 병적인 환경이 겹칠 경우, 사람들은 되풀이해서 다급하게 증류주에서 위안을 구할 것이다.

보고서 자체가 내과의사들과 위원들의 이 모든 증언을 수백 가지 증거로 뒷받침한다. 어린 공원들의 성장이 그들의 노동 때문에 저해된다는 것을 수백 가지 발언이 증명한다. 그중에서도 코웰은 어느 일요학교의 17세 젊은이 46명 가운데 공장에 다니는 26명의 평균 체중은 104.5파운드[47.4킬로그램]이고 공장에 다니지 않는 20명의 평균 체중은 117.7파운드[53.4킬로그램]라는 증거를 제공한다. 내가 기억하기로는 맨체스터의 최대 제조업자 가운데 한 사람이자 노동자들 반대파의 지도자인 로버트 하이드 그렉Robert Hyde Greg은 언젠가 지금과 같은 상황이 지속된다면 랭커셔의 공원들이 머지않아 피그미 족이 될 거라고 말했다.* 어느 모병관**은 공원들이 병역에 그다지 적응하지 못하고, 여위고 신경질적으로 보이고, 외과의사에게 흔히 부적합 판정을 받는다고 증언했다. 맨체스터에서 그는 키가 5피트 8인치[173센티미터]인 남자들을 거의 모병하지 못했다. 맨체스터의 남자들은 보통 5피트 6~7인치[168~170센티미터]였던 반면 농촌 지역의 신병들은 대부분 5피트 8인치였다.

남자들은 생활하고 노동하는 환경으로 말미암아 아주 이른 나이에 노동할 능력을 잃어버린다. 남자들 대다수는 40세면 노동에 부적합하고 소수만이 45세까지 버티며 50세면 거의 아무도 남지 않는다. 이렇게 되는 이유는 전신이 허약해지기 때문만이 아니라 아주 흔하게 시력이 감퇴하기 때문이기

---

* 이 발언은 보고서에서 인용한 것이 아니다.

** 터프넬, p. 59.

도 하다. 시력 감퇴는 뮬 방적의 결과인데, 공원은 서로 평행을 이루는 기다랗고 가느다란 실가닥들에 시선을 고정해야 하고, 따라서 눈을 혹사하게 되기 때문이다.

하퍼Harpur와 래너크의 몇몇 공장들에 고용된 공원 1600명 가운데 45세 이상은 고작 10명이었고, 스톡포트와 맨체스터의 다양한 공장들에 고용된 공원 2만 2094명 가운데 45세 이상은 겨우 143명이었다. 이 143명 중에서 16명은 특혜 덕분에 남아 있었고, 1명은 어린이 노동을 하고 있었다. 방적공 131명의 명단 가운데 45세 이상은 겨우 7명밖에 없었음에도 131명 전원이 일자리에 지원했다가 '너무 늙었다'는 이유로 제조업자들에게 퇴짜를 맞았다. 볼턴에서는 방적공 50명 중에서 50세 이상은 고작 2명이었으며, 나머지 인원은 평균 연령이 아직 40세에 미치지 않았는데도 고령이라는 이유로 어떤 호구지책도 없는 처지였다! 대규모 제조업자인 애시워스AshWorth 씨는 애슐리 경에게 보낸 서한에서 40세에 가까운 방적공들은 더는 필요한 양만큼 실을 준비하지 못하는 까닭에 '이따금' 해고를 당한다는 것을 인정했다. 애시워스는 40세 공원들을 "늙은이들!"이라고 부른다.* 매킨토시 위원은 1833년 보고서에서 같은 방식으로 자기 의견을 표명했다. "어린이들이 고용되는 방식을 보고서 마음의 준비를 했음에도, 나는 연장의 노동자들이 말하는 그들 나이를 믿기가 어려웠다. 그들은 대단히 때 이르게 노화된다."

주로 공원들을 치료한 글래스고의 외과의사 스멜리Smellie는 그들에게 40세면 고령이라고 말한다.** 비슷한 증거를 다른 곳에서도 찾아볼 수 있다.*** 맨체스터에서는 공원들의 이런 조기 노화가 워낙 일반적이라서 거의 모든 40세 남자가 10~15년은 더 늙어 보이는 반면에, 잘나가는 계급들은 남녀를 막론하고 폭음만 하지 않는다면 나이에 비해 굉장히 젊어 보인다.

---

* 〔모두 애슐리 경의 연설(하원 회기, 1844년 3월 15일)에서 인용한 것이다._독일어판 주〕.

** 스튜어트의 증언, p. 101.

*** 터프넬의 증언, pp. 3, 9, 15와 호킨스의 보고서, p. 4. 호킨스의 증언, p. 11 등.

공장노동은 여성의 체격에도 뚜렷하고 독특한 영향을 미친다. 장시간 노동이 초래하는 변형은 여자들 사이에서 훨씬 더 심각하다. 장시간 노동은 흔히 골반의 변형을 일으키는데, 일부 변형은 엉덩이뼈의 비정상적인 위치와 성장으로 나타나고, 일부 변형은 척추 하부의 기형으로 나타난다. 루던 박사는 자신의 보고서에서 이렇게 말한다. "골반의 기형과 다른 몇몇 질환의 사례들을 내가 목격하진 못했지만, 대단히 흔하게 나타나기 때문에 모든 내과의사는 이런 일을 긴 노동시간의 개연성 있는 결과로 여겨야 하고, 아울러 의학적으로 가장 신뢰할 만한 이들이 보증하는 것으로 여겨야 한다."

몇몇 산파들과 산과의사들은 공장에서 일하는 여자들이 다른 여자들보다 난산으로 고생하고 또 유산하기도 쉽다고 증언한다.**** 더욱이 여성 공원들은 모든 공원에게 공통된 전신 허약으로 고생하며, 임신을 해도 분만하는 시간까지 공장에서 계속 일을 한다. 그렇지 않으면 임금을 받지 못할 뿐더러, 너무 일찍 일자리를 비웠다가 다른 노동자로 대체될까 두렵기 때문이다. 여자들이 전날 저녁까지 노동하다가 이튿날 아침에 분만하는 일이 빈발하고, 공장의 기계들 사이에서 분만하는 경우도 그리 드물지 않다. 설령 부르주아지 신사들은 이런 일을 대수롭지 않게 여기더라도, 그들의 아내들은 임산부에게 분만 전날까지 매일 12~13시간씩(예전에는 더 오랫동안) 자주 허리를 굽혀야 하는 직립 자세로 노동하라고 간접적으로 강요하는 것이 잔혹한 짓이자 파렴치한 만행임을 인정할 것이다. 그러나 이게 전부가 아니다. 이 여자들은 출산 후 2주 이내에 노동을 재개하지 않아도 되면 그것을 고맙게 여기고 자기는 운이 좋다고 생각한다. 대다수 여자들이 출산하고 8일 후에, 심지어 3~4일 후에 공장으로 돌아와서 다시 온종일 노동하기 시작한다. 언젠가 나는 어느 제조업자가 감독자에게 "아무개 아직 안 돌아왔나?"라고 묻는 것을 들었다. "아직입니다." "출산한 지 얼마나 되었나?" "일주일 됐습니다." "한참 전에 돌아

**** 호킨스의 증언, pp. 11, 13.

왔어야 해. 저기 저 여자는 딱 사흘만 쉬었어." 그녀는 몸이 약하고 고통스러운데도, 당연히 해고당할지 모른다는 불안과 굶주림에 대한 두려움에 떠밀려 공장으로 간다. 제조업자의 이익은 피고용인들이 아프다는 이유로 집에서 쉬는 것을 용납하지 않을 것이다. 그들은 아파서도 안 되고, 출산을 이유로 감히 오랫동안 가만히 누워 있어서도 안 된다. 그럴 경우 제조업자는 기계의 작동을 멈춰야 하거나 자신의 대단한 머리로 노동력의 배치를 임시로 어떻게 바꿀지 고민해야 하는데, 그는 그렇게 하느니 피고용인들이 아프기 시작할 때 해고해버린다. 다음 말을 들어보자.* "한 소녀가 몹시 아파서 거의 일을 못하고 있다. 그녀는 어째서 집에 가게 해달라고 말하지 못하는가? 아하! 제조업자가 무척 까다로운 사람이라서 반나절만 자리를 비워도 아예 쫓겨날 위험이 있기 때문이다." 데이비드 배리 경의 말도 들어보자.** "노동자 토머스 맥더트 Thomas McDurt는 미열이 있다. 일자리를 잃을까 두려워 그는 나흘 이상은 집에서 쉬지 못한다."

거의 모든 공장의 상황이 이렇다. 어린 소녀들의 취업은 성장기 동안 온갖 종류의 이상 증상을 유발한다. 몇몇 소녀들, 특히 양호한 음식을 먹는 소녀들은 공장의 열기 때문에 그런 증상이 더욱 빨리 진행되어서 13세나 14세에 완전히 성숙하기도 한다. 앞에서 인용한 로버턴(공장 조사위원회의 보고서에서 맨체스터의 '탁월한' 산부인과 전문의라고 말하는)은 잉글랜드 북부에서 발행하는 〈내과외과 저널〉에서, 완숙한 여자인 데다가 임신까지 한 11세 소녀를 보았으며 맨체스터에서는 여자들이 15세에 출산하는 일이 결코 드물지 않다고 말한다. 그런 경우에 공장의 열기는 열대기후와 동일한 영향을 미치고, 그런 기후에서와 마찬가지로 비정상적인 조숙은 때 이른 노화와 쇠약화를 수반함으로써 앙갚음을 한다. 그런가 하면 여성의 신체 발달이 저해되어서 유방이 뒤늦게 성숙

* 코웰의 증언, p. 77.

** 데이비드 배리 경의 증언, p. 44.

하거나 아예 성숙하지 않기도 한다.*** 생리를 17세나 18세에 처음 시작하거나 때로는 20세에 시작하기도 하고, 생리를 전혀 안 하는 경우도 흔하다.**** 의학보고서들이 이구동성으로 말하듯이, 엄청난 고통과 수많은 질환들, 특히 빈혈을 동반하는 불규칙한 생리도 아주 흔하다.

그런 어머니의 아이들, 특히 임신기간 동안 노동해야 하는 어머니의 아이들은 건강할 수가 없다. 오히려 그 아이들은 보고서, 특히 맨체스터의 보고서에서 무척 연약하다고 묘사된다. 배리 경만은 그 아이들이 건강하다고 주장하지만, 자신이 조사한 스코틀랜드에는 공장에서 노동하는 기혼 여성이 거의 없다고 덧붙여 말한다. 더욱이 스코틀랜드에서는 (글래스고를 빼면) 대다수 공장들이 아이들의 기운을 크게 북돋는 환경인 시골에 자리잡고 있다. 맨체스터 주변 지역에서 공원의 아이들은 거의 전부 무럭무럭 자라고 혈색이 발그레한 반면 맨체스터의 아이들은 창백해 보이고 연주창에 걸려 있다. 그러나 시골 아이들도 9세가 되면 공장에 보내지기 때문에 얼굴의 홍조가 급속히 사라지고 머지않아 도시 아이들과 도저히 구분할 수 없게 된다.

이외에도 건강에 특히 해로운 공장노동의 부문들이 있다. 면직물 공장과 아마 방적 공장의 대다수 작업실의 공기는 특히 소면과 소모 작업실에서 일하는 노동자들 사이에서 흉부질환들을 유발하는 섬유 먼지로 가득하다. 일부는 그 먼지를 견뎌낼 수 있지만 일부는 그렇지 못하다. 그러나 공원에게는 선택권이 없다. 공원은 흉부가 건강하든 그렇지 않든 일자리가 있는 작업실에 들어가야 한다. 이처럼 먼지를 호흡하는 환경이 유발하는 가장 흔한 결과는 토혈吐血, 가쁘고 격한 호흡, 흉부의 고통, 기침, 불면이다. 요컨대 최악의 경우 폐결핵으로 귀결되는 천식의 모든 증상이다.***** 몸에 특히 해로운 작업은 어린 소녀들과 소년들이 수행하는 습식 아마사 방적이다. 이 경우 방추에

*** 코웰의 증언, p. 35.

**** 호킨스 박사의 증언, p. 11. / 루던 박사의 증언, p. 14 등. / 데이비드 배리 경의 증언, p. 5 등.

서 아이들을 향해 물이 분출되어 아이들 옷의 앞쪽이 시종일관 흠뻑 젖고 바닥에 언제나 물이 고이게 된다. 면직물 공장의 합사合絲 작업실도 정도는 덜하지만 마찬가지 상황이며, 그 결과는 떨어질 줄 모르는 감기와 흉부의 질환들이다. 모든 공원의 목소리가 거칠고 쉬어 있지만, 습식 방적공과 합사공은 특히 더 그렇다. 스튜어트와 매킨토시, 데이비드 배리 경은 이런 노동의 유해성과 소녀들의 건강을 별로 고려하지 않는 대다수 제조업자들의 태도를 강경한 어조로 주장한다. 아마 방적의 또 다른 결과는 어깨의 기이한 변형, 특히 이 작업의 성격에서 기인하는 오른쪽 어깨뼈의 돌출이다. 아마 방적과 소모기를 이용하는 면사의 방적은, 끊어진 실을 잇는 동안 방추를 고정하는 슬개골의 질환들을 자주 유발한다. 이 두 가지 작업을 할 때는 높이가 낮은 기계를 향해 자주 허리를 굽히고 무릎을 꿇어야 하는데, 이 동작이 일반적으로 공원들의 성장을 저해한다. 내가 일한 맨체스터의 면직물 공장의 소모기 작업실에서 나는 키가 크고 체격이 좋은 소녀를 한 사람도 본 기억이 없다. 그곳 소녀들은 한결같이 땅딸막하고 체격이 볼품없고, 완숙한 외모가 확실히 못생긴 편이었다. 이 모든 질병과 기형을 차치하더라도 공원들의 팔다리는 다른 방식으로 고통받는다. 기계들 틈바구니에서 노동하다 보면 크고 작은 사고가 여럿 발생하며, 그런 사고의 이차적 영향으로 인해 공원은 자신의 노동에 거의 완전히 부적합한 존재가 된다. 가장 흔한 사고는 기계 안에서 손가락 한 마디가 짓눌려 떨어져 나가는 것이고, 이보다 조금 덜 흔한 사고가 손가락 전체, 손의 절반이나 전체, 팔 등이 절단되는 것이다. 상해를 입은 사람들 중에서 비교적 경상인 이들조차 빈번히 파상풍에 걸려 사망한다. 맨체스터에서는 신체가 흉하게 변한 이들 말고도 이리저리 쏘다니는 불구자들을 아주 많이 볼 수 있다. 이 사람은 팔 하나 또는 그 일부가 없고, 저 사람은 발 하나, 또 다른 사람

***** 스튜어트의 증언, pp. 13, 70, 101. / 매킨토시의 증언, p. 24 등. / 노팅엄과 리즈에 관한 파워의 보고서, p. 33 등. / 배리의 증언, p. 12(한 공장의 다섯 사례), pp. 17, 44, 52, 60 등. / 루던의 증언, p. 13과 비교해볼 것.

은 다리 절반이 없다. 맨체스터에서 살아가는 것은 이제 막 전쟁에서 돌아온 군대 한가운데서 살아가는 것과 같다. 그러나 기계류의 가장 위험한 부분은 축軸에서 개별 기계들로 동력을 전달하는 벨트다. 지금은 거의 쓰이지 않지만 버클이 달린 벨트는 특히 더 위험하다. 누구든지 벨트에 붙잡혔다가는 번개처럼 빠르게 끌려가서 위쪽 천장과 아래쪽 바닥에 연달아 내동댕이쳐지는데, 그 힘이 어찌나 강한지 온몸에 온전하게 남는 뼈가 거의 없을 지경이 되어 즉사하고 만다. 〈맨체스터 가디언〉은 1843년 6월 12일부터 8월 3일까지 다음과 같은 심각한 사고들을 보도했다(이 신문은 사소한 사고에는 주목하지 않는다). 6월 12일, 맨체스터에서 한 소년이 기계바퀴 사이에 손이 끼어 으스러진 사고에 기인하는 파상풍으로 죽었다. 6월 16일, 새들워스Saddleworth에서 한 청년이 기계바퀴에 걸려 딸려가는 바람에 갈기갈기 찢겨 사망했다. 6월 29일, 맨체스터 인근 그린 에이커스 무어Green Acres Moor에서 한 젊은 남자가 기계공장에서 일하다가 숫돌 밑으로 떨어져서 갈비뼈가 2개 부러지고 피부가 끔찍하게 찢어졌다. 7월 24일, 올덤에서 한 소녀가 벨트에 걸려서 50번이나 회전하고 뼈라는 뼈는 죄다 부러진 채로 죽었다. 7월 27일, 맨체스터에서 한 소녀가 송풍기(원면을 처음으로 처리하는 기계)에 걸려서 상해를 입고 죽었다. 8월 3일, 듀켄필드Dukenfield에서 실패를 돌리는 직공이 벨트에 걸려서 갈비뼈가 전부 부러진 채로 죽었다. 1843년에 맨체스터 병원은 기계 때문에 부상을 입거나 불구가 된 환자를 962명 치료했고 이 병원의 관할구역에서 여타 사고를 당한 이들이 총 2426명이었으므로, 전체 사고의 5분의 2가 기계 때문에 발생한 셈이었다. 샐퍼드에서 사고를 당한 이들과 개인진료를 하는 외과의사들에게 치료받은 이들은 여기에 포함되지 않는다. 기계 때문에 사고가 일어난 경우, 사고로 인해 피해자가 장차 노동을 제대로 할 수 있든 없든 고용주는 기껏해야 의사에게 치료비만을 지불하며, 치료를 받는 동안 임금을 지불하는 경우는 극히 드물다. 노동력을 상실할 경우 공원이 앞으로 어떻게 될지는 고용주의 관심사가 아니다.

이 문제에 관해 공장 보고서는 고용주들이 모든 사고의 책임을 져야 한다고 말한다. 어린이들은 스스로 몸을 돌보지 못하고 어른들은 자신에게 이로울 때만 몸조심을 할 것이기 때문이다. 그러나 이 보고서를 작성한 신사들은 부르주아이고, 그런 까닭에 아니나 다를까 보고서의 뒷부분에서 모순되는 주장을 전개하고 공원들에게 과실이 있는 무모한 행위라는 문제와 관련해 온갖 허튼소리를 늘어놓는다.

실상은 이러하다. 어린이들이 스스로 몸을 돌보지 못한다면, 어린이의 취업을 금지해야 한다. 가령 어른들이 무모하다면 지능 수준을 고려할 때 그들은 키만 큰 어린이에 지나지 않으며, 그런 지능으로는 위험을 충분히 인식하지 못한다. 노동자들을 지능이 발전할 수 없는 조건에 묶어둔 부르주아지 말고는 누가 이 결과를 책임져야 하는가? 또한 기계류가 부적절하게 배치되어 있을 경우 기계류 주위에 울타리를 설치하는 것도 부르주아지의 몫이다. 공원은 위험을 무릅써야 하고, 임금을 벌기 위해 재빨리 일해야 해서 몸을 돌볼 시간이 없는데, 이것 또한 부르주아지의 책임이다. 예를 들어 많은 사고가, 작동 중인 기계를 공원들이 청소하다가 발생한다. 왜 그런가? 그렇게 하지 않으면 부르주아가 기계가 작동하지 않는 휴식시간 동안 노동자에게 청소를 강요할 것이고, 당연히 노동자는 휴식시간을 한순간도 포기할 마음이 없기 때문이다. 모든 휴식시간이 무척이나 소중한 노동자는 그중 일부를 부르주아를 위해 쓰기보다는 대개 일주일에 두 번씩 목숨을 거는 쪽을 택한다. 고용주가 노동시간 중에 기계를 청소할 시간을 준다면, 공원이 작동 중인 기계를 청소하는 일은 다시는 없을 것이다. 요컨대 어떤 관점에서 보더라도 책임은 궁극적으로 제조업자에게 있으며, 적어도 제조업자에게 노동력을 상실한 공원을 평생 지원하고, 공원이 사고로 사망한 경우 희생자의 가족을 지원할 것을 요구해야 한다. 제조업 초창기에는 기계류가 더 조잡하고 작고 과밀한 데다가 울타리마저 거의 전무했기 때문에 지금보다 사고가 훨씬 많이 발생했다. 그러나 앞에서 말한 사례들이 입증하듯이, 오늘날에도 단 한 계급의 이익을 위해 그토록 많은 변형과 기형을 용인하는 현실, 그토록 많은 근면한 노동자들이 부르주아지를 위해 일하다가, 또는 부르주아지의 잘못으로 입은 상해 때문에 결핍과 굶주림에 빠지는 현실에 대해 중대한 의문이 생길 만큼 사고가 빈발하고 있다.

순전히 제조업자들의 가증스러운 금전욕 때문에 생겨나는 질병들의 끔찍한 목록을 생각해보라! 오로지 부르주아지의 지갑을 채우기 위해 여자들은 출산에 부적합해지고, 어린이들은 변형되고, 남자들은 허약해지고 팔다리가 으스러지며, 모든 세대가 질병과 쇠약으로 고생하다가 만신창이가 된다. 누군가 악랄한 사례들에 대한 증언을 읽을 때, 어린이들이 어떻게 침대에 벌거벗고 있다가 감독자에게 붙잡혀 손에 옷을 든 채로 손찌검과 발길질을 당하면서 공장으로 끌려가는지*, 어떻게 구타를 당하며 잠에서 깨는지, 그럼에도 어떻게 노동하다가 잠이 드는지, 가련한 어린이가 어떻게 자다가도 감독자의 외침에 벌떡 일어서는지, 그리고 기계가 멈춘 뒤에도 어떻게 기계적으로 작업을 계속하는지를 묘사한 증언을 읽을 때, 누군가 어린이들이 어떻게 집에 가지 못할 만큼 지쳐서 건조실의 양모에 몸을 숨기고 자다가 결국 채찍질을 당하고서 공장에서 쫓겨나는지, 어린이 수백 명이 어떻게 매일 밤 기진맥진한 채로 집에 돌아와 졸리고 입맛이 없어서 저녁식사도 하지 못하고 부모 옆에서 기도를 하다가 무릎을 꿇은 자세로 잠이 드는지를 기술한 증언을 읽을 때, 누군가 이 하나의 보고서에서 이 모든 사례와 그 밖에도 백 가지는 되는 악행과 추행을 읽을 때, 보고서의 모든 증언이 진실임을 서약한 증언이고 몇몇 증인들이 확증한 증언이고 위원들 자신이 믿을 만하다고 단언하는 이들이 진술한 증언일 때, 누군가 이것이 먼저 작성된 토리 당의 보고서를 뒤집고 제조업자들의 마음이 순수하다는 평판을 되찾으려는 목적으로 작성된 자유당의 보고서, 부르주아의 보고서임을 생각할 때, 위원들이 부르주아지 편이고 이 모든 증언을 마지못해 보고한다는 것을 생각할 때, 어떤 대가를 치르고라도 자

* 스튜어트의 증언, p. 39.

기네 지갑을 두둑히 채우려는 일념밖에 없으면서도 박애와 자기희생을 떠벌리는 계급을 향한 분노와 노여움이 그 사람의 가슴을 가득 채우지 않을 도리가 있겠는가? 이제 화제를 바꾸어 부르주아지가 선택한 사도인 유어 박사의 입을 통해 그들의 이야기를 들어보자. 유어 박사는 《제조업의 철학(Philosophy of Manufactures)》*에서, 노동자들은 그들의 희생과 임금이 아무런 관계가 없다는 말을 들어왔기 때문에 고용주들과 노동자들 사이의 만족스러운 합의가 저해된다고 말한다. 오히려 노동자들은 집중력과 근면함으로 호감을 사기 위해 애써야 하고, 고용주들의 번영을 기뻐해야 한다. 그런 뒤에야 그들은 감독자와 관리자, 그리고 마침내 동반자가 될 것이고, 그리하여—"오! 지혜여, 그대는 비둘기처럼 말하는구나!"〔요한 볼프강 폰 괴테의 시 〈독수리와 비둘기〉의 구절〕—'그와 동시에 노동시장에서 그들의 동료들에 대한 수요를 올릴' 것이다. "공원들의 그릇된 견해에서 비롯된 폭력적인 충돌과 방해가 없었다면, 공장제는 훨씬 더 빠르고 유익하게 발전했을 것이다."** 곧이어 공원들의 저항 정신과 노동자들 가운데 임금을 제일 많이 받는 숙련 방적공들이 일으킨 어느 파업에 대해 푸념을 길게 늘어놓은 뒤, 이런 순진한 관찰을 덧붙인다.*** "사실 그들은 높은 임금 덕분에 유급有給 위원회를 풍족하게 유지할 수 있었고, 높은 임금 때문에 실내 노동을 하기에는 지나치게 기름지고 자극적인 음식을 먹고서 각종 신경증을 앓게 되었다."

부르주아지가 어린이들의 노동을 어떻게 묘사하는지 들어보자.****

> 나는 맨체스터와 그 주변 지역의 여러 공장을 방문한 몇 달 동안 하루에도 몇 번씩 시차를 두면서 대개 혼자서 갑자기 정방실精紡室에 들어갔지만, 어린이가

---

* 앤드루 유어, 《제조업의 철학》, 277ff.

** 위의 책, 277.

*** 위의 책, 298.

**** 위의 책, 301.

> 체벌당하는 모습을 단 한 번도 보지 못했다. 또한 어린이들이 언짢아하는 모습도 본 적이 없다. 그들은 근육을 쓰는 가벼운 놀이를 하며 즐거워하고 그들 나이에 어울리게 이리저리 움직이는 등 언제나 쾌활하고 기민해 보였다. 나에게 산업의 현장은 슬픈 감정을 자아내기는커녕 언제나 기분을 유쾌하게 해주는 곳이었다. 고정된 롤러 빔roller beam에서 뮬 방적기의 운반대가 멀어지기 시작할 때 그들이 끊어진 실을 잽싸게 잇는 모습과 몇 초 동안 작은 손가락을 움직인 뒤에 실을 당기고 감는 작업이 다시 한 번 완료될 때까지 편안한 자세로 즐겁게 노는 모습을 보는 것은 유쾌한 일이었다. 이 생기 넘치는 꼬마요정들의 노동은 습관처럼 하다가 만족스러운 재주를 익히게 되는 운동과 닮아 보였다. 그들은 자신의 솜씨를 의식하고서 그것을 낯선 사람 누구에게나 기꺼이 뽐냈다. 하루 노동으로 인한 피로에 대해 말하자면, 그들은 저녁에 공장을 나서면서 피로의 흔적을 전혀 보이지 않았다. 그들은 곧바로 가까운 놀이터에서 뛰어놀기 시작했고, 학교에서 돌아오는 소년들만큼이나 활발하게 귀여운 놀이들을 시작했기 때문이다.

당연한 말이다! 유어는 경직된 동시에 이완된 신체의 모든 근육을 즉시 움직이는 것이 시급한 일이 아니라는 듯이 말한다! 그러나 유어는 이런 일시적인 흥분이 몇 분 뒤에 잦아들지 않는지를 기다리며 지켜보아야 했다. 이뿐 아니라 유어는 이 모든 활동을 노동을 시작하고 대여섯 시간이 지난 오후에만 보았지 저녁에는 보지 못했다! 이 부르주아는 공원들의 건강에 대해 말하면서 대단히 경솔하게도, 내가 앞에서 무수히 인용한 1833년 보고서를 이 노동자들의 건강이 아주 좋다는 것을 뒷받침하는 증언으로 제시하며, 맥락에서 분리하고 취사선택한 인용문들을 이용해, 노동자들에게서 연주창의 흔적을 찾아볼 수 없고 공장제 덕분에 그들이 어떤 급성 질병에도 걸리지 않는다는 것(이것은 사실이지만, 그 대신 그들이 온갖 만성 질병을 앓는다는 사실은 당연히 숨긴다)을 입증하려고 노력한다. 우리의 친구 유어가 경솔하게도 추잡한 거짓말로 영국 공중을 속여 넘기려 한다는 것을 밝히기 위해서는, 그 보고서가 기름진 음식을 먹는 영국 부르주아라면 결코 속속들이 검토하지 않을 커다란 폴리오판 세 권으로 이루어져 있다는 사실을 꼭 지적해야 한다. 자유당 부르주아지가 통과시킨 법으로, 앞으로 살펴보겠지만 제조업자들에게 별다른 제약을 가하지 않는 1834년 공장법에 대해 유어가 어떻게 말하는지 더 들어보자. 유어는 이 법, 특히 의무교육 조항이 제조업자들을 겨냥한 터무니없고 전제적인 조치이며 이 법 때문에 12세 이하 모든 어린이가 일자리에서 쫓겨났다고 말한다. 그 결과는 어떠한가? 수월하고 유익한 일자리에서 해고당한 어린이들은 어떤 교육도 받지 못하고, 따뜻한 정방실에서 차가운 세상으로 내쫓겨 구걸과 도둑질로만 생계를 유지한다. 요컨대 공장과 일요학교에서 꾸준히 개선되는 조건과 비교해 애처롭게 살아간다. 이 법은 박애라는 가면을 쓰고서 빈민들의 고통을 가중시키고 있으며, 설령 양심적인 제조업자의 유익한 활동을 완전히 중단시키지는 않더라도 크게 제한할 것이다.*

공장제의 파멸적인 영향은 일찍부터 많은 이들의 주목을 받아왔다. 1802년 견습공법은 이미 언급했다. 그 후 1817년에 당시 스코틀랜드 뉴래너크New Lanark의 제조업자였고 훗날 영국 사회주의의 창시자가 된 로버트 오언Robert Owen이 진정과 청원을 통해 공원들, 특히 어린이들의 건강을 법률적으로 보증할 필요성에 정부가 주목할 것을 촉구하기 시작했다. 고인이 된 로버트 필 경은 다른 박애주의자들과 힘을 합해 어렵사리 1819년, 1825년, 1831년의 공장법을 차례로 제정했으나 처음 두 법은 아예 시행되지 않았고 마지막 법은 일부 지역들에서만 시행되었다. J. C. 홉하우스J. C. Hobhouse의 발의에 근거한 이 1831년 공장법은 면직물 공장에서 밤 7시 30분부터 아침 5시 30분까지 21세 이하 노동자가 일하는 것을 금지했고, 모든 공장에서 18세 이하 어린 노동자가 주중에 12시간, 토요일에 9시간 넘게 일하는 것을 금지했다. 그러나 공원들은 고용주에게 불리한 증언을 하면 해고를 당했기 때문에 이 법은 문제

---

* 《제조업의 철학》, 405, 406ff.

를 해결하는 데 별로 도움이 되지 않았다. 공원들이 더 반항적인 대도시들에서는 대규모 제조업자들이 1831년 공장법을 준수하기로 자기들끼리 합의를 보았다. 그러나 대도시들에도 시골의 고용주들처럼 그 법에 개의치 않는 고용주들이 많이 있었다. 그러는 동안 공원들 사이에서는 10시간 노동법, 즉 18세 이하 모든 공원이 매일 10시간 이상 일하는 것을 금지하는 법을 요구하는 목소리가 높아졌다. 노동조합들은 운동을 통해 이 요구를 제조업 노동자들 사이에 널리 퍼뜨렸다. 당시 마이클 새들러Michael Sadler가 이끌던 토리 당의 박애주의적인 분파는 이 법안을 마련해서 의회에 발의했다. 새들러는 공장제를 조사할 의회 위원회를 손에 넣었고, 이 위원회가 1832년에 보고서를 작성했다. 공장제의 강력한 적들이 토리 당의 목적을 위해 작성한 이 보고서는 단연코 당파적이었다. 새들러는 고결한 열정을 주체하지 못하고 가장 왜곡되고 잘못된 주장을 펴고야 말았다. 새들러 본인이 목격한 것들을 토대로 질문하고 답하는 형식으로 전개한 그 주장에는 진실이 담겨 있었지만, 그 진실이 뒤틀린 형식 속에 들어 있었던 것이다. 한때 제조업자들은 자기네를 괴물로 표현한 그 보고서에 격노했지만 이제는 공식 조사를 요구했다. 그들은 이런 경우에 정확한 보고서가 자기네에게 이롭다는 것을 알고 있었다. 그들은 진정한 부르주아인 휘그 당이 실권을 잡고 있고, 자기들과 휘그 당이 좋은 관계이고, 휘그 당의 원칙들이 제조업에 대한 어떤 제약에도 반대한다는 것을 알고 있었다. 그다음 순서로 그들은 자유당 부르주아들로 구성된 위원회를 손에 넣었는데, 이 위원회의 보고서를 내가 숱하게 인용했다. 이 보고서는 새들러의 보고서보다 진실에 더 가깝지만 새들러의 보고서와 정반대 방향으로 편향되어 있다. 이 보고서는 페이지마다 제조업자들에 대한 공감과 새들러의 보고서에 대한 불신, 10시간 노동 법안을 자주적으로 주장하는 노동자들과 지지자들에 대한 반감을 무심결에 드러낸다. 또한 노동자가 인간답게 살아가고 자주적으로 활동하고 자기 의견을 개진할 권리를 어디서도 인정하지 않는다. 아울러 공원들이 10시간 노동 법안을 지지하면서 어린이만이 아니라 자기들까지 염두에 둔다고 비난하고, 이 법안을 주장하는 노동자를 음흉한 속셈과 나쁜 의도를 가진 선동가라고 부른다. 요컨대 이 보고서는 부르주아지의 편에서 쓰였다. 그럼에도 이 보고서는 제조업자들의 결점을 숨기지 못하고 너무나 많은 악행을 고용주들의 책임으로 남겨놓은 까닭에, 보고서가 제출된 뒤에도 10시간 노동 법안을 주장하는 목소리와 제조업자들을 증오하는 마음, 위원회가 제조업자들에게 붙인 가혹한 별칭들이 모두 충분히 정당화되었다. 그래도 두 보고서에는 차이점이 하나 있었다. 새들러의 보고서가 제조업자의 공공연하고 노골적인 만행을 고발한 반면 이 보고서는 이런 만행이 주로 문명과 인류애라는 가면을 쓰고서 행해진다는 것을 분명하게 보여주었다. 랭커셔 담당 의료위원인 호킨스 박사는 자기 보고서의 서두에서 10시간 노동 법안에 대한 지지를 확실하게 표명하며, 매킨토시 위원은 자기 보고서에 완전한 진실이 담긴 것은 아니라고 말한다. 공원들로부터 고용주에 불리한 증언을 끌어내기가 무척 어렵고, 제조업자들은 흥분한 공원들을 달래기 위해 갈수록 많이 양보해야 하는 처지일 뿐만 아니라, 대개 공장을 청소하고 기계의 작동 속도를 늦추는 등 공장을 조사할 것에 대비하기 때문이다. 특히 랭커셔의 제조업자들은 위원에게 작업실의 감독자들을 데려가서 노동자인 양 고용주의 인간애, 건강에 좋은 노동의 효과, 그리고 적의까지는 아니더라도 10시간 노동 법안에 대한 공원들의 무관심을 증언하게 하는 수법을 이용했다. 그러나 그 감독자들은 노동자가 아니었다. 그들은 급여를 더 많이 받기 위해 노동계급에서 탈영해 부르주아지에 입대한 이들로서, 자본가들의 이해관계를 위해 노동자들과 맞서 싸운다. 그들의 이익이 곧 자본가들의 이익이며, 그런 까닭에 노동자들이 거의 제조업자들보다 그들을 더 증오할 지경이다.

그럼에도 이 보고서는 피고용인들에 대한 제조업 부르주아지의 가장 졸렬하고 무모한 행동과 지극히 비인간적인 산업적 착취 제도의 추악한 면모 전체를 여실히 드러낸다. 이 보고서의 가장 역겨운 점은 과로에서 기인하는 질병들과 변형들을 기록한 기다란 목록과 제조업자들의 냉혹하고 계산적인 정치경제학을 비교한다는 것으로, 그들은 매년 수많은 어린이들이 불구가 되는 것을 금지한다면 자기네와 더불어 영국 전체가 틀림없이 영락하리라는 것을 정치경제학을 통해 입증하려 한다. 내가 인용한 유어 박사의 글만 해도 그토록 터무니없는 내용이 아니라면 훨씬 더 역겨울 것이다.

이 보고서의 결실이 1834년 공장법이었다. 이 법은 9세 이하 어린이의 고용을 금지했고(견직물 공장은 예외), 9~13세 어린이의 노동시간을 주당 48시간, 하루 최대 9시간으로 제한했고, 14~18세 청년의 노동시간을 주당 69시간, 하루 최대 12시간으로 제한했으며, 최소 식사시간을 1시간 30분으로 규정했고, 다시 한 번 18세 이하 노동자의 야간노동을 전면 금지했다. 또한 14세 이하 모든 어린이가 매일 2시간씩 의무적으로 학교에 출석할 것을 규정했고, 공장 외과의사의 연령증명서와 교사의 재학증명서 없이 어린이를 고용할 경우 제조업자를 처벌할 수 있게 했다. 그 대신 고용주는 어린이의 주급에서 1페니를 공제해 교사에게 지급할 수 있었다. 아울러 아무 때나 공장을 방문해 공원들로부터 진실임을 서약한 증언을 받고, 치안판사에게 고발해 법을 집행할 수 있는 외과의사와 조사관을 임명했다. 유어 박사가 도를 넘은 독설을 퍼붓는 대상이 바로 이 법이다!

이 법의 결과, 특히 조사관을 임명한 결과 평균 노동시간이 12~13시간으로 감소하고 가능한 한 어린이들은 다른 노동자들로 대체되었다. 이때부터 가장 지독한 해악 가운데 일부가 거의 완전히 사라졌다. 이제 허약체질인 사람만 변형이 생겼고, 과로의 영향이 눈에 훨씬 덜 띄게 되었다. 그럼에도 공장 보고서에는 하루 최대 노동시간을 12~13시간으로 규정한 J. C. 홉하우스 경의(1831년) 법을 적용받는 피고용인들 사이에서 덜 심한 해악들, 이를테면 발목의 부기, 다리 · 엉덩이 · 등의 약화와 통증, 하지정맥류, 다리의 궤양, 전신, 특히 골반부의 약화, 메스꺼움, 번갈아 나타나는 식욕부진과 부자연스러운 허기, 소화불량, 건강염려증, 공장의 먼지와 더러운 공기로 말미암은 흉부의 질환 등등이 전부 발생한다는 증언이 충분히 남아 있다. 글래스고와 맨체스터의 보고서는 이 측면에서 특히 주목할 만하다. 이런 해악들은 1834년 법 이후에도 사라지지 않았고 오늘날까지도 노동계급의 건강을 해치고 있다. 부르주아지는 이 법의 힘을 이용해 가차없는 이윤 욕심에 위선적 문명적 덮개를 씌우기 위해, 제조업자들이 지나치게 눈에 띄는 악행을 저지르는 것을 제지하기 위해, 그리하여 그들에게 거짓 박애를 득의양양하게 과시할 구실을 제공하기 위해 각별히 신경을 썼다. 이게 전부다. 오늘날 새로운 위원회가 임명된다면 예전만큼이나 많은 해악들을 목격할 것이다. 즉흥적으로 시행한 의무적인 학교 출석 조항에 관해 말하자면, 정부가 좋은 학교들을 제공하지 못한 까닭에 완전히 사문화되고 말았다. 제조업자들은 늙고 지친 공원들을 교사로 고용하고는 매일 2시간씩 그들에게 어린이들을 보내는 식으로 법을 준수했지만, 어린이들은 아무것도 배우지 못했다. 공장법을 집행하는 것으로 임무가 국한되는 공장조사관들의 보고서마저도 지난날의 해악들이 불가피하게 남아 있다는 결론을 충분히 정당화할 만한 자료를 제공한다. 조사관 호너와 손더스Saunders는 1843년 10월과 12월 보고서에서, 어린이를 고용하지 않거나 성인으로 대체할 수 있는 여러 부문에서 노동시간이 여전히 14~16시간, 또는 그 이상이라고 말한다. 이 부문들의 공원들 중에서 그들은 공장법의 조항에서 막 벗어난 청년들을 많이 보았다. 이 법을 위반해서 얻는 이익에 비하면 벌금이 푼돈에 지나지 않음을 알고 있는 많은 고용주들은 법을 무시해 식사시간을 줄이고, 법이 허용하는 시간보다 더 오랜 시간 어린이에게 일을 시키고, 고발당할 위험을 감수한다. 특히 사업이 유난히 활황인 바로 요즘 같은 때에 고용주들은 법을 위반하고픈 유혹에 강하게 끌리기 마련이다.

그동안 공원들 사이에서는 10시간 노동 법안을 요구하는 운동이 결코 사라지지 않았다. 1839년에 이 운동은 다시 한 번 힘차게 전진했으며, 새들러가 죽어서 공석이 된 하원의 자리를 둘 다 토리 당원인 애슐리 경*과 리처드 오스틀

* 훗날 샤프츠버리 백작이 되었고 1885년에 죽었다.

러가 채웠다. 특히 마이클 새들러 생전에 10시간 노동 법안을 적극 지지했던 오스틀러는 공장 지역들에서 운동을 계속했으며 노동자들에게 유달리 호의적이었다. 노동자들은 오스틀러를 자신들의 "선하고 정겨운 왕", "공장 어린이들의 왕"이라 불렀으며, 공장 지역들에는 그를 알지 못하거나 존경하지 않는 어린이, 그가 도시를 방문할 때 그를 환영하는 행렬에 끼지 않는 어린이가 한 명도 없었다. 또한 오스틀러는 신구빈법에 격렬하게 반대하다가 그를 토지의 관리인으로 고용한 손힐Thornhill 씨가 자신에게 진 빚을 갚으라고 요구하는 바람에 투옥되었다. 휘그 당원들은 구빈법에 대항하는 운동을 포기하기만 하면 빚을 대신 갚아주고 여타 호의를 베풀겠다고 오스틀러에게 거듭 제안했다. 그러나 헛수고였다. 오스틀러는 감옥에 계속 머물면서 공장제와 구빈법에 반대하는 플릿 신문을 발행했다.

1841년 토리 정부는 다시 한 번 공장법에 주목했다. 1843년 내무장관 제임스 그레이엄James Graham 경은 어린이의 노동시간을 6시간 30분으로 제한하고 의무적인 학교 출석을 더 효과적으로 규정하기 위한 법안을 발의했다. 이 법안의 핵심 조항은 더 나은 학교들을 설립하는 것이었다. 그렇지만 이 법안은 비국교도들의 시기 때문에 좌초되었다. 의무적인 종교 교육이 비국교도들의 자녀에게까지 확대되지는 않았지만, 신설될 학교들을 국교회가 전반적으로 감독하고 성서가 일반적인 독본으로 쓰일 것이었기 때문이다. 그처럼 종교가 모든 교육의 토대를 이룬다는 생각에 비국교도들은 위협을 느꼈다. 제조업자들과 자유당원들은 대체로 비국교도들과 연합했고, 노동자들은 교회 문제로 분열되어서 소극적으로 대처했다. 이 법안에 반대한 이들은 샐퍼드와 스톡포트 같은 제조업 대도시들에서는 우세했으나 맨체스터 같은 다른 도시들에서는 노동자들의 두려움 때문에 법안의 몇 가지 조항만을 공격할 수 있었음에도, 거의 200만 명으로부터 반대 청원 서명을 받아냈다. 그러자 겁을 잔뜩 집어먹은 그레이엄은 법안 전체를 철회하고 말았다. 이듬해에 그레이엄은 학교 조항들을 생략했고, 예전처럼 학교들을 신설하자고 말하는 대신 8~13

세 어린이의 노동시간을 6시간 30분으로 제한해서 어린이가 오전이나 오후 내내 자유롭게 지낼 수 있게 하고, 13~18세 청년과 모든 여성의 노동시간을 12시간으로 제한하고, 이제껏 빈번했던 탈법 행위를 단속하자고 제안했다. 그레이엄이 이 법안을 발의하자마자 10시간 노동 운동이 과거 어느 때보다도 격렬하게 재개되었다. 바로 그때 오스틀러는 자유를 되찾았다. 오스틀러의 많은 친구들과 노동자들 한 무리가 빚을 대신 갚아주자 그는 이 운동에 힘껏 몸을 던졌다. 하원에서도 10시간 노동 법안을 옹호하는 이들의 수가 늘었고, 이 법안을 지지하는 수많은 청원이 사방에서 쏟아져 들어와 동맹이 되어주었으며, 1844년 3월 19일 애슐리 경이 공장법에서 '밤'이라는 낱말이 밤 6시부터 아침 6시까지를 나타낸다는 결의안을 다수결에 따라 179표 대 170표로 가결함으로써 야간노동을 금지하는 것이, 휴식시간을 포함하는 하루 노동시간을 12시간으로, 또는 실제 노동시간을 10시간으로 제한한다는 것을 뜻하게 되었다. 그러나 정부가 이에 동의하지 않았다. 제임스 그레이엄 경은 내각에서 사임하겠다고 위협하기 시작했고, 이 법안에 대한 하원의 다음 투표에서 근소한 표차로 10시간 노동 조항과 12시간 노동 조항이 모두 부결되었다! 그러자 그레이엄과 필은 새로운 법안을 제출할 것이고 그 법안이 통과되지 않으면 사임할 것이라고 발표했다. 그 새로운 법안은 형식만 약간 다를 뿐 예전 12시간 법안과 판박이였으며, 3월에 그 법안의 핵심 조항들을 부결했던 바로 그 하원이 이제는 그 법안을 전부 받아들였다. 이렇게 된 이유는 10시간 노동 법안을 지지하는 이들이 대부분 정부를 상실하느니 이 법안을 포기할 토리 당원이었기 때문이다. 그러나 그들의 동기가 무엇이었든 하원은 이 사안에 대해 표결할 때마다 지난번 표결을 뒤집음으로써 모든 노동자로부터 엄청난 경멸을 받았고, 하원 개혁의 필요성을 역설하는 차티스트들이 옳다는 것을 눈부시게 입증해 보였다. 예전에 정부에 반대투표를 했던 의원 3명이 이후에 찬성투표를 해서 정부를 구했다. 표결 때마다 야당 의원들은 대부분 정부에 찬성투표를 했고 여당 의원들은 반대투표를 했다.* 어린이의 노동시간을 6시간 30분으로, 다른 모든 공원의 노동시간을 12시간으로 제한하는 사안과 관련해 그레이엄이 발의한 법안들은 이제 법률 조항들이 되었으며, 이 조항들로 말미암아, 그리고 기계류가 고장나거나 결빙이나 가뭄 때문에 수력이 불충분해서 허비한 시간을 과도한 노동으로 보충하는 것을 제한하는 조항으로 말미암아, 12시간이 넘는 노동시간은 거의 불가능하게 되었다. 그렇지만 10시간 노동 법안이 단시일 내에 실제로 채택되리라는 것은 의심할 여지가 없다. 제조업자들은 당연히 이 법안에 반대한다. 그들 중에 찬성하는 사람은 10명도 없을 것이다. 그들은 이 두려운 조치를 저지하기 위해 떳떳한 수단과 비열한 수단을 가리지 않고 온갖 수단을 동원했지만, 그들에 대한 노동자들의 증오가 더욱 깊어지는 결과만을 불러왔을 뿐이다. 이 법안은 통과될 것이다. 노동자들은 하고자 하는 일을 할 수 있으며, 장차 이 법안을 소유하리라는 것을 지난 봄에 입증했다. 10시간 노동 법안 때문에 생산비가 증가하고 영국 제조업자들이 외국시장에서 경쟁력을 잃고 임금이 감소할 것이라는 제조업자들의 경제적 주장들은 모두 절반만 진실이다. 그들은 공원들에 대한 잔혹한 처우, 공원들의 건강 파괴, 모든 세대의 사회적 신체적 정신적 쇠퇴를 통해서만 영국 산업의 위대함을 유지할 수 있다는 것 말고는 아무것도 입증하지 못한다. 10시간 노동 법안이 최종 조치라면 당연히 영국을 파멸시킬 것이다. 그러나 이 법안은 영국을 이제까지와는 전혀 다른 길로 이끄는 다른 조치들을 동반하므로 틀림없이 영국을 전진시킬 것이다.

오늘날 공장제 때문에 발병하는 질병들과 마찬가지로 법률 조항으로도 손쉽게 치료할 수 없는 공장제의 다른 측면으로 주의를 돌려보자. 이미 우리는 공장노동의 성격에 대해 일반적으로 언급했고, 주어진 사실들에서 특정한 추

* 하원은 설탕 문제와 관련해 동일한 회기에 동일한 방식으로 우스꽝스러운 작태를 두 번이나 보인 것으로 악명이 높다. 처음에는 정부에 반대투표를 했다가 여당 원내총무가 신청한 뒤에는 찬성투표를 했다.

론을 이끌어낼 수 있을 만큼 그 성격을 상세히 살펴보기도 했다. 기계류를 감독하고 끊어진 실을 잇는 작업은 공원의 사고력을 요구하지 않으면서도 공원이 다른 생각을 못하게 막는 활동이다. 우리는 또한 이 작업이 신체의 근육을 사용할 기회를 주지 않는다는 것도 살펴보았다. 그러므로 정확하게 말하자면 이 작업은 노동이 아니라 권태이고, 상상할 수 있는 가장 무감각하고 지긋지긋한 공정이다. 공원은 이처럼 극히 단조로운 작업을 하면서 신체적 정신적 능력의 쇠퇴를 감수해야 하고, 8세부터 매일 아침부터 저녁까지 지겨운 임무를 수행해야 한다. 더욱이 공원은 한순간도 쉬어서는 안 된다. 엔진이 끊임없이 돌아가고, 기계바퀴와 벨트, 방추의 웅웅거리고 덜컹거리는 소리가 쉴 새 없이 귓가에 맴돌고, 잠깐이라도 숨을 돌릴라 치면 벌금 장부를 손에 든 감독자가 등 뒤에 버티고 있기 때문이다. 이처럼 산 채로 공장에 묻혀야 하고 지칠 줄 모르는 기계에 끊임없이 집중해야 하는 처지를 공원들은 가장 고통스러운 고문으로 느끼며, 장기적으로 볼 때 이런 처지는 그들의 정신과 신체의 성장을 극도로 저해한다. 사람을 멍청하게 만들려면 한동안 공장노동을 시키는 것이 상책이다. 그럼에도 공원들이 지능의 쇠퇴를 막았을 뿐만 아니라 다른 노동자들보다 지능을 더 계발하고 날카롭게 다듬기까지 했다면, 그들은 이것이 자신들의 운명에 맞서는 저항, 그리고 어떤 환경에 있든 노동하는 동안 생각하고 느낄 수 있는 유일한 대상인 부르주아지에 맞서는 저항을 통해서만 가능하다는 것을 알아챘을 것이다. 부르주아지를 향한 이런 분노가 노동자의 가장 강렬한 격정이 되지 않는다면, 그 필연적인 귀결은 폭음과 도덕적 타락이라고 통칭하는 사태다. 호킨스 위원은 공장제로 말미암아 일반적으로 나타나는 신체의 쇠약과 질병을 목격하고는 이런 도덕적 타락의 책임을 공장제에 돌릴 수밖에 없었다. 앞에서 모든 노동자의 도덕적 타락을 부추긴다고 말한 요인들이 계속 영향을 미치는 가운데 쇠약하고 병든 신체에 정신적 무기력까지 겹친다면 상황이 얼마나 더 나빠지겠는가! 그러므로 특히 제조업 도시들에서 내가 앞에서 묘사한 폭음과 성적 방종이 최고조에 도달했다고 해도 놀랄 이유는 없다.*

이뿐 아니라 부르주아지가 프롤레타리아트를 구속하는 노예제 역시 공장제에서 가장 두드러지게 나타난다. 공장제에서는 법적으로나 실제적으로나 모든 자유를 박탈당한다. 공원은 아침 5시 30분까지 공장에 와야 한다. 2분만 늦어도 벌금을 물어야 하고, 10분을 늦으면 아침식사가 끝날 때까지 공장으로 들어가지 못할 뿐더러 노동을 하는 12시간 중에 2시간 30분만 빠지는데도 하루 임금의 4분의 1을 공제당한다. 공원은 명령에 따라 먹고 마시고 자야 한다. 공원에게는 피치 못할 욕구를 채우는 데 절대적으로 필요한 최소한의 시간만이 허용된다. 공원의 거처가 공장에서 30분 거리든 1시간 거리든 고용주는 신경쓰지 않는다. 전제군주와도 같은 종소리가 울리면 공원은 수면 중이든 아침식사나 저녁식사를 하는 중이든 불려가야 한다.

공장 안에서 공원을 통제하는 시간은 또 어떠한가! 여기서 고용주는 절대적인 입법자다. 고용주는 마음대로 규정을 정하고, 내키는 대로 법전의 내용을 바꾸거나 새로운 내용을 추가한다. 설령 고용주가 황당무계한 내용을 법전에 집어넣더라도 법관은 노동자에게 이렇게 말한다. "당신은 당신 자신의 주인이었으며, 아무도 당신에게 원하지 않는 계약에 동의하라고 강요하지 않았다. 그러나 자유롭게 계약을 맺은 이상 지금 당신은 계약에 구속되어야 한다." 그러므로 노동자는 부르주아인 치안판사와 부르주아지가 제정한 법률

* 법적 권한을 가진 다른 위원의 말을 들어보자. "우리가 아일랜드 인들의 사례를 면직물 공원 계급의 끊임없는 노역과 연관지어 생각한다면, 그들의 끔찍한 도덕적 타락에 덜 놀랄 것이다. 해마다 날마다 진이 빠지는 노역을 계속하는 생활이 인간의 지적 도덕적 역량을 함양할 리가 없다. 똑같은 기계적 공정이 끊임없이 되풀이되는 가운데 힘들고 단조로운 노동을 무한정 계속하는 지긋지긋한 일과는 시지푸스의 형벌과 같다. 노역이라는 짐은 시지푸스의 바위와 마찬가지로 기진맥진한 노동자에게 끊임없이 되돌아온다. 똑같은 근육을 한없이 사용하는 노동으로부터 정신은 지식은커녕 사고력도 얻지 못한다. 지적 능력은 따분한 나태에 젖어 꾸벅꾸벅 졸지만, 우리 본성의 더 저속한 부분은 무럭무럭 발달한다. 한 인간에게 그런 노동을 강요하는 것은 그의 동물적 특질을 함양하는 것과 같다. 그는 갈수록 주변에 무관심해지며 인간과 다른 종을 구별하는 충동과 관습을 경멸하게 된다. 그는 생활의 편의와 더 세련된 즐거움을 등한시하고, 영양분이 거의 없는 음식을 먹으며 더럽고 가난하게 살아가고, 흥청망청 노느라 나머지 소득을 허비한다."— 제임스 케이 박사.

에 또다시 조롱당할 수밖에 없다. 법원은 아주 빈번하게 이런 판결을 내려왔다. 1844년 10월에 맨체스터에 있는 케네디Kennedy의 공장에서 공원들이 파업을 일으켰다. 케네디는 공장 안에 게시한 규정, 즉 언제라도 한 작업실에서 2명 이상의 공원이 동시에 노동을 중단할 수 없다는 규정에 의거해 그들을 고소했다. 그러자 법원은 노동자들에게 앞에서 인용한 설명을 하면서 케네디에게 유리한 판결을 내렸다.* 게다가 공장에서는 다음과 같은 규칙들이 일반적이다! 1) 노동을 시작하고 10분 후에 문을 닫고, 그 후에는 아침식사 시간까지 아무도 들여보내지 않는다. 이 시간 동안 자리에 없는 사람은 직기 1대당 3펜스를 벌금으로 문다. 2) 기계가 작동하는 동안 자리에 없는 모든 역직기 직조공은 직기 1대당 1시간에 3펜스를 벌금으로 문다. 노동시간 중에 감독자의 허락을 받지 않고서 작업실에서 나가는 모든 사람은 3펜스를 벌금으로 문다. 3) 가위를 스스로 마련하지 않는 직조공은 하루에 1펜스를 벌금으로 문다. 4) 북(shuttle), 솔, 기름통, 기계바퀴, 창유리 등이 부서질 경우 전부 직조공이 배상해야 한다. 5) 어떤 직조공도 일주일 전에 알리지 않고는 일을 그만둘 수 없다. 제조업자는 불량한 노동이나 부적절한 행동을 이유로 어떤 피고용인이든 예고 없이 해고할 수 있다. 6) 다른 공원에게 말을 걸거나 노래를 부르거나 휘파람을 불다가 걸리는 모든 공원은 벌금으로 6펜스를 문다. 노동시간 중에 자리를 비울 경우 6펜스를 벌금으로 문다.** 내 앞에 있는 또 다른 공장 규정집에 따르면, 모든 공원은 3분 늦게 오면 1시간 임금의 4분의 1을 벌금으로 물고, 20분 늦게 오면 하루 임금의 4분의 1을 벌금으로 물어야 한다. 또한 아침식사 때까지 오지 않은 모든 공원은 월요일에는 1실링, 주중 다른 요일에는 6펜스를 벌금으로 내야 한다. 이것은 맨체스터의 저지 가에 있는 피닉스 공장의 규정이다. 거대하고 복잡한 공장에서는 제각각인 작업들을 조화시키기 위해 이

* 〈맨체스터 가디언〉, 10월 30일자.

** 《한 맨체스터 공원이 말하는, 공장의 엄혹한 사실들》, 9ff.

런 규칙이 필요하다고 말할 수 있다. 군대만큼이나 공장에서도 엄격한 규율이 필요하다고 역설할 수도 있다. 그럴지도 모르지만, 가증스럽기 그지없는 폭정이 없으면 유지되지 못하는 사회질서가 대체 어떤 사회질서이겠는가? 목적이 수단을 정당화한다고 말하든지 아니면 수단이 나쁘면 목적도 나쁘다는 추론이 정당하다고 말하든지, 양자택일을 해야 한다. 군인으로 복무한 경험이 있는 모든 사람은 단기간이라도 군율에 복종하는 것이 어떠한지 알고 있다. 그러나 이 공원들은 9세부터 죽는 날까지 신체적으로나 정신적으로나 칼날 아래서 살아가야 하는 신세다. 이들은 아메리카의 흑인들보다도 처지가 열악한 노예다. 더 삼엄하게 감시를 당하면서도 인간답게 생활하고 인간답게 생각하고 느끼기를 요구받기 때문이다! 실로 공원들은 압제자들을 향해, 그리고 자신들을 낮은 위치에 묶어두고 기계와 같은 수준으로 떨어뜨리는 사회질서를 향해 증오심을 불태울 때에만 인간답게 처신할 수 있다. 그러나 공원들의 일반적인 증언에 따르면 훨씬 더 가증스러운 점은, 상당수 제조업자들이 가난한 프롤레타리아들로부터 푼돈을 갈취해 추가 수익을 올리려는 의도로 공원들에게 더없이 무정하고 엄격하게 벌금을 부과하고 모은다는 것이다. 제임스 리치 또한 공장의 시계가 15분 빨리 가는 상황에서 문이 닫힌 뒤에 사무원이 벌금 장부를 들고 돌아다니면서 자리에 없는 많은 노동자들의 이름을 적는 일을 공원들이 자주 겪었다고 역설한다. 리치는 그렇게 문이 닫힌 공장 앞에서 있던 공원들이 95명이었으며, 전날 밤만 해도 도시의 시계들보다 15분 느렸던 공장의 시계가 아침에는 15분 빨랐다고 주장한다. 공장 보고서도 비슷한 사실들을 이야기한다. 어느 공장에서는 노동시간 동안 시계바늘이 뒤로 돌아가 있어서 공원들이 초과근무를 하고도 급여를 추가로 받지 못했고, 다른 공장에서는 꼬박 15분 동안 초과근무를 했다. 세 번째 공장에는 시계가 2개 있었는데 하나는 평범한 시계였고 다른 하나는 기계의 주축이 회전하는 속도에 따라 시간을 측정하는 기계 시계였다. 이 공장에서는 기계가 느리게 작동하면 주축의 회전수가 기계 시계의 12시간에 정확히 상응하는 수에 도달할 때까지 노동시간을 기계 시계로 측정했다. 설령 작업이 순조롭게 진행되어서 평상시 노동시간이 끝나기에 앞서 그 회전수에 도달하더라도, 공원들은 열두 번째 시간이 끝날 때까지 고되게 일해야 했다. 이 목격자는 자기가 알았던 소녀들은 좋은 일자리가 있었고 초과근무를 했는데도 이런 폭정을 감내하기보다 매춘부로 사는 길을 택했다고 덧붙여 말한다.* 다시 벌금으로 돌아가서, 리치는 출산이 코앞인 여자들이 잠시 앉아서 쉬었다는 이유로 벌금 6펜스를 무는 경우를 거듭 보았다고 이야기한다. 불량한 노동에 매기는 벌금은 완전히 임의적이다. 관리자는 창고에서 제품을 검사하면서 공원을 호출하지도 않고 명단에 벌금을 매긴다. 공원은 감독자가 임금을 지불할 때에야 비로소 벌금을 물었다는 것을 알아채지만, 그때쯤이면 제품은 이미 팔렸거나 분명 그의 손이 닿지 않는 곳에 있기 마련이다. 리치는 10피트[3미터] 길이에 총액이 35파운드 17실링 10펜스에 달하는 벌금 목록을 가지고 있다. 리치는 이 목록이 작성된 공장에서 신임 관리자가 벌금을 너무 적게 매기다가 주당 5파운드나 적게 벌어들였다는 이유로 해고당했다고 말한다.** 거듭 말하지만 내가 아는 리치는 거짓말을 할 줄 모르는 대단히 믿을 만한 사람이다.

공원은 다른 측면에서 보아도 고용주의 노예다. 공원의 아내나 딸이 고용주의 눈에 들면, 그녀는 명령이나 암시만 받아도 고용주에게 몸을 맡겨야 한다. 부르주아의 이해관계에 유리한 청원서에 서명을 받고 싶을 때, 고용주는 그것을 자기 공장에 보내기만 하면 된다. 의회 선거의 당락을 결정하고 싶을 때, 고용주는 선거권을 가진 공원들을 줄과 열을 맞추어 투표소로 보내고, 그러면 그들이 좋든 싫든 부르주아 후보에게 투표한다. 공개 집회에서 다수를 점하고 싶을 때, 고용주는 공원들을 평소보다 30분 일찍 퇴근시켜 연단에 가까운 자리에 배치하고, 거기서 흡족한 눈길로 그들을 지켜본다.

---

* 드링크워터의 증언, p. 80.

** 《한 맨체스터 공원이 말하는, 공장의 엄혹한 사실들》, 13~17.

제조업자에 대한 공원의 복종을 강제하는 데 특히 기여하는 두 가지 제도가 더 있다. 바로 현물급여제도(Truck System)와 오두막제도(Cottage System)다. 공원에게 임금을 물품으로 지급하는 현물급여제는 예전에 잉글랜드에서 널리 쓰였다. 제조업자는 "공원들의 편의를 위해, 그들이 인색한 상인들에게 비싼 값을 치르는 것을 막기 위해" 상점을 연다. 여기서는 모든 종류의 물품이 외상으로 팔린다. 그리고 공원들이 물품을 더 싸게 구입할 수 있는 상점들에 가는 것을 막기 위해—공장 안의 '토미 상점'(Tommy Shop)은 보통 다른 상점들보다 가격이 25~30퍼센트 비싸다—임금을 돈이 아니라 공장의 상점에서 물품과 바꾸는 교환권으로 지급한다. 이 악랄한 제도에 공원들이 너나없이 분노하자 1831년에 현물급여법(Truck Act)이 통과되었고, 이 법에 의거해 대다수 피고용인들에게 현물급여제로 임금을 지급하는 것이 무효이자 불법이라고 공표되었으며, 그럴 경우 벌금형을 선고할 수 있게 되었다. 그러나 영국의 대다수 다른 법들과 마찬가지로 이 법 또한 일부 지역들에서만 시행되었다. 도시에서는 이 법이 비교적 효과적으로 시행되지만, 농촌에서는 현물급여제가 위장한 형태나 노골적인 형태로 널리 행해진다. 도시인 레스터에서도 현물급여제를 아주 흔하게 볼 수 있다. 내 앞에는 1843년 11월부터 1844년 6월까지 현물급여법을 위반해서 유죄판결을 받은 사례가 얼추 12건 있으며, 그중 일부는 〈맨체스터 가디언〉에 보도되었고 다른 일부는 〈노던 스타Northern Star〉에 보도되었다. 물론 지금은 현물급여제가 더 은밀하게 행해진다. 임금은 보통 현금으로 지급되지만, 고용주는 공원에게 다른 상점이 아닌 공장 상점에서만 물건을 구입하라고 명령할 수 있는 수단을 여전히 가지고 있다. 오늘날 공원에게 임금을 돈으로 지급하기만 하면 법의 외피를 쓰고서 현물급여제를 운용할 수 있기 때문에 이 제도를 제지하기란 쉬운 일이 아니다. 1844년 4월 27일자 〈노던 스타〉에는 요크셔의 허더즈필드에서 가까운 홈퍼스Holmfirth에 사는 어느 공원이 바우어스Bowers라는 이름의 제조업자에 대해 다음과 같이 말한 편지가 게재되었다(독일어판에서 재번역).

지긋지긋한 현물급여제가 홈퍼스에서처럼 엄연하게 존재하고, 이 제도를 운용하는 제조업자를 저지할 만큼 용기 있는 사람이 아무도 없다는 것은 무척 기이한 일이다. 이곳에는 이 빌어먹을 제도 때문에 고통받는 정직한 수직공들이 대단히 많다. 고상하신 '자유무역 파벌'과 관련된 수많은 사례 가운데 하나만 말해보겠다. 자기 공장에서 일하는 가난한 직조공들에 대한 파렴치한 행위 때문에 이 구역 어디서나 욕을 먹는 제조업자가 있다. 직조공들이 받을 돈이 34실링 내지 36실링 있으면 그는 20실링은 현금으로 주고 나머지는 옷이나 물품으로 주는데, 이 물품은 다른 상점에서 파는 물품보다 가격이 40~50퍼센트 비싼 데다가 상태마저 낡아빠진 경우가 다반사다. 그런데도 〈프리 트레이드 머큐리Free Trade Mercury〉와 〈리즈 머큐리Leeds Mercury〉*는 뭐라고 말하는가? 직조공들은 그 물품을 받지 않아도 되고 원하는 대로 할 수 있다고 말한다. 참으로 지당하신 말씀이지만, 그들은 그 물품을 받지 않으면 쫄쫄 굶어야 한다. 그들이 나머지 20실링을 현금으로 달라고 요구하면, 날실을 공급받기까지 8일 내지 14일을 기다려야 한다. 반면에 20실링과 물품을 받을 때는 언제나 그들을 위한 날실이 준비되어 있다. 이것이 바로 '자유무역'이다. 브로엄Brougham 경은 우리가 젊어서 저축을 해야 늙어서 교구에 신세지지 않는다고 말했다. 그렇다면 우리가 그 낡아빠진 물품을 저축해야 하는가? 이 말을 뱉은 사람이 귀족이 아니라면, 누군가로부터 우리 노동의 대가인 물품만큼이나 머리가 낡아빠진 사람이라는 말을 들을 것이다. 인지가 찍히지 않은 신문들이 '불법으로' 발행되던 시절에 홈퍼스에는 블라이스 가문과 에드워드 가문을 비롯해 이 사실을 경찰에 신고하는 이들이 많았건만, 그들은 지금 어디에 있는가? 그러나 이제는 상황이 다르다. 우리의 현물급여 제조업자는 경건한 '자유무역' 무리에 속한다. 그는 일요일마다 두 번씩 교회에 가서 교구목사의 말을 성심성의껏 복창한다. "우리는 해야 하는 일을 하지 않았고 하지 말아야 하는 일을 했으니, 우리 안에는 선함이 없습니다. 그러나 선하신 주님, 우리를 구하소

* 〔급진적인 부르주아 신문_독일어판 주〕.

서." 부디 내일까지 우리를 구하소서, 그리하시면 우리는 직조공들에게 또다시 낡아빠진 물품을 지급할 것입니다.

오두막제도는 훨씬 더 무고해 보이고 훨씬 더 무해한 방식으로 생겨난 듯하지만, 현물급여제도와 똑같이 피고용인을 노예로 만든다. 시골의 공장 주변에는 대개 공원들이 숙박할 거처가 부족하다. 제조업자는 흔히 그런 거처들을 지어야 하고, 이 일을 아주 기꺼이 한다. 자본을 투자해서 얻는 수익 말고도 많은 이익을 얻을 수 있기 때문이다. 노동자 거처의 주인이 자본을 투자해서 얻는 수익률이 평균 6퍼센트 남짓이라면, 제조업자의 오두막은 수익률이 그 2배라고 추정해도 무방하다. 공장이 완전히 멈추지 않는 한, 제조업자는 기일마다 꼬박꼬박 집세를 내는 세입자들을 확보하기 때문이다. 그러므로 그는 다른 집주인들을 괴롭히는 두 가지 주된 불이익에 시달리지 않는다. 즉 그의 오두막들은 결코 비지 않으며 그럴 위험도 없다. 그러나 오두막의 집세는 마치 이런 불이익이 막심한 것마냥 비싸며, 제조업자는 공원들이 지불하는 집세를 일반적인 집주인과 똑같이 받아서 12~14퍼센트라는 빛나는 수익률을 기록한다. 제조업자가 경쟁 관계이면서도 경쟁에서 배제되는 다른 집주인들보다 2배 많은 수익을 올리는 것은 분명히 불공정하다. 이보다 갑절로 나쁜 행동은 페니 한 푼을 지출할 때도 매번 숙고해야 하는 무산계급의 주머니에서 고정수익을 빼가는 짓이다. 그렇지만 피고용인의 희생 덕에 모든 부를 쌓는 제조업자는 이렇게 하는 데 익숙하다. 그러나 이런 불공정 행위는 흔히 있는 일이지만, 제조업자가 해고당하지 않기 위해 자신의 집에 입주하는 공원들에게 일반적인 수준보다 비싼 집세를 내라고 강요하거나 심지어 살지도 않는 집의 집세를 내라고 강요하는 파렴치 행위가 되기도 한다! 자유주의적인 〈선Sun〉〔런던의 일간지. 1844년 11월 폐간〕의 인용에 따르면, 〈핼리팩스 가디언Halifax Guardian〉은 애슈턴언더라인과 올덤, 로치데일 등지에서 고용주들이 공원 수백 명에게 집에 입주하든 말든 집세를 낼 것을 강요한다고 역설한다. 오두막제도는 시골 지역에서 널리 통용된다. 이 제도는 마을들을 통째로 만들어냈으며, 보통 제조업자는 자신의 집과 경쟁하는 집이 거의 없거나 아예 없기 때문에 시장의 시세에 개의치 않고 그야말로 마음대로 집세를 고정할 수 있다. 게다가 주인과 하인의 의견이 충돌할 때, 공원들을 상대하는 고용주에게 오두막제도가 어떤 힘을 주는가? 공원들이 파업할 경우 고용주는 자기 건물에서 나가라고 통보하면 그만이고, 그 통보도 일주일 전에만 하면 된다. 그 시점 이후로 공원들은 빵뿐만 아니라 주거지도 없는 부랑자가 되어 법의 처분에 따라 어김없이 노역을 하게 된다.

이제까지 나는 지면이 허용하는 한 공장제를 최대한 묘사했고, 무방비 상태인 노동자들에 대한 부르주아지의 영웅적 행위—도저히 무관심할 수 없을 뿐더러 무관심한 것이 범죄인 행위—만큼이나 당파심에 치우치지 않았다. 1845년의 자유로운 영국인의 상황과 노르만 족 귀족에게 채찍질을 당하던 1145년의 색슨 족 농노의 상황을 비교해보자. 농노는 자유로운 노동자가 오두막제도 때문에 속박되는 것만큼이나 토지에 속박되어(glebae adscriptus) 있었다. 농노는 주인에게 초야권을 넘겨주어야 했고, 자유로운 노동자는 주인이 요구할 경우 초야권만이 아니라 매일 밤의 권리까지 넘겨주어야 한다. 농노는 재산을 취득할 수 없었고, 그가 획득한 모든 것을 주인이 빼앗을 수 있었다. 자유로운 노동자는 재산이 없으며 경쟁 압력 때문에 재산을 취득할 수 없다. 근대의 제조업자는 노르만 족 귀족조차 하지 않았던 일을 한다. 제조업자는 현물급여제를 통해 노동자에게 당장 필요한 물품을 매일 세세하게 관리한다. 영주와 농노의 관계는 당시 통용되던 관습과 지방법에 따라 조정되었으며, 이 지방법은 관습에 부합했기에 준수되었다. 자유로운 노동자와 주인의 관계는 법에 따라 조정되며, 이 법은 고용주의 이해관계뿐 아니라 현재 통용되는 관습에도 부합하지 않기에 준수되지 않는다. 영주는 농노를 토지에서 분리할 수도, 토지와 별개로 팔 수도 없었고, 거의 모든 토지가 봉토였던 데다가 자본이 없었기 때문에 실제로도 농노를 전혀 팔 수 없었다. 근대의 부르주아는 노동자에게 스스로를 팔 것을 강요한다. 농노는 자신이 태어난 토지의 노예였고, 노동자는 생필품과 이 생필품을 구입하는 데 써야 하는 화폐의 노예다—둘 다 사물의 노예인 것이다. 농노는 모든 구성원이 각자의 자리를 지키는 봉건적 사회질서에서 생계수단을 보장받았다. 자유로운 노동자는 부르주아지가 그를 이용할 때에만 사회에서 자리가 생기기 때문에 아무것도 보장받지 못한다. 그 외에 다른 모든 경우에 노동자는 무시되고 존재하지 않는 것처럼 취급된다. 농노는 전시에 주인을 위해 자신을 희생했고, 공원은 평화시에 부르주아를 위해 자신을 희생한다. 영주는 농노를 가축의 우두머리로 여긴 야만인이었고, 고용주는 '일손'을 기계로 여기는 문명인이다. 요컨대 농노와 자유로운 노동자의 처지는 결코 동등하지 않으며, 둘 중에 더 불리한 쪽이 있다면 그것은 자유로운 노동자다. 둘 다 노예이지만 한 가지 차이점이 있다. 농노의 노예제는 숨김이 없고 공공연하고 솔직한 노예제이지만, 노동자의 노예제는 교활하고 음흉하고 가식적이며 노동자 자신과 다른 모든 사람에게 과거의 노예 상태보다 열악한 위선적인 노예 상태를 기만적으로 감추는 노예제다. 박애주의적인 토리 당원들이 공원을 백인 노예라고 명명한 것은 옳은 말이었다. 그러나 이 위선적이고 가식적인 노예제는 적어도 표면상으로는 자유권을 인정하고, 자유를 사랑하는 여론 앞에서 고개를 숙인다. 바로 여기에 과거의 노예 상태와 대비되는, 자유의 원리를 확언하는 역사적 진보가 깃들어 있으며, 억압받는 이들은 언젠가 이 원리가 실현되는 모습을 목격할 것이다.

마지막으로 공장제에 관한 노동자들 자신의 감정을 나타내는 4행 시구들을 인용하겠다. 버밍엄의 에드워드 P. 미드Edward P. Mead가 쓴 이 시는 노동자들 사이에 널리 퍼진 견해를 정확하게 표현한다.

증기왕(The Steam King)

세상에 무자비한 왕이 한 명 있으니

시인이 꿈꾸는 왕은 아니다.
잔인한 폭군, 백인 노예들이 익히 아는
그 무자비한 왕은 바로 증기다.
　　그에게는 강철 팔이 하나 있으니
　　비록 하나밖에 없지만
　　그 막강한 팔에는 마력이 있어
　　수백만 명을 파멸시킨다.
고대의 흉포한 몰록처럼
벤힌놈 골짜기에 자리잡은 그 왕은
불타는 내장을 가지고 있으며
어린이를 먹잇감으로 삼는다.
　　왕의 사제단은 굶주린 무리로서
　　살기등등하고 오만하고 뻔뻔하다.
　　바로 그들이 왕의 거대한 손을 통제해
　　피를 황금으로 바꾼다.
노예처럼 사슬에 묶인 그들은 더러운 이익을 위해
모든 자연권을 속박한다.
그들은 사랑스러운 여인의 고통을 조롱하고
사내의 눈물을 외면한다.
　　노동의 자손들의 한숨과 신음이
　　그들에겐 음악으로 들리고
　　청춘 남녀의 뼈만 남은 망령들이
　　증기왕의 지옥에서 모습을 드러낸다.
증기왕이 태어난 이래 그 지옥은 지상에서
사방에 절망을 흩뿌렸다.
천국을 본뜬 인간의 마음이

육체와 더불어 그 지옥에서 살해되기 때문이다.

그러니 왕, 몰록 왕을 타도하라

너희 수백만 노동자들이여.

왕의 손을 옭아매지 못하면 우리의 고국은

왕에 의해 몰락할 운명이다.

왕의 태수인 혐오스럽고 오만한 공장 귀족들

오늘날 황금와 피를 게걸스레 집어삼키는 그들 모두를

그들의 괴물 신과 더불어

국민의 찌푸린 얼굴이 처형해야 한다.*

---

* 내게는 지난 12년간 제조업자들에게 쏟아진 비난에 대한 그들의 대응을 자세히 다룰 시간과 지면이 없다. 그들은 자기가 생각하는 이익에 사로잡혀 깨닫지 못할 것이다. 앞에서 그들의 반론을 많이 살펴보았으므로 나로서는 아래 내용을 덧붙이는 것으로 충분하다고 생각한다.

맨체스터를 찾은 당신이 잉글랜드의 형국을 속속들이 알고 싶어 한다고 해보자. 당신은 자연히 덕망 있는 이들을 넉넉히 소개받는다. 당신은 노동자들의 상황에 관해 한두 마디 말을 흘린다. 당신은 우선 로버트 하이드 그렉이나 에드먼드 애시워스Edmund Ashworth, 토머스 애슈턴Thomas Ashton 같은 자유당 제조업자들을 2명쯤 알게 된다. 그들은 당신이 원하는 바를 듣는다. 제조업자는 당신 말을 이해하고 자신이 무엇을 해야 하는지 알아챈다. 그는 시골에 있는 자기 공장으로 당신을 데려간다. 이를테면 그렉 씨는 체셔의 쿼리뱅크Quarrybank로, 애시워스 씨는 볼턴 인근의 터턴Turton으로, 애슈턴 씨는 하이드로 데려간다. 그는 웅장하고 감탄이 나올 만큼 정연하며 어쩌면 환풍기까지 갖춘 건물 안으로 당신을 안내하고, 천장이 높고 환기가 잘 되는 작업실과 정교한 기계류, 곳곳에서 일하는 건강해 보이는 공원들을 가리킨다. 그는 당신에게 훌륭한 식사를 대접하고 공원들의 집을 방문할 것을 제안한다. 그는 최근에 지은 듯 깨끗하고 단정해 보이는 오두막들로 당신을 안내하고 당연히 감독자와 기계공 같은 이들의 집만을 골라서 당신과 함께 들어가기 때문에 당신은 '완전히 공장 덕분에 먹고사는 가족들'을 보게 된다. 당신은 다른 가족들을 방문할 때 아내와 아이들만 노동하고 남편은 양말을 꿰매는 모습을 볼지도 모른다. 고용주가 함께 있기 때문에 당신은 무분별한 질문을 할 수 없으며, 모두가 보수를 후하게 받고 편안하게 생활하고 시골의 공기 덕에 비교적 건강하다는 것을 확인하게 된다. 당신은 노동자들이 굶주리며 비참하게 산다는 과장된 생각을 바꾸기 시작한다. 그러나 제조업자가 함께 있기 때문에 오두막제도가 공원들을 노예처럼 부려먹는다는 것, 근처에 현물급여 상점이 있을지 모른다는 것, 사람들이 제조업자를 증오한다는 것을 노동자들은 당신에게 알리지 않는다. 제조업자는 학교와 교회, 독서실 등을 지었다. 그가 어린이에게 복종 훈련을 시키는 데 학교를 이용한다는 것, 독서실에서 부르주아지의 이해관계를 대변하는 인쇄물만을 용인한다는 것, 차티스트 운동이나 사회주의 관련 신문이나 책을 읽는 피고용인을 해고한다는 것은 모두 당신에게 은폐된다. 당신은 편안한 가부장제적 관계와 감독자들의 생활, 그리고 노동자들이 정신적 도덕적으로 노예가 될 경우 부르주아지가 약속하는 것을 보게 된다. 이런 '시골 공장'을 고용주들은 언제나 보여주고 싶어 했다. 시골에서는 공장제의 해악들, 특히 건강의 관점에서 보았을 때의 해악들이 신선한 공기와 환경 덕에 일부 사라지고, 노동자들의 가부장제적 노예 상태가 가장 오랫동안 유지될 수 있기 때문이다. 유어 박사는 이 주제에 관해 찬가를 부른다. 그러나 비애를 맛보는 공원들은 스스로 생각하기 시작하고 차티스트가 된다! 그들에 대한 가부장적 영향력을 제조업자는 갑작스레 상실한다. 게다가 설령 당신이 맨체스터의 노동자 구역들을 함께 지나가고 싶어 할지라도, 공장 도시에서 공장제의 발전을 보고 싶어 할지라도, 이 부유한 부르주아지가 당신을 도와줄 때까지 한참을 기다려야 할 것이다! 이 신사들은 피고용인들이 어떤 상황에 처해 있는지도, 그들이 무엇을 원하는지도 모르거니와, 알게 될 경우 마음이 불편해질 사실들, 나아가 자기네 이해관계와 정반대로 행동할 수밖에 없을 사실들을 감히 알려고 하지 않는다. 그러나 다행히도 이것은 중요하지 않다. 이것은 노동자들이 수행해야 하는 과제, 노동자들이 스스로 수행하는 과제다.

산업의 나머지 부문들

공장제는 산업시대의 완전히 새로운 산물이므로 우리는 공장제를 다소 길게 다루어야 했다. 우리는 다른 노동자들은 한층 간략하게 다룰 수 있다. 이제까지 산업 프롤레타리아트 일반이나 특히 공장제에 관해 말한 것을 다른 노동자들에게도 전부 또는 일부 적용할 수 있기 때문이다. 그러므로 우리는 공장제의 방식을 산업의 각 부문에 강요하는 데 얼마나 성공했는지, 그리고 각 부문에서 어떤 특징이 나타났는지만 기록하면 된다.

공장법을 적용받는 네 가지 부문은 의복 재료의 생산에 관여한다. 우리로서는 이들 부문의 공장들에서 원료를 받는 노동자들을 다루는 편이 최선일 것이다. 먼저 노팅엄과 더비, 레스터의 양말 직조공들을 살펴보자. 이 노동자들에 관해 어린이 고용위원회는, 저임금 때문에 감내해야 하는 오랜 노동시간과 더불어 앉아서 생활하고 눈을 혹사하는 작업의 성격으로 인해 보통 전신이 허약해지고 특히 눈이 상한다고 보고한다. 야간노동은 유리 구체를 통과하는 램프의 광선들을 한 점으로 모아서 만들어내는 아주 강렬한 빛 없이는 불가능한데, 이 빛은 다른 무엇보다 시력에 해롭다. 그래서 40세 무렵이면 거의 모두 안경을 쓴다. 실패에 실을 감고 옷단을 감치는 어린이들은 대부분 건강과 신체가 심각하게 손상된다. 그들은 6세나 7세, 8세부터 작고 빽빽한 작업실에서 매일 10~12시간씩 노동한다. 그들이 노동하다가 기절하고, 가장 평범한 집안일도 못할 만큼 연약하고, 근시가 심해서 아동기에 안경을 쓰는 것은 드문 일이 아니다. 공장 조사위원회 위원들은 연주창에 걸린 신체의 모든 증상을 보이는 노동자들을 여럿 보았으며, 제조업자들은 보통 이런 방식으로 일해온 소녀들을 너무 약하다는 이유로 고용하지 않는다. 위원들은 이 어린이들의 상황을 "기독교 국가의 수치"라고 표현했고, 입법을 통해 이 상황에 개입하기를 바란다고 말했다. 공장 보고서*는 레스터에서 급여를 가장 적게 받는 양말 직조공들이 매일 16~18시간씩 노동해서 6실링을 벌거나 몹시 애를 써서 7실링을 번다고 덧붙여 말한다. 예전에 그들은 20~21실링을 벌었지만 더 커다란 직조기가 도입되어 그들의 사업을 망쳐놓았다. 그들 절대다수는 아직도 낡고 작은 직조기 1대로 작업하면서 기계의 발달과 힘겹게 경쟁하고 있다. 여기서도 모든 발달은 노동자들에게 불리하게 작용한다. 그럼에도 파워 위원의 말마따나 양말 직조공들은 자기네가 자유롭다는 것과 먹고 자고 노동할 시간을 정해주는 공장의 종소리에 구애받지 않는 것을 자랑으로 여긴다. 오늘날 그들의 위치는 공장 조사위원회가 앞에서 인용한 보고서를 작성한 때인 1833년보다 나을 것이 없는데, 그 이유는 먹을 게 거의 없는 작센의 양말 직조공들과 경쟁하고 있기 때문이다. 영국의 양말 직조공들은 거의 모든 외국시장에서 버거울 만큼 치열하게 경쟁해야 하고, 국내시장에서조차 품질이 낮은 상품과 경쟁해야 한다. 독일의 애국적인 양말 직조공이라면 자신의 기아임금 덕분에 영국의 형제 또한 굶주려야 한다는 사실에 틀림없이 쾌재를 부르리라! 그 직조공이라면 정녕 독일 산업의 더 큰 영광을 위해, 그의 식탁에 아무것도 없고 그의 접시가 반쯤 비어 있기를 요구하는 조국의 영예를 위해 자랑스럽고도 행복하게 굶주리지 않겠는가? 아! 이 경쟁, 이 '국민들의 경

* 그레인저의 보고서. Appendix, Part Ⅰ, p. F 15. ∬∬132~142.

주'는 고결하도다. 또 다른 자유당 신문으로 부르주아지의 탁월한 기관지인 〈모닝 크로니클Morning Chronicle〉에는 힌클리Hinckley의 양말 직조공이 동료 노동자들의 상황을 묘사한 편지가 몇 편 실렸다. 무엇보다도 그는 직조기 109대로 먹고사는 50가구 321명에 대해 보도한다. 일주일마다 직조기는 1대당 평균 5실링을 가져다주고, 각 가구는 평균 11실링 4펜스를 벌어들인다. 이 가운데 집세와 직조기 임대료, 연료와 조명, 비누, 바늘 구입비로 총 5실링 10펜스를 지출하므로 매일 1인당 식비로 1.5펜스가 남고 의복비는 전혀 남지 않는다. 그 양말 직조공은 "이 빈민들이 감내하는 고통의 절반조차 아무도 눈으로 보지 않았고, 아무도 귀로 듣지 않았고, 아무도 심장으로 느끼지 않았다"라고 말한다. 침대는 아예 없거나 일부만 있었고, 아이들은 누더기를 걸치고 맨발로 쏘다녔다. 남자들은 눈물을 머금고 말했다. "우리는 고기를 먹은 지 오래되었어. 고기가 어떤 맛인지 잊어버릴 지경이야." 결국 그들 일부는 여론이 다른 무엇보다 따가운 눈총을 보내는 문제임에도 불구하고 주일에도 노동을 했으며, 그 바람에 직조기의 덜컹거리는 소음을 인근 전역에서 들을 수 있었다. 그들 중 한 명은 이렇게 말했다. "내 자식들을 보고 더는 따지지 마. 가난해서 어쩔 수가 없어. 나는 정직하게 빵을 얻을 마지막 방법을 시도해보지도 않은 채로 자식들이 빵을 달라고 끝없이 울어대는 소리를 들을 수도 없고 듣지도 않을 작정이야. 지난 월요일에 나는 새벽 2시에 일어나서 자정 무렵까지 일했고, 다른 평일에는 아침 6시부터 밤 11시나 12시까지 일했어. 그 이상은 못하겠더라. 자살할 생각은 없으니까. 그래서 지금은 10시에 취침하고 주일에 부족한 수면 시간을 보충해." 레스터와 노팅엄에서도, 더비에서도 임금은 1833년 이래 오르지 않았다. 무엇보다 나쁜 점은 내가 말한 대로 레스터에서 현물급여제가 대단히 성행한다는 사실이다. 그러므로 이 지역 직조공들이 모든 노동운동에 아주 적극적으로 참여한다는 것은 놀랄 일이 아니다. 게다가 주로 남자들이 직조기로 작업하기 때문에 그들의 운동은 더 적극적이고도 효과적이다.

양말 직조공들의 이 지역에는 레이스 산업의 본부도 있다. 앞에서 언급한 세 주州들에는 사용 중인 레이스 직조기가 총 2760대 있는 반면에 잉글랜드의 나머지 전역에는 고작 786대만 있다. 레이스 제조업은 엄격한 분업 때문에 대단히 복잡하며 여러 부문들을 포괄한다. 우선 14세 이상 소녀들인 실감기 직공들이 실패에 실을 감는다. 이어서 8세 이상 소년들인 실꿰기 직공들이 직조기에 실패를 끼우고 기계마다 평균 1800개가 있는 가느다란 구멍을 통해 실을 꿴다. 그러고 나서 직조공들이 직조기를 이용해 레이스를 폭이 넓은 옷감처럼 짜고 나면 어린아이들이 연결실을 뽑아서 레이스를 나눈다. 이 공정은 레이스 풀기 또는 뽑기라고 불리고, 어린아이들은 레이스 풀기 직공이라고 불린다. 이제 레이스는 판매를 위해 준비된다. 실감기 직공들은 실꿰기 직공들과 마찬가지로 특정한 노동시간 없이 직조기에 실패가 없을 때면 언제든 호출되며, 직조공들이 야간에 노동하기 때문에 공장이나 작업실에서 아무 때나 불려가기 일쑤다. 이런 불규칙한 작업과 빈번한 야간노동, 그로 말미암은 무질서한 생활방식은 신체적 도덕적 해악들, 특히 목격자들 모두가 한목소리로 지적하는 이른 나이의 무절제한 성적 방종을 낳는다. 그들의 작업은 눈에 매우 해롭고, 실꿰기 직공들의 경우 일반적으로 시력을 영원히 잃지는 않지만 눈에 염증과 통증이 생기고 눈물이 흐르고, 실을 꿰는 동안 일시적으로 시력이 흐려지곤 한다. 그렇지만 실감기 직공들의 경우 그들의 작업이 눈에 심각한 악영향을 미치고 각막에 잦은 염증을 유발할 뿐 아니라 흔히 흑내장과 백내장까지 초래하는 것이 분명하다. 직조기가 끊임없이 커지기 때문에 직조공들의 작업도 아주 까다로우며, 오늘날 사용 중인 거의 모든 직조기는 24시간 내내 작동하는 가운데 남자 셋이 각자 8시간씩 교대로 조작한다. 이런 이유로 실감기 직공과 실꿰기 직공은 야간에 걸핏하면 호출되어 직조기가 멈추지 않도록 노동해야 한다. 1800개 구멍에 실을 꿰는 작업은 어린이 셋이 해도 최소 2시간은 걸린다. 많은 직조기가 증기력으로 작동하는 까닭에 사람의 작업은 기계로 대체되고 있다. 어린이 고용위원회의 보고서는 레이스 공장이 어린이를 호출한다는 사실만을 언급하므로, 직조공의 작업이 최근에 대규모 공장의 작업실로 옮겨갔든지 증기력을 이용한 직조가 꽤나 일반화된 듯하다. 어느 쪽이든 공장제는 진전하고 있다. 레이스 생산에서 건강에 가장 해로운 작업은 보통 7세이고 심하면 5세와 4세의 어린 직공들이 하는 레이스 풀기 작업이다. 그레인저 위원은 실제로 이 작업에 고용된 2세 어린이를 보았다. 복잡하게 얽힌 직물에서 바늘로 실 한 가닥을 따라가며 뽑아내는 작업은 눈에 대단히 해로우며, 일반적인 사례처럼 14~16시간 동안 연속으로 작업할 경우 특히 그러하다. 가장 양호한 경우 근시가 악화되는 정도이지만, 빈도가 충분히 잦은 최악의 경우 흑내장으로 영영 눈이 멀고 만다. 그러나 이것 말고도 어린이들은 끊임없이 몸을 앞으로 굽힌 채로 앉아서 일하는 자세로 말미암아 허약해지고 가슴이 좁아지고 소화불량으로 연주창에 걸리게 된다. 거의 모든 소녀가 자궁의 기능에 이상이 있는 데다가 척추까지 굽어서 "레이스 풀기 직공들은 모두 걸음걸이를 보고 알 수 있다." 레이스 자수 또한 눈과 전신에 동일한 결과를 초래한다. 의사들은 레이스 생산에 종사하는 어린이들이 모두 건강이 심각한 상태이며, 얼굴이 창백하고 힘이 없고 연약하고 몸집이 작고 다른 어린이들보다 질병에 대한 저항력이 훨씬 떨어진다고 한결같이 증언한다. 일반적으로 그들을 괴롭히는 질환으로는 전신 쇠약, 잦은 졸도, 머리 · 옆구리 · 등 · 엉덩이의 통증, 심장의 두근거림, 메스꺼움, 구토와 식욕부진, 척추의 만곡, 연주창, 폐결핵이 있다. 특히 여성 레이스 제조공들의 건강은 끊임없이 심각하게 손상되며, 그들 사이에는 빈혈과 난산, 유산이 일반적이다.* 어린이 고용위원회에 속한 이 위원은 또한 어린이들이 십중팔구 낡아빠진 옷을 대충 걸치고 있으며, 보통 빵과 차밖에 없고 고기는 대개 몇 달 동안이나 찾아볼 수 없는 음식을 불충분하게 지급받는다고 보고한다. 그들의 도덕적 상태에 관해 그레인저는 이렇게 보고한다.**

* 그레인저의 전체 보고서.

경찰, 성직자, 제조업자, 노동자, 어린이의 부모 등 노팅엄의 모든 주민은 현행 노동제도가 부도덕성의 가장 주요한 원천이라는 데 의견을 같이한다. 주로 소년인 실꿰기 직공들과 대부분 소녀인 실감기 직공들은 동시에 공장으로 불려간다. 그들의 부모는 그들이 공장에 얼마나 오랫동안 머물러야 하는지 알 수가 없으므로, 그들은 얼마든지 부적절한 관계를 맺고 일을 마친 뒤에 함께 남아 있을 수 있다. 일반적인 의견에 따르면 이런 사실은 노팅엄에 끔찍할 정도로 존재하는 부도덕성에 결코 적지 않은 기여를 했다. 이외에도 이 어린이들과 연소자들이 속한 가정의 고요함과 안락함은, 이처럼 극히 부자연스러운 상황 때문에 완전히 희생되고 만다.

레이스 제조의 또 다른 부문인 보빈 레이스bobbin lace 제조는 농업 지역인 노샘프턴Northampton, 옥스퍼드, 베드포드Bedford에서 주로 어린이와 연소자에 의해 이루어지는데, 이들은 한결같이 열악한 음식에 대해 불평하고 고기를 좀처럼 맛보지 못한다. 작업 자체도 건강에 극히 해롭다. 어린이들은 좁고 환기가 형편없고 습한 작업실에서 언제나 레이스 쿠션 쪽으로 몸을 구부린 채 앉아서 일한다. 이 힘겨운 자세를 유지하면서 몸을 지탱하기 위해 소녀들은 가슴 부분에 나무판을 댄 코르셋을 착용하며, 그들 대다수가 아직 뼈가 무척 연한 어린 나이여서 이 착용으로 인해 늑골의 위치가 완전히 틀어지고 가슴 전반이 좁아진다. 보통 그들은 나쁜 공기 속에서의 좌식 노동이 초래하는 극심한 소화장애로 고생하다가 폐결핵으로 죽는다. 그들은 거의 모두 교육받지 못하거니와 도덕 교육도 가장 적게 받는다. 그리고 화려한 옷가지와 장신구를 좋아한다. 이 두 가지 영향으로 말미암아 그들의 도덕적 상태는 개탄스러울 지경이며, 그들 사이에서는 매춘이 거의 전염병이나 마찬가지다.***

** 그레인저, 어린이 고용위원회의 보고서.

*** 번즈Burns, 어린이 고용위원회의 보고서.

이것은 고상한 부르주아 숙녀들이 레이스를 입는 기쁨을 위해 사회가 지불하는 대가다. 참으로 합리적인 대가가 아닌가! 기껏해야 눈먼 노동자 수천 명, 폐결핵에 걸린 일부 노동자의 딸들, 똑같이 '역겨운' 자식들과 자식들의 자식들에게 쇠약한 체질을 물려주는 역겨운 무리인 병약한 세대가 희생될 뿐이지 않은가. 그런들 어떻단 말인가? 아무 일도, 정말 아무 일도 아니다! 우리의 영국 부르주아지는 정부 위원회의 보고서를 무심하게 제쳐둘 것이고, 그들의 아내와 딸은 전처럼 레이스로 치장할 것이다. 이것이 영국 부르주아의 아름다운 면모이자 평정심이다.

수많은 공원들이 랭커셔와 더비셔, 스코틀랜드 서부의 면직물 날염업에 고용되어 있다. 영국 산업의 어떤 부문도 이 부문만큼 기발한 기계로 눈부신 결과를 창출하지 못했지만, 동시에 어떤 부문도 이 부문만큼 노동자들을 짓뭉개지 않았다. 증기력으로 작동하는 무늬를 새긴 실린더가 도입되고 이 실린더를 이용해 4~6가지 색을 한꺼번에 날염하는 방법이 고안된 결과, 면 방적업과 면 직조업에 기계류가 도입되었던 경우 못지않게 수작업이 완전히 대체되었다. 또한 이 새로운 설비가 염색 작업에 쓰이면서 직물업의 경우보다 수작업 노동자가 훨씬 많이 대체되었다. 예전만 해도 판목 날염공 200명이 했던 일을 지금은 어린이 1명을 조수로 둔 남자 1명이 기계 1대로 한다. 기계 1대로 날염된 천을 분당 28야드씩 생산하는 것이다. 그 결과 옥양목 날염공들은 무척 곤란한 처지에 놓여 있다. 랭커스터와 더비, 체스터에서는 (날염공들이 하원에 제출한 청원서에 따르면) 1842년에 날염된 면제품을 1100만 점 생산했다. 이 가운데 10만 점은 손으로만 날염했고, 90만 점은 일부는 기계로 일부는 손으로 날염했으며, 1000만 점은 기계로만 4~6가지 색을 날염했다. 이런 기계류는 대개 새것이고 끊임없이 개량되기 때문에 수작업 날염공의 수가 구직 가능한 일자리 수보다 훨씬 많은 실정이며, 그런 까닭에 그들 가운데 상당수가 배를 곯고 있다. 그들의 청원서에 따르면 전체의 4분의 1이 굶주리고 있고, 나머지도 일주일에 고작 하루나 이틀, 최상의 경우 사흘 고용되며 그나마 임금마저 낮다. 리치*는 (랭커셔의 베리 인근의 디플리 데일Deeply Dale에 있는) 날염 공장에서 기계작업 날염공들은 임금을 제법 많이 받았지만 수작업 날염공들은 평균 5실링도 벌지 못했다고 역설한다. 이처럼 날염 공장들은 공장제를 완전히 수용한 상태임에도 공장제에 대한 법적 규제를 받지 않고 있다. 날염 공장들은 유행을 타는 품목을 생산하는 까닭에 규칙적으로 가동하지 않는다. 주문량이 적으면 반나절만 가동하고, 어떤 무늬로 히트를 치거나 사업이 활황이면 12시간 동안 가동하고, 경우에 따라 밤새 작업하기도 한다. 맨체스터에서 가까운 나의 집 근처에는 내가 밤늦게 돌아올 때 대개 불을 밝히고 있는 날염 공장이 있다. 나는 그곳 어린이들이 이따금 너무 오랫동안 일한 탓에 돌계단과 로비 구석에서 잠깐이라도 쉬려다가 잠이 들곤 한다는 이야기를 들었다. 나는 이 발언이 진실이라는 법적 증거는 없지만, 있었다면 나는 기업의 이름을 밝혔을 것이다. 어린이 고용위원회의 보고서는 이 주제를 겉핥기로 다루어, 적어도 잉글랜드에서는 어린이 대부분이 (부모의 임금에 따라 차이가 나긴 하지만) 꽤나 잘 입고 잘 먹고, 교육을 전혀 받지 않고, 도덕 수준이 낮다고 말할 뿐이다. 앞에서 독자들에게 공장제에 관해 말했으므로 이 어린이들이 공장제에 종속되어 있다는 사실만 기억하고 넘어가기로 한다.

의복 재료 제조업에 종사하는 나머지 노동자들에 관해서는 할 말이 별로 없다. 폐에 해로운 염소 기체를 들이마셔야 하는 표백공들의 작업은 건강에 몹시 나쁘다. 염색공들의 작업은 전신을 격렬하게 움직여야 하기에 대체로 건강에 무척 이롭다. 이 노동자들이 임금을 얼마나 받는지는 거의 알려져 있지 않지만, 이를 토대로 평균보다 적게 받지는 않는다고 타당하게 추론할 수 있다. 평균보다 덜 받는다면 불평을 늘어놓을 것이기 때문이다. 비교적 다수인 총 3000~4000명으로 추정되는 퍼스티언 재단공들은 면벨벳 소비량이 늘어난 결과 공장제의 간접적인 영향으로 극심한 고통을 겪어왔다. 예전에 베틀로

* 《한 맨체스터 공원이 말하는, 공장의 엄혹한 사실들》, 47.

짜던 제품은 완벽하게 균일하지 않아서 씨실을 따라 일렬로 재단하려면 숙련된 일손이 필요했다. 역직기가 사용된 이후로 열들의 간격은 균일해졌다. 이제 모든 씨실이 위아래 씨실과 정확히 평행을 이루기에 더이상 재단은 기술이 아니다. 기계가 도입된 탓에 일자리에서 쫓겨난 노동자들은 퍼스티언을 재단하는 일에 몰려들어 경쟁자들의 임금을 낮추고 있다. 제조업자들은 여성과 어린이를 고용할 수 있음을 알아챘고, 임금이 그들 수준으로 하락하는 동안 남성 수백 명이 일자리를 잃었다. 제조업자들은 간접적으로 집세를 지불해주는 재단공의 작업실보다 공장에서 한층 값싸게 작업할 수 있다는 사실을 발견했다. 이 발견 이후로 많은 오두막에서 열악한 위층을 사용하던 재단공들의 방은 비어 있거나 세를 놓은 상태이며, 그들은 노동시간을 선택할 자유를 잃고 공장 종소리의 통제를 받고 있다. 45세쯤으로 보이는 어느 재단공은 1야드에 8펜스를 받던 때가 있었지만 이제는 1페니를 받는다고 나에게 말했다. 그가 한층 균일한 직물을 과거의 직물보다 빠르게 재단할 수 있는 것은 맞지만, 1시간 동안 예전보다 곱절로 재단할 수는 결코 없으며, 따라서 그의 임금은 예전의 4분의 1 이하로 급감했다. 리치**는 다양한 제품들과 관련된 1827년과 1843년의 임금명세서를 제시하는데, 여기에는 재단공들의 야드당 임금이 1827년에는 4펜스, 2.25펜스, 2.75펜스였고, 1843년에는 1.5펜스, 1페니, 0.75페니, 0.375페니였다고 나와 있다. 리치에 따르면 동일한 제품들에 대한 주당 평균 임금이 1827년에는 1파운드 6실링 6펜스, 1파운드 2실링 6펜스, 1파운드, 1파운드 6실링 6펜스였고, 1843년에는 10실링 6펜스, 7실링 6펜스, 6실링 8펜스, 10실링이었다. 더욱이 이처럼 임금 수준이 낮은데도 노동자 수백 명이 일자리를 구하지 못하고 있다. 면직물 산업의 수작업 직조공들에 관해서는 이미 이야기했다. 다른 직물들은 거의 전적으로 베틀로 생산한다. 이들 부문에서 대다수 노동자들은 기계로 대체된 경쟁자들이 밀려드는 바람에 고통을 겪

** 《한 맨체스터 공원이 말하는, 공장의 엄혹한 사실들》, 35.

은 면직물 직조공들과 마찬가지로 고생을 했을 뿐 아니라, 공원들과 마찬가지로 불량한 작업에 적용하는 엄격한 벌금제도에 종속되어 있다. 견직물 직조공들을 예로 들어보자. 잉글랜드 전역에서 사업 규모가 가장 큰 견직물 제조업자들 가운데 한 명인 브로클허스트Brocklehurst 씨는 의회 의원들로 이루어진 위원회에 자기 장부에서 뽑은 명세표를 제출했으며, 여기에는 제품들에 대한 임금으로 1821년에는 30실링, 14실링, 3실링 6펜스, 9펜스, 1실링 6펜스, 10실링을 지급했고, 1839년에는 겨우 9실링, 7실링 3펜스, 2실링 3펜스, 4펜스, 6펜스, 6실링 3펜스를 지급했다고 나와 있다. 이 경우에 기계류는 전혀 개량되지 않았다. 그러나 브로클허스트 씨가 지급한 임금을 전체의 평균으로 받아들여도 별반 무리가 없을 것이다. 동일한 명세서에서 공제액을 모두 빼고 남은 직조공들의 주당 평균 임금은 1821년에는 16실링 6펜스, 1831년에는 겨우 6실링이었다. 그때 이후로 임금은 훨씬 더 떨어졌다. 1831년에는 직조공들에게 임금 4펜스를 가져다주었던 제품이 1843년에는 고작 2.5펜스를 가져다주고(부드러운 견직물 개당), 시골에서는 수많은 직조공들이 1.5~2펜스를 받는 조건으로 이 제품의 생산을 떠맡을 때에만 일거리를 구할 수 있다. 더욱이 그들은 임금을 임의로 공제당하기까지 한다. 원료를 공급받는 모든 직조공은 카드를 받는데, 보통 거기에는 지정된 날짜와 시간에 완성품을 납품해야 하고, 병이 나서 일을 못할 때는 그 사실을 사흘 이내에 관리실에 알려야 하며 그렇지 않을 경우 병을 양해해주지 않을 것이고, 실을 기다려야 했다고 주장해도 합당한 사유로 간주하지 않을 것이고, 작업에 특정한 결함이 있을 경우(예를 들어 일정한 공간 안에 씨실이 규정된 개수보다 많으면) 임금을 적어도 절반은 공제할 것이고, 제품이 지정된 시간까지 준비되지 않을 경우 납품하는 야드당 1페니를 공제할 것이라고 적혀 있다. 이 카드에 준거해 공제하는 액수가 얼마나 많은가 하면, 일주일에 두 번씩 랭커셔의 리Leigh에 들러서 직조한 제품들을 수거하는 어떤 사람은 매번 고용주에게 적어도 15파운드씩 벌금을 가져다준다고 한다. 이 사실은 그 사람이 직접 주장한 것이며, 그에 대한 평판은 가장 관대한 축에 든다는 것이다. 예전에는 그런 문제가 중재를 통해 해결되었다. 그러나 노동자들이 공제와 관련해 고집을 부리다가 보통 해고를 당했기 때문에 거의 모든 노동자가 그 관례를 단념했으며, 이제는 제조업자가 제멋대로 검사 겸 증인 겸 판사 겸 입법자 겸 집행자 노릇을 한다. 설령 노동자가 치안판사를 찾아가더라도 이런 대답을 듣게 된다. "당신의 카드를 받아들였을 때 당신은 계약을 맺은 것이고, 당신은 그 계약을 준수해야 한다." 공원들의 경우와 전혀 다르지 않은 것이다. 게다가 고용주는 공제하는 액수에 동의한다고 선언하는 서류에 서명할 것을 노동자에게 강요한다. 노동자가 저항하면 리치의 말마따나* 즉시 그 도시의 모든 제조업자에게 그가 "직조공들의 카드에 따라 확립된 합법적인 질서에 저항하는 데다가 그도 분명히 알고 있을 사회의 윗사람들의 지혜를 경솔하게 의심하는" 사람이라는 것이 알려진다. 당연히 노동자들은 완전히 자유롭다. 제조업자는 그들에게 자신의 원료와 카드를 강요하지 않지만, 리치가 평이한 영어로 옮긴 대로 이렇게 말한다. "자네가 내 프라이팬에서 지글지글 튀겨지고 싶지 않으면, 불구덩이 속으로 걸어 들어갈 수 있다네."

런던, 특히 스피탈필즈의 견직물 직조공들은 오랜 세월 동안 주기적으로 고통을 겪어왔으며, 영국의 노동운동 일반, 특히 런던의 노동운동에 가장 적극적으로 참여함으로써 아직 자신들의 운명에 만족할 마음이 없다는 것을 드러낸다. 그들 사이에 만연한 고통은 런던 동부에서 발병한 열병을 유발했고, 그 결과 노동계급 위생 상태 조사위원회가 조직되었다. 그러나 런던 열병병원의 지난번 보고서는 이 질병이 아직도 기승을 부린다는 것을 보여준다.

영국 산업에서 직물 다음으로 단연 중요한 생산품은 금속제품이다. 이 업종은 온갖 종류의 질 좋은 금속제품을 생산하는 버밍엄, 식탁용 날붙이를 생산하는 셰필드, 질 낮은 용품 · 자물쇠 · 못 등을 제조하는 스태포드셔, 특히

* 《한 맨체스터 공원이 말하는, 공장의 엄혹한 사실들》, 37~40.

울버햄프턴에 본부를 두고 있다. 우선 버밍엄에서 이 업종에 고용된 노동자들의 처지를 기술해보자. 금속을 가공하는 대다수 지역들의 경우와 마찬가지로, 버밍엄의 작업에도 어딘가 옛 수공예의 성격이 남아 있으며, 아직도 소고용주들을 찾아볼 수 있다. 그들은 가내 상점에서 견습공들과 함께 작업하거나, 증기력이 필요한 경우라면 대규모 공장 건물 내부를 나누어 소고용주에게 임대하는 작은 상점들에서 작업한다. 이 상점들은 축軸을 움직이고 기계류의 동력을 공급하는 엔진을 제공받는다. 레옹 푸셰Léon Faucher는 적어도 연구한 티가 나고 지금까지 이 주제에 관해 영국인이나 독일인이 쓴 것보다 나은 일련의 기사를 〈르뷔 데 되 몽드Revue des deux Mondes〉에 게재했다. 푸셰는 랭커셔의 제조업과 대비되는 소고용주와 견습공 관계의 특징을 '산업적 민주주의'(Démocratie Industrielle)로 파악하고, 이 관계가 어느 쪽에도 그다지 이롭지 않은 결과를 불러온다고 관찰했다. 이것은 완벽하게 정확한 관찰인데, 많은 소고용주들이 경쟁의 결과에 따라 나누어 가지는 이익—다른 환경에서는 제조업자 1명이 차지하는—으로는 생계를 넉넉하게 꾸릴 수 없기 때문이다. 자본이 집중되는 추세도 소고용주들을 제약한다. 1명이 부유해지는 동안 10명이 망하고, 물건을 더 싼 값에 판매할 수 있는 벼락부자 1명의 압력에 밀려 100명이 과거 어느 때보다 불리한 위치에 놓이기 때문이다. 처음부터 대자본가들과 경쟁해야 하는 경우 소고용주들의 고생이 막심하다는 것은 자명한 사실이다. 앞으로 보겠지만, 견습공들은 제조업자 아래서나 소고용주 아래서나 궁핍하기는 매한가지다. 차이점이 하나 있다면, 결국에 소고용주가 되면 독립을 어느 정도 확보한다는 것이다—달리 말해 기껏해야 공장제 아래에서 부르주아지에게 직접적인 착취를 덜 당할 뿐이다. 그러므로 소고용주들은 어느 정도 견습공들의 노동 덕에 먹고살기 때문에 진정한 프롤레타리아도 아니고, 주된 생계수단이 그들 자신의 노동이기 때문에 진정한 부르주아도 아니다. 버밍엄의 철공鐵工들이 영국 노동운동에 전심전력으로 가담하는 경우가 극히 드문 까닭은 이처럼 독특한 중간 위치에 있기 때문이다. 버밍엄은 정치적으로 급진적인 도시이지만 차티스트 운동을 전개하는 도시는 아니다. 버밍엄에는 자본가들이 소유한 수많은 대규모 공장들이 있고, 이들 공장 안에서는 공장제가 패권을 장악하고 있다. 여기서는 (예컨대 바늘 산업에서처럼) 노동을 최대한 세세하게 나누어 수행하고 증기력을 사용하는 까닭에 아주 많은 여성과 어린이를 고용할 여지가 있다. 그리고 여기서* 우리는 공장 보고서에서 묘사하는 바로 그 특징들을 다시 발견할 수 있다. 이를테면 이곳 여자들도 분만 직전까지 노동하고, 주부 역할에 서투르고, 가정과 자식을 방치하고, 가정생활을 등한시할 뿐 아니라 실제로 싫어하고, 도덕적으로 타락한다. 또한 남자들이 일자리에서 밀려나고, 기계류가 끊임없이 개량되고, 어린이들이 일찍부터 부모의 속박에서 벗어나고, 남편이 아내와 자식의 부양을 받는 모습 등등을 볼 수 있다. 묘사에 따르면 어린이들은 반쯤 굶주린 채로 헐벗고 지내고, 절반 이상이 배불리 먹는다는 것이 무엇인지 모르고, 대부분이 점심식사 전까지 쫄쫄 굶고, 심한 경우에는 점심식사로 빵을 조금 먹고 하루를 생활하기도 한다. 어린이들이 아침 8시부터 밤 7시까지 어떤 음식도 제공받지 않은 경우도 실제로 있었다. 그들의 옷은 십중팔구 간신히 맨살을 덮는 정도이고, 많은 어린이들이 겨울철에도 맨발로 다닌다. 그런 까닭에 그들은 모두 나이에 비해 작고 약하며, 조금이라도 활기차게 성장하는 경우가 드물다. 이처럼 어린이들이 신체의 힘을 재충전할 생계수단이 부족하고 비좁은 작업실에서 중노동을 장시간 강요당한다는 것을 생각하면, 버밍엄에는 병역에 적합한 성인이 드물다는 사실에 놀라지 않게 된다. 어느 모병 군의관은 "노동자들은 모두 작고 연약하고 체력이 거의 없는 데다가 상당수가 가슴이나 척추가 변형되어 있다"라고 말한다. 어느 모병관의 주장에 따르면, 버밍엄 사람들은 키가 보통 5피트 4~5인치[163~165센티미터]로 다른 어떤 도시의 사람들보다도 작고, 신병 613명 가운데 겨우 238명만이 병역에 적합하다. 교육과 관련해서는 앞에서 금속업 지

* 어린이 고용위원회 보고서.

역들에 관한 일련의 증언과 실례를 제시했으므로 참조하기 바란다.* 또한 어린이 고용위원회의 보고서에 따르면, 버밍엄에서 5~15세 어린이들 가운데 절반 이상이 어떤 학교에도 다니지 않고, 학교에 다니는 어린이들마저 끊임없이 바뀌기 때문에 학생들에게 지속적인 교육을 제공하는 것이 불가능하고, 그들 모두가 아주 어린 나이에 학교를 퇴학하고 노동을 시작한다. 어떤 교사는 도덕 수업을 하느냐는 질문에 일주일에 수업료 3펜스를 받는 사람에게 지나친 요구라며 하지 않는다고 대답했고, 몇몇 다른 교사들은 이 질문을 이해하지도 못했으며, 또 다른 교사들은 도덕 수업을 자신의 직무로 여기지 않았다. 교사 중 한 명은 도덕 수업을 한 적은 없지만 어린이들에게 훌륭한 도리를 주입하기 위해 무척 애썼다고 말했다. (그녀는 영어로 이 말을 하면서 결정적인 실수를 저질렀다.) 그레인저 위원이 방문한 학교들은 언제나 시끄럽고 무질서했다. 어린이들의 도덕적 상태는 그야말로 개탄스러울 지경이다. 전체 범죄자 가운데 절반이 15세 이하 어린이들이고, 한 해 동안 10세 어린이 90명이 범죄를 저질렀으며 이들 가운데 44명이 중범죄 판결을 받았다. 그레인저 위원의 의견에 따르면, 아주 어린 나이에 거의 모든 어린이가 무절제한 성교를 하는 듯하다.**

스태포드셔의 철공업 지역은 상황이 훨씬 더 나쁘다. 여기서 만드는 조잡한 제품들에는 세세한 분업(몇 가지 예외는 있지만)이나 증기력, 기계를 적용할 수 없기 때문이다. 그런 까닭에 울버햄프턴, 윌렌홀, 빌스턴Bilston, 세질리Sedgeley, 웬즈필드Wednesfield, 달라스턴Darlaston, 더들리Dudley, 월솔Walsall, 웬즈버리Wednesbury 등지에는 공장이 거의 없고 따로따로 운영하는 철공소들이 주로 있으며, 여기서는 소장인이 혼자 일하거나 21세까지 그를 보조하는 견습공을 1명 이상 데리고 일한다. 이곳의 소고용주들은 버밍엄의 소고용주들과 상황이 거의 똑같지만, 대체로 견습공들의 처지는 훨씬 더 열악하다. 견

* 이 책의 160~161쪽 참조.

** 그레인저의 보고서와 증언.

습공들은 거의 언제나 병들거나 자연사한 동물의 고기, 상한 고기, 어류, 너무 어린 나이에 도살당한 송아지나 운반 중에 질식사한 돼지의 고기만을 지급받는다. 소고용주들만이 아니라 견습공을 30~40명 고용하는 대규모 제조업자들도 이런 음식을 지급한다. 울버햄프턴에는 이런 관행이 만연한 듯하며, 그 당연한 귀결은 장염을 비롯한 질병들의 잦은 발병이다. 더욱이 어린이들은 보통 배불리 먹지 못하고, 남루한 작업복 말고는 옷이 거의 없어서, 설령 다른 이유가 없더라도 바로 이 이유 때문에 일요학교에 가지 못한다. 그들의 거처는 대개 너무도 열악하고 더러워서 질병을 유발한다. 어린이들은 신체적으로 건강에 해로운 작업을 하지 않는데도 작고 약하며 대개 심각한 불구다. 예를 들어 윌렌홀에는 선반에서 끊임없이 줄질을 하다가 등이 굽고 '뒷다리'라 불리는 한쪽 다리가 굽어서 두 다리가 K 형태를 이루는 사람들이 무수히 많이 있으며, 노동자들의 3분 1 이상이 탈장을 앓는다고 한다. 울버햄프턴과 마찬가지로 윌렌홀에도 사춘기에 뒤늦게 들어서는 소녀(이들도 철공소에서 일하기 때문이다)와 소년이 무수히 많고, 심한 경우 19세까지 늦어지곤 한다. 못이 거의 유일한 생산품인 세질리와 그 주변 지역에서 못 제조공들은 불결함에 관한 한 견줄 곳이 없는, 마구간 같은 비참한 오두막에서 거주하고 노동한다. 소녀와 소년은 10세나 12세부터 노동을 하고, 하루에 못 1000개를 만들어야만 완전히 숙달되었다고 인정받는다. 못 1200개당 임금은 5.75펜스다. 못 하나당 열두 번씩 두들겨야 하고 해머의 무게가 1.25파운드[0.57킬로그램]이므로, 못 제조공은 이런 쥐꼬리만 한 임금을 벌기 위해 1만 8000파운드[8165킬로그램]를 들어올려야 한다. 이처럼 고되게 노동하면서 음식을 충분히 먹지 못하는 어린이들은 불가피하게 골격이 불균형하고 왜소하게 발달하는데, 위원들의 증언이 이를 확인해준다. 이 지역의 교육 현황에 관한 자료는 이미 이전 장들에서 제시했다. 이 지역의 교육은 믿기 어려울 만큼 수준이 낮다. 어린이 절반이 일요학교에도 가지 않고, 나머지 절반도 규칙적으로 가지 않는다. 다른 지역들에 비해 글을 읽을 줄 아는 어린이가 매우 적고, 글을 쓸 줄 아는 어린이는 더더욱 적다. 학교에서 무언가 유익한 것을 배우기 시작할 무렵인 7~10세 어린이들은 당연한 듯 노동을 시작하며, 대장장이나 광부인 일요학교 교사들은 대개 읽을 줄 모르고 이름이나 겨우 쓴다. 일반적인 도덕은 이런 교육수단에 상응한다. 혼 위원은 월렌홀의 노동자들에게 도덕심이 전혀 없다고 역설하며 이 주장을 뒷받침하는 증거를 충분히 제시한다. 혼에 따르면 어린이들은 대체로 부모에 대한 도의를 인정하지 않았을 뿐더러 부모에게 어떤 애정도 느끼지 않았다. 그들은 자기가 무얼 말하는지 생각하지도 못하고 무척 둔감하고 어쩔 도리가 없을 정도로 우매해서, 12~14시간씩 노동을 강요당하고 누더기를 입고 충분히 먹지 못하고 며칠 뒤까지 통증이 남을 만큼 두들겨 맞으면서도, 대개 자신이 좋은 대우를 받으면서 굉장히 잘 지낸다고 주장했다. 그들은 아침부터 작업 중단을 허락받는 밤까지 고되게 일하는 삶과는 딴판인 삶을 전혀 몰랐고, 피곤하지 않느냐는 질문을 들어본 적도 없었고 이해하지도 못했다.*

셰필드에서는 노동자들이 임금을 더 많이 받고 겉모습도 더 낫다. 그렇지만 이곳의 몇몇 부문은 건강에 유난히 해로운 영향을 미친다는 점에서 두드러진다. 몇몇 작업은 가슴에 끊임없이 압력을 가해서 많은 경우 폐결핵을 유발한다. 다른 작업 가운데 줄칼을 이용해 절삭하는 작업은 전신의 성장을 저해하고 소화장애를 일으키며, 칼의 손잡이로 쓰일 뼈를 자르는 작업은 두통과 담즙 과다분비, 그리고 이 작업에 고용된 소녀들 다수의 빈혈을 초래한다. 단연코 건강에 가장 해로운 일은 칼날과 포크를 연삭하는 작업으로, 특히 건식 숫돌로 작업할 경우 요절하게 된다. 이 작업이 건강에 해로운 이유는 가슴과 복부를 압박하며 몸을 구부리는 자세 때문이기도 하지만, 무엇보다 절삭 과정에서 생겨나 공기를 가득 채우는 날카로운 금속 먼지 입자들을 부득이 흡입하기 때문이다. 건식 연삭공들의 평균수명은 35세를 넘기 어렵고, 습식 연삭공들은 좀처럼 45세를 넘기지 못한다. 셰필드에서 나이트Knight 박사는 이

* 혼의 보고서와 증언.

렇게 말한다.

이 직업의 유해성을 약간이라도 전달하는 유일한 방법은, 연삭공 가운데 주량이 제일 센 이들이 가장 오랫동안 가장 빈번하게 결근하기 때문에 가장 장수한다고 역설하는 것뿐이다. 셰필드에는 연삭공이 총 2500여 명 있다. 약 150명(80명은 성인 남성, 70명은 소년)은 포크 연삭공이다. 이들은 28~32세에 죽는다. 건식 연삭뿐 아니라 습식 연삭도 하는 면도날 연삭공들은 40~45세에 죽고, 습식 연삭을 하는 식탁용 날붙이류 연삭공들은 40~50세에 죽는다.

이 내과의사는 연삭공 천식이라 불리는 질병의 경과를 이렇게 묘사한다.

그들은 보통 14세에 노동을 시작하고, 신체가 건강할 경우 20세 이전에는 어떤 증상도 좀처럼 알아차리지 못한다. 그 이후 그들의 특유한 질병의 증상들이 나타나기 시작한다. 그들은 언덕이나 계단을 올라가려고 조금만 힘을 써도 숨이 가빠서 힘들어하고, 영속적이고 점점 심해지는 호흡곤란을 완화하기 위해 습관처럼 어깨를 들어올린다. 그들은 몸을 앞쪽으로 구부리며, 보통 웅크리고 작업하는 자세를 가장 편안하게 느끼는 듯하다. 그들은 얼굴빛이 누렇고 안면에 불안을 드러내며 가슴이 답답하다고 호소한다. 목소리가 거칠고 쉬어 있는 그들은 요란하게 기침을 하는데, 그 소리가 마치 나무관 속을 공기가 지나가는 소리처럼 들린다. 이따금씩 그들은 얇은 점액으로 덮인, 가래와 뒤섞인 원형이나 원통형 먼지 덩어리를 상당량 뱉어낸다. 피를 토하고, 누워 있지 못하고, 식은땀을 흘리고, 묽은 설사를 하고, 유난히 살이 빠지고, 폐결핵의 일반적인 증상들을 모두 보이는 그들은 몇 달간, 심하면 몇 년간 그들 자신과 가족을 부양하지 못하는 몸으로 목숨을 부지하다가 결국 사망한다. 이제까지 연삭공 천식을 예방하기 위해 시도했던 모든 조치가 완전히 실패했다는 말을 꼭 덧붙여야겠다.

나이트 박사는 이 모든 글을 10년 전에 썼다. 그때 이후로 연삭공 천식을 예방하기 위해 숫돌에 덮개를 씌우고 인공적으로 환기를 해서 먼지를 빼내는 등의 시도가 이루어졌음에도, 연삭공의 수가 늘어나고 질병이 더욱 맹위를 떨쳤다. 이 방법들은 적어도 부분적으로는 성공을 거두었지만, 연삭업에 노동자가 더 많이 몰려서 임금이 떨어질 거라고 믿는 연삭공들은 이들 방법을 받아들이지 않으려 하며, 여기저기서 천식 예방 장치를 파괴하기까지 했다. 그들은 짧은 생애를 유쾌하게 살고자 한다. 나이트 박사는 자신을 찾아온, 천식의 초기 증상들을 보이는 연삭공들에게 연삭업으로 돌아가면 분명히 죽을 거라고 자주 말했으나 소용이 없었다. 한때 연삭공이었던 사람은 마치 악마에게 자신을 팔기라도 한 것처럼 절망에 빠진다. 셰필드의 교육은 수준이 매우 낮다. 주로 교육 관련 통계에 몰두했던 어느 성직자는 학교에 다닐 나이인 노동계급의 어린이 1만 6500명 가운데 겨우 6500명만이 글을 읽을 줄 안다고 말했다. 이런 결과는 어린이들이 7세에, 아무리 늦어도 12세에 학교를 그만둔다는 사실, 그리고 교사들이 아무짝에도 쓸모 없는 부류라는 사실에서 기인한다. 어떤 교사는 유죄판결을 받았던 도둑으로서, 감옥에서 풀려난 뒤에 구한 유일한 호구지책이 교직이었다! 셰필드에는 다른 어떤 도시보다 청년층 사이에 비도덕성이 만연해 있는 듯하다. 어느 도시가 제일 비도덕적인지 꼽는 것은 어려운 일이며, 우리는 각 도시에 관한 보고서를 읽을 때마다 이 도시가 분명 으뜸이라고 믿게 된다! 청년층은 일요일이면 거리에서 동전 던지기를 하거나 개싸움을 붙이며 하루를 다 보내고, 어김없이 싸구려 술집에 가서 밤 늦게까지 애인과 앉아 있다가 쌍쌍이 흩어진다. 시먼즈 위원이 찾아간 맥주집에는 거의 전부 17세 이하인 청춘 남녀 40~50명이 죄다 이성을 옆에 끼고 앉아 있었다. 여기저기서 카드놀이 중이었고, 곳곳에서 춤을 추고 있었으며, 어디서나 술을 마시고 있었다. 손님들 사이에는 공공연한 매춘부들도 있었다. 그러므로 모든 증인이 증언하듯이, 어린 나이의 무절제한 성교와 14~15세에 시작하는 청년층의 매춘이 셰필드에서 유난히 흔하다고 해도 놀랄 이유는 없다.

흉악하고 극단적인 범죄도 빈번히 발생한다. 시먼즈 위원이 방문하기 1년 전에는 주로 청년들로 이루어진 무리가 긴 창과 인화성 물질로 완전히 무장하고서 도시에 불을 지르려는 찰나에 체포되었다. 뒤에서 우리는 셰필드의 노동운동에 이와 동일한 흉포한 성격이 있음을 살펴볼 것이다.*

금속산업의 이 두 중심지 말고도 노동자들, 특히 어린이들 사이에 엄청난 결핍과 비도덕성, 무지가 만연하는 랭커셔의 워링턴에 바늘 공장들이 있고, 위건 인근과 랭커셔, 스코틀랜드 동부에 바늘 철공소들이 많이 있다. 이들 지역에서 작성한 보고서들은 스태포드셔에 관한 보고서들과 거의 똑같은 이야기를 들려준다. 공장 지역들, 특히 랭커셔에는 금속산업의 한 부문이 더 있는데, 그 부문의 독특한 점은 기계류로 기계류를 생산한다는 것이다. 이로써 다른 지역에서 밀려난 노동자들이 마지막 피난처, 즉 그들을 대체하는 적을 만들어내는 작업마저 빼앗기게 된다. 나사못 · 바퀴 · 너트 등을 설계하고 천공하고 절삭하는 기계류는 동력선반과 더불어, 한때 임금을 후하게 받으며 상근직으로 일했던 수많은 이들을 실업으로 내몰았다. 누구든 마음만 먹으면 맨체스터에서 그들 무리를 볼 수 있을 것이다.

스태포드셔의 철공업 지역 북쪽에는 이제 우리가 살펴볼 도업 지역인 포터리스Potteries가 있으며, 이 지역의 본거지는 헨리Henley, 버슬렘Burselm, 랜드 엔드Land End, 레인 델프Lane Delph, 에트루리아Etruria, 콜리지Coleridge, 랭포트Langport, 턴스톨Tunstall, 골든 힐Golden Hill을 포괄하는 인구 6만 명의 자치도시 스토크Stoke다. 이 주제에 관한 어린이 고용위원회의 보고서들에 따르면, 도자기를 생산하는 이 산업의 일부 부문들에서는 어린이들이 따뜻하고 환기가 잘 되는 작업실에서 수월하게 노동하는 반면 다른 부문들에서는 충분한 음식과 좋은 옷을 제공받지 못하는 채로 힘들고 진력나게 노동한다. 많은 어린이들이 불평을 한다. "배불리 못 먹고, 주로 감자와 소금을 먹고, 고기와 빵

* 시먼즈의 보고서와 증언.

은 절대 못 먹고, 학교에 못 가고, 옷을 하나도 못 받았어요." "오늘 저녁식사로 아무것도 못 받았고, 집에서는 절대 저녁을 먹지 않고, 주로 감자와 소금을 먹고 가끔 빵을 먹어요." "이게 제 옷 전부이고 집에도 외출복이 없어요." 그중에서도 주입성형한 성형물을 석고틀과 함께 건조실로 옮긴 다음 성형물이 적절히 건조되면 빈 석고틀을 다시 가져오는 어린이들의 작업이 특히 건강에 해롭다. 이처럼 그들은 왔다갔다 하면서 나이에 비례해 무거워지는 짐을 온종일 날라야 하며, 안 그래도 힘겨운 작업을 훨씬 더 힘겹게 만드는 고온 속에서 일해야 한다. 이 어린이들은 거의 한 명도 예외 없이 야위고 창백하고 허약하고 왜소하며, 거의 모두가 위장병과 메스꺼움, 식욕부진으로 고생하고, 상당수가 폐결핵으로 죽는다. '지거'jigger 물레를 돌린다고 해서 '지거'라 불리는 소년들도 이들 못지않게 연약하다. 그러나 단연코 가장 해로운 작업은 엄청난 양의 납뿐 아니라 대개 비소까지 함유하는 유약에 맨손으로 완성품을 담그거나 새로 담근 제품을 꺼내는 노동자들의 작업이다. 성인과 어린이로 이루어진 이들의 손과 옷은 언제나 유약으로 젖어 있으며, 이들의 피부는 끊임없이 거칠거칠한 제품을 만지는 까닭에 연해지고 얇아져서 대개 손가락에서 피가 나고, 이 위험한 물질을 흡수하기에 가장 알맞은 상태에서 한시도 벗어나지 못한다. 그 결과 어린이들은 극심한 통증을 느끼게 되고, 위와 장의 중병, 만성 변비, 복통, 간혹 폐결핵, 가장 흔하게는 간질을 앓게 된다. 성인들 사이에 흔한 증상은 손근육 일부의 마비, 연독산통, 팔다리 전체의 마비다. 어느 증인은 자신과 함께 일한 어린이 2명이 작업 도중에 경련을 일으키며 사망했다고 말한다. 소년 시절에 2년간 도자기 담그는 작업을 보조했던 다른 증인은 우선 장에 극심한 통증을 느낀 뒤에 경련이 일어났고, 그 결과 두 달간 침대에 앓아누웠고, 그때 이후로 경련이 일어나는 빈도가 점점 잦아졌고, 지금은 매일 경련과 더불어 대개 10~20회 간질 발작이 일어나고, 오른팔이 마비된 상태이며, 내과의사들로부터 다시는 팔다리를 쓸 수 없다는 말을 듣는다고 증언한다. 어느 공장의 담금 작업실에서는 성인 4명이 모두 간질을 앓는 데다가 심한 복통으로 고생하고 있었고, 소년 11명 가운데 일부도 이미 간질을 앓고 있었다. 요컨대 이 끔찍한 질병은 이 직업의 보편적인 귀결이다. 그리고 이 귀결 역시 부르주아지에게 금전적 이익을 더 많이 안겨준다! 도자기의 표면을 문지르는 작업실의 공기는 부싯돌 가루로 가득하며, 이것을 흡입할 경우 셰필드의 연삭공들이 흡입하는 강철 먼지만큼이나 유해하다. 도기업 노동자들은 숨을 헐떡이고, 눕지 못하고, 따가운 목과 격렬한 기침으로 고생하고, 알아듣지 못할 만큼 목소리가 가늘어진다. 그들 역시 모두 폐결핵으로 죽는다. 포터리스 지역에는 학교가 비교적 많아서 어린이에게 교육 기회를 제공한다고 한다. 그러나 어린이들은 아주 어린 나이부터 매일 12시간, 또는 대개 그 이상의 시간 동안 노동하기 때문에 학교에 다닐 형편이 못 되며, 그런 까닭에 스크리븐Scriven 위원이 조사한 어린이들의 4분의 3이 읽지도 쓰지도 못했고, 이 지역 전체가 깊디 깊은 무지에 빠져 있었다. 수년간 일요학교에 다닌 어린이들은 글자를 구별하지 못했고, 지적 교육뿐 아니라 도덕적 종교적 교육도 수준이 매우 낮았다.*

유리 제조업의 작업 또한 성인에게는 그다지 해롭지 않지만 어린이에게는 버거운 듯하다. 고된 노동과 불규칙한 시간, 잦은 야간노동, 특히 작업장의 엄청난 열기(화씨 100~130도[섭씨 37.8~54.4도])로 말미암아 어린이들은 전신이 쇠약해지고, 병에 걸리고, 성장이 지체되고, 특히 눈에 질환이 생기고, 장에 탈이 나고, 류머티즘과 기관지 질환을 앓게 된다. 많은 어린이들이 핼쑥하고, 눈이 충혈되어 간혹 몇 주 동안 앞을 못 보기도 하고, 지독한 메쓰거움과 구토, 기침, 감기, 류머티즘으로 고생한다. 불에서 유리를 꺼낼 때 어린이들은 대개 발밑의 널판에 불이 붙을 정도로 뜨거운 열기 속으로 들어가야 한다. 유리 부는 직공들은 보통 쇠약한 신체와 흉부의 질환 때문에 젊어서 죽는다.**

---

* 스크리븐의 보고서와 증언.

** 레이프차일드Leifchild의 보고서, Append., Part Ⅱ., p. L 2, ss. 11, 12. / 프랭크스Franks의 보고서, Append:, Part Ⅱ., p. K 7, s. 48. / 탄크레드Tancred의 증언, Append., Part Ⅱ., p. I 76 등. 모두 어

전체적으로 보아 이 보고서는 공장제가 산업의 모든 부문에 점진적이지만 확실하게 도입되고 있음을 증언한다. 이 사실은 특히 여성과 어린이의 고용을 보고 알아챌 수 있다. 나는 기계류의 발달과 노동자 대체를 낱낱이 추적할 필요는 없다고 생각했다. 제조업의 성격을 조금이라도 아는 사람이라면 누구나 직접 이 공백을 채울 수 있다. 나는 현재 생산체계의 한 측면을 상세히 기술할 지면이 없지만, 이 체계의 결과는 공장제를 다루면서 이미 간략하게 서술했다. 사방에서 기계류가 도입되면서 노동자의 독립성의 마지막 흔적까지 사라지고 있다. 사방에서 아내와 자식의 노동으로 말미암아 가족이 해체되거나, 실직한 남편이 아내와 자식에게 생계를 의존하면서 가족이 뒤집히고 있다. 피할 수 없는 기계류가 어디서나 대자본가에게 직종과 노동자들에 대한 통솔권을 부여하고 있다. 자본의 집중화가 중단 없이 성큼성큼 진행되고 있고, 대자본가들과 무산 노동자들을 나누는 사회의 경계가 나날이 뚜렷해지고 있으며, 영국의 산업 발전이 불가피한 위기를 향해 큰 걸음으로 나아가고 있다.

이미 나는 수공업에서도 자본의 힘이, 그리고 몇몇 경우에는 분업이 소상인들을 짓밟고 대자본가들과 무산 노동자들에게 제자리를 찾아주는 등 똑같은 결과를 초래했다고 말했다. 수공업자들에 관해서는 말할 것이 별로 없는데, 그들과 관련된 모든 내용을 프롤레타리아트 일반을 논하면서 이미 말했기 때문이다. 산업운동이 시작된 이래 수공업의 성격과 노동, 그리고 건강에 미치는 영향은 거의 변하지 않았다. 그러나 공원들과의 지속적인 접촉, 여전히 견습공과 얼마간 개인적인 관계를 맺는 소고용주의 압력보다 훨씬 강하게 와닿는 대자본가의 압력, 도시생활의 영향, 임금 하락으로 인해 수공업자들 거의 모두가 노동운동의 적극적 참여자가 되었다. 조만간 이 점에 관해 추가로 말하기에 앞서, 런던의 한 노동자 부류로 관심을 돌려보자. 그들은 금전을 탐하는 부르주아지에게 유독 잔혹하게 착취당하고 있으므로 우리의 주목을 받을

린이 고용위원회의 보고서에 수록.

만하다. 바로 여성복 재봉사들과 바느질하는 여자들이다.

다른 제품이 아니라 부르주아 숙녀들의 개인적인 치장을 위해 쓰이는 제품을 생산하는 일이 노동자들의 건강에 비통한 영향을 미친다는 것은 기이한 사실이다. 우리는 이미 레이스 제조공들의 사례를 통해 이런 사실을 확인했으며, 이제는 더 많은 증거를 찾기 위해 런던의 여성복 양장점들을 살펴볼 차례다. 이 양장점들에는 점포 내에서 숙식하며 보통 시골 출신인 까닭에 고용주의 노예나 마찬가지인 어린 소녀들이 상당수—총 1만 5000명이라고 한다—고용되어 있다. 약 4개월간 이어지는 유행철에는 가장 양호한 양장점들에서도 노동시간이 하루 15시간이고, 긴급한 경우 18시간에 달한다. 그러나 대다수 상점들은 유행철에 어떤 규정도 없이 작업을 계속하기 때문에 소녀들이 쉬거나 잠을 자는 시간은 24시간 중에 결코 6시간을 넘지 못하고, 대개 3~4시간 이하이고, 이따금 2시간에 그치기도 하며, 밤새 작업하진 않더라도 19~20시간 동안 일하는 경우도 비일비재하다! 그들 노동의 한계로 설정된 것은 바늘을 잠시도 잡지 못할 정도로 탈진한 상태뿐이다. 이 무력한 소녀들이 9일 동안 낮이고 밤이고 옷 갈아입을 여유도 없이, 최대한 빨리 삼킬 수 있도록 미리 조각낸 음식을 지급하는 작업실에서, 여기저기 놓인 매트리스에서 잠깐씩만 쉬면서 줄곧 일한 사례들이 실제로 있었다. 요컨대 이 불운한 소녀들은 현대판 노예감독관의 도덕적인 채찍과 해고 위협에 시달리면서, 건장한 남자마저 견디지 못하고 14~20세 연약한 소녀는 더더욱 견디지 못하는 장시간 연속 노역을 하고 있다. 게다가 작업실과 잠자리의 탁한 공기, 구부리는 자세, 대개 형편없고 소화가 안 되는 음식 같은 요인들이 맑은 공기를 한순간도 쐬지 못하는 현실과 결합해 소녀들의 건강에 치명적인 결과를 초래한다. 우선 곧바로 기력 상실, 탈진, 쇠약, 식욕부진, 어깨·등·엉덩이의 통증과 특히 두통이 시작된다. 그 뒤에는 척추가 굽고, 어깨가 변형되어 올라가고, 바싹 마르고, 눈이 붓고 눈물이 나고 따끔거리다가 이내 근시가 되는가 하면, 기침이 나고, 흉부가 좁아지고, 호흡이 짧아지고, 여성의 신체 발달을 어지럽히는 온갖 이상 증상들이 나타난다.

대체로 소녀들은 눈에 극심한 통증을 느끼다가 불치의 장님이 된다. 설령 작업을 계속할 만큼 시력이 줄곧 좋더라도, 머지않아 보통 폐결핵이 이 여성 모자 제조공들과 여성복 재봉사들의 서글픈 인생을 끝장내곤 한다. 어린 나이에 이 작업을 그만둔 이들마저도 손상된 건강과 망가진 신체를 죽는 날까지 회복하지 못하며, 결혼할 경우 허약하고 병치레가 잦은 아이를 낳게 된다. 위원의 질문을 받은 모든 의사는 어떤 생활방식도 이보다 더 건강을 해치고 단명을 초래할 수 없다는 데 동의했다.

런던의 나머지 침녀針女들도 조금 더 간접적이긴 하지만 똑같이 잔혹한 방식으로 착취당한다. 코르셋 제조업에 고용된 소녀들은 눈을 혹사하면서 힘들고 진력나게 일한다. 그들은 임금을 얼마나 받는가? 나는 모른다. 그러나 원료를 안전하게 배달하고 침녀들에게 일거리를 배분하는 중개인이 개당 1.5펜스를 받는다는 것은 안다. 이 액수에서 중개인이 자기 품삯으로 최소 0.5페니를 공제하므로 기껏해야 1페니가 소녀들의 주머니로 들어간다. 넥타이를 꿰매는 소녀들은 하루에 16시간을 일해야 일주일에 4실링 6펜스를 번다.* 그러나 셔츠 재봉사들의 임금이 가장 적다. 그들은 평범한 셔츠 하나에 1.5펜스를 받는다. 예전에는 2~3펜스를 받았으나 급진당의 민생위원회가 관리하는 세인트 판크라스Saint Pancras 구빈원이 1과 3분의 1펜스에 작업하기 시작하자 구빈원 외부의 이 가련한 여인들도 똑같이 하지 않을 도리가 없었다. 하루에 18시간을 일해야 만들 수 있는 화려한 고급 셔츠는 6펜스를 받는다. 이런 사실들에 따르면, 그리고 침녀들과 고용주들 양쪽을 포함해 다방면에서 들은 증언에 따르면, 바느질하는 여자들의 주급은 밤 늦게까지 대단히 무리해서 일할 경우 2실링 6펜스~3실링이다. 이 파렴치한 만행의 화룡점정은 여자들이 자신이 맡은 원료의 일부에 대한 보증금을 내야 한다는 사실이다. (고용주들이 훤히

* 1844년 3월 17일자 〈위클리 디스패치〉 참조.

알고 있듯이) 당연히 그들은 원료의 일부를 저당잡히지 않고는 보증금을 낼 수 없으며, 저당물을 되찾을 때 손해를 보게 된다. 만일 원료를 되찾을 수 없다면, 1843년 11월에 어느 바느질하는 여자가 그랬듯이 치안판사 앞에 출두해야 한다. 이런 곤경에 빠져 어찌할 바를 몰랐던 한 가련한 소녀는 1844년에 운하에 몸을 던졌다. 보통 이 여자들은 수용 가능한 최대 인원으로 바글거리고 겨울이면 노동자들의 체온이 유일한 열기인 작은 다락방에서 극히 고통스럽게 살아간다. 여기서 그들은 앉아서 몸을 구부린 자세로 새벽 4시나 5시부터 자정까지 바느질을 하며, 최소한의 생필품조차 구하지 못하는 처지로 한두 해 동안 건강을 버리다가 결국 요절한다.** 그들 아래서는 부르주아지 상층의 호화찬란한 마차가 지나가고, 열 걸음쯤 떨어진 곳에서는 어느 한심한 멋쟁이가 그들의 1년치 수입보다 많은 돈을 하룻저녁에 노름판에서 들어먹는다.

이상이 영국 제조업 프롤레타리아트의 상황이다. 어느 쪽으로 몸을 돌리든 우리는 사방에서 항구적이거나 일시적인 결핍과 질병, 노동자들의 상황에서 기인하는 도덕적 타락을 목격할 수 있다. 도처에서 정신적으로나 신체적으로나 인간을 해치고 결국에는 파괴하고 있다. 이 상태가 지속될 수 있을까? 그럴 수도 없고 그렇지도 않을 것이다. 국민의 절대다수인 노동자들은 이 상태를 감내하지 않을 것이다. 그들이 이 상태에 관해 뭐라고 말하는지 들어보자.

** 영국의 현존 유머작가 가운데 재주가 가장 빼어나고 모든 유머작가와 마찬가지로 인정으로 가득한 토머스 후드Thomas Hood는 1844년 초에 아름다운 시 〈셔츠의 노래(The Song of the Shirt)〉를 발표했다. 부르주아지의 딸들이 이 시에 공감해 눈물을 흘렸으나 효과는 없었다. 원래 〈펀치Punch〉에 발표된 이 시는 모든 신문에 수록되었다. 당시 바느질하는 여자들의 상황에 관한 논의가 모든 신문을 가득 채웠기 때문에 따로 발췌할 필요는 없다.

노동운동

Die Lage der arbeitenden Klasse in England _ The Condition of the Working Class in England

내가 언제나 세세하게 입증하진 않았지만, 이런 상황에서 영국 노동자들이 행복을 느낄 수 없다는 것, 그들의 형편이 한 사람이나 한 계급 전체가 인간으로서 생각하고 느끼고 살아갈 수 있는 형편이 아니라는 것은 인정할 수밖에 없는 사실이다. 그러므로 노동자들은 자신을 짐승처럼 다루는 이 상황에서 벗어나기 위해, 더 좋고 더 인간적인 위치를 확보하기 위해 투쟁해야 한다. 그런데 그들에 대한 착취로 이루어지는 부르주아지의 이익을 공격하지 않고는 투쟁할 수가 없다. 그러나 부르주아지는 부에 의지해 마음껏 휘두를 수 있는 권력과 국가의 위력을 총동원해서 자기네 이해관계를 방어한다. 노동자가 현재 상태를 바꾸기로 결심할수록 부르주아가 그의 공공연한 적이라는 것이 점점 더 분명해진다.

더욱이 노동자는 매 순간 부르주아지가 그를 하나의 동산動産으로, 즉 재산으로 다룬다는 것을 느끼며, 다른 이유가 없더라도 바로 이 이유 때문에 부르주아지의 적으로 나서게 된다. 앞에서 나는 오늘날 우리 사회에서 노동자가 자신의 인간성을 지키는 유일한 길이 부르주아지를 향한 증오와 저항뿐임을 다양한 방식으로 보여주었고, 또 다른 다양한 방식으로 보여줄 수도 있었다. 노동자는 교육 또는 오히려 교육 결핍 덕분에, 영국 노동계급의 혈관 속에 넘치도록 흐르는 아일랜드 인의 뜨거운 피 덕분에, 유산계급의 폭정에 맹렬한 격정으로 저항할 수 있다. 오늘날 영국 노동자는 잉글랜드 인이 아니다. 부유한 이웃처럼 셈에 밝은 축재자도 아니다. 그는 한층 완전하게 발달한 감성을 지니고 있고, 거침없이 발달하여 그를 통제하는 격정들은 북부 출신 특유의 냉담함을 압도하고 있다. 이기심을 두드러진 특성으로 삼고 정서적 능력을 금전욕이라는 한 점에 온통 집중해온 영국 부르주아는 지성을 함양함으로써 이기적인 성향을 엄청나게 강화하는 반면에, 노동자는 그렇지 않기에 외국인만큼이나 열렬하고 강력한 격정을 지니고 있다. 노동자 안에서 잉글랜드 인의 민족성은 소멸한다.

앞에서 살펴봤듯이 노동자는 삶의 모든 상황에 대항하지 않고는 인간성을 발휘할 여지가 전혀 없기 때문에, 바로 이렇게 대항함으로써 가장 인간적이고 가장 고귀하고 가장 공감받을 만한 존재가 된다는 것은 당연한 일이다. 우리는 노동자들의 모든 기운과 모든 활동이 이 대항을 겨냥한다는 것, 보통교육을 받으려는 그들의 시도마저 모두 이 대항과 직접적인 관련이 있다는 것을 살펴볼 것이다. 우리는 개별적인 폭력 행위뿐 아니라 잔혹 행위까지도 보고할 테지만, 영국에서 사회적 전쟁이 공공연하게 벌어지고 있다는 점, 부르주아지로서는 평화와 박애주의로까지 위장한 채 이 전쟁을 위선적으로 수행하는 것이 유리한 반면에 노동자들로서는 실상을 까발리고 이 위선을 깨부수는 것만이 이롭다는 점, 그리고 부르주아지와 그 하인들에 대한 노동자들의 가장 맹렬한 공격은 부르주아지가 노동자들을 상대로 은밀하고도 교활하게 자행하는 행위를 있는 그대로 공공연하게 표현하는 것뿐이라는 점을 언제나 유념해야 한다.

노동자들의 저항은 산업이 발달하자마자 시작되어 여러 단계들을 거쳐왔다. 영국인의 역사에서 그 단계들의 중요성에 관한 탐구는 다른 저작의 몫으로 남겨두고, 여기서는 영국 프롤레타리아트의 상황을 특징짓는 적나라한 사실들만을 다루겠다.

이런 반항 가운데 가장 먼저 시작했고 가장 미숙했고 가장 성과가 적었던 반항은 범죄였다. 노동자는 빈곤과 결핍 속에서 살았고, 다른 이들이 자신보다 잘사는 모습을 보았다. 노동자는 풍족한 게으름뱅이보다 사회에 기여한 바가 많은 자신이 이런 처지로 고생해야 하는 이유를 도통 알 수가 없었다. 노동자는 재산의 신성함을 존중하는 태도를 물려받았으나 궁핍을 이기지 못하고 도둑질을 저질렀다. 앞에서 우리는 제조업이 팽창함에 따라 어떻게 범죄가 증가했는지, 매년 소비되는 면화 뭉치의 수와 연간 체포 건수가 어떻게 줄곧 연관되었는지를 살펴보았다.

노동자들은 범죄가 사태 해결에 도움이 되지 않음을 곧 깨달았다. 범죄자는 단독으로만, 즉 한 개인으로만 현존 사회질서에 항의할 수 있었다. 사회 전체의 위력이 범죄자 개개인에게 가해졌고, 압도적인 우위로 그들을 깔아뭉갰다. 게다가 절도는 제아무리 많은 노동자들로부터 암묵적인 찬성을 얻었더라도 가장 초보적인 항의 형태였으며, 설령 다른 이유가 없더라도 바로 이 이유 때문에 노동자들의 여론을 보편적으로 표현하는 방법이 결코 되지 못했다. 한 계급으로서 노동자들이 부르주아지에게 처음으로 명백하게 대항한 것은 산업시대 초창기에 기계류 도입에 저항했을 때였다. 아크라이트를 비롯한 초기 발명가들은 이런 식으로 고발을 당했고, 그들의 기계는 파괴되었다. 그 후에도 기계류에 반대하는 폭동이 여러 차례 발생했는데, 그 사건들은 1844년에 보헤미아의 인쇄공들이 일으킨 소요와 거의 똑같았다. 즉 공장들이 허물어지고 기계류가 파괴되었다.

이런 대항 형태 역시 고립되고 특정한 지역들에 국한되었으며, 당시 사회제도의 한 측면만을 겨냥했다. 일시적인 목표가 성취되고 나면 나쁜 짓을 저지른 무방비 상태인 자들에게 사회권력이 중압을 가하고 그들을 마음껏 처벌했으며, 기계류 역시 계속 도입되었다. 새로운 대항 형태를 찾아야 했다.

이 시점에 케케묵고 개혁하지 않은 과두제적 토리 당의 의회가 법을 제정하는 방식으로 도움을 주었다. 선거법 개정 법안(Reform Bill)이 부르주아지와 프롤레타리아트의 구별을 법적으로 인가하고 부르주아지를 지배계급으로 만들어준 이후였다면, 이 법은 결코 하원을 통과하지 못했을 것이다. 1824년에 제정된 이 법은 당시까지 노동을 목적으로 노동자들이 연합하는 것을 금지해오던 법들을 모두 폐지했다. 노동자들은 그때까지 귀족과 부르주아지만 누리던 권리, 즉 자유롭게 결사할 권리를 획득했다. 그 전에도 비밀 연합들이 존재했던 것은 사실이지만 결코 두드러진 결과를 성취할 수 없었다. 시먼즈의 말마따나* 1812년 글래스고에서 일어난 직조공들의 총파업은 비밀 결사가 감행한 것이었다. 1822년 총파업이 다시 일어났는데, 이때 결사에 가담하지 않겠다고 해서 결사원들에게 계급의 배반자로 찍힌 노동자 2명이 얼굴에 황산 공격을 받았다. 습격을 당한 두 사람 모두 시력을 잃었다. 1818년 스코틀랜드 광부들의 결사 역시 총파업을 일으킬 만큼 강력했다. 이 결사들은 회원들에게 충직과 비밀 엄수를 맹세할 것을 요구했고, 정식회원 명단과 출납원, 부기簿記 담당자, 그리고 지부들을 두고 있었다. 그러나 매사에 적용된 비밀 엄수는 결사들의 성장을 저해했다. 그러다가 1824년에 자유롭게 결사할 권리를 노동자가 부여받자마자 이 단체들은 영국 전역으로 퍼져나가 엄청난 권력을 얻었다. 산업의 모든 부문에서 노동자 개개인을 부르주아지의 폭압과 등한시로부터 지키겠다는 의도를 거리낌없이 말하는 노동조합들이 형성되었다. 노동조합의 목표는 집단으로 움직이는 하나의 권력으로서 고용주를 상대하고, 고용주의 이익에 맞추어 임금을 조정하고, 기회가 있을 때 임금을 인상하고, 전국에 걸쳐 각 직종의 임금을 균일하게 유지하는 것이었다. 따라서 노동조합은 임금률이 어디서나 관철되도록 자본가와 합의하려 했고, 임금률을 받아들이지 않는 고용주의 피고용인들에게 파업을 명령했다. 더 나아가 노동조합은 견습공의 수를 제한해서 노동에 대한 수요와 높은 임금을 유지하고, 제조업자가 새

* 《국내외에서의 기술과 장인》, 137ff.

로운 도구와 기계를 이용해 임금을 간접적으로 삭감하려는 시도를 최대한 방해하고, 실직한 노동자들을 재정적으로 지원하려 했다. 노동조합은 이런 지원을 직접적으로 하거나 아니면 소지자를 '조합원'으로 인정하는 카드를 이용해서 했는데, 이 카드를 가진 노동자는 이곳저곳을 돌아다니면서 동료 노동자들의 도움을 받고 가장 좋은 구직 정보를 얻을 수 있었다. 이처럼 떠도는 행위를 트램핑tramping이라 하고, 떠도는 사람을 트램프tramp라 한다. 이런 목적을 달성하기 위해 노동조합은 봉급을 받는 조합장과 간사를 두고 있고(어떤 제조업자도 이런 사람들을 고용하지 않을 것이기 때문이다), 위원회는 매주 기부금을 모으고 조합의 목표를 위한 기부금 지출을 감독하고 있다. 각 지역의 다양한 직종 종사자들은 연합하는 것이 가능했으며, 또 이로울 경우 연합을 결성하고 일정한 시기에 대표자 대회를 열었다. 몇몇 경우에는 영국 전역에 걸쳐 한 부문의 노동자들이 하나의 거대한 조합으로 결속하려는 시도가 이루어졌고, 대영국 전체를 포괄하며 직종마다 별도의 조직을 두는 하나의 보편적인 직종 결사체를 형성하려는 시도가 몇 차례(최초로는 1830년에) 있었다. 그렇지만 이런 결사들은 결코 오랫동안 단결하지 못했고 잠시나마 실현된 경우도 드물었다. 이런 연합이 결성되어 효과를 발휘하려면 유별날 정도로 보편적인 흥분 상태가 필요하기 때문이다.

이 조합들이 목적을 달성하기 위해 사용하는 방법은 보통 다음과 같다. 1명이나 그 이상의 고용주가 조합이 정한 임금의 지불을 거부할 경우에는 대표자를 보내거나 청원서를 제출한다(독자들도 알다시피, 노동자들은 고용주의 작은 국가 안에서 이 공장 군주의 절대권력을 어떻게 인정해야 하는지 알고 있다). 이 방법이 통하지 않을 경우에는 조합이 피고용인들에게 작업 중단을 명령하고 모든 노동자가 집에 가버린다. 이런 파업은 고용주 1명이나 몇 명을 상대할 때는 부분 파업이 되고, 어떤 직종의 모든 고용주가 조합의 제안에 맞추어 임금을 조정하는 것을 거부할 때는 총파업이 된다. 이 시점까지 조합은 법적 통보의 기한이 만료되고 나면 파업의 효과가 나타날 것이라고 가정하며 합법적인 방법을 고수한다. 그러나 조합에 속하지 않은 노동자들이 있거나 부르주아지가 제공하는 일시적인 이익을 위해 조합원들이 이탈할 때, 이런 합법적인 방법은 아주 무력해진다. 특히 부분 파업일 경우 제조업자는 이런 검은 양들(파업분쇄자로 알려진)을 동원해서, 단결한 노동자들의 노력을 손쉽게 수포로 돌릴 수 있다. 파업분쇄자들은 보통 조합원들에게 위협과 모욕을 당하거나, 두들겨맞거나, 그렇지 않으면 박해를 당한다. 간단히 말해 온갖 방식으로 협박을 당한다. 그러면 고소가 뒤따르며, 법을 준수하는 부르주아지가 권력을 쥐고 있기 때문에 조합의 힘은 첫 번째 불법 행위가 일어나거나 조합원들에 대한 첫 번째 소송절차가 진행될 때 거의 매번 꺾이고 만다.

이 조합들의 역사는 어쩌다가 한 번씩만 승리를 거두는 기나긴 패배의 연속이다. 조합들이 아무리 노력해도 노동시장에서 공급과 수요의 관계에 따라 임금이 결정된다는 경제법칙은 당연히 바꿀 수 없다. 이런 이유로 조합들은 이 관계에 영향을 미치는 모든 강력한 힘들을 상대로는 줄곧 무기력하다. 조합은 불경기에는 알아서 임금을 삭감하거나 아예 해체해야 하고, 노동에 대한 수요가 대폭 증가하는 시기에도 자본가들 간의 경쟁에 따라 자연스럽게 도달하는 수준보다 높은 수준으로 임금률을 고정할 수 없다. 그러나 조합은 대수롭지 않은 개별 세력들을 상대할 때는 강력하다. 응집력 있는 집단적 대항이 예상되지 않을 경우 고용주는 자신에게 이롭도록 임금을 점차 내리고 또 내릴 것이다. 실제로 고용주는 동료 제조업자들을 상대로 벌여야 하는 경쟁이라는 전투 때문에 머지않아 임금을 최저 수준으로 내릴 것이다. 그러나 이런 제조업자들 간의 경쟁은 평균적인 상황일 때는 노동자들의 대항에 의해 어느 정도 제약된다.

모든 제조업자는 자신의 경쟁자들 역시 종속되어 있는 상황에 의해 정당화되지 않는 임금 삭감이 파업을 불러와 틀림없이 자신에게 손해를 입힐 것을 알고 있다. 파업이 지속되는 한 자본이 놀고 기계가 녹스는 데 반해 임금 삭감을 관철할 수 있을지는 무척 의심스럽기 때문이다. 설령 어느 제조업자가 임금 삭감에 성공하더라도, 분명히 경쟁자들도 뒤이어 임금을 삭감해 제품의 가격을 낮출 것이고, 그 결과 그의 방책의 이점이 사라질 것이다. 노동조합들 역시 불경기가 지나가고 나면 흔히 불경기가 닥치지 않았을 때보다 더 빠르게 임금을 올린다. 제조업자로서는 경쟁 때문에 피치 못할 때까지 임금 인상을 늦추는 것이 이익이지만, 노동자들은 시장이 호전되자마자 임금 인상을 요구하며, 그런 상황에는 제조업자가 장악할 수 있는 노동력이 부족해지기 때문에 노동자들은 인상 요구를 관철할 수 있다. 그러나 노동조합들은 노동시장에 영향을 미치는 더 중요한 요인들에는 무기력하다. 그런 경우 굶주림을 이기지 못한 파업자들은 점차 어떤 조건에라도 노동을 재개하며, 일단 소수가 노동을 시작하고 나면 조합의 힘은 꺾이고 만다. 부르주아지는 이런 소수의 파업분쇄자들과 시장의 재고품에 힙입어 영업 중단에 따르는 가장 심대한 타격까지도 극복할 수 있기 때문이다. 조합의 기금은 구호를 요청하는 수많은 이들 때문에 금방 바닥이 나고, 높은 이자를 받으며 물건을 외상으로 파는 상점 주인들은 얼마 뒤에 외상을 거절하므로, 궁핍한 노동자들은 부르주아지의 멍에를 다시 메지 않을 도리가 없다. 실제로 파업은 대부분 노동자들에게 재앙과도 같은 결말로 끝난다. 제조업자들이 자기네 이익을 위해(노동자들의 저항을 겪은 뒤에야 그들의 이익이 되었다고 말할 수 있으리라) 쓸데없는 임금 삭감을 마지못해 자제할지라도, 노동자들은 직종의 현황에 따라 임금이 삭감될 때마다 상황의 악화를 체감하거니와 그런 악화에 최대한 저항해야 하기 때문이다.

"그렇다면 노동자들은 파업이라는 대책이 소용없다는 것이 그토록 명백한 경우에 어째서 파업을 감행하는가?"라고 물을 수 있으리라. 그 이유는 불가피한 경우라 해도 노동자들은 임금 삭감에 매번 반드시 저항해야 하기 때문이다. 그들은 인간인 자신이 사회적 환경에 고개를 숙이기보다 오히려 사회적 조건이 인간인 자신에게 굴복해야 함을 선언해야 한다고 생각하기 때문이다. 그들이 침묵하는 것은 이런 사회적 조건을 인정하고, 부르주아지가 호경기에는 노동자를 착취하고 불경기에는 노동자가 굶어죽도록 방치할 권리를 용인하는 꼴이 되기 때문이다. 노동자들은 인간의 감정을 모조리 잃어버리지 않는 한 이런 상황에 맞서야 하며, 그들이 다른 방식이 아닌 이런 방식으로 저항하는 까닭은 실천적인 영국인이기 때문이다. 그들은 **행동**으로 자신을 표현하지, 독일 이론가들처럼 항의 내용을 서류에 적당히 기록한 다음 서류철—여기서 그 서류는 항의하는 사람만큼이나 조용히 잠든다—에 넣자마자 잠자리에 들지 않는다. 영국 노동자들의 적극적인 저항은 부르주아지의 금전욕을 일정한 한계 안에 묶어두고, 부르주아지의 사회적 정치적 전능에 대한 노동자들의 대항이 끊이지 않게 하는 효과를 발휘하는 한편, 지배계급의 권력을 깨부수려면 노동조합과 파업 외에 다른 무언가가 필요하다는 것을 시인하게 만든다. 그러나 조합과 여기서 기인하는 파업이 진짜 중요한 이유는 이것들이 경쟁을 철폐하려는 노동자들의 첫 시도이기 때문이다. 조합과 파업은 부르주아지의 패권이 오로지 노동자들 간의 경쟁, 즉 노동자들의 응집력 부족에 토대를 두고 있다는 사실을 함축한다. 그리고 조합은 아무리 편파적이고 아무리 편협한 길이라 해도, 바로 현존 사회질서의 핵심 중추를 겨냥한다는 이유 때문에 이 사회질서에 엄청난 위협이 된다. 노동자들이 부르주아지와 더불어 현존 사회질서 전체에 가장 쓰라린 공격을 가할 수 있는 지점은 경쟁이다. 노동자들 간의 경쟁이 타파된다면, 모든 노동자가 더 이상 부르주아지에게 착취당하지 않겠다고 결심한다면, 재산의 지배는 끝장날 것이다. 임금이 수요와 공급의 관계, 노동시장의 우연한 상태에 달려 있는 까닭은 단지 이제까지 노동자들이 사고팔리는 동산으로 취급되는 처지를 감수해왔기 때문이다. 노동자들이 더는 사고팔리지 않겠다고 굳게 마음먹는 순간, 노동의 가치를 결정하는 과정에서 그들이 노동력뿐 아니라 의지까지 가진 인간의 역할을 맡는 순간, 바로 그 순간에 오늘날의 정치경제학 전체가 끝장날 것이다.

노동자들이 자기들 간의 경쟁을 철폐하는 이 단계를 넘어서지 못한다면, 결국에는 임금률을 결정하는 법칙들이 다시 위력을 발휘할 것이다. 그러나 다시 뒤로 물러나고 자기들 간의 경쟁이 다시 나타나는 것을 감내할 마음이 없다면, 반드시 이 단계를 넘어서야 한다. 그러므로 이 단계까지 전진한 이상, 노동자들은 경쟁의 한 종류만이 아니라 경쟁 자체를 철폐하기 위해 더 나아갈 수밖에 없으며, 실제로 더 나아갈 것이다.

노동자들은 경쟁이 자신들에게 어떻게 영향을 미치는지를 날이 갈수록 점점 더 명확하게 인식하고 있다. 그들은 자본가들 간의 경쟁이 불황을 불러옴으로써 노동자들에게도 압박을 가한다는 것과 이런 경쟁 역시 철폐되어야 한다는 것을 부르주아보다 훨씬 명확하게 직시하고 있다. 머지않아 그들은 경쟁 철폐를 어떻게 시작해야 하는지를 배울 것이다.

이 조합들이 유산계급을 향한 노동자들의 격렬한 증오를 부채질하는 데 크게 기여한다는 점은 구태여 말할 필요가 없을 것이다. 그러므로 유달리 격앙된 시기에는 조합의 지도부가 묵인을 하건 안 하건, 극도의 절망까지 고조된 증오로만, 모든 억지력을 압도하는 사나운 격정으로만 설명할 수 있는 개별적인 행동들이 조합에서 비롯되곤 한다. 이런 종류의 행동으로는 앞에서 언급한 황산 공격과 지금부터 인용할 일련의 다른 공격들이 있다. 1831년 격렬한 노동운동이 벌어지는 동안, 맨체스터에서 가까운 하이드에서 어느 날 저녁에 젊은 제조업자 애슈턴이 들판을 가로지르다가 총에 맞았는데, 암살의 흔적은 전혀 발견되지 않았다. 의심할 바 없이 노동자들의 보복 행위였다. 방화와 폭파 시도도 아주 흔하다. 1843년 9월 29일 금요일, 셰필드의 하워드 가에 있는 파진Padgin의 톱 공장을 폭파하려는 시도가 있었다. 화약으로 채우고 밀봉한 철관이 사용되었고 피해가 상당히 컸다. 이튿날, 셰필드 인근 셰일즈 무어Shales Moor에서 이베스턴Ibeston의 칼과 줄칼 공장을 폭파하려는 비슷한 시도가 있었다. 이베스턴 씨는 부르주아의 운동에 적극 참여하고, 임금을 적게 주고, 파업분쇄자들만 고용하고, 자기 이익을 위해 구빈법을 악용하는 등 공격당하기 십상인 상황을 자초했다. 그는 1842년 공황기에 공원들이 삭감된 임금을 받아들이기를 거부하고, 일자리를 구할 수 있는데도 일하려 들지 않고, 따라서 구호를 받을 자격이 없는 이들이라고 보고함으로써 임금 삭감을 받아들이도록 강요했다. 그 폭발로 상당한 피해가 발생했지만 구경나온 노동자들은 한결같이 "전부 날아가버린 것은 아니라는 사실"만을 유감스럽게 생각할 뿐이었다. 1843년 10월 6일 금요일, 볼턴에 있는 에인즈워스Ainsworth와 크롬프턴Crompton의 공장에 불을 지르려던 시도는 아무런 피해도 입히지 못했다. 그 사건은 아주 짧은 기간에 같은 공장에서 세 번째나 네 번째로 시도된 방화였다. 1844년 1월 10일, 셰필드 시의회 회의에서 경찰국장은 명백히 폭발을 일으키려는 용도로 만들어진 주철鑄鐵 기계를 제시했다. 4파운드의 화약으로 가득 찬 이 기계는 신관에 불을 붙였으나 폭발하지 않은 상태로 셰필드의 얼 가에 있는 키친Kitchen 씨의 공장에서 발견되었다. 1844년 1월 20일 일요일, 랭커셔의 베리에 있는 벤틀리 앤드 화이트Bently & White 제재소에서 화약 포장물이 폭발을 일으켜 상당한 피해가 발생했다. 1844년 2월 1일 목요일, 셰필드의 소호 바퀴 공장(Soho Wheel Works)이 방화로 전소되었다.

넉 달 동안 발생한 이 여섯 사건의 유일한 원인은 고용주에게 원한을 품은 노동자들의 적의다. 이런 일들이 일어날 수 있는 사회가 도대체 어떤 상태인지에 대해서는 굳이 말할 필요가 없으리라. 이 사실들은 영국에서 1843년 같은 호경기에도 사회적 전쟁이 선포되고 공공연하게 진행되며, 그럼에도 영국 부르주아지는 반성할 마음이 없다는 것을 입증하고도 남는다! 그렇지만 가장 크게 소리친 이들은 1838년 1월 3일부터 11일까지 순회재판에 출두한 글래스고 암살단(Thugs)*이었다. 재판의 과정으로 미루어 보건대, 1816년부터 글래스고에서 존속해온 이 면직물 방적공들의 조합은 보기 드문 조직과 힘을 갖추었던 듯하다. 조합원들은 맹세한 대로 다수의 결정을 고수할 의무가 있었으며, 파업 때마다 대다수 조합원들이 모르는 비밀 위원회가 구성되어 조합의 기금을 절대적으로 관리했다. 이 위원회는 파업분쇄자들과 가증스러운 제조업자들의 목숨과 공장들 방화에 현상금을 걸었다. 그 결과 남자들 대신 여

* 동인도의 부족에서 유래한 표현으로, 이 부족의 유일한 생업은 자기들 수중에 들어온 모든 외부인을 살해하는 것이었다고 한다.

자들을 방적 일에 고용한 어느 공장에 불이 났고, 이 여자들 가운데 1명의 어머니인 맥퍼슨McPherson 부인이 살해당했고, 살인자 2명 모두 조합의 비용으로 미국으로 도피했다. 일찍이 1820년에도 맥쿼리McQuarry라는 파업분쇄자가 총에 맞아 부상을 당한 반면 총을 쏜 사람은 조합에서 15파운드를 받았다. 그 뒤에 그레이엄Graham이라는 사람이 총에 맞았다. 총격한 사람은 20파운드를 받았으나 범행이 발각되어 종신 유배형에 처해졌다. 마지막으로 1837년 5월에 오트뱅크Oatbank와 마일 엔드Mile End의 공장들에서 파업으로 말미암아 소요가 발생했고, 이 과정에서 파업분쇄자 10여 명이 몹시 괴롭힘을 당했다. 같은 해 6월까지 소요가 계속되었고, 파업분쇄자인 스미스Smith라는 사람이 박해를 받다가 죽었다. 그러자 위원회가 체포되고 조사가 시작되었으며, 지도부는 음모를 꾸미고 파업분쇄자를 박해하고 제임스James와 프랜시스 우드Francis Wood의 공장에 방화한 것이 유죄로 밝혀져 7년 유배형에 처해졌다. 우리의 훌륭한 독일인들은 이 이야기에 대해 뭐라고 말하는가?*

유산계급, 그중에서도 노동자들과 직접 대면하는 제조업자들은 노동조합을 맹렬히 규탄하며, 경제적으로 완벽하게 옳지만 바로 그렇기 때문에 부분적으로 오류인 데다가 노동자로서는 도무지 알아들을 수 없는 근거를 토대로, 조합이 노동자에게 무익하다는 것을 끊임없이 입증하려 한다. 부르주아지의 이런 열의 자체가 그들이 이 문제에서 공평하지 않다는 것을 보여준다. 그리고 파업이 수반하는 직접적인 손해를 빼면, 제조업자의 주머니로 들어가는 것

* "소집된 비밀회의에서 냉정하게 심의한 끝에 동료 노동자를 그의 계층과 그 계층의 대의를 저버린 사람으로서 죽게 하고, 배신자이자 이탈자로서 죽음을 맞게 하고, 그를 공식 재판관과 사형집행인이 아니라 사사로운 심판—이것은 기사들의 펨 법정(Fehmgericht)〔중세 후기에 독일 베스트팔렌 지역에서 대개 비밀리에 개정된 법정〕과 비밀 법정(Secret Tribunal)이 갑자기 겉모습을 낯설게 바꾼 채로, 이제는 쇠미늘 갑옷이 아니라 퍼스티언 재킷 차림으로, 베스트팔렌의 숲이 아니라 글래스고의 포장된 갤로게이트 가에서 열리는 놀라운 광경이 갑자기 눈앞에 다시 한 번 펼쳐지는 것과 같다—을 통해 처형하려는 이 남자들의 마음속을 틀림없이 채우고 있을 '거친 정의'가 대체 어떤 종류이겠는가! (…) 소수의 사람들이 최악의 형태로나마 이런 심정을 표출할 수 있다면, 전염성 강한 이런 심정이 많은 이들 사이에서도 퍼져나가고 있음이 틀림없다."(칼라일, 《차티즘》, 40) 〔엥겔스의 원문이 칼라일의 《차티즘》 원문과 다름. 본 번역은 칼라일의 원문에 따른 것임〕.

은 그게 무엇이든 필연적으로 노동자의 주머니에서 나오는 것이 현실이다. 따라서 노동자들은 설령, 앞다투어 임금을 삭감하려는 고용주들의 시도를 조합이 적어도 어느 만큼 억제한다는 것을 모른다고 해도 그저 적에게, 즉 제조업자들에게 해를 입히기 위해 조합 편에 설 것이다. 전쟁에서는 한쪽의 피해가 곧 반대쪽의 이익이며, 노동자들은 고용주들에 대항하는 전시 편제에 속해 있기 때문에 막강한 군주들이 전투에 돌입할 때처럼 행동할 뿐이다. 이 전쟁에서 어떤 부르주아보다 조합에 맹렬히 맞서는 적은 우리의 친구 유어 박사다. 유어는 노동자들 가운데 가장 강력한 부류인 면직물 방적공들의 '비밀 법정'이 고분고분하지 않은 모든 제조업자를 마비시키는 능력을 뽐내고**, "그리하여 여러 해 동안 노동자들에게 유익한 일자리를 제공한 사람에게 파멸을 안겨준다"라며 입에 거품을 물고 분개한다. 유어는 "업계의 창의적인 두뇌와 생명을 유지하는 심장이 제멋대로 구는 하층민들에게 속박되었던" 시절에 대해 말한다.*** 유감스럽게도 영국 노동자들은 현대의 메네니우스 아그리파Menenius Agrippa인 그대의 우화를 듣더라도 로마의 평민들만큼 쉽사리 화를 가라앉히지 않을 것이다! 마침내 유어는 "상스러운 뮬 방적공들은 일순간 인내심을 내팽개치고 힘을 남용했다"라고 말한다. 높은 임금은 제조업자에게 감사하는 마음을 불러일으키고 지적 수준의 향상(물론 부르주아지에게 유익한 학문들에 대한 무해한 공부를 통해)으로 이어지기는커녕, 도통 종잡을 수 없는 방식으로 제조업자들 다수를 차례로 괴롭힌 파업이 전개되는 동안 자긍심을 자아내는 한편 반항정신을 떠받치는 자금줄이 된 경우가 많았다. 이런 류의 불행한 소요가 하이드와 더킨필드Dukinfield, 그리고 주변 지역에서 일어나는 동안, 프랑스인과 벨기에 인, 미국인에 의해 시장에서 내몰리지 않을까 염려한 이 지역의 제조업자들은 샤프로버츠 사(Sharp, Roberts & Co.)의 기계공장에 주목해, 샤프

** 《제조업의 철학》, 282.

*** 위의 책.

씨에게 "업계를 성가신 노예제와 임박한 파멸에서 해방시키기"* 위해 발명 능력을 발휘해 자동 방적기를 고안해줄 것을 요청했다.

> 그는 몇 달 만에 겉보기에 숙련노동자의 생각과 감정, 솜씨를 지닌 듯한 기계를 만들어냈다—이 기계는 유아기부터 새로운 조정 원리를 선보였고, 성숙기에는 빼어난 방적공의 직능을 수행할 수 있었다. 그리하여 공원들이 적절하게도 철인(Iron Man)이라 부르는 기계가 미네르바 여신의 분부에 따라 현대의 프로메테우스의 손에서 출현했다—장차 근면한 계급들 사이에서 질서를 회복하고 대영국이 기술의 제국임을 확증해줄 창조물이었다. 헤라클레스와 같은 이 신동에 관한 소식이 들려오자 아기가 요람을 떠나기 한참 전부터, 말하자면 실정失政이라는 히드라를 교살하기 한참 전부터 조합을 통해 낭패감이 퍼져나갔다.**

이뿐 아니라 유어는 한 번에 4~5가지 색을 날염하는 기계의 발명이 옥양목 날염공들의 소요의 결과였다는 것과, 역직기로 직조하는 공장에서 실을 준비하는 직공들의 고집불통이 날실을 정돈하고 풀먹이는 새롭고 완벽한 기계를 낳았다는 것을 입증하고, 몇 가지 사례를 더 언급한다. 이보다 몇 페이지 앞에서 기계가 노동자들에게 이롭다는 것을 상세히 입증하기 위해 갖은 애를 쓰는 사람 또한 이 유어라는 위인이다! 그러나 유어만 이러는 것이 아니다. 공장 보고서에서 제조업자 애시워스 씨를 비롯한 많은 이들은 조합을 향한 분노를 표출할 기회를 결코 놓치는 법이 없다. 이 영리한 부르주아들은 몇몇 정부들과 마찬가지로 자신이 이해하지 못하는 모든 운동의 원인을 악의를 품은 운동가, 선동가, 배신자, 막힘없이 지껄여대는 얼간이, 균형을 잃은 젊은이의 영향에서 찾는다. 그들은 조합의 유급 대리인들이 선동에 관심을 보이는 이유

---

* 위의 책, 367.

** 위의 책, 366ff.

는 선동으로 먹고살기 때문이라고 선언한다. 부르주아지가 이런 대리인들을 결코 고용하지 않을 것이기에 조합이 부득불 보수를 지급하는 것인데도 마치 그렇지 않다는 듯이 말한다!

믿기 어려울 만큼 잦은 파업 빈도는 영국 전역에서 사회적 전쟁이 어느 정도로 발발해왔는지를 다른 무엇보다도 여실히 입증한다. 이번에는 임금 삭감에 맞서, 다음에는 임금 인상률 거부에 맞서, 한편으로는 파업분쇄자를 고용하거나 혹사를 계속한다는 이유로, 때로는 새로운 기계에 맞서, 또는 수많은 다른 이유로 어딘가에서 파업이 일어나지 않고 일주일, 아니 거의 하루도 그냥 지나가는 법이 없다. 이런 파업은 작은 충돌로 시작해 때로는 중대한 투쟁으로 귀결된다. 파업으로 아무것도 결정되지 않는 것은 사실이지만, 파업은 부르주아지와 프롤레타리아트 간의 결정적인 전투가 다가오고 있음을 입증하는 가장 강력한 증거다. 파업은 회피할 수 없는 거대한 투쟁에 대비하기 위한 노동자들의 군사학교다. 파업은 산업의 각 부문들 역시 노동운동에 가담해왔다는 선언이다. 누군가 프롤레타리아트의 모든 운동을 보도하는 유일한 신문인 〈노던 스타〉 1년치를 검토한다면, 도시와 시골의 제조업에 속한 모든 프롤레타리아가 단결해 결사를 이루었고, 총파업이라는 수단으로 이따금 부르주아지의 패권에 저항했음을 알아챌 것이다. 게다가 전쟁을 가르치는 학교로서 조합은 다른 무엇보다도 뛰어나다. 영국인 특유의 용기는 조합 안에서 성장한다. 유럽 대륙에서는 프랑스 인과 달리 때때로 폭동을 일으키지 않고 겉보기에 부르주아 체제를 아주 조용히 받아들인다는 이유로 영국인, 특히 노동자들이 겁쟁이 같고 혁명을 수행할 수 없다고 말한다. 이것은 터무니없는 오해다. 영국 노동자들은 용감하기로 그 누구에게도 뒤지지 않는다. 그들은 프랑스 인 못지않게 부단히 활동하지만, 다른 방식으로 싸운다. 천성이 정치적인 프랑스 인은 정치적 무기를 가지고 사회악에 맞서 투쟁한다. 정치를 그저 하나의 관심사로 여기고 오로지 부르주아 사회에만 관심을 두는 영국인은 정부가 아니라 부르주아지와 직접 맞서 싸우며, 당분간은 평화적인 방식으로 싸울 수밖에 없다. 1834년 리옹Lyons에서는 경기 침체와 그 귀결인 결핍 때문에 공화국을 지지하는 반란이 일어났다. 1842년 맨체스터에서도 비슷한 원인이 인민헌장과 더 높은 임금을 요구하는 총파업을 초래했다. 반란을 일으키는 것보다 파업을 감행하는 것이 대개 훨씬 더 고결한 용기와 훨씬 더 대담하고 단호한 결단이 필요한 일이라는 것은 자명하다. 결핍이 무엇인지 경험으로 아는 노동자가 아내와 자식들과 함께 결핍에 직면하고, 몇 달 동안이나 굶주림과 비참한 생활을 견디고, 그 기간 내내 꿋꿋하고 확고부동하게 버티는 것은 정녕 사소한 일이 아니다. 조금씩 심해지는 굶주림, 가족이 매일 배를 곯는 모습, 장차 부르주아지가 가할 것이 확실한 복수 등 영국 노동자가 유산계급의 멍에 대신 선택하는 이 모든 것에 비하면 프랑스 혁명가를 기다리는 죽음과 갤리 선船이 뭐 그리 대수인가? 우리는 뒤에서 모든 저항이 방향을 잃어 무의미할 때에만 힘에 굴복하는 이 완강하고 정복하기 어려운 이들의 용기를 보여주는 한 가지 사례를 살펴볼 것이다. 바로 이렇게 조용히 인내하는 와중에, 이렇게 매일 수많은 시험에 시달리며 결심을 지켜가는 가운데, 영국 노동자는 자신의 성품 가운데 가장 존경을 받는 면모를 키워나간다. 수많은 고통을 견뎌내고 단 한 명의 부르주아라도 굴복시키는 이들은 부르주아지 전체의 권력을 깨부술 수 있을 것이다.

이외에도 영국 노동자들은 누누이 용기를 입증해왔다. 1842년 파업이 더 많은 결실을 거두지 못한 이유는 한편으로는 노동자들이 부르주아지에 떠밀려 파업에 돌입했고, 다른 한편으로는 파업의 목표가 뚜렷하지도 통일되지도 않았기 때문이다. 그러나 이 사례를 빼면, 특정한 사회적 문제가 관건일 때 그들은 누누이 용기를 보여주었다. 1839년 웰시Welsh 봉기[뉴포트Newport에서 웰시 광부들이 일으킨 봉기를 말한다]는 말할 나위도 없고, 1843년 5월에 내가 맨체스터에 머무는 동안 여기서도 말 그대로 전투가 벌어졌다. 벽돌 기업 폴링 앤드 헨프리Pauling & Henfrey 사는 임금 인상 없이 벽돌의 크기를 키우고는 당연히 벽돌을 더 비싼 가격에 팔았다. 임금 인상을 거부당한 노동자들은 파업에 돌입했고, 벽돌공 조합은 이 기업에 전쟁을 선포했다. 그동안 이 기업은 주변 지역에서 가까스로 일꾼들을 구했으며, 사주들은 파업 초기에 노동자들로부터 협박을 당한 파업분쇄자들 가운데 모두 전직 군인이거나 경찰인 남자 12명을 추려서 총으로 무장시키고 공장 구내를 경비하는 일을 맡겼다. 협박이 무위로 돌아간 뒤, 앞쪽 열들을 총으로 무장한 채 군대식으로 진군하는 벽돌공 무리가 보병대 병영에서 채 백 걸음도 떨어져 있지 않은* 벽돌공장 구내를 밤 10시에 급습했다. 그들은 밀고 들어가면서 경비원들을 보는 즉시 발포했고, 말리기 위해 펼쳐놓은 축축한 벽돌들을 밟아서 뭉개버렸고, 다 말라서 쌓아놓은 벽돌들을 허물어뜨렸고, 발길을 가로막는 것들을 모조리 박살냈고, 공장으로 들어가 가구를 깨부수고 여기서 살고 있던 감독자의 아내를 구타했다. 그동안 경비원들은 울타리 뒤에 숨어서 총을 안전하게 연사할 수 있었다. 습격자들이 모습이 훤히 드러나는 불타는 벽돌가마 앞에 서 있었던 까닭에, 적들의 총알은 백발백중한 반면에 그들의 총알은 죄다 과녁을 빗나갔다. 그럼에도 총격전은 총탄이 다 떨어질 때까지 30분 동안 계속되었고, 습격의 목표—공장 구내에서 파괴할 수 있는 것들을 모조리 박살내는 것—는 달성되었다. 그 후에 군대가 접근해오자 벽돌공들은 맨체스터에서 3마일 떨어진 에클레스Eccles로 퇴각했다. 에클레스에 도착하기 직전에 그들은 점호를 하고 각자 자기 분대에서 번호를 외친 뒤에 흩어졌지만, 그 결과 사방에서 접근해오는 경찰의 손아귀에 더 확실하게 붙잡히고 말았다. 틀림없이 부상자가 꽤나 많았을 테지만, 체포된 이들의 수만 셀 수 있었다. 그중 1명은 총상을 세 군데(넓적다리, 종아리, 어깨) 입고도 걸어서 4마일을 이동했다. 이들은 자기들 역시 혁명가의 용기를 지니고 있으며 빗발치는 총알을 피하지 않는다는 것을 입증했다. 1842년에 모두가 공유하는 명확한 목적이 없는 비무장한 군중이, 경찰관과 기병 몇 명이 출로를 차단한 장터 안에 억류되었던 사건은 결코 용기

* [크로스 가와 리전트 가가 만나는 모퉁이에서. 맨체스터 지도 참조._독일어판 주].

의 부족을 입증하는 것이 아니다. 오히려 그 군중은 공공질서의(즉 부르주아의) 종복들이 없었더라도 별다른 소란을 일으키지 않았을 것이다. 나중에 포병대의 보호를 받아야 했던 벌리Birley의 공장을 공격한 사례처럼, 노동자들은 뚜렷한 목적을 이루기로 작정한 곳에서는 용기를 충분히 보여준다.

이와 관련해서 영국에서 법을 존중하는 태도에 대해 짧게 말하겠다. 부르주아에게 법이 신성하다는 것은 맞는 말이다. 그가 법을 만들고, 법의 제정을 승낙하고, 법의 혜택과 보호를 받기 때문이다. 그는 어떤 법 하나가 자신에게 해롭더라도 전체 체계가 자신의 이해관계를 지켜준다는 것을 알고 있다. 사회의 한 부분이 능동적인 의지로 확립하고 다른 부분이 수동적으로 받아들이는 법의 존엄함과 질서의 신성함은 무엇보다도 부르주아의 사회적 위치를 떠받치는 가장 단단한 버팀목이다. 영국 부르주아에게 그의 법은 그의 신과 마찬가지로 그를 쏙 빼닮은 것이므로, 어느 정도는 그의 곤봉이기도 한 경찰관의 경찰봉은 그에게 놀라우리만치 위안을 주는 권력이다. 그러나 노동자에게는 전혀 그렇지 않다! 노동자는 수도 없이 되풀이해 경험한 까닭에 법이란 부르주아가 자신에 대비해 마련해둔 회초리라는 것도 잘 알고 있다. 노동자는 피치 못할 때가 아니면 결코 법에 호소하지 않는다. 맨체스터에서 매주 경찰관들이 얻어맞고 있고 지난해에 철제 문과 셔터로 방비한 경찰서가 습격을 당한 마당에 영국 노동자가 경찰을 두려워한다는 주장은 터무니없는 소리다. 이미 말했듯이, 1842년 파업에서 경찰이 힘을 발휘한 이유는 노동자들에게 명확히 규정된 목적이 없었기 때문이다.

노동자들은 법을 존중하는 것이 아니라 법을 바꾸지 못할 때 그저 법의 권력에 복종하는 것이므로, 그들이 적어도 법을 수정하자고 제안하고 부르주아지의 법체계에 프롤레타리아의 법을 하나라도 넣기를 바라는 것은 지극히 당연한 일이다. 이렇게 제안한 법이 인민헌장인데, 형식 면에서 순전히 정치적인 이 헌장은 하원의 민주적인 기반을 요구한다. 차티스트 운동은 노동자들이 부르주아지에 대항하는 간결한 형식이다. 조합과 파업 안에서 대항은 언제나 고립되어 있었다. 즉 각각의 노동자나 집단이 각각의 부르주아와 싸우는 것이 대항이었다. 설령 그런 싸움이 전체의 싸움이 되었더라도, 노동자들이 의도해서 그렇게 된 경우는 거의 없었다. 또는 의도에 따라 그렇게 되었더라도, 그 밑바탕에는 차티스트 운동이 있었다. 그러나 차티스트 운동 안에서 부르주아지에 맞서 들고일어나고, 무엇보다도 정치권력, 즉 부르주아지가 자기네 주위에 두른 법률적 성벽을 공격하는 것은 노동계급 전체다. 차티스트 운동은 민주당에서 유래했는데, 민주당은 1780년부터 1790년까지 프롤레타리아트와 더불어 프롤레타리아트 안에서 성장했고, 프랑스혁명 기간에 힘을 얻었고, 평화가 찾아온 이후 급진당으로 등장했다. 당시 급진당의 본거지는 버밍엄과 맨체스터였고, 나중에는 런던이었다. 급진당은 자유당 부르주아지와 힘을 합하여 구 의회의 과두제 집권층에게 선거법 개정 법안을 강요했고, 그 때 이후로 부르주아지에 대항하는 노동자들의 정당임을 점점 더 표명하면서 꾸준히 내실을 다져왔다. 1835년, 런던 노동자협회의 위원회가 지도자 윌리엄 러벳William Lovett과 함께 인민헌장을 작성했다. 그 6개 항은 다음과 같다.

(1) 정신이 온전하고 유죄판결을 받지 않은 모든 성인 남성의 보통선거권

(2) 매년 의회 구성

(3) 가난한 사람도 출마할 수 있도록 의원에게 세비 지급

(4) 부르주아지의 매수와 협박을 막기 위한 무기명 투표

(5) 평등한 대표를 보장하기 위한 평등한 선거구

(6) 모든 유권자가 입후보할 수 있도록 이제는 유명무실한 토지수입 300파운드라는 재산자격 폐지

하원을 재구성하는 일에 국한되는 이 6개 항은 언뜻 무해해 보이지만, 여왕과 상원의원들을 포함해 영국 헌법 전체를 전복하기에 충분한 것이다. 이른바 영국 헌법의 군주적 귀족적 요소들이 유지되는 유일한 이유는 부르주아지

가 이 가짜 요소들을 존속하는 데 관심이 있기 때문이다. 군주적 요소든 귀족적 요소든 오늘날에는 가짜 존재에 지나지 않는다. 실제 여론이 하원을 전면적으로 지지하는 순간, 하원이 부르주아지의 의지만이 아니라 전 국민의 의지까지 아우르는 순간, 군주와 귀족층의 머리에서 마지막 후광까지 모조리 사라질 정도로 하원이 모든 권력을 흡수할 것이다. 영국 노동자는 상원의원들도 여왕도 존경하지 않는다. 부르주아는 실제로는 그들에게 영향력을 거의 허용하지 않으면서도 개인적으로는 가짜 숭배를 바친다. 영국 차티스트는 모든 나라의 공화당에 동감하면서도 공화주의자라는 말을 거의 또는 전혀 입 밖에 꺼내지 않고 민주주의자라고 자칭하는 편을 선호하지만, 정치적으로는 공화주의자다. 그러나 그는 그저 공화주의자에 불과한 사람이 아니며, 그의 민주주의는 단순히 정치적인 것이 아니다.

차티스트 운동은 1835년에 생겨났을 때부터 대체로 노동자들 사이의 운동이었다. 물론 아직은 급진적인 소부르주아지와 확실하게 갈라서기 전이었다. 노동자들의 급진주의는 부르주아지의 급진주의와 손을 잡고 나아갔다. 인민헌장은 양쪽 모두의 쉽볼렛shibboleth[구약성서에서 유래한 표현으로, 특정한 집단이 다른 집단 또는 외부인을 구별하기 위해 사용하는 단어나 문구를 뜻한다]이었다. 매년 전국대회(National Convention)를 개최하는 그들은 마치 한 정당인 것처럼 보였다. 당시만 해도 중간계급 하층은 선거법 개정 법안에 대한 실망감과 1837~1839년의 불경기로 말미암아 굉장히 호전적이고 난폭한 심리상태였으며, 야단스러운 차티스트 운동을 무척 호의적인 눈으로 바라보았다. 이 운동의 맹위를 독일에서는 아무도 몰랐다. 영국 인민들은 스스로 무장을 갖출 것을 요구받았고, 반란을 촉구하는 주장을 자주 들었다. 프랑스혁명 때처럼 창이 준비되었다. 1838년 감리교 목사 스티븐스Stephens는 집결한 맨체스터의 노동자들에게 이렇게 말했다.

여러분은 정부의 권력, 즉 압제자들이 마음껏 이용하는 군인과 총검, 대포를 두려워할 필요가 없습니다. 여러분은 이 모든 것보다 훨씬 강력한 무기, 총검과 대포를 무력하게 만들고 10세 먹은 어린이도 휘두를 수 있는 무기를 가지고 있습니다. 여러분은 성냥 2개와 역청에 담근 짚다발 하나만 준비하면 됩니다. 그러면 저는 이 무기가 대담하게 사용될 때 정부와 군인 수십만 명이 대처하는 모습을 지켜볼 것입니다.*

이미 이 해에 노동자들의 차티스트 운동의 유달리 사회적인 성격이 드러났다. 스티븐스는 맨체스터의 성산聖山인 커설 무어Kersall Moor에 모인 20만 명에게 말했다. "친구들이여, 차티스트 운동은 여러분의 선거권 획득에 중점을 두는 정치적 운동이 아닙니다. 차티스트 운동은 나이프와 포크의 문제입니다. 헌장은 좋은 집, 좋은 음식과 음료, 넉넉한 살림살이, 짧은 노동시간을 의미합니다."

신구빈법에 반대하고 10시간 노동 법안을 지지하는 운동들은 이미 차티스트 운동과 긴밀한 관계를 맺고 있었다. 당시 모든 집회에서 토리 당원 오스틀러가 활약했으며, 노동자들의 사회적 조건을 개선하기 위한 청원서 수백 종이 버밍엄에서 채택된 인민헌장을 지지하는 전국 청원서와 더불어 배포되었다. 1839년 이 운동은 과거 어느 때보다도 힘차게 지속되었고, 이 해 말에 열기가 조금 식기 시작하자 버시Bussey와 테일러Taylor, 프로스트Frost가 잉글랜드 북부, 요크셔, 웨일스에서 동시에 봉기할 시기를 앞당겼다. 프로스트는 계획이 누설되는 바람에 예정보다 적의를 일찍 드러낼 수밖에 없었다. 잉글랜드 북부에 있던 이들은 프로스트의 시도가 실패했다는 소식을 듣고 계획을 취소했다. 두 달 뒤인 1840년 1월에 이른바 밀정 폭동이 셰필드와 요크셔의 브래드퍼드에서 몇 차례 발생하고 나자 소요가 점차 잦아들었다. 그동안 부르주아지는 더 현실적이고 더 실리적인 목표로, 즉 곡물법으로 주의를 돌렸다. 맨체

* [우리는 노동자들이 이 충고를 진지하게 받아들였음을 앞에서 살펴보았다._독일어판 주].

스터에서 반곡물법협회(Anti-Corn Law Association)가 결성되었고, 그 결과 급진파 부르주아지와 프롤레타리아트 사이의 유대가 느슨해졌다. 노동자들은 곡물법 폐지가 자기들에게는 그다지 쓸모가 없는 반면에 부르주아지에게는 대단히 이롭다는 것을 일찌감치 알아차렸던 까닭에 이 목표에 설득되지 않았다. 1842년 공황이 닥쳤다. 차티스트 운동은 다시 한 번 1839년만큼 달아올랐다. 그런데 이번에는 이 해의 유별난 공황으로 극심한 고통을 받고 있던 부유한 제조업 부르주아지가 이 운동에 동참했다. 당시 반곡물법동맹(Anti-Corn Law League)은 단연코 혁명적인 분위기를 풍겼다. 이 동맹의 기관지들과 운동가들은 노골적으로 혁명적인 언어를 사용했는데, 이렇게 했던 아주 타당한 한 가지 이유는 1841년부터 보수당이 정권을 잡고 있었기 때문이다. 과거의 차티스트들과 마찬가지로, 이 부르주아 지도자들은 인민들에게 저항을 촉구했다. 이 해에 인민헌장을 지지하는 전국 청원서에 350만 명이 서명한 사실이 입증하듯이, 공황으로 가장 고통받은 노동자들도 가만히 있지 않았다. 간단히 말해 두 급진파는 그간 다소 서먹하게 지내오긴 했으나 다시 한 번 동맹을 맺었다. 1842년 2월 15일, 자유당원들과 인민헌장 운동가들이 만난 자리에서 곡물법 폐지와 헌장 채택을 촉구하는 청원서가 작성되었다. 이튿날 두 파벌 모두 이 청원서를 채택했다. 운동이 격렬하게 진행되고 곤경이 갈수록 심해지는 가운데 봄과 여름이 지나갔다. 부르주아지는 공황과 이것이 수반한 결핍, 그리고 전반적인 소요를 이용해 곡물법 폐지를 추진하기로 결정했다. 이 당시 보수당이 집권하고 있었으므로 자유당 부르주아지는 법을 준수하는 관습을 절반쯤 포기했다. 그들은 노동자들의 도움을 받아 혁명을 유발하려 했다. 노동자들은 부르주아지가 손가락에 화상을 입지 않도록 불길에서 밤나무를 꺼내는 역할을 맡을 터였다. 1839년에 차티스트들이 발의했던 생각인 '신성한 달'(holy month), 즉 총파업이 다시 제기되었다. 그렇지만 이번에 총파업을 제기한 쪽은 노동을 중단하고 싶어 하는 노동자들이 아니라, 공장을 닫고 공원들을 귀족층의 소유지가 있는 시골 교구들로 보내서 토리 당 의회와 토리 당 정부에 곡물법 폐지를 강요하고 싶어 하는 제조업자들이었다. 그랬다면 당연히 폭동이 뒤따랐을 테지만, 부르주아지는 최악의 경우에도 위험에 빠지는 일 없이, 안전하게 멀찌감치 물러서서 결과를 기다릴 수 있었을 것이다. 7월 말에 이르자 경기가 좋아지기 시작했다. 호경기였다. 기회를 놓치지 않기 위해 스테일브리지의 세 기업은 경기가 호전되고 있는데도 임금을 삭감했다.* 그 기업들이 자진해서 삭감했는지 아니면 다른 제조업자들, 특히 반곡물법동맹의 제조업자들과 합의해서 삭감했는지 나는 모르겠다. 두 기업은 잠시 후에 삭감을 취소했지만, 세 번째 기업인 윌리엄 베일리 앤드 브라더스William Bailey & Brothers는 완강하게 버텼고, 삭감에 반대하는 공원들에게 "이게 마음에 안 들면 나가서 좀 노는 편이 좋겠어"라고 말했다. 이 모멸스러운 대꾸에 노동자들은 환호성을 올렸다. 그들은 공장을 떠나 시내를 행진하면서 동료들에게 전부 노동을 멈추라고 말했다. 몇 시간 만에 모든 공장이 가동을 중단했고, 공원들은 집회를 열기 위해 모트램 무어Mottram Moor로 행진했다. 이때가 8월 5일이었다. 8월 8일, 공원 총 5000명이 애슈턴과 하이드로 이동해서 모든 공장과 탄갱을 폐쇄한 채로 집회를 열었지만, 그들이 논의한 문제는 부르주아지의 바람과 달리 곡물법 폐지가 아니라 "공정한 하루 노동에 대한 공정한 하루 임금"이었다. 8월 9일, 그들은 당국자들(모두 자유당원)의 제지를 받지 않고 맨체스터로 이동해 공장들을 폐쇄했다. 11일, 스톡포트에 있던 그들은 부르주아지가 제일 아끼는 자식인 구빈원을 습격하다가 처음으로 제지를 받았다. 같은 날 볼턴에서 총파업과 소요가 일어났으나 여기서도 당국자들은 제지하지 않았다. 머지않아 이 봉기는 제조업 지역 전체로 확산되었고, 식량을 추수하고 생산하는 일자리를 뺀 모든 일자리가 휴업에 들어갔다. 그러나 저항에 가담한 공원들은 잠잠했다. 그들은 본의 아니게 폭동으로 내몰린 터였다. 맨체스터의 제조업자들은 딱 한 명 토리 당원인 벌리Birley를 빼고는 그들의 관습과

* 맨체스터 상공회의소와 리즈 상공회의소의 7월 말과 8월 초 보고서와 비교해보라.

반대로 이 폭동에 대항하지 않았다. 노동자들은 사태가 시작되었을 때 이루고자 하는 뚜렷한 목적이 전혀 없었으므로, 그들 모두가 곡물법을 폐지하려는 부르주아지를 위해 총탄을 맞지는 않으리라 마음먹고 있었다. 그 외에 일부는 인민헌장을 관철하려 했고, 이것이 시기상조라고 생각한 다른 이들은 그저 1840년의 임금률을 확보하려 했다. 이 시점에 폭동은 만신창이가 되었다. 노동자들이 굳게 마음먹고 시작한 의도적인 폭동이었다면 분명히 목적을 이루었을 것이다. 그러나 제조업자들에 의해 본의 아니게 거리로 내몰린 데다가 명확한 목표도 없었던 이 군중은 아무것도 할 수 없었다. 그동안 2월 15일의 동맹을 실현하기 위해 손가락 하나 까딱하지 않은 부르주아지는 이내 노동자들이 자기네 도구가 될 의향이 없다는 것, 법을 준수하는 입장을 비논리적인 방식으로 포기하는 바람에 위험해졌다는 것을 알아차렸다. 그리하여 부르주아지는 법을 준수하는 태도로 되돌아갔고, 노동자들에 맞서 정부 편에 섰다.

부르주아지는 충직한 졸개들의 특별 경관(special constable)〔정규 경찰력이 부족한 지역에서 이를 보완한 자원 경찰력〕 취임 선서식을 거행했다(이 의식에 참여한 맨체스터의 독일인 상인들은 전혀 불필요한 방식으로, 즉 입에 시가를 물고 손에 굵은 경찰봉을 들고서 시내를 활보했다). 부르주아지는 프레스턴에 모인 군중에게 발포 명령을 내렸고, 그 결과 인민들의 의도하지 않은 폭동은 갑자기 정부의 모든 군사력뿐 아니라 유산계급 전체와도 대치하게 되었다. 특별한 목적이 없었던 노동자들은 점차 뿔뿔이 흩어졌고, 폭동은 참담한 결과를 초래하지 않고 끝이 났다. 그 이후 부르주아지는 언제 그랬냐는 듯이 지난 봄의 혁명적인 언어에 등을 돌린 채 인민들의 폭력에 혐오감을 드러냄으로써 자신들의 과오를 씻어내려 하고, 인민헌장 선동가들을 다 합한 것보다 봉기를 야기한 책임이 더 크면서도 그들에게 허물을 덮어씌우고, 비할 바 없이 파렴치하게도 법의 이름을 축성하는 예전의 태도로 되돌아가는 등 잇따라 추잡한 작태를 보였다. 봉기를 유발한 책임이 거의 없으며 그저 기회를 최대한 이용하려는 부르주아지의 의도대로 움직였을 뿐인 차티스트들은 고발을 당하고 유죄판결을 받은 반면에,

부르주아지는 손해보지 않고 책임을 모면한 데다가 작업이 중단된 동안 재고품을 다 팔아서 이익까지 남겼다.

봉기의 결실은 프롤레타리아트와 부르주아지의 결정적인 분리였다. 그때까지 차티스트들은 어떤 대가를 치르더라도, 혁명을 일으켜서라도 헌장을 관철하겠다는 결심을 숨긴 적이 없었다. 반면에 이제 어떠한 과격한 변동이든 자신들의 위치를 위험에 빠뜨린다는 것을 돌연 깨달은 부르주아지는 더 이상 폭력파(the physical force)의 말을 귀담아 들으려 하지 않았으며, 마치 도덕파(the moral force)가 폭력파를 통한 직간접적인 위협이 아닌 다른 무언가라는 듯이, 도덕파를 통해 목표를 달성하자고 제안했다. 이것이 불화의 한 가지 이유였다. 그러나 이런 차이는 훗날 차티스트들(어쨌거나 부르주아지만큼은 믿을 만한)이 우리도 물리적 폭력에 호소하는 것을 삼가자고 주장함으로써 사라졌다. 불화의 둘째 원인이자 주된 이유는 차티스트 운동의 순도를 드러낸 곡물법 폐지였다. 부르주아지는 이 사안과 이해관계가 직결되었지만 프롤레타리아트는 그렇지 않았다. 그런 까닭에 차티스트들은, 정치적 강령은 문자 그대로 똑같지만 서로 철저하게 달라서 연합할 수 없는 두 정파로 쪼개졌다. 1843년 1월〔실제로는 1842년 12월〕의 버밍엄 전국대회에서 급진파 부르주아지의 대표 스터지Sturge는 헌장협회(Chartist Association)의 규약에서 헌장이라는 표현을 빼자고 제안했다. 명목상 이유는 이 표현이 폭동 기간의 폭력을 떠올리게 한다는 것이었다. 그런데 헌장은 이미 수 년 전부터 폭력을 상기시켰고, 이에 대해 스터지 씨는 이제껏 이의를 제기한 적이 없었다. 노동자들이 이 표현을 빼지 않기로 해서 스터지 씨의 제안이 부결되자 이 퀘이커 교도 위인은 별안간 충신이 되어 협회 회관을 나가버렸고, 급진파 부르주아지 내부에 '완전선거권연맹'(Complete Suffrage Union)을 창설했다〔원문에는 Union 대신 Association으로 표기되어 있으나 Union이 맞기에 바꾸어 썼다. 또한 엥겔스의 서술과 달리 완전선거권연맹은 버밍엄 전국대회 이전인 1842년 1월에 창설되었다〕. 자코뱅적 부르주아지 사이에 폭력을 떠올리게 하는 헌장에 대한 혐오감이 워낙 강했기 때문에 스터지는 보통

선거권이라는 표현마저 우스꽝스러운 완전선거권으로 바꾸었다. 노동자들은 스터지를 비웃고는 조용히 독자노선을 택했다.

이 시점부터 차티스트 운동은 부르주아적 요소들을 모조리 털어내고 순전히 노동자의 대의가 되었다. 〈위클리 디스패치〉, 〈위클리 크로니클〉, 〈이그재미너Examiner〉를 비롯한 '완전한' 정기간행물들은 자유당의 다른 매체들과 마찬가지로 점차 생기 있는 어조를 잃었고, 자유무역이라는 대의를 옹호했으며, 10시간 노동 법안을 비롯해 오로지 노동자들의 요구만을 공격했고, 급진주의 전체가 배경으로 전락하는 꼴을 그냥 두고보았다. 급진파 부르주아지는 노동자들과 충돌할 때마다 자유당과 손을 맞잡고 대항했고, 영국인에게 자유무역 문제를 의미하는 곡물법 문제를 대체로 주된 업무로 삼았다. 이렇게 해서 그들은 자유당 부르주아지의 지배 아래로 들어가 지금은 딱하디 딱한 역할을 맡고 있다.

반면에 차티스트 운동을 하는 노동자들은 부르주아지에 맞서는 프롤레타리아트의 모든 투쟁을 곱절의 열의로 지지했다. 자유경쟁은 노동자들의 증오를 사고도 남을 만한 고통을 초래했고, 자유경쟁을 전도하는 부르주아지는 노동자들의 공공연한 적이 되었다. 노동자는 경쟁의 완전한 자유를 기다리다가는 손해만 볼 것이다. 10시간 노동 법안, 자본가에 맞서는 노동자들에 대한 보호책, 온당한 임금, 안정된 위치, 신구빈법 폐지 등 이제껏 노동자가 주장해왔으며 '6개 항'만큼이나 본질적으로 차티스트 운동에 속하는 요구들은 자유경쟁, 자유무역과 상충한다. 따라서 노동자들이 자유무역과 곡물법 폐지 주장을 귀담아듣지 않을 것(영국 부르주아지로서는 도무지 이해할 수 없는 사실)이라고 해도, 곡물법 문제에 철저히 무관심하면서도 이 문제의 주창자들에게 맹렬한 적의를 품고 있다고 해도 놀랄 이유는 없다. 바로 이 문제를 둘러싸고 프롤레타리아트가 부르주아지와 갈라서고, 차티스트 운동이 급진주의와 갈라선다. 부르주아지는 이 사실을 도저히 납득할 수 없는데, 그 이유는 그들이 프롤레타리아트를 이해할 수 없기 때문이다.

차티스트 운동의 민주주의와 이것에 선행했던 모든 정치적 부르주아지의 민주주의의 차이가 바로 여기에 있다. 차티스트 운동은 본질적으로 사회적 성격을 지닌 계급운동이다. '6개 항'은 급진파 부르주아지에게는 문제의 처음과 끝이고 기껏해야 헌법을 어느 정도 추가로 개정하자는 요구를 의미하지만, 프롤레타리아트에게는 그 이상의 목적들을 달성하기 위한 수단에 지나지 않는다. "정치적 권력은 우리의 수단, 사회적 행복은 우리의 목적." 이것이 오늘날 차티스트들이 분명하게 외치는 구호다. 1838년에 스티븐스 목사의 "나이프와 포크 문제"는 차티스트 가운데 일부에게만 진실이었지만, 1845년에는 그들 모두에게 진실이다. 이제 차티스트 가운데 정치가에 지나지 않는 사람은 없다. 그들의 사회주의가 거의 발전하지 않았을지라도, 이제까지 그들의 주된 빈곤 개선책이 제조업의 도입으로 대체된 토지분배제(Land-Allotment System)〔인민헌장 운동의 지도자인 퍼거스 오코너가 추진한 토지계획을 말한다. 영국의 국토를 적절히 개간한다면 전 인구를 부양할 수 있다고 생각한 오코너는 공원들의 임금을 인상하고 제조업자들의 착취를 막기 위해 공장의 남아도는 노동력을 농업으로 돌릴 계획을 세웠다. 오코너는 노동자들로부터 출자를 받아 주식회사를 설립한 뒤 토지를 구매했고, 이 토지를 작게 쪼개서 주식을 구입한 이들에게 분배했다. 그러나 이 계획은 차티스트 운동 내부의 갈등과 정착자들의 경제적 곤경, 하원의 반대에 부딪혀 곧 실패로 끝나고 말았다〕였을지라도, 그들의 주된 실용적 제안들이 외견상 반동적 성격을 지녔을지라도, 이런 방책들은 그들이 또다시 경쟁의 힘에 굴복해 예전과 같은 상황으로 돌아가든지 아니면 경쟁을 완전히 극복하고 철폐하든지 둘 중 하나를 반드시 선택해야 한다는 것을 뜻한다. 다른 한편으로 오늘날 차티스트 운동의 불분명한 상태, 순수한 정당과 분리된 상태는 바로 이 운동의 특색인 사회적 측면이 장차 더 발전하리라는 것을 뜻한다. 이 운동은, 특히 다음번 공황이 극심한 결핍을 초래해 노동자들이 정치적 개선책이 아닌 사회적 개선책을 강구하지 않을 도리가 없을 경우, 틀림없이 사회주의에 가까워질 것이다. 오늘날의 산업과 상업 호황에 이어질 공황, 적어도 1847년에는 닥칠 것이고 1846년에 닥칠 가능성이 큰 공황 역시 파장의 범위와 강도라는 면에서 선행하는 모든 공황을 훌쩍 넘어설 것이다. 그때 노동자들은 당연히 헌장을 관철할 것이지만, 그러기에 앞서 지금은 거의 모르지만 헌장을 이용해 할 수 있는 많은 일들을 분명하게 보는 법도 배울 것이다.

그동안 사회주의 운동 또한 전진할 것이다. 이제까지 우리는 노동계급에게 영향을 미치는 한에서만 영국의 사회주의를 살펴보았다. 영국 사회주의자들은 2000~3000명이 농업과 제조업을 둘 다 수행하고 동등한 권리와 동등한 교육을 누리는 국내 거류지(Home Colonies)〔영국 안의 주민자치체를 말함〕에 공동소유를 단계적으로 도입할 것을 요구한다. 그들은 더 수월하게 이혼할 수 있게 하고, 양심의 완전한 자유를 보장하는 합리적인 정부를 설립하고, 형벌을 폐지하고 범죄자에 대한 합리적인 처우로 형벌을 대체할 것을 요구한다. 이런 요구가 그들의 실용적인 방책인데, 그들의 이론적인 원리는 지금 여기서 살펴보지 않겠다. 영국 사회주의는 제조업자인 오언과 더불어 출현한 까닭에, 결국에는 부르주아지와 프롤레타리아트 사이의 계급 적대를 철폐할 것을 요구함에도 불구하고, 부르주아지에게는 무척이나 합당하고 프롤레타리아트에게는 몹시도 부당한 방법을 고수하고 있다.

여론의 지지를 얻는 방법 외에 다른 모든 방법을 거부할 정도로 철저하게 유순하고 평화적인 영국 사회주의자들은 기존 질서를 나쁜 그대로 받아들인다. 게다가 그들의 입장과 현재 정식화되어 있는 그들의 원리를 감안할 때, 그들은 이런 방법으로 성공을 거두기에는 너무나 교조적이다. 그들은 하층계급들의 도덕적 타락을 한탄하면서도 이런 옛 사회질서의 해체에서 진보의 요소를 보지 못하고, 유산계급의 사적인 이해관계와 위선이 부패를 훨씬 더 많이 초래한다는 것을 인정하지 않으려 든다. 그들은 어떠한 역사적 발전도 인정하지 않거니와, 공산주의로의 이행이 가능하고 또 필연적인 지점까지 국민들이 정치적 발전이라는 행진을 하는 것이 불가피하다는 점을 도외시한 채, 국민들을 단숨에, 하룻밤 사이에 공산주의 상태로 데려다 놓으려 한다. 그들은 노동자가 부르주아에 분개하는 이유를 이해하지만, 이런 계급적 증오는 효과가 없고 결국에는 도덕적 유인만이 노동자를 목표에 더 가까이 데려간다고 생각한다. 그들은 증오 대신 현재 영국의 상황에서 훨씬 더 효과가 없는 박애와 범애를 설교한다. 그들은 심리적 발전만을, 즉 과거와 전혀 관계가 없는 추상적인 인간의 발전만을 인정하지만, 그 개인을 포함해 전 세계는 과거에 의존한다. 이처럼 그들은 너무나 추상적이고 너무나 형이상학적이어서 거의 아무것도 성취하지 못한다. 사회주의자 가운데 일부는 노동계급에서 모집하고 뽑지만, 그렇게 뽑힌 극소수 사회주의자들은 가장 견실하고 가장 교육을 많이 받은 노동자들이다. 지금과 같은 형태의 사회주의는 결코 노동계급의 공통 신조가 될 수 없다. 사회주의는 한동안 자세를 낮추고 차티스트 운동의 관점으로 되돌아가야 한다. 그러나 차티스트 운동을 거치면서 부르주아적 요소들을 씻어낸 진정한 프롤레타리아 사회주의, 많은 사회주의자들과 차티스트 운동 지도자들(거의 전부 사회주의자다*)의 마음속에서 이미 형태를 갖추고 있는 그 사회주의는 머지않아 영국 인민의 발전사에서 틀림없이 중대한 역할을 할 것이다. 이론적 발전은 프랑스 사회주의에 뒤지지만 기반은 훨씬 더 넓은 영국 사회주의는 훗날 프랑스의 관점을 넘어서기 위해 한동안 그 관점으로 물러나야 할 것이다. 물론 그동안 프랑스 사회주의 역시 한층 발전할 것이다. 영국 사회주의는 노동자들 사이에 만연한 종교의 부재를 가장 단호하게 표현할 수 있다. 이 표현이 얼마나 단호한지, 아직은 사실상 종교가 없을 뿐이고 의식적으로 종교를 거부하는 것은 아닌 대다수 노동자들마저 이 표현을 들으면 뒷걸음질을 치곤 한다. 그러나 장차 노동자들은 신앙이 자신을 약하게 만들고, 운명에 순응하게 만들고, 흡혈귀 같은 유산계급에 순종하고 충성하게 만들 뿐이라는 것을 점점 더 명확하게 인식할 것이고, 그에 따라 필연적으로 신앙의 잔재를 털어버릴 것이다.

---

* 물론 오언주의적 의미가 아니라 일반적인 의미의 사회주의자.

지금까지 살펴본 이유 때문에 노동자들의 운동은 분명히 차티스트들과 사회주의자들이라는 두 분파로 나뉘어 있다. 차티스트들은 이론적으로 더 뒤져 있고 덜 발전해 있지만, 모든 측면에서 진정한 프롤레타리아이자 자신들 계급의 대표다. 사회주의자들은 앞날을 더 멀리까지 내다보고 곤경을 타파할 실용적인 개선책을 제시하지만, 본래 부르주아지에서 유래한 까닭에 노동계급과 완전히 융합할 수 없다. 사회주의와 차티스트 운동이 연합하고 프랑스 공산주의를 영국식으로 재현하는 것이 이미 시작된 다음 단계일 것이다. 이 단계를 성취한 다음에야 노동계급은 영국의 진정한 지적 지도자가 될 것이다. 그동안 정치적 사회적 발전이 이루어져서 이 새로운 당파를 조성하고 차티스트 운동의 새로운 출발을 촉진할 것이다.

이처럼 자주 연합하고 자주 분열하는 노동자 분파들, 즉 노동조합원들, 차티스트들, 사회주의자들은 교육을 증진하기 위한 학교와 독서실을 자력으로 다수 설립했다. 모든 사회주의 강습소와 거의 모든 차티스트 운동 강습소는 이런 장소를 갖추고 있으며, 많은 노동조합들도 마찬가지다. 여기서 어린이들은 부르주아지의 영향을 철저히 배제한 프롤레타리아 교육만을 받는다. 그리고 독서실에는 전적으로 또는 거의 전적으로 프롤레타리아 신문과 잡지, 책만이 구비되어 있다. 이런 시설들은 부르주아지에게 심각한 위협이다. 부르주아지는 '기술 강습소'(Mechanics' Institute)[1820년대 초에 처음 등장한 이 강습소는 노동자들에게 특히 전문적인 주제들을 가르치는 교육을 제공했다. 박식하고 숙련된 피고용인들이 결국에는 자신들에게 이익이 되리라 생각한 제조업자들이 주로 설립했으며, 19세기 중엽에 영국 전역에 약 700개가 있었다. 그중 일부는 훗날 도서관이나 대학이 되었다] 같은 일부 강습소들을 프롤레타리아트의 영향권에서 빼내 자기네에게 유익한 학문들을 전파하는 기관으로 만드는 데 성공했다. 오늘날 여기서 가르치는 자연과학은 노동자들을 부르주아지와의 대립에서 멀어지게 하고, 부르주아지에게 돈을 벌어다주는 발명품을 만들어낼 수단을 노동자들의 손에 쥐어줄 것이다. 그러나 장시간 일하는 노동자가 대도시에서 자연을 한순간도 보지 못하는 날이 너무나 많은 오늘날, 자연과학 지식은 노동자에게 아무런 쓸모도 없다. 기술 강습소는 정치경제학을 전도하는데, 자유경쟁을 우상으로 떠받드는 이 학문에 따르면 노동자의 핵심은 굶주리는 신세를 순순히 받아들이는 것보다 합리적인 행동을 전혀 못한다는 것이다. 여기서 이루어지는 모든 교육은 지배적인 정치와 종교에 무력하게 순응하고 굽실거리는 교육이며, 따라서 노동자에게는 잠자코 복종하고 체념하고 운명을 받아들이라는 부단한 설교에 지나지 않는다.

당연히 이런 강습소들과는 하등 관련이 없는 노동자들 대다수는 프롤레타리아트의 독서실에 가거나 자신의 이해관계와 직결되는 문제들을 토론한다. 그러면 거만한 부르주아지는 "나는 말을 하고 나의 영혼을 구했도다"〔가톨릭 교회에서 죄를 고할 때 사용하는 관용구〕라고 대꾸하고, "건전한 교육의 이점보다 의도가 불순한 선동가들의 성난 고함을 선호하는" 계급을 경멸스럽다는 듯이 외면한다. 그렇지만 노동자들은 부르주아지의 편파적인 용어들이 섞여 있지만 않다면 건전한 교육을 이해할 수 있으며, 특히 사회주의 협회들에서 자주 개설하고 참석률도 높은 과학과 미학, 경제학의 주제에 관한 강좌들이 이를 입증한다. 나는 너덜너덜해서 해지기 직전인 퍼스티언 재킷을 걸친 노동자들이 독일의 대다수 '교양 있는' 부르주아들보다 높은 식견으로 지리학과 천문학을 비롯한 주제들에 관해 이야기하는 소리를 자주 들었다. 영국 프롤레타리아트가 독립적인 교육을 달성하는 데 얼마나 성공했는지를 특히 분명하게 보여주는 것은, 현대의 철학과 정치, 시 분야의 문헌 가운데 획기적인 작품들을 거의 노동자들만 읽는다는 사실이다. 사회적 상황과 이 상황이 내포하는 온갖 편견에 사로잡힌 부르주아지는 실제로 진보의 길을 닦는 모든 것 앞에서 벌벌 떨고 신의 가호를 빌고 성호를 긋는다. 프롤레타리아트는 진보를 열린 눈으로 바라보고, 기쁜 마음으로 진보를 탐구해 성과를 거둔다. 이 점에서 특히 사회주의자들은 프롤레타리아트의 교육에 놀라운 기여를 했다. 그들은 프랑스 유물론자들, 엘베시우스Helvetius, 돌바크d'Holbach, 디드로Diderot 등의 저작들을 번역해 가장 뛰어난 영어 저작들과 함께 염가판으로 보급했다. 슈트라우스Strauss의 《예수의 생애(Life of Jesus)》와 프루동Proudhon의 《소유란 무엇인가(Property)》 또한 노동자들 사이에서만 유포되고 있다. 셸리Shelley, 천재이자 예언자인 저 셸리와 불타는 관능성의 소유자로 현존 사회를 신랄하게 풍자한 바이런Byron의 독자들 중에도 프롤레타리아트가 가장 많다. 부르주아지는 거세된 판본, 오늘날의 위선적인 도덕성에 맞추어 내용을 잘라낸 가정용 판본만을 가지고 있다. 가장 최근에 활동한 위대한 실천철학자들인 벤담Bentham과 고드윈Godwin, 특히 후자는 거의 프롤레타리아트만의 자산이다. 급진파 부르주아지 가운데 벤담 학파가 있긴 하지만, 프롤레타리아트와 사회주의자들만이 벤담의 가르침에서 한 걸음 더 나아가는 데 성공했다. 프롤레타리아트는 이 기반 위에서 주로 신문과 잡지, 팸플릿으로 이루어진 문학을 형성했으며, 이 문학은 고유한 가치 면에서 부르주아지 문학 전체보다 훨씬 앞서 있다. 이 점에 관해 뒤에서 더 말할 것이다.

주목할 점이 하나 더 남았다. 공원들, 특히 면직물업 지역의 공원들은 노동운동의 핵을 이룬다. 랭커셔와 특히 맨체스터는 가장 강력한 노동조합들의 본거지이고 차티스트 운동의 중심점이며 사회주의자의 수가 가장 많은 곳이다. 공장제가 산업의 한 부문을 장악할수록 그 부문에 고용된 노동자 가운데 노동운동에 참여하는 수가 점점 늘어난다. 노동자들과 자본가들의 대립이 첨예해질수록 노동자들의 프롤레타리아적 의식이 점점 뚜렷해진다. 버밍엄의 소규모 장인들은 공황으로 고통을 겪으면서도 프롤레타리아트의 차티스트 운동과 상점 주인들의 급진주의 사이에 있는 불행한 중간지대에 아직도 서 있다. 그러나 일반적으로 제조업에 고용된 모든 노동자는 이런저런 형태로 자본과 부르주아지에 대한 저항을 지지하고 있다. 또한 그들 모두는 그들의 자랑스러운 호칭이자 차티스트 운동의 집회에서 그들을 가리키는 일반적인 명칭인 노동자로서, 독자적인 이해관계와 원리, 모든 유산자의 시각과 상반되는 독자적인 시각을 지닌 독자적인 계급을 형성한다는 점, 그리고 이 계급이 국민들의 힘과 발전 역량을 위임받는다는 점에 동의하고 있다.

광업 프롤레타리아트

Die Lage der arbeitenden Klasse in England _ The Condition of the Working Class in England

영국의 제조업만큼 거대한 제조업에 쓰일 원료와 연료를 생산하려면 노동자가 상당히 많이 필요하다. 그러나 영국의 산업들에 필요한 모든 재료 가운데 (농업 지역에 속하는 양모를 빼면) 영국 내에서 생산하는 것은 광물, 즉 금속과 석탄뿐이다. 콘월Cornwall에는 구리와 아연, 납 광산이 풍부한 반면에 스태포드셔와 웨일스를 비롯한 지역들은 엄청난 양의 철을 산출하며, 잉글랜드 북부와 서부 거의 전역과 스코틀랜드 중부, 아일랜드의 일부 지역들은 석탄을 남아돌 정도로 생산한다.*

콘월의 광산들에는 일부는 지상에서 일하고 일부는 지하에서 일하는 남자 약 1만 9000명과 여자와 어린이 약 1만 1000명이 고용되어 있다. 지하의 광산 내부에서는 거의 성인 남자와 12세 이상 소년만이 일을 한다. 어린이 고용위원회의 보고서에 따르면 이 노동자들의 물질적인 상황은 비교적 견딜 만한 정도인데, 영국인들은 해저보다도 낮은 곳에서 광맥을 따라 나아가는 강인하고 대담한 자기네 광부들을 자랑하기 일쑤다. 그러나 이 노동자들의 건강 문제만큼은 어린이 고용위원회의 보고서도 다르게 판단한다. 바햄Barham 박사의 지적인 보고서는 산소가 부족하고 분진과 발파용 화약의 연기가 뒤섞인, 광산 내부에 가득 들어찬 공기를 들이마시는 것이 얼마나 폐에 심각한 영향을 미치고, 심장의 움직임을 방해하고, 소화기관의 활동을 저해하는지를 보여준다. 또한 이 보고서에 따르면, 기력을 소진하는 고된 노동, 특히 일부 광산에서는 활기찬 청년이라도 작업을 전후해 하루 1시간 넘게 걸리는 사다리 오르내리기가 앞에서 말한 해악들을 크게 부추기는 까닭에, 어린 나이에 이 작업을 시작한 남자들은 지상에서 일하는 여자들보다 키가 훨씬 작다. 이 남자들은 대부분 젊은 나이에 급성 폐결핵으로 사망하며, 중년의 광부들은 대부분 만성 폐결핵으로 사망한다. 그들은 나이에 비해 빨리 늙어 35~45세면 노동에 부적합한 상태가 된다. 그들은 탄갱의 따뜻한 공기 속에 있다가 (땀을 뻘뻘 흘리며 사다리를 올라온 뒤에) 갑자기 지상의 차가운 바람을 쐬는 탓에 흔히 호흡기관에 급성 염증이 생기곤 하는데, 이런 급성 염증은 치명적인 경우가 아주 많다. 광석을 깨고 분류하는 지상 작업은 소녀와 어린이의 몫이며, 야외에서 이루어지므로 건강에 무척 좋다고 기술되어 있다.

잉글랜드 북부 노섬벌랜드와 더럼의 경계 지역인 앨스턴 무어Alston Moor에는 광대한 납 광산들이 있다. 이 지역에 관한 보고서들**은 콘월에 관한 보고

* 1841년 인구조사에 따르면 아일랜드를 뺀 대영국에서 광업에 고용된 노동자의 수는 아래와 같다.

	20세 이상 남자	20세 미만 남자	20세 이상 여자	20세 미만 여자	종합
탄광	83408	32475	1185	1165	118233
구리 광산	9866	3428	913	1200	15407
납 광산	9427	1932	40	20	11419
철 광산	7773	2679	424	73	10949
주석 광산	4602	1349	68	82	6101
다양한 광물을 캐는 광산	24162	6591	472	491	31716
종합	139238	48454	3102	3031	193825

대부분 같은 노동자들이 탄광에서도 일하고 철 광산에서도 일하기 때문에 탄광에 속하는 광부들 가운데 일부, 그리고 맨 아래 범주에 속하는 광부들 가운데 상당수가 철 광산에도 속할 것이다.

** 어린이 고용위원회의 보고서, 즉 미첼Mitchell 위원의 보고서에도 이 지역에 관한 내용이 있다.

서들과 내용이 거의 동일하다. 여기서도 채굴장의 공기 중에 산소가 부족하고 분진과 화약 연기, 탄산가스, 황이 지나치게 많다는 불만이 제기된다. 그 결과 콘월에서처럼 이곳 광부들도 키가 작고, 거의 전부 30세부터 죽는 날까지 흉부질환으로 고생하며, 특히 이 작업을 계속할 경우 거의 언제나 폐결핵으로 사망한다. 그래서 이곳 주민들의 평균수명이 크게 줄어든다. 설령 이 지역 광부들이 콘월 광부들보다 오래 산다고 해도—실제로 그렇다—그 이유는 앞에서 보았듯이 콘월에서는 12세에 탄갱 작업을 시작하는 반면 여기서는 19세 이전에는 광산에 들어가지 않기 때문이다. 그럼에도 의사들의 증언에 따르면 여기서도 광부들은 대부분 40~50세에 죽는다. 이 지역의 공식 명부에 사망이 기록된 광부 79명 가운데 37명은 폐결핵으로 죽었고 6명은 천식으로 죽었으며, 이들의 평균연령은 45세였다. 주변 지역인 앨런데일Allendale, 스탠호프Stanhope, 미들턴Middleton의 평균수명은 각각 49세, 48세, 47세였고, 흉부질환으로 사망한 이들의 비율은 전체의 48퍼센트, 54퍼센트, 56퍼센트였다. 이 모든 수치가 19세까지 노동을 시작하지 않은 광부들만을 반영한 것임에 유념해야 한다. 이 수치들을 이른바 스웨덴 도표, 즉 스웨덴 주민들 전체의 사망률에 관한 상세한 도표와 비교해보자. 영국에서 이 도표는 지금까지 영국 노동계급의 평균수명과 관련해 얻을 수 있었던 도표들 가운데 가장 정확한 기준으로 인정받았다. 이 도표에 따르면 19세까지 살아남은 남자들은 평균 57.5세까지 살지만, 역시 이 도표에 따르면 잉글랜드 북부의 광부들은 노동 때문에 인생을 평균 10년 빼앗긴다. 스웨덴 도표는 어디까지나 노동자들의 수명의 기준으로 받아들여지고 있고, 따라서 프롤레타리아트가 살아가는 열악한 상황에 휘둘리는 생애의 평균적인 전망, 즉 일반적인 수명보다 짧은 수명의 기준을 나타낸다. 우리가 이미 다른 도시들에서 익히 살펴본 숙박소와 수면실이 이 지역에도 있으며, 그런 공간은 도시의 숙박시설만큼이나 더럽고 혐오스럽고 초만원인 상태다. 그처럼 허술한 수면용 건물 가운데 미첼 위원이 찾아간 곳은 길이 18피트[5.5미터]와 너비 13피트[4미터] 공간에 성인 남자 42명과 소년

14명을 합해 총 56명을 수용하고 있었고, 그들 중 절반은 선상에서처럼 다른 침상 위에 있는 이층 침상에서 자고 있었다. 이곳에는 탁한 공기가 빠져나갈 환기구가 없었고, 미첼이 방문하기에 앞서 사흘 동안 아무도 이 축사에서 잠을 자지 않았음에도 이곳의 악취와 공기는 그가 한순간도 견디지 못할 정도였다. 56명이 들어찬 공간이 무더운 여름날 밤 내내 과연 어떠했겠는가? 게다가 이곳은 미국 노예선의 최하급 선실이 아니라 자유인으로 태어난 영국인들의 거처다!

이제 영국 광업의 가장 중요한 부문인 철 광산과 탄광으로 주의를 돌려보자. 어린이 고용위원회의 보고서는 주제의 중요성에 걸맞게 이들 광산을 상세히 다룬다. 이 보고서는 제1부 거의 전체를 이들 광산에 고용된 노동자들의 상황에 할애한다. 앞에서 산업노동자들의 상태에 관해 상세히 기술했으므로 이 주제는 이 저작의 범위에 필요한 만큼만 다루고자 한다.

작업 방식이 거의 똑같은 탄광과 철 광산에는 4세, 5세, 7세 어린이들이 고용되어 있다. 그들은 광부가 채굴한 광석이나 석탄을 막장에서 광맥의 바위에 낸 갱도(horse-path)나 주요 수직갱도까지 운반하는 일, 그리고 노동자와 광물의 통행을 위해 문(광산의 구역들을 나누고 환기를 조절하는)을 여닫는 일에 배치된다. 그 문을 지켜보는 일은 보통 가장 작은 어린이들이 맡는다. 그들은 깜깜하고 대개 축축한 갱도에 홀로 앉아서, 감각을 마비시키고 인간을 짐승처럼 만드는 빈둥거림의 지루함에서 벗어날 만큼 노동하지도 못하는 신세로 매일 12시간을 보낸다. 반면에 석탄과 철광석을 운반하는 작업은 몹시 고된 노동이다. 이 원료는 바퀴가 없는 커다란 광차에 담아 광산의 울퉁불퉁하고 대개 축축한 점토질인 바닥 위를 지나거나 물속을 통과하면서, 몇 번이고 가파른 경사면을 오르고 천장이 너무 낮아서 손과 무릎으로 기어가야 하는 갱도를 통과하면서 운반한다. 그러므로 훨씬 고단한 이 노동은 나이가 많은 어린이들이나 반쯤 성인인 소녀들이 맡는다. 상황에 따라 광차 하나에 성인 남자 1명이나 소년 2명이 배치되고, 소년 2명일 경우 1명은 밀고 1명은 당긴다. 성인 남자들이나 16세 이상인 강인한 청년들이 수행하는 광석이나 석탄 채굴 또한 대단히 고단한 작업이다. 평소 노동시간은 11~12시간이지만 이보다 길 때도 많다. 스코틀랜드에서는 노동시간이 14시간에 달하고, 임금을 2배로 지급할 때는 모든 피고용인이 지하에서 24시간, 심하면 36시간 연속으로 노동하는 경우도 흔하다. 정해진 식사시간을 거의 알 수가 없기 때문에 그들은 배가 고프고 시간이 날 때 음식을 먹는다.

보통 광부들은 생활수준이 꽤나 괜찮고 스코틀랜드와 아일랜드의 도탄에 빠진 일부 지역들을 빼면 임금 또한 주변 지역의 농업노동자들(그렇지만 이들은 기아임금으로 살아간다)에 비해 높은 편이라고 기술된다. 뒤에서 이 서술을 다시 따져볼 기회가 있겠지만, 광부들의 생활수준은 어디까지나 상대적으로, 즉 영국 전역에서 가장 빈곤한 계급과 비교해 괜찮을 뿐이다. 그동안 우리는 현행 채굴법에서 기인하는 해악들을 살펴볼 것이고, 독자들은 임금을 얼마나 지불하건 광부들이 겪는 극심한 고통을 과연 보상할 수 있을지 판단할 수 있을 것이다.

석탄과 철광석을 운반하는 어린이와 젊은이는 모두 감당 못할 피로를 호소한다. 가장 무분별하게 작업하는 산업시설들에서도 그토록 전반적이고 비정상적인 과로를 찾아볼 수 없다. 보고서 전체가 페이지마다 실린 다수의 실례들로 이 사실을 입증한다. 어린이들이 집에 도착하자마자 밥 한술 뜨지 못하고 벽난로 바닥이나 방바닥에 그대로 쓰러져 잠들고 나면 수면 중에 씻겨서 침대에 눕히는 일이 일상다반사다. 그들이 집에 오다가 누워버려서 부모가 밤늦게 길에서 잠든 자식을 발견하는 경우까지 있다. 일주일의 과로를 얼마간 회복하기 위해 일요일을 침대에서 보내는 것이 이 어린이들 사이에서는 일반적인 습관인 듯하다. 교회와 학교에는 극소수 어린이들만 다니는데, 교사들은 이들마저 꾸벅꾸벅 졸기 일쑤인 데다 배우려는 열의도 전혀 없다고 토로한다. 이들보다 나이가 많은 소녀들과 여자들도 사정은 마찬가지다. 그들은 극히 참혹한 방식으로 과로를 한다. 거의 언제나 고통의 극한까지 수행하는 이런 노역이 신체에 영향을 미치지 않을 리 만무하다. 과로는 우선 신체의 활력을 근육의 불균형한 발달에 집중시킴으로써, 주로 광차를 밀거나 당길 때 사용하는 팔과 다리, 등, 어깨의 근육은 유달리 왕성하게 발달하는 반면 신체의 나머지 부위들은 영양부족으로 고통받고 쇠퇴하는 결과를 초래한다. 다른 무엇보다 성장이 저해되고 지체되어 키가 제대로 자라지 않는다. 작업 환경이 예외적으로 좋은 레스터셔Leistershire와 워릭셔Warwickshire의 광부들을 빼면 거의 모든 광부가 키가 작다. 더욱이 소년들과 소녀들 모두 뒤늦게 사춘기에 들어서고, 소년들은 18세까지도 사춘기에 접어들지 않는 경우가 흔하다. 실제로 시먼즈 위원이 목격한 19세 소년은 치아 말고는 외관상 11세나 12세 이상이라는 증거가 전혀 없었다. 이런 아동기의 연장은 실제로는 발달 지체를 나타내는 신호에 지나지 않으며, 그 결과는 수년 내에 틀림없이 나타날 것이다. 안쪽으로 굽은 무릎과 바깥쪽으로 굽은 발과 같은 다리의 뒤틀림, 척추의 변형, 기타 기형은 거의 노동시간 내내 경직된 자세로 작업하는 탓에 약해지는 신체에 더 쉽게 생기는 듯하다. 노섬벌랜드와 더럼의 경우와 마찬가지로 요크셔와 랭커셔에서도 변형이 아주 흔해서, 내과의사들뿐 아니라 다른 많은 목격자들도 수백 명 사이에 광부가 한 명 있더라도 외형을 보고 누가 광부인지 짚어낼 수 있다고 역설한다. 여자들은 이 작업으로 특히 고통받는 듯하고, 이들 가운데 다른 여자들만큼 자세가 곧은 여자는 설혹 있더라도 극소수다. 광산 노동 때문에 여자들의 골반이 변형되어 분만이 어려워지거나 분만 중에 생명을 잃기까지 한다는 사실을 뒷받침하는 증언들도 있다. 그러나 이런 국부적인 변형들 말고도, 탄부들은 그들 작업의 성격으로 쉽사리 설명할 수 있는 갖가지 질환으로 고생한다. 먼저 소화기관에 병이 든다. 광산의 더럽고 미지근한 물로 달랠 수밖에 없는 극심한 갈증과 더불어 식욕부진과 위통, 메스꺼움, 구토가 가장 흔한 증상이다. 소화력이 떨어지므로 다른 온갖 질환들도 찾아온다. 심장질환들, 특히 심장과 심막의 비대증과 염증, 심방과 심실 사이 판막과 대동맥 입구의 협착 역시 광부들의 질병으로 자주 거론되고, 과로로 쉽게 설명할 수 있다. 장시간 무리한 노동의 직접적인 귀결로서 거의 모든 광부가 앓는 탈장 또한 마찬가지다. 부분적으로는 이와 동일한 원인 때문에, 또 부분적으로는 탄산가스와 탄화수소가스가 뒤섞인 분진 가득한 공기—손쉽게 예방할 수 있을 것이다—때문에 대다수 광부들이 일부 지역들에서는 40세, 다른 지역들에서는 30세에 갖가지 고통스럽고 위험한 폐질환들, 특히 천식에 걸려서 단기간에 노동하기에 부적합한 신세가 된다. 습한 채굴장에서 일하는 광부들 사이에서는 당연히 훨씬 일찍부터 가슴에 갑갑한 증세가 나타난다. 스코틀랜드의 일부 지역들에서는 병든 폐가 염증과 열성 질병들에 특히 취약한 20~30세에 그런 증세가 나타난다. '까만 침'(black spittle)이라 불리는 이 광부들 특유의 질병은 폐 전체가 석탄 입자로 포화되어서 발병하며, 증상으로는 전신 쇠약, 두통, 가슴의 갑갑증, 걸쭉하고 까만 점액질 가래가 있다. 일부 지역들에서는 이 질병이 경증으로 나타나지만 다른 지역들, 특히 스코틀랜드에서는 치료가 아예 불가능하다. 스코틀랜드에서는 중증으로 나타나는 방금 말한 증상들 외에도, 짧고 쌕쌕거리는 호흡, 빠른 맥박(분당 100회 이상), 갑자기 터지는 기침 등이 점점 마르고 쇠약해지는 신체와 더불어 급속도로 환자를 노동 부적격자로 만든다. 이 질병은 백이면 백 치명적인 결과를 낳는다. 이스트 로티언East Lothian의 펜케이틀랜드Pencaitland에서 맥켈러Mackellar 박사는 환기가 적절히 이루어지는 모든 탄광에서는 이 질병이 보고된 적이 없는 반면에 수직갱도를 통해 환기가 열악한 광산으로 들어가는 광부들은 이 질병에 걸린다고 증언했다. 그러므로 어쨌거나 이런 노동자들의 질병이 존재한다는 사실의 원인은 환풍기 사용을 막는 광산주들의 탐욕이다. 워릭과 레스터셔 지역 노동자들을 빼면 류머티즘 역시 탄부들이 십중팔구 앓는 질병으로, 특히 축축할 때가 많은 채굴장 때문에 발병하곤 한다. 이 모든 질병의 귀결은 예외 없이 모든 지역에서 탄부들이, 지역에 따라 정도의 차이는 있지만, 나이에 비해 빨리 늙고 40세를 넘기자마자 노동 부적격자가 된다는 것이다. 45세나 50세 이후에도 작업할 수 있는 탄부는 정말 극히 드물다. 일반적으로 이 직종의 노동자들은 40세면 노년에 접어든 것으로 간주된다. 이 점은 석탄층에서 석탄을 채굴하는 이들도 마찬가지다. 끊임없이 무거운 석탄 덩어리를 들어서 광차에 실어야 하는 적재 인부들은 28세나 30세면 늙어버려서, 탄광 지역에서는 적재 인부는 청년이 되기도 전에 늙어버린다는 말이 속담처럼 쓰인다. 이처럼 일찍 늙는 갱부들이 일찍 죽는 것은 당연지사이며, 그들 중에 60세까지 사는 경우는 대단히 드물다. 광산들의 환경이 비교적 건강에 좋은 스태포드셔 남부에서도 51세까지 사는 광부는 거의 없다. 노동자들이 때 이르게 노화한다는 사실에 더해, 우리는 공장의 경우와 똑같이 광산에서도 대개 아주 어린 자식들의 부양을 받는 나이 든 남자들을 대체로 고용하지 않는다는 사실을 당연히 확인할 수 있다. 위원들 가운데 한 사람인 사우스우드 스미스 박사처럼 탄광 노동의 결과를 간략하게 요약해보면, 한편으로는 아동기가 길어지고 다른 한편으로는 노년기가 일찍 찾아오기 때문에 인생에서 인간의 기력이 왕성한 기간인 성인기가 대폭 짧아지는 동시에 일반적으로 수명도 평균 이하로 줄어든다는 것을 확인할 수 있다. 부르주아지는 이 결과 또한 자기네에게 이롭다고 생각한다!

지금까지 영국의 평균적인 탄광들에 관해서만 서술했다. 그러나 상황이 훨씬 나쁜 탄광들, 즉 얇은 석탄층에서 채굴하는 탄광들도 많이 있다. 석탄에 인접한 모래와 점토를 일부 제거하려면 비용이 너무 많이 들 것이므로 광산주들은 석탄층에서 채굴하는 것만 허용한다. 그래서 다른 탄광에서는 갱도의 높이가 4피트 내지 5피트[1.2미터 내지 1.5미터] 이상이지만 이런 탄광에서는 갱도가 너무 낮아서 똑바로 서는 것을 생각조차 할 수 없다. 노동자는 옆구리를 바닥에 대고 누운 자세로 팔꿈치를 지렛대 삼아 곡괭이로 석탄을 캐는 까닭에 관절에 염증이 생기고, 무릎을 꿇어야 하는 경우에는 무릎에도 염증이 생긴다. 석탄을 운반하는 여자들과 어린이들은 몸에 연결한 마구와 사슬(흔히 두 다리 사이에 놓인다)을 광차에 단단히 붙들어맨 채로 손과 무릎으로 기어가고, 남자 1명이 뒤에서 손과 머리로 광차를 민다. 이처럼 머리로 미는 행동은 국

부적인 통증과 고통스러운 혹, 궤양을 유발한다. 또한 갱도가 축축한 경우가 많으므로 이 노동자들은 깊이가 몇 인치나 되는 더러운 물이나 소금물을 기어서 통과해야 하고, 그 과정에서 특수한 피부 통증에 노출된다. 이미 살펴본 광부 특유의 질병들이 이처럼 유달리 소름끼치는 노역으로 말미암아 몹시 악화될 것은 불 보듯 뻔한 일이다.

그러나 탄부의 머리를 습격하는 해악들은 이게 다가 아니다. 대영국 전역에서 이 직업만큼 한 사람이 갖가지 방식으로 숨지는 직업은 없을 것이다. 탄광은 가장 처참한 재앙들이 빈발하는 현장이며, 이 재앙들의 직접적인 원인은 부르주아지의 이기심이다. 이런 광산들에서 너무나 자유롭게 누출되는 탄화수소가스는 대기와 결합할 경우, 불꽃을 만나면 폭발해 그 범위 안에 있는 모든 사람을 죽이는 폭약이 된다. 그런 폭발이 이 광산 저 광산에서 거의 매일 일어난다. 1844년 9월 28일, 더럼의 하스웰Haswell 탄광에서 폭발로 96명이 사망했다. 역시 대량으로 누출되는 탄산가스는 광산의 심층부에 쌓이는데, 흔히 사람의 키만큼 쌓여서 그 안에 들어오는 모든 사람을 질식사시킨다. 광산의 구역들을 분리하는 문들의 쓰임새는 폭발의 확대와 가스의 이동을 막는 것이다. 그러나 자주 졸거나 작업을 소홀히하는 어린아이들이 문을 여닫는 일을 맡기 때문에 이런 방지책은 있으나 마나다. 환기용 수직갱도를 통해 탁한 공기를 신선한 공기로 적절히 바꾼다면 탄화수소가스와 탄산가스의 해로운 영향을 거의 전부 없앨 수 있을 것이다. 그러나 이 용도에 지출할 돈이라곤 한 푼도 없는 부르주아지는 데이비 램davy lamp[과거에 광산에서 사용한 안전등], 즉 불빛이 흐릿해 아무런 쓸모도 없는 까닭에 보통 양초로 대체하는 램프를 쓰라고 명령하는 편을 선호한다. 부르주아는 환기 시설만 적절히 갖춘다면 폭발이 사실상 일어날 수 없음에도, 폭발이 발생할 경우 무모한 광부에게 사고의 책임을 덮어씌운다. 더욱이 하루가 멀다 하고 채굴장의 천장이 무너져, 일하던 노동자들을 파묻거나 짓이긴다. 이런 종류의 사고가 발생하는 이유는 탄층을 최대한 남김없이 채탄하는 것이 부르주아에게 이익이기 때문이다. 광부들이 광산 안으로 내려갈 때 사용하는 밧줄 역시 대개 낡아서 끊어지곤 하며, 그럴 경우 불운한 광부들은 추락해 으스러진다. 지면이 부족해 따로따로 살펴보지는 못하지만, 〈마이닝 저널Mining Journal〉에 따르면 이런 사고들이 매년 약 1400명의 목숨을 앗아간다. 〈맨체스터 가디언〉은 랭커셔에서만 매주 사고가 적어도 2~3건은 일어난다고 보도한다. 거의 모든 광업지역에서 검시檢屍 배심원들은 거의 전부 광산주들에 좌우되며, 그렇지 않은 경우라도 먼 옛날부터 내려오는 관습에 따라 틀림없이 '사고사' 평결을 내린다. 게다가 배심원들은 문제의 실상을 전혀 이해하지 못하기 때문에 광산의 실태에 별다른 관심이 없다. 그러나 어린이 고용위원회는 이런 사고들 태반의 직접적인 책임이 광산주들에게 있다고 말하는 데 주저하지 않는다.

어린이 고용위원회에 따르면, 광업 인구의 교육과 도덕은 콘월에서는 꽤나 좋고 앨스턴무어에서는 훌륭한 반면에 탄광 지역들에서는 일반적으로 몹시 낮은 수준이다. 광부들은 방치된 지역의 시골에서 살고 있으며, 그들이 고달픈 노동을 할지라도 경찰 외에 아무도 신경쓰지 않는다. 이런 이유 때문에, 그리고 어린이들이 어려서부터 노동을 하기 때문에, 광부들의 정신교육은 철저히 방치된다. 그들은 주간학교에 다닐 형편이 못 된다. 야간학교와 일요학교는 겉치레에 지나지 않으며 이곳 교사들은 아무짝에도 쓸모가 없다. 그래서 글을 읽을 줄 아는 광부는 아주 적고, 쓸 줄 아는 광부는 더더욱 적다. 광부들이 여전히 직시하는 유일한 점은 그들의 지긋지긋하고 위험한 노동에 비해 임금이 턱없이 적다는 사실뿐이다. 그들은 교회에 드물게 가거나 아예 가지 않는다. 모든 성직자는 그들의 비할 바 없는 무종교에 대해 투덜거린다. 실제로 종교적인 일과 세속적인 일에 관한 그들의 무지는 앞에서 많은 사례를 통해 보여준 공원들의 무지를 무색하게 만들 정도다. 그들이 아는 종교의 범주라고는 욕지거리에 섞인 용어들뿐이다. 그들의 도덕성은 그들의 노동 자체에 의해 파괴된다. 광부들 전체의 과로가 과음을 낳는다는 것은 자명한 사실이다. 그들의 성관게에 대해 말하자면, 갱도를 가득 채우는 열기 때문에 남자와 여자, 어린이가 많은 경우 발가벗고 일하고 대다수 경우 거의 발가벗고 일하는 바, 어둡고 외로운 광산에서 그 결과가 어떠할지 상상할 수 있을 것이다. 광업 지역에 유난히 많은 사생아의 숫자는 지하에서 절반쯤 야만적인 사람들 사이에 어떤 일이 벌어지는지를 시사한다. 그러나 다른 한편으로 그 숫자는 대도시와 달리 여기서는 부부가 아닌 남녀의 성교가 매춘 수준까지 내려가지 않았음을 입증한다. 공장에서와 마찬가지로 광산에서도 여성의 노동은 가정을 해체하고 어머니를 가사에 영 무능하게 만든다.

어린이 고용위원회의 보고서가 의회에 제출되었을 때, 애슐리 경은 광산에서 여성의 노동을 전면 금지하고 어린이의 노동을 대폭 제한하는 법안을 서둘러 상정했다. 그 법안은 채택되었으나 법률이 과연 시행되는지 감독할 광산 조사관이 단 한 사람도 임명되지 않았기 때문에 대다수 지역들에서 사문화되었다. 광산이 자리잡은 시골 지역에서 그 법률을 회피하는 것은 누워서 떡 먹기다. 그러므로 지난해 광부조합(Miners' Union)이 스코틀랜드에 있는 해밀턴 공작(Duke of Hamilton)의 탄광에서 여자들이 60명 넘게 일하고 있다는 사실을 내무장관에게 공식으로 통보했더라도, 또는 〈맨체스터 가디언〉이 위건 인근 광산에서 폭발이 일어나 한 소녀가 비명횡사했으나 아무도 이로써 법률 위반이 드러났다는 사실에 신경쓰지 않았다고 보도했더라도, 놀랄 이유는 없다. 몇몇 광산에서 여성 피고용인 수가 줄었을지 몰라도 전체적으로 보면 예전과 다를 바 없다.

그렇지만 광부들의 괴로움은 이게 전부가 아니다. 부르주아지는 광부들의 건강을 망쳐놓고, 그들을 언제든 급사할 위험에 처하게 해놓고, 그들에게서 교육받을 기회를 모조리 빼앗는 것으로도 만족하지 않고서, 극히 파렴치한 다른 방식으로도 그들을 착취한다. 여기서도 현물급여제는 예외가 아닌 통칙이며 가장 직접적이고도 노골적인 방식으로 시행되고 있다. 오두막제도 역시 전반적으로 시행되는데, 여기서는 사실상 불가피하지만 이 또한 노동자들을 더욱 착취하는 용도로 쓰인다. 이런 억압 수단들에 온갖 종류의 노골적인 기만술을 더해야 한다. 석탄은 무게를 기준으로 팔리는 반면에 노동자의 임금은 대체로 정량을 기준으로 계산된다. 광부는 광차를 가득 채우지 못할 경우 급여를 전혀 받지 못하지만, 그 이상 채워도 한 푼도 더 받지 못한다. 광차에 분진—광부보다는 탄층의 성질에 훨씬 좌우되는 문제—이 일정량 이상 있을 경우 광부는 임금 전체를 상실할 뿐 아니라 벌금까지 물어야 한다. 보통 탄광에는 빈틈없는 벌금제가 있어서, 가련한 노동자는 일주일을 꼬박 일한 뒤 임금을 받으러 갔다가, 노동자를 호출하지도 않고 제멋대로 벌금을 매기는 감독자로부터 받을 임금이 전혀 없고 도리어 이런저런 벌금을 추가로 내야 한다는 말을 듣곤 한다! 보통 감독자는 임금을 결정할 절대권력을 쥐고 있다. 감독자는 채굴량을 확인한 뒤 노동자에게 급여를 얼마나 줄지 마음대로 정할 수 있으며, 노동자는 그가 주는 대로 받을 수밖에 없다. 무게에 따라 급여를 지불하는 일부 광산들에서는 엉터리 십진 저울을 사용하지만, 당국은 광석의 무게를 검사하지 않는다. 실제로 어느 탄광에는 저울의 오류에 불만을 제기하려는 모든 노동자는 반드시 3주 전에 감독자에게 통지해야 한다는 규정까지 있었다! 많은 지역들, 특히 잉글랜드 북부에서는 광부를 1년 단위로 고용하는 것이 관례다. 광부들은 그 기간 동안 다른 고용주를 위해 일하지 않겠다고 서약하지만 광산주는 그들에게 일거리를 주겠다는 것을 결코 서약하지 않는 까닭에, 그들은 걸핏하면 몇 달 동안이나 일거리 없이 지내야 한다. 다른 광산에서 일거리를 찾기라도 하면 그들은 계약을 위반했다는 이유로 6주 동안 노역을 해야 한다. 광부들에게 급여로 14일마다 26실링을 주겠다고 약속해놓고 지급하지 않는 계약 사례들도 있고, 고용주가 광부들에게 소액을 가불해주고 채무자로 구속하는 사례들도 있다. 북부에서는 임금 지급을 일주일 연체하는 방식으로 광부들을 채굴 작업에 묶어두는 것이 일반적인 관례다. 게다가 이처럼 속박당하는 노동자들을 완전한 노예로 만들기 위해 탄광 지역들에서는 거의 모든 치안판사를 광산주 본인 또는 광산주의 친척이나 친구가 맡고 있다. 몇 종 없는 신문들마저 지배계급을 위해 봉사하고, 다른 운동이라곤 거의 없는 이 빈곤하고 미개한 지역들에서 치안판사들은 권력을 거의 무제한으로 장악하고 있다. 팔이 안으로 굽는 심판처럼 활동하는 치안판사들의 착취와 압제에 곤궁한 탄부들이 얼마나 시달렸을지 상상조차 하기 어렵다.

이런 상황이 오랫동안 지속되었다. 광업 노동자들은 자신이 생명을 사취당하기 위해 존재한다는 정도밖에 몰랐다. 그러나 점차 그들 사이에서도, 특히 한층 지적인 공원들을 만나 영향을 받기 마련인 공장 지역들에서, '석탄왕들'의 파렴치한 억압에 대항하는 정신이 생겨났다. 그들은 조합들을 결성하고 이따금 파업을 일으키기 시작했다. 개화된 지역들에서 그들은 혼신을 다해 차티스트들에 합류했다. 산업적 교류가 일체 차단된 잉글랜드 북부의 광대한 탄광 지역은 차티스트들과 명석한 광부들의 여러 가지 노력에 힘입어 1843년에 전반적인 대항정신이 생겨날 때까지 낙후되어 있었다. 이런 운동에 매료된 노섬벌랜드와 더럼의 광부들은 영국 전역을 아우르는 탄부조합의 최전선에 섰고, 일찍이 차티스트 재판에서 수차례 두각을 나타낸 브리스틀의 차티스트 사무변호사 W. P. 로버츠W. P. Roberts를 자신들의 '법무장관'으로 임명했다. 이 조합은 이내 대다수 탄광 지역들로 확산되었고, 사방에서 활동가들이 임명되어 어디서나 집회를 열고 새로운 성원들을 확보했다. 1844년 맨체스터에서 열린 제1회 대의원 회의에는 6만 명이 참석했고, 6개월 뒤에 글래스고에서 열린 제2회 회의에는 10만 명이 참석했다. 여기서 탄부들의 모든 문제가 논의되고 대규모 파업에 관한 결정이 내려졌다. 뉴캐슬어폰타인Newscastle-upon-Tyne의 〈마이너스 애드버케이트Miners' Advocate〉를 비롯해 광부들의 권리를 옹호하는 언론매체도 몇 종 창간되었다. 1844년 3월 31일, 노섬벌랜드와 더럼의 광부들의 모든 계약이 만료되었다. 로버츠는 새로운 계약안을 작성할 권한을 위임받았다. 이 계약안에서 광부들은 다음을 요구했다.

(1) 정량이 아닌, 무게에 따른 임금 지급

(2) 공식검사관이 보통 저울로 무게 측정

(3) 반년마다 계약 갱신

(4) 벌금제 폐지와 실제 채굴량에 따른 임금 지급

(5) 고용주들이 독점 계약을 맺은 광부들에게 일주일에 적어도 4일 노동 또는 그에 상응하는 임금을 보장

이 계약안이 '석탄왕들'에게 제출되었고, 광부 대표단이 임명되어 그들과 협상을 했다. 그러나 광산주들은 자기들에게 조합은 존재하지 않는 것이고, 개별 노동자들만을 상대할 것이고, 결코 조합을 인정하지 않을 것이라고 대꾸했다. 또한 그들은 방금 말한 계약안을 깡그리 무시하고 자기들의 계약안을 제출했으며, 광부들은 당연히 이것을 거부했다. 그리하여 전쟁이 선포되었다. 1844년 3월 31일, 광부 4만 명이 곡괭이를 내려놓자 이 주州의 모든 광산이 텅 비었다. 조합이 상당한 기금을 확보하고 있었기에 몇 달간 매주 기부금 2실링 6펜스를 각 가정에 지급할 수 있었다. 이렇게 광부들이 광산주들의 참을성을 시험하는 동안, 로버츠는 비할 바 없는 뚝심으로 파업과 운동을 조직하고, 집회 개최를 계획하고, 한쪽 끝에서 다른쪽 끝까지 영국을 종단하고, 평화롭고 합법적인 운동을 설파하고, 전제적인 치안판사들과 현물급여제를 시행하는 광산주들을 상대로 영국에서 전례가 없는 혁신운동을 전개했다. 이 운동을 로버츠는 1844년 초에 시작했다. 치안판사가 광부에게 유죄판결을 내린 곳이라면 그게 어디든, 로버츠는 여왕좌 법원(Court of Queen's Bench)〔왕의 성별에 따라 왕좌 법원(Court of King's Bench)이라고도 불린 고등법원으로서 잉글랜드와 웨일스에 하나 아일랜드에 하나 있었으며, 1875년에 폐지되었다〕에서 인신보호영장(habeas corpus)을 발부받아 의뢰인을 런던으로 데려가서는 언제나 무죄판결을 받아냈다. 예를 들어 1월 13일에 여왕좌 법원의 윌리엄스Williams 판사는 스태포드셔 남부 빌스턴의 치안판사들이 유죄라고 판결한 광부 3명이 무죄라고 판결했다. 이들의 죄목은 무너질 위험이 있었고 실제로 빠져나오기 전에 무너진 장소에서 채굴하기를 거부했다는 것이었다! 이보다 앞선 사건에서 패트슨

Patteson 판사가 노동자 6명에게 무죄를 판결하자 로버츠라는 이름은 광산주들에게 공포의 대상이 되기 시작했다. 프레스턴에서는 로버츠의 의뢰인 4명이 수감되어 있었다. 1월 첫째 주에 로버츠는 현장에서 사건을 조사하기 위해 프레스턴으로 갔지만, 유죄판결을 받았던 의뢰인들이 그가 도착하자 형기가 끝나기도 전에 전원 석방되었다. 맨체스터에서는 7명이 수감되어 있었고, 로버츠는 와이트먼Wightman 판사로부터 인신보호영장과 무죄판결을 받아냈다. 프레스콧에서는 탄부 9명이 랭커셔 남부 세인트 헬렌스에서 소요를 일으켰다는 혐의로 수감되어 재판을 기다리고 있었다. 그들은 로버츠가 현장에 도착하자마자 방면되었다. 이 모든 일은 2월 중순까지 일어났다. 4월에 로버츠는 더비에서 광부 1명, 웨이크필드에서 4명, 레스터에서 4명을 방면했다. 이런 상황이 한동안 지속된 뒤에야 이 독베리들Dogberries[셰익스피어의 희곡 〈헛소동〉에 등장하는 우스꽝스럽고 무능한 순경을 말한다]이 광부들을 어느 정도 존중하게 되었다. 현물급여제도 똑같은 운명을 맞았다. 로버츠는 평판이 나쁜 광산주들을 잇따라 법정으로 불러냈고, 주저하는 치안판사들에게 광산주들에 대한 유죄판결을 강요했다. 어디에나 동시에 편재하는 듯한 이 '번개 같은 법무장관'을 얼마나 두려워했던지, 일례로 벨퍼Belper에서는 로버츠가 도착하자 현물급여제를 시행하는 기업이 이렇게 고지했다.

알림!

펜트리치 탄광

하슬람Haslam 사는 모든 오해를 막기 위해 탄광의 모든 피고용인에게 알립니다. 피고용인들은 임금을 전부 현금으로 받을 것이고, 임금을 받으면 원하는 대로 지출할 수 있습니다. 하슬람 사의 상점들에서 물품을 구매한다면 종전과 같이 도매가로 받을 것이지만, 거기서 구매할 것을 요구받지 않으며, 이 상점들에서 구매하든 다른 상점들에서 구매하든 작업과 임금은 평상시와 같을 것입니다.

이 승전보를 듣고 영국 전역의 노동계급이 환호작약했고, 새로운 성원들이 무더기로 조합에 가입했다. 그동안 북부에서는 파업이 진행되고 있었다. 광부는 단 한 사람도 동요하지 않았고, 주요 석탄항인 뉴캐슬은 특산품이 워낙 부족해진 바람에 속담〔뉴캐슬은 예로부터 석탄의 유통과 판매에 크게 의존해온 대표적인 석탄 산지여서 "뉴캐슬로 석탄 가져가는 꼴"이라는 관용구는, 실패할 것이 뻔한 무모한 행동을 가리키는 뜻으로 쓰였다〕에 반하여 스코틀랜드 해안에서 석탄을 가져와야 했다. 조합의 기금이 고갈되지 않은 초기에는 만사형통이었으나 여름을 향해 가면서 투쟁하는 광부들의 고통이 훨씬 심해졌다. 그들 사이에 극심한 결핍이 만연했고, 영국의 모든 산업 부문의 노동자들이 보태는 기부금으로는 수많은 파업자들 가운데 극소수만 도울 수 있었으므로 돈이 없었던 그들은 소규모 상점주들로부터 고리로 돈을 빌릴 수밖에 없었다. 몇 종에 불과한 프롤레타리아 매체들을 빼고는 언론 전체가 그들에게 맞섰다. 부르주아지는 설령 극소수가 광부들을 지지할 만큼 정의감을 지녔을지라도, 부패한 자유당과 보수당 신문들에서 광부들에 대한 거짓말만 읽었다. 광부 12명으로 이루어진 대표단이 런던으로 가서 그곳 프롤레타리아트로부터 기부금을 받았지만, 그 액수로도 지원이 필요한 수많은 이들 가운데 극소수만 도울 수 있었다. 그러나 광부들은 이 모든 사태에도 굴하지 않고 꿋꿋하게 버텼고, 훨씬 더 중요하게는 광산주들과 그들의 충직한 졸개들의 적대 행위와 도발에 조용하고 평화롭게 대응했다. 보복을 결코 가하지 않았고, 변절자를 단 한 사람도 박해하지 않았고, 도둑질을 단 한 건도 저지르지 않았다. 그리하여 파업은 4개월에 이르도록 순조롭게 계속되었고, 그때까지도 광산주들은 우위를 점할 전망이 없었다. 그렇지만 그들에게는 아직 한 가지 방법이 남아 있었다. 그들은 오두막 제도를 기억해냈다. 그들은 반항자들의 집이 자기네 재산이라는 사실을 떠올렸다. 7월에 광부들이 집에서 나가라는 통지를 받은 지 일주일 만에 4만 명이 전부 문 밖으로 내몰렸다. 이 조치는 구역질이 날 만큼 잔혹하게 실행되었다. 병자들, 연약한 노인들과 유아들, 심지어 분만 중인 여자들까지 침대에서 인정사정없이 쫓겨나 길가의 도랑에 처박혔다. 한 여성 활동가는 침대에서 머리채를 휘어잡혀 거리로 질질 끌려나왔고, 한 여성은 분만통을 앓는 와중에 내쫓겼다. 군중 사이에는 이 악랄한 조치를 처음부터 끝까지 계획한 치안판사들이 손가락만 까딱 해도 저항의 기미를 보는 대로 발포할 준비가 되어 있는 군인과 경찰이 섞여 있었다. 광부들은 이 사건 역시 저항하지 않고 견뎌냈다. 광산주들은 광부들이 폭력을 휘두르기를 바랐고, 군대를 개입시켜 파업을 끝낼 빌미를 잡기 위해 총력을 기울여 광부들이 법을 위반하도록 부추겼다. 법무장관의 경고를 잊지 않은 노숙 광부들은 동요하지 않고 가재도구를 황야나 추수가 끝난 들판에 쌓아놓고 계속 저항했다. 마땅한 장소를 찾지 못한 일부는 길가와 도랑에서 야영을 했고, 일부는 다른 이들의 사유지에서 야영을 하다가 고소를 당해 "0.5페니어치 피해"를 입혔다는 이유로 벌금 1파운드를 부과받았으나 지불할 형편이 못 되어 노역을 해서 빚을 갚아야 했다. 이렇게 그들은 지난 여름 끝자락에 8주 이상을 가족과 함께 축축한 야외에서 지냈으며, 이 기간에 그들과 어린 자식들에게 거처라고는 옥양목 침대보가 전부였고, 도움이라고는 조합의 보잘것없는 지급액과 급속히 줄어드는 소상인의 외상이 전부였다. 이 직후 더럼에서 광산을 제법 많이 소유한 런던베리Londonberry 경은 '자신의' 도시 시햄Seaham에서 장사하는 소상인들에게 '자신의' 반항적인 노동자들에게 계속 외상을 준다면 자신이 몹시 불쾌할 것이라고 협박했다. 이 '고결한' 귀족은 때때로 얼토당토않고 거드름을 피우고 문법까지 맞지 않는 포고령을 노동자들에게 발표했으나 국민들을 한바탕 웃게 해주었을 뿐 아무런 결실도 얻지 못한 결과, 파업자들에게 으뜸가는 어릿광대가 되고야 말았다. 광산주들은 노력이 아무런 효과도 거두지 못하자 막대한 비용을 들여 아일랜드에서, 그리고 아직 노동운동이 없는 웨일스의 벽지에서 인부들을 수입했다. 노동자들 대 노동자들의 경쟁이 다시 도입되자 파업자들은 갑작스레 힘을 잃어버렸다. 광산주들은 광부들에게 조합을 포기하고 로버츠를 버리고 고용주들이 정한 조건을 받아들일 것을 강요했다. 이렇게 해서 광산주들에 맞선 탄부들의 5개월에 걸친 위대한 전투, 피억압자들 편에 서서 칭송받아 마땅한 인내력과 용기, 지성, 냉철함으로 싸운 전투가 9월 말에 끝이 났다. 앞에서 보았듯이 1840년까지도 어린이 고용위원회의 보고서에서 미개하고 도덕심이 없다고 묘사했던 바로 그 탄부들로서는 진정 인간적인 문화, 인성의 열정과 힘을 얼마나 많이 보여준 전투였던가! 그러나 다른 한편으로 이 탄부 4만 명은 한 사람인 양 일어서기까지, 더 이상 저항하는 것이 무모해질 순간까지 최대한 냉철하고 침착하게 앙버틴다는 일념으로 무장한 군대인 양, 규율이 엄격할 뿐 아니라 사기까지 높은 군대인 양 끝까지 싸우기까지, 틀림없이 얼마나 모진 압력에 시달려왔을 것인가. 게다가 어떤 전투였던가! 목숨을 걸고 싸우는 눈에 보이는 적만이 아니라 굶주림과 결핍, 비참, 노숙에 맞서는 전투였고, 부자들이 만행을 저지르며 무모한 짓을 부추길 때 내면의 격정을 억누르는 전투였다. 탄부들이 폭력으로 반발했다면 무장하지 않아 무방비였던 그들은 총격에 쓰러졌을 것이고, 하루이틀 만에 광산주들이 승리를 거두었을 것이다. 이처럼 탄부들이 신중하게 법을 준수한 이유는 경찰의 곤봉을 두려워했기 때문이 아니라 심사숙고했기 때문이며, 이는 노동자들의 지성과 자제력을 가장 명확하게 보여주는 증거다.

이렇게 해서 노동자들은 전례가 없는 인내력을 보여주고도 자본의 위력에 다시 한 번 무릎을 꿇어야 했다. 그러나 싸움이 헛수고였던 것은 아니다. 무엇보다도 잉글랜드 북부의 광부들은 19주 동안 파업을 이어가면서 그 이전의 정신적 죽음 상태에서 영원히 벗어났다. 그들은 잠에서 깨어나 자기네 이해관계를 빈틈없이 지키고 있으며, 문명의 운동, 특히 노동자들의 운동에 합류해 왔다. 광산주들의 잔혹성을 처음으로 훤히 드러낸 파업으로 말미암아 이 지역 노동자들은 광산주들의 영원한 반대파가 되었고, 적어도 3분의 2는 차티스트가 되었다. 그처럼 결연하고 경험 많은 노동자 3만 명을 확보한 것은 분명 차티스트들에게 대단히 가치 있는 일이다. 게다가 파업 전체를 특징지은 인내와 준법 역시 파업 기간의 적극적인 선동과 결합해 대중의 주의를 광부들에게 끌어당기는 결과를 낳았다. 석탄 수출세에 관해 논쟁할 무렵 하원에서 유일하게 확고한 차티스트 의원인 토머스 던콤은 탄부들의 상황을 거론하고 그들의 청원서를 낭독했으며, 연설을 통해 부르주아 신문과 잡지가 의회 의사록에 관한 보도에서나마 실상을 올바로 서술하도록 강제했다. 파업 직후에 하스웰 탄광에서 폭발이 일어났다. 로버츠는 런던으로 가서 로버트 필Robert Peel〔당시 영국 총리〕과의 접견을 요구하고 광부들의 대표로서 진상을 철저히 조사할 것을 고집하여, 영국에서 지질학과 화학 분야의 명사인 라이엘Lyell 교수와 패러데이Faraday 교수가 권한을 위임받아 현장을 방문하도록 만드는 데 처음으로 성공했다. 다른 폭발이 수차례 연달아 뒤따르자 로버츠는 다시 한 번 총리에게 실상을 상세히 알렸고, 총리는 노동자들을 보호하기 위해 다음번 의회 회기, 즉 1845년 현재 회기에 가급적 필요한 조치를 제의하겠노라고 약속했다. 이 노동자들이 파업을 통해 자신들이 모두의 존경을 받을 만한, 자유를 사랑하는 사람들임을 입증하지 않았다면, 로버츠를 변호사로 고용하지 않았다면, 이 모든 일을 성취할 수 없었을 것이다.

북부의 탄부들이 강압에 못 이겨 조합을 포기하고 로버츠를 해고했다는 소식이 알려지자마자 랭커셔의 광부들이 약 1만 명으로 이루어진 조합을 결성하고 자기네 법무장관에게 연봉 1200파운드를 보장했다. 지난 가을에 그들은 700파운드 이상 모금해 봉급과 재판 비용으로 200파운드 조금 넘게 지출했고, 나머지 금액으로는 일자리가 없거나 고용주와 충돌을 일으켜 실직한 이들을 주로 지원했다. 이렇게 해서 노동자들은 단결한다면 자신들 역시 상당한 권력이며, 꼼짝도 못할 궁지에 몰린다면 부르주아지의 권세에도 항거할 수 있음을 점점 더 명확하게 깨달아가고 있다. 모든 노동운동에 유익한 이 통찰을 영국의 모든 광부는 1844년의 조합과 파업을 통해 깨달았다. 지금은 공원들이 광부들보다 지력과 활력 면에서 앞서 있으나 이 격차는 머지않아 사라질 것이고, 이 왕국의 광부들은 모든 면에서 공원들과 나란히 설 수 있을 것이다.* 이런 식으로 부르주아지가 딛고 서는 기반이 한 조각씩 침식되고 있다. 부르주아지의 거대한 사회적 정치적 구조물 전체가 그 토대와 함께 와르르 무너지기까지 과연 얼마나 걸릴까?

그러나 부르주아지는 경보에 주의하지 않을 것이다. 광부들의 저항은 그들의 노여움을 부채질할 뿐이다. 유산계급은 노동자들의 전반적인 운동에서 이런 전진의 의미를 올바로 인식하기는커녕, 이제까지 받아온 처우를 더는 고분고분히 받아들이지 않겠다고 스스로 선언할 정도로 미련한 계급을 향해 분노할 이유만을 이 전진에서 찾아냈다. 유산계급은 무산 노동자들의 정당한 요구에서 오만방자한 불만, '신과 인간의 질서'에 맞서는 정신 나간 반란만을 보았고, 기껏해야 '선동으로 먹고살면서 게을러터져서 노동을 하지 않는 악의적인 선동가들'이 거둔 성공(부르주아지가 총력을 기울여 저지할)을 보았다. 유산계급은 조합이 마땅히 급여를 지급해야 하는 로버츠와 조합 활동가들이 노동자들의 주머니에서 마지막 한 푼까지 빼가는 발칙한 사기꾼이라고 노동자들에게 주장하려 했으나 당연히 실패했다. 이런 광기가 유산계급 사이에 만연한다면, 그들이 순간의 이익에 눈이 멀어 시대의 가장 현저한 징조마저 더 이상 보지 못한다면, 영국의 사회적 문제를 평화롭게 해결하려는 모든 희망을 버려야 한다. 실행 가능한 해결책은 틀림없이 일어날 폭력혁명뿐이다.

* 현재 시점인 1886년에 탄부들은 하원 좌석을 6석 확보하고 있다.

농업 프롤레타리아트

우리는 "서론"에서 한때 결합되어 있었던 산업노동과 농업노동이 분리되고, 유휴지들이 한데 묶여 대농장이 되고, 대농장주들의 압도적인 경쟁이 소농들을 대체했을 때, 소부르주아지와 예전 노동자들의 변변찮은 독립과 더불어 소농층 역시 어떻게 퇴락했는지 살펴보았다. 그전까지 소농들은 자작농이나 차지농이 되었으나 이제는 대농장주나 지주의 노동자가 되어야 했다. 예전보다 나빠졌지만 한동안은 견딜 만한 처지였다. 제조업의 발전 속도가 느려지기 시작하고 기계류가 끊임없이 개량되었음에도 제조업이 농촌의 과잉 인구 전체를 흡수하지 못하게 되기 전까지는 산업의 팽창과 인구의 증가가 보조를 맞추었다. 그 시점 이후, 당시까지만 해도 제조업 지역에서만 그것도 이따금씩 나타났던 곤궁이 농업 지역에서도 나타났다. 엇비슷한 시기에 25년에 걸친 프랑스와의 투쟁[프랑스대혁명이 일어난 1789년부터 나폴레옹전쟁이 끝난 1815년까지를 말한다]도 끝났다. 전시에는 여러 전장에서의 생산량 감소, 수입품 차단, 에스파냐에 있는 영국군에게 물자를 보급해야 할 필요성 등으로 말미암아 영국 농업이 인위적인 호황을 누렸을 뿐 아니라 평상시 직업에 종사하던 수많은 노동자들이 군대로 차출되었다. 이런 수입품 교역 금지, 수출 기회, 군대의 노동자 수요가 종전과 함께 갑자기 사라졌으며, 그 필연적인 귀결은 영국인들이 농업의 곤궁이라 부르는 것이었다. 농장주들은 곡물을 낮은 가격에 팔아야 했기에 임금을 적게 줄 수밖에 없었다. 1815년에 곡물 가격을 높게 유지하기 위해 밀 가격이 쿼터 당[1쿼터는 약 225킬로그램] 80실링을 밑도는 한 곡물 수입을 금지하는 곡물법이 통과되었다. 당연히 효과가 없었던 이 법은 수차례 개정되었으나 농업 지역의 곤궁을 경감하는 데 실패했다. 곡물법의 효과라고는, 외국과 자유경쟁을 했다면 일련의 위기로 치달았을 급성 질병을 농장노동자들에게 무겁지만 고르게 압력을 가하는 만성 질병으로 바꾼 것이 전부였다.

농업 프롤레타리아트가 등장한 이후, 제조업에서 파괴되고 있던 주인과 하인의 가부장적 관계가 농업에서는 한동안 농장주와 일꾼들의 관계—독일에는 아직도 도처에 존재하는 관계—로 발전했다. 이 관계가 지속되는 한, 농장 일꾼들의 빈곤은 눈에 덜 띄었다. 그들은 농장주의 운명을 공유했고, 절박한 경우에만 해고를 당했다. 그러나 이제 사정이 완전히 달라졌다. 농장 일꾼들은 거의 어디서나 날품팔이가 되었고, 농장주가 필요로 할 때만 고용되는 까닭에 특히 겨울철에는 몇 주 동안이나 일거리 없이 지내곤 한다. 가부장제 시절에 일꾼들과 그 가족은 농장에서 살았고 그들의 자식들도 농장에서 자랐으며, 농장주는 성장하는 세대의 직업을 그곳에서 마련해주고자 애썼다. 당시 날품팔이는 예사가 아니라 예외였다. 그래서 농장마다 꼭 필요한 수보다 많은 일꾼들이 있었다. 따라서 농장주로서는 이런 관계를 끊어버리고, 일꾼을 농장에서 내쫓고, 그를 날품팔이로 바꾸는 것이 이익이었다. 1830년에 이르러 이런 변화가 상당히 일반적으로 일어났으며, 그 결과 이제까지 잠복해 있던 과잉 인구가 자유롭게 풀려나는 바람에 임금률이 하락하고 구빈세가 급증했다. 이때부터 농업 지역은 제조업 지역이 오래 전부터 주기적으로 그래왔듯이 구제가 필요한 빈곤 상태의 영원한 본거지가 되었으며, 이처럼 시골 교구들에서 나날이 심해지는 빈곤화에 대응하기 위해 국가가 취한 첫째 조치가 구빈법 개정이었다. 여기에 더해 대규모 농장의 끊임없는 확장, 탈곡기를 비롯한 기계들의 도입, 여성과 어린이의 고용(오늘날 대단히 일반적이어서 특별 공식위원회가 최근에 그 영향을 조사했다) 때문에 남자들 다수가 일자리까지 잃었다. 그러므로 대규모 영농, 농업 지역에서 가장 중요한 가부장적 관계의 폐기, 기계류와 증기력의 도입, 여성과 어린이의 노동을 통해 농업 지역에도 산업생산 체계가 들어선 것이 명백하다. 그 와중에 노동하는 이들 가운데 마지막까지 가장 정체되어 있었던 부류가 혁명운동으로 휩쓸려 들어갔다. 그러나 농업은 더 오랫동안 정체되어 있었던 만큼 노동자에게 부담을 더욱 많이 안겨주었고, 옛 사회구조를 더욱 폭력적으로 와해하는 결과를 초래했다. '과잉 인구'가 느닷없이 드러났고, 제조업 지역에서와 마찬가지로 그들을 흡수할 정도의 생산량 증대가 필요하지도 않았다. 제품을 찾는 소비자만 있다면 공장이야 언제든지 신축할 수 있었지만 토지는 새롭게 만들어낼 수 없었다. 강화가 체결되어 경기가 나쁜 시절에 미개간 공유지를 개간하는 것은 지나치게 대담한 투기였다. 그에 따른 필연적인 귀결로 노동자들 간의 경쟁이 극도로 격렬해지고 임금이 최저 수준으로 곤두박질쳤다. 옛 구빈법이 존속하는 동안* 노동자들은 정부의 보조금으로 구제를 받았다. 임금은 당연히 더욱 내려갔는데, 농장주들이 최대한 많은 노동자들에게 구제 요청을 강요했기 때문이다. 과잉 인구 때문에 부득이 인상한 구빈세는 이런 조치로 인해 올라가기만 했으며, 이 난국을 타개할 방책으로 우리가 뒤에서 더 살펴볼 새로운 구빈법이 제정되었다. 그러나 이 법으로도 사태는 나아지지 않았다. 임금은 오르지 않았고, 과잉 인구는 사라지지 않았으며, 새로운 법의 잔혹성은 인민의 분노를 극도로 부추기기만 했다. 새로운 법이 통과된 뒤 처음에는 인하되었던 구빈세마저 수년 만에 옛 수준으로 되돌아갔다. 신구빈법의 유일한 효과라면, 예전에는 생계의 절반을 구제에 의존하는 피구제민이 300만~400만 명 있었던 데 반해 이제는 전적으로 의존하는 피구제민이 100만 명 나타났고 절반을 의존하는 나머지 빈민들

* 구빈법 위원들의 보고서에서 발췌. 1833년 런던에서 당국이 출간.

이 그저 구제 없이 지내게 되었다는 것뿐이다. 농업 지역에서 빈곤은 해마다 악화되어왔다. 농촌에서 사람들은 극도로 궁핍하게 살아가며, 모든 가족은 일주일에 6실링이나 7실링, 또는 8실링을 가지고, 때로는 한 푼도 없이 어떻게든 연명해야 한다. 일찍이 1830년에 자유당 하원의원이 이들을 어떻게 묘사했는지 살펴보자.*

> 영국 농업노동자라는 말과 영국 피구제민이라는 말은 동의어다. 그의 아버지는 피구제민이었고, 그의 어머니의 젖은 영양분이 전혀 없었다. 그는 유아기부터 열악한 음식을 그나마 배고픔이 절반쯤 가실 만큼만 먹었고, 아직까지도 잠자는 시간을 빼면 거의 언제나 채우지 못하는 허기로 고통받고 있다. 그는 몸의 절반에만 옷을 걸치고 있고, 불이라고는 빈약한 식사를 가까스로 조리할 정도밖에 없다. 집에서는 지독한 추위와 습기가 언제나 그와 함께하며 화창한 날씨에만 그의 곁을 떠난다. 그는 결혼했지만 남편과 아버지의 기쁨을 전혀 알지 못한다. 그와 마찬가지로 배를 곯고, 좀처럼 따뜻하게 지내지 못하고, 자주 아파서 무기력하고, 언제나 수심이 가득하고 희망일랑 없는 그의 아내와 자식들은 당연히 욕심이 많고 이기적이고 말썽을 일삼아서, 그 자신의 표현을 빌리면 그는 그들을 꼴도 보기 싫어하고, 가축우리 같은 집에 들어가는 이유도 그저 비바람을 피하기에 울타리보다 조금 낫기 때문이다. 그는 가족을 부양해야 하지만 그럴 수 없기에 구걸을 하고 온갖 종류의 사기를 저지르다가 결국에는 간교한 술책에 통달하게 된다. 그가 이런 쪽으로 기울었다면, 그의 계급 가운데 한층 기운 좋은 이들을 대규모 밀렵꾼과 밀수꾼으로 만드는 배짱이 아직은 없다는 뜻이다. 그러나 그는 기회가 생기면 좀도둑질을 하고, 자식들에게 거짓말과 도둑질을 가르친다. 부유한 이웃들을 대하는 그의 비굴하고 고분고분한 태도는 그들이 그를 거칠게 다루고 의심

* E. G. 웨이코필드E. G. Wakefield, 《가면을 벗은 스윙 또는 지역 방화의 원인(Swing Unmasked; or, The Cause of Rural Incendiarism)》, London, 1831. 팸플릿. 앞에서 발췌한 내용은 pp. 9~13에서 찾을 수 있을 것이다. 원문에서 당시 존재하던 구舊구빈법을 다루는 대목을 여기서는 생략했다.

한다는 것을 보여준다. 따라서 그는 그들을 두려워하고 증오하지만, 그들을 완력으로 해하는 일은 결코 없을 것이다. 그는 속속들이 타락하고 도를 넘어서 절망의 힘조차 갖지 못한다. 그의 가련한 생존은 단명하는 바, 류머티즘과 천식이 그를 구빈원으로 데려가고 나면 그는 즐거운 추억 하나 떠올리지 못한 채 숨을 거둘 것이고, 그리하여 그와 똑같이 살다가 죽을 또 다른 불운하고 가련한 이를 위해 자리를 내어줄 것이다.

이 필자는 이런 농업노동자 계급 외에 좀 더 기운차고 신체적 정신적 도덕적으로 더 나은 자질을 타고나는 계급, 즉 똑같이 가련하게 살지만 이런 환경에서 태어나지는 않은 계급이 있다고 덧붙여 말한다. 필자에 따르면 그들은 더 나은 가정생활을 하지만 밀렵꾼과 밀수꾼으로 활동하며 사냥터지기 및 연안의 세관원과 걸핏하면 피비린내 나는 충돌을 일으키고, 자주 감옥살이를 하는 동안 사회를 향한 분노를 키우며, 그런 까닭에 유산자들을 증오한다는 점에서 누구에게도 뒤지지 않는다. "그리고 이 계급 전체는 예의상 영국의 대담한 농민층이라 불린다"라는 말로 필자는 글을 맺는다.

현재까지도 영국의 대다수 농업노동자들에게 이 묘사를 적용할 수 있다. 1844년 6월에 〈타임스〉는 이 계급의 상황을 보도하기 위해 농업 지역들로 특파원을 1명 보냈는데, 그의 보도가 상술한 내용와 완전히 일치한다. 몇몇 지역에서는 임금이 일주일에 6실링을 넘지 않았다. 다시 말해 독일보다 생필품이 적어도 2배 비싼 반면에 임금은 더 많지 않다. 그들의 삶이 어떨지 상상이 갈 것이다. 그들의 음식은 부족한 데다 열악하고, 옷은 남루하고, 거처는 갑갑하고 황량하고 협소하고 초라하고 어떤 편의시설도 없는 오막살이집이다. 그리고 남녀를 좀처럼 분리하지 않는 하숙집은 청년층에게 부정한 성교를 부추기는 장소다. 한 달에 하루이틀만 일거리가 없어도 그들은 백이면 백 극심한 결핍에 시달려야 한다. 더구나 그들은 흩어져 있어서 임금을 인상하기 위해 협력하지 못하고, 설령 누군가 홀로 낮은 임금에 노동하기를 거부한다 해도 쥐꼬리만 한 임금마저 감지덕지할 실업자들이나 보조금으로 연명하는 이들이 수십 명이나 대기하고 있는 데 반해, 노동을 거절한 사람은 민생위원들에게 게을러빠진 부랑자로 찍혀서 빈민들이 질색하는 구빈원에 들어가지 않고는 어떤 구제도 받지 못한다. 민생위원들이 바로 농장주라서 그들에게만, 또는 그들의 이웃과 지인에게만 일거리를 구할 수 있기 때문이다. 영국의 특정한 한두 지역에서만 이런 상황이 보도되는 것이 아니다. 오히려 북부와 남부, 동부와 서부에 곤궁이 똑같은 정도로 널리 퍼져 있다. 서퍽Suffolk과 노퍽Norfolk의 노동자들의 상황은 데본셔와 햄프셔Hampshire, 서식스Sussex의 상황에 상응한다. 도싯셔Dorsetshire와 옥스포드셔Oxfordshire의 임금 수준은 켄트Kent와 서리Surrey, 버킹엄셔Buckinghamshire와 케임브리지셔Cambridgeshire의 수준만큼 낮다.

노동계급에게 유독 야만적이고 잔혹한 조치를 구현하는 것이 바로 영국의 수렵법(Game Laws)이다. 영국에 사냥감이 헤아리지 못할 만큼 많은데도 이 법은 다른 어느 나라보다 이 나라에서 엄격하게 적용되고 있다. 자국의 오랜 관습과 전통에 따라 밀렵을 그저 용기와 담력을 드러내는 자연스럽고도 품위 있는 행위로 여기는 영국 농민은, 사사로운 향락을 위해 토끼와 수렵조狩獵鳥 수천 마리에 대한 사냥을 금하는 지주의 "나의 뜻이 그러하노라"라는 말과 자신의 빈곤을 비교하면서 밀렵에 더더욱 열을 올리게 된다. 노동자는 덫을 놓거나 여기저기서 사냥감을 한 마리씩 총으로 쏜다. 지주에게는 사냥감이 차고 넘치기 때문에 사실상 밀렵은 지주에게 손해를 입히지 않으면서도 밀렵꾼에게 그 자신과 굶주리는 가족이 먹을 고기를 얻게 해준다. 그럼에도 밀렵꾼은 붙잡히면 감옥에 가고, 재범일 경우 최소 7년 유배형을 선고받는다. 이 가혹한 수렵법으로 말미암아 밀렵꾼과 사냥터지기 사이에 유혈충돌이 자주 일어나 매년 많은 이들이 사망한다. 그런 까닭에 사냥터지기 자리는 위험할 뿐 아니라 평판도 나쁘고 경멸까지 당한다. 작년에 사냥터지기가 직무를 계속하는 대신 자살을 택한 사건이 2건 발생했다. 토지귀족에게 그런 사건은 사냥이라는 품위 있는 운동에 지불하는 적당한 대가다. 그런 사건이 땅의 주인들에게 대수로운 일이겠는가? 영국 지주들의 박애주의에 따르면, '과잉 인구' 가운데 한두 사람 살든 죽든 문제될 것이 없고, 수렵법으로 말미암아 과잉 인구의 절반이 제거된다 해도 나머지 절반에게는 오히려 좋은 일일 것이다.

고립된 거주지, 주변 환경과 직업의 지속성과 그에 따른 사고방식의 지속성 등 시골의 생활 여건이 모든 발전에 분명히 불리하게 작용함에도, 빈곤과 결핍은 여기서도 결실을 맺고 있다. 제조업과 광업 프롤레타리아트는 일찍이 개개인이 범죄를 저지르며 노골적으로 반항하는, 사회질서에 대한 저항의 첫 단계를 거치면서 등장했다. 그러나 오늘날 농민들은 아직도 이 단계에 머물러 있다. 사회적 교전에서 그들이 선호하는 전법은 방화다. 7월혁명〔1830년 7월 파리에서 부르봉 왕가의 복고왕정을 무너뜨린 혁명〕 이후 1830년에서 1831년으로 넘어가는 겨울에 이런 방화가 처음으로 일반적인 전법이 되었다. 연안 경비의 강화(이로써 밀수가 훨씬 더 어려워졌고, 어느 농장주의 말마따나 "연안이 쑥대밭이 되었다"), 구빈법 개정, 낮은 임금, 기계류 도입 등으로 인해 곳곳에서 소란이 발생했고, 10월에는 서식스 지역과 인접한 주州들 전체가 술렁거렸다. 그 겨울 동안 농장주들의 건초와 짚더미가 논밭에서 불타는가 하면 그들의 창문 아래에 있는 헛간과 마구간마저 불길에 휩싸였다. 거의 매일 밤마다 두 번씩 불길이 치솟았고, 농장주들과 지주들 사이로 공포가 퍼져나갔다. 방화범들은 좀처럼 신원이 밝혀지지 않았으며, 노동자들은 방화의 책임을 그들이 '스윙'Swing이라 이름 붙인 가공의 인물에게 떠넘겼다. 사람들은 이 스윙의 정체를 밝히고 시골 지역 빈민들이 분노한 원인을 찾기 위해 골머리를 앓았다. 분노의 강력한 동기인 '결핍'과 '억압'에 관해 생각한 이는 여기저기서 단 한 사람밖에 없었고, 시골 지역에서는 확실히 단 한 사람도 없었다. 그 해 이후로 매년 겨울마다 방화가 되풀이해 일어났으며, 그때마다 농업노동자들은 그 계절을 실업자 신세로 보내야 했다. 1843~1844년 겨울에는 다시 한 번 방화 사건이 유달리 자주 발생했다. 내 앞에는 당시 발행된 일련의 〈노던 스타〉 호들이 있는

데, 각 호는 방화 사건을 몇 건 보도하고 각 사건의 보도 근거를 밝히고 있다. 지금부터 말할 목록에서 나에게 없는 호들은 빠져 있지만, 그 호들에도 틀림없이 방화 사건이 다수 보도되어 있을 것이다. 이 신문이 방화 사건들을 낱낱이 확인할 리는 없다는 점도 감안해야 한다. 1843년 11월 25일자는 방화 사건을 2건 보도하고 그에 앞서 일어난 사건을 몇 건 논의한다. 12월 16일자는 베드포드셔Bedfordshire에서 밤마다 방화 사건이 수차례씩 일어나는 등 잦은 방화로 인해 지난 2주 동안 전반적으로 어수선했다고 보도한다. 또한 지난 며칠 동안 농장주의 커다란 농가가 여기서 2채, 케임브리지셔에서 4채, 하트포드셔Hartfordshire에서 1채 전소되었고, 이외에 다른 지역들에서 방화가 15차례 발생했다. 12월 30일자에는 방화가 노퍽에서 1건, 서퍽에서 2건, 에식스에서 2건, 체셔에서 1건, 랭커셔에서 1건, 더비와 링컨Lincoln, 남부에서 12건 보도되었다. 1844년 1월 6일자에는 총 10건이 보도되었다. 1월 13일자에는 7건, 1월 20일자에는 4건이 보도되었다. 이때 이후로 일주일마다 방화가 3~4건씩 보도되었고, 예전과 달리 방화가 봄에 끝나지 않고 7월과 8월까지 이어졌다. 그리고 영국 신문들이 이미 지적하고 있듯이, 1844년에서 1845년으로 넘어가는 힘든 계절에 이런 종류의 범죄가 늘어날 것으로 예상된다.

영국의 고요하고 목가적인 시골 지역에서 일어나는 이런 사태에 관해 이 책을 읽는 독자들은 어떻게 생각할까? 이 사태는 사회적 전쟁인가 아닌가? 이것이 지속 가능한 자연스러운 사태인가? 아직까지 시골 지역의 지주들과 농장주들은 제조업 지역의 제조업자들과 부르주아지 일반 못지않게, 자기 주머니로 곧장 들어가는 돈 이외의 다른 모든 일에 무신경하고 흐리멍텅하고 눈을 감고 있다. 제조업자들과 부르주아지가 피고용인들에게 곡물법 폐지를 통한 구원을 약속한다면, 지주들과 대다수 농장주들은 동일한 법의 유지를 통한 지상의 천국을 약속한다. 그러나 양쪽 유산자들 모두 자기네가 특별히 관심을 쏟는 화제에 대한 노동자들의 지지를 얻는 데 실패했다. 공원들과 마찬가지로 농업노동자들은 곡물법의 폐지와 유지에 철저히 무관심하다. 그러나 이것은 양쪽 모두에게 중요한 문제다. 다시 말해 곡물법이 폐지된다면 자유경쟁과 오늘날의 사회경제 상태는 극단으로 치닫게 되고, 현존 질서 내에서의 모든 발전은 종막을 고하게 되며, 유일하게 가능한 다음 단계는 사회질서의 급진적인 변혁이 된다.* 농업노동자들에게 이 문제는 다음과 같은 더욱 중요한 의미가 있다. 즉 곡물의 자유로운 수입은 농장주를 지주에게서 해방시키고 자유당원으로 탈바꿈시킨다(이 변화가 어떻게 이루어지는지를 여기서는 설명하지 못하겠다). 이 변화를 완성하는 데 반곡물법동맹은 이미 큰 기여를 했으며, 이것만이 반곡물법동맹의 진짜 공헌이다. 농장주들이 자유당원, 즉 자각적인 부르주아가 될 때, 농업노동자들은 필연적으로 차티스트와 사회주의자가 된다. 첫 번째 변화가 두 번째 변화를 수반한다. 그리고 농업노동자들 사이에서 새로운 운동이 이미 시작되고 있다는 사실은, 1844년 10월에 자유당원 지주인 래드너Radnor 백작이 자신의 사유지가 있는 하이워스Highworth 인근에서 곡물법에 반대하는 결의안을 통과시키기 위해 개최한 집회를 통해 입증되었다. 이 집회에서 곡물법에 철저히 무관심한 노동자들은 전혀 다른 무언가, 즉 그들 자신을 위한 소규모 경작지와 낮은 지대를 요구하고 래드너 백작의 면전에서 갖가지 쓰라린 진실을 말했다. 이런 식으로 노동계급의 운동은 외지고 정체되고 정신적으로 죽은 농촌 지역까지 파고들고 있으며, 전반적인 곤궁 덕분에 머지않아 제조업 지역에서처럼 굳게 뿌리를 내리고 활기를 띨 것이다.**

농업노동자들의 종교적 상태에 관해 말하자면, 그들이 공원들보다 경건한 것은 사실이다. 그러나 그들 역시 교회와 앙숙이다. 농업 지역에는 거의 국교회 성직자들밖에 없기 때문이다. 〈모닝 크로니클〉의 어느 통신원은 농업 지역을 유람하면서 "농지에서 휘파람 부는 사람"이라는 필명으로 보도를 하는데,

* 이런 변화가 문자 그대로 일어났다. 무역이 전례없이 확대된 기간이 지난 뒤, 자유무역은 1878년부터 영국을 공황으로 몰아넣었고, 1886년인 지금까지도 활력을 더해가고 있다.

** 오늘날 농업노동자들은 노동조합을 갖추고 있다. 그들의 가장 정력적인 대표 조지프 아치Joseph Arch는 1885년 하원의원으로 선출되었다.

그중에 예배를 마친 노동자 몇 명과 나눈 다음 대화가 있다.

나는 이 사람들 가운데 한 사람에게 당일 설교자가 그들의 성직자가 맞느냐고 물었다. "그렇소, 젠장! 그가 우리 목사인데 노상 구걸질이라오. 내가 처음 만난 이래 줄곧 구걸 중이시지(설교 주제는 이교도들에 대한 전도였다)." 다른 사람이 말을 보탰다. "내가 알기로도 그래요. 이러쿵저러쿵 구걸하지 않는 목사를 나는 본 적이 없어요." 방금 교회에서 나온 여자가 말했다. "맞아요, 임금이 뚝뚝 떨어지는 마당에 목사들은 부자 건달들이랑 먹고 마시고 사냥이나 다니죠. 하나님 저를 굽어살피소서, 우리는 이교도들과 교류하는 목사들에게 헌금하느니 구빈원에서 굶주리는 편이 나아요." 다른 사람이 말했다. "그런데 어째서 그들은 돌덩이 말고는 아무도 없는 솔즈베리 대성당에서 날마다 웅얼거리기나 하는 목사들을 파견하지 않는 걸까요? 어째서 **그들**은 이교도들과 교류하지 않는 걸까요?" 내가 처음에 질문했던 노인이 답했다. "그들이 교류하지 않는 이유는 부자이고, 필요한 땅을 전부 갖고 있고, 가난한 목사들을 쫓아버리기 위해 돈을 바라기 때문이지. 나는 그들이 무얼 바라는지 알아. 그들을 아주 오랫동안 봐왔거든." 내가 물었다. "그렇지만 여러분, 교회에서 나올 때마다 설교자를 증오하는 마음인 것은 분명 아니지 않습니까? 대체 여러분이 교회에 가는 이유는 뭡니까?" 여자가 답했다. "뭐 때문에 가냐고요? 일거리를 비롯해 몽땅 잃지 않으려면 우리는 가야만 해요." 나중에 나는 그들이 교회에 가는 조건으로 장작과 감자 경작지 같은 몇 안 되는 특전을 (대가를 지불하고서!) 받는다는 것을 알았다.

이런 빈곤과 무지에 관해 기술한 뒤, 통신원은 이렇게 보도를 마친다.

그리고 이제 나는 그들의 상황, 교회를 향한 증오, 고위 성직자들에 대한 외면의 복종과 내면의 적개심이 잉글랜드 시골 교구들에서 예삿일이며 그렇지 않은 경우가 예외라고 감히 단언하겠다.

농업 지역에서 수많은 농업 프롤레타리아들이 대규모 영농과 결부된 결과를 잉글랜드의 농민층이 보여준다면, 웨일스 지방은 소토지 보유농(small holder)의 퇴락을 예증한다. 잉글랜드의 시골 교구들이 자본가와 프롤레타리아의 적대를 재생산한다면, 웨일스 농민층의 상태는 도시에서 점차 퇴락해가는 소부르주아지의 상태에 상응한다. 웨일스에는 거의 소토지 보유농밖에 없는데, 이들은 한결 유리한 위치에 있는 잉글랜드의 대규모 농장주들만큼 농산물을 낮은 가격에 판매할 경우 비슷한 이윤을 얻지 못하면서도 그들과 경쟁해야 하는 처지다. 게다가 웨일스의 일부 지역들은 토질이 나빠서 수익성이 낮은 가축만 사육할 수 있다. 더욱이 웨일스 농민들은 독립적인 민족성을 완강히 고수하기 때문에 잉글랜드 농장주들보다 훨씬 정체되어 있다. 웨일스 농민들은 그들 사이의 경쟁과 잉글랜드의 이웃들과의 경쟁(그리고 이로 인해 늘어난 토지 저당금) 때문에 생계를 꾸리기조차 어려운 신세로 전락했다. 또한 그들은 비참한 상황의 진짜 원인을 알아차리지 못했으므로, 자신들의 곤경을 높은 통행료 같은 갖가지 작은 원인들 탓으로 돌린다. 높은 통행료가 농업과 상업의 발달을 저해하는 것은 사실이지만, 토지를 보유한 모든 사람이 지출하는 고정 경비에 속하므로 궁극적으로는 사실상 지주가 지불하는 것이다. 웨일스에서도 신구빈법은 언제든 이 법에 종속될 위험이 있는 소작농들의 지독한 증오를 샀다. 1843년 웨일스의 농민층은 유명한 '레베카'Rebecca 폭동을 일으켰다. 여자옷을 입고 얼굴을 검게 칠하고 무장을 갖춘 채로 정렬한 남자들 무리가 환호성을 지르고 총을 쏘는 가운데 통행료 징수소들을 공격하고, 통행료 징수관들의 집을 허물고, 가상의 인물인 '레베카'라는 이름으로 협박 편지를 썼으며, 한때 카마던Carmarthen 구빈원을 습격하기까지 했다. 이후 민병대가 호출되고 경찰력이 증강되자 농민들은 가짜 단서를 기막히게 이용해, 민병대가 가짜 나팔 신호에 속아넘어가 반대 방향으로 행군하는 동안 통행료 징수소들을 허물었다. 그런 다음 경찰력이 철저히 증강되자 결국에는 개별적으로 방화를 저지르고 살인을 시도했다. 늘 그렇듯이 이런 중범죄는 운동의 최후를 뜻했다. 많은 이들이 반감이나 두려움을 느껴 움츠러들었고, 저절로 평화가 회복되었다. 정부는 사건과 원인을 조사할 위원회를 임명했으며 그것으로 사태는 종결되었다. 그렇지만 농민층의 빈곤이 계속되고 있고 지금과 같은 환경에서는 완화되기는커녕 틀림없이 악화될 것이므로, 언젠가 익살스러운 레베카 가장무도회보다 훨씬 심각한 사태가 발생할 것이다.

잉글랜드와 웨일스가 각각 대규모 농장제와 소규모 농장제의 결과를 예증한다면, 아일랜드는 과도한 토지 분할의 결과를 보여준다. 아일랜드 인구 대다수는 소토지 소작농(small tenant)으로서, 칸막이마저 없는 처량한 오막살이 집 1채와, 크기가 작아서 겨울을 나기에도 빠듯할 만큼 수확량이 적은 감자밭 하나를 가지고 있다. 이 소토지 소작농들 사이에 치열한 경쟁이 만연한 결과, 잉글랜드 지대의 2배, 3배, 4배에 이르기까지 지대가 전례 없는 수준으로 치솟았다. 농업노동자들은 누구나 차지농(tenant-farmer)이 되려 하기 때문에 토지가 과도하게 분할되었을지라도 소농지를 두고 경쟁하는 노동자들이 아직 많이 남아 있다. 그레이트브리튼 섬의 개간지는 3200만 에이커에 달하지만 아일랜드의 개간지는 1400만 에이커에 지나지 않는다. 그레이트브리튼 섬은 농산물을 1억 5000만 파운드어치 생산하지만 아일랜드는 고작 3600만 파운드어치 생산하며, 이웃한 섬보다 아일랜드에 농업 프롤레타리아가 7만 5000명 더 많다.* 이런 기이한 불균형을 감안할 때, 특히 그레이트브리튼 섬에서 노동자들이 극도로 궁핍하게 살아간다는 것을 고려할 때, 아일랜드에서 토지를 둘러싼 경쟁이 극심하리라는 것은 불 보듯 뻔한 사실이다. 이런 경쟁의 결과, 높은 지대 때문에 소작농들이 노동자들보다 한결 여유롭게 사는 것이 불가능해진다. 이처럼 아일랜드 인들은 현재의 사회적 상황에서는 벗어날 수 없는 참담한 빈곤에 얽매여 있다. 이들은 외양간으로 쓰기에도 부적합할 정도로 초라한, 진흙으로 지은 오막살이집에서 거주하고, 겨우내 먹기에도 부족한 식량밖

* 아일랜드에 관한 구빈법 위원회의 보고서. [1837년 의회 회기._독일어판에만 있는 문구].

에 없다. 앞에서 인용한 보고서에 따르면, 이들의 식량이라곤 연중 30주 동안 배를 반쯤 채울 감자뿐이고 나머지 기간에는 그마저도 전혀 없다. 봄에 감자가 바닥을 드러내거나 싹이 나서 더는 먹지 못하는 때가 되면, 아내와 아이들은 냄비를 들고서 구걸을 하며 시골을 떠돌기 시작한다. 그동안 남편은 이듬해를 대비해 감자를 심은 다음 아일랜드나 잉글랜드에서 일거리를 찾다가 감자 수확철에 가정으로 돌아온다. 아일랜드의 시골사람 열에 아홉은 이런 처지로 살아간다. 그들은 찢어지게 가난하고, 너덜너덜한 넝마를 입고 다니며, 사고력은 절반쯤 문명화된 나라에서 생각할 수 있는 최저 수준이다. 앞에서 인용한 보고서에 따르면, 아일랜드 인구 850만 명 가운데 가진 게 전무한 가장家長들이 58만 5000명에 달한다. 또한 주 장관 앨리슨이 인용한 다른 전거에 따르면** 아일랜드에서 공적 또는 사적 원조가 없으면 생존하지 못하는 이들이 230만 명에 이른다. 전체 인구의 27퍼센트가 피구제민인 것이다!

이런 빈곤의 원인은 현존하는 사회적 상황, 특히 아일랜드에서 토지의 세분이라는 형태로 나타나는 경쟁에 있다. 이 밖에 다른 원인들을 찾기 위해 많은 노력을 기울인 이들도 있다. 누군가는 소작농과 지주의 관계가 원인이라고 역설했다. 지주가 자기 사유지를 소작농들에게 대규모로 임대하고 나면 소작농들이 다시 다른 이들에게 소작을 주고, 그들이 또다시 다른 이들에게 소작을 주는 식이라서, 지주와 실제 경작자 사이에 중개인이 대개 10명이나 끼는 관계가 원인이라는 것이다. 누군가는 고약한 법, 즉 첫 번째 소작농이 지주에게 지대를 지불하지 못할 경우 경작자가 지대를 제때 지불했더라도 이 경작자로부터 지대를 징수할 권리를 지주에게 주는 법이 이 모든 빈곤의 원인이라고 역설했다. 그러나 이런 원인들은 모두 빈곤이 드러나는 형태를 결정할 뿐이다. 소토지 소작농들이 토지소유자로 바뀐다면 어떤 일이 일어날까? 대다수는 지불할 지대가 없더라도 자기 농지로 생계를 꾸릴 수 없을 것이고, 형

** 《인구의 원리와 인간 행복과의 연관성》, vol. ii.

편이 조금 나아지더라도 인구가 급증해서 수년 내에 개선 효과가 다시 사라질 것이다. 그러므로 오늘날 유아기의 빈곤 때문에 사망하는 어린이들은 상황이 개선되어야 살아남아 장성할 것이다. 다른 한편으로 잉글랜드 인들이 가하는 파렴치한 억압이 문제의 원인이라는 주장도 있다. 잉글랜드 인들의 억압은 아일랜드의 빈곤이 조금 더 일찍 나타나게 하는 원인이지만 빈곤 자체의 원인은 아니다. 가톨릭을 믿는 민족에게 개신교 교회를 강요하는 것이 원인이라는 주장도 있다. 그러나 개신교 교회가 아일랜드 인들에게서 가져가는 몫을 그들의 수로 나누면 1인당 6실링도 안 된다. 더욱이 십일조는 명목상 소작농이 지불할지라도, 소작농이 아니라 토지 재산에 부과하는 세금이다. 1838년에 십일조 개정 법안(Commutation Bill)이 발의된 이래, 오늘날에는 지주가 직접 십일조를 지불하고 있다. 물론 그만큼 지대를 올리기 때문에 소작농의 형편은 조금도 나아지지 않는다. 이와 똑같은 방식으로 갖가지 다른 원인들이 제기되지만, 지금까지 말한 원인들처럼 모두 근거가 약하다. 이런 빈곤은 우리의 사회적 상황의 결과다. 이외에 다른 원인들은 빈곤이 나타나는 방식은 설명할지 모르지만 엄연히 현존하는 빈곤은 설명하지 못한다. 아일랜드에서 빈곤이 다르게 나타나지 않고 이렇게 나타나는 까닭은 아일랜드 인들의 기질과 그들의 역사적 전개 때문이다. 전반적인 기질을 감안할 때 아일랜드 인들은 라틴 민족인 프랑스 인들, 특히 이탈리아 인들과 친족 관계다. 그들 기질의 나쁜 특징들은 이미 칼라일의 묘사를 통해 살펴보았다. 이제 편견을 가지고 튜턴족의 기질을 두둔하는 칼라일보다는 적어도 진실에 더 가까이 다가간 아일랜드 인의 말을 들어보자.* "그들은 부단히 움직이면서도 게으르고, 영리하면서도 무분별하고, 격정적이고, 성마르고, 앞날을 생각하지 않는다. 본능적으로 용맹하고, 너그러워 크게 책망하지 않고, 모욕을 재빨리 앙갚음하고 용서하며, 우정을 재빨리 맺었다가 끊고, 비범한 재능은 넘치도록 타고나지만 판

---

* 〈아일랜드의 상황(The State of Ireland)〉, London, 1807; 2nd edn., 1821, 팸플릿.

단력은 부족하다." 아일랜드 인을 좌우하는 감정과 정념 앞에서 이성은 고개를 숙여야 한다. 그들은 감각적이고 쉽게 들뜨는 천성 탓에 심사숙고와 조용하고 끈기 있는 활동을 통해 발전을 이루지 못한다—이런 민족은 오늘날의 제조업을 수행하기에는 전혀 적합하지 않다. 이것이 그들이 농업을 고수하고 농업에서마저 가장 낮은 수준에 머물렀던 이유다. 프랑스와 라인 강변에서 널따란 사유지들을 분할해 작은 농지들을 인위적으로 만들어낸 것과 달리**, 태곳적부터 농지들이 줄곧 작았던 아일랜드에서는 자본을 투자해 토질을 개선하는 것은 생각할 수도 없는 일이었다. 앨리슨에 따르면, 아일랜드의 토질을 그다지 비옥하지 않은 오늘날 잉글랜드 토질의 수준까지 끌어올리려면 1억 2000만 파운드가 필요하다. 잉글랜드 이민자들은 아일랜드의 문명 수준을 높였을지 모르지만 이제껏 아일랜드 인들을 무자비하게 착취하는 생활에 만족해왔다. 그동안 잉글랜드로 이민을 가서 장차 변화를 일으킬 씨앗을 뿌린 아일랜드 인들은 잉글랜드 이민자들에게 고마워할 이유가 별로 없다.

오늘날 퇴락하지 않기 위한 아일랜드 인들의 시도는 한편으로는 범죄라는 형태로 나타난다. 농업 지역에서 예사로 자행되는 이런 범죄는 거의 언제나 당면한 적인 지주의 대리인들이나 그들의 충실한 하수인들, 즉 농가 수백 가구를 내쫓고 그들의 감자밭을 합쳐 대규모 농장을 만든 개신교 침입자들을 겨냥한다. 특히 남부와 서부에서 이런 범죄가 자주 발생한다. 다른 한편으로 아일랜드 인들은 입법을 통한 잉글랜드와의 합병을 철회할 것을 주장하는 운동에서 구원을 찾고자 한다. 이제까지 서술한 모든 내용을 감안할 때, 교육받지 못한 아일랜드 인들이 잉글랜드 인들을 최악의 적으로 여긴다는 것, 무엇보다도 민족의 독립을 쟁취함으로써 상황을 개선하기를 바란다는 것은 분명하다. 그러나 이것 못지않게, 어떤 합병철회법으로도 아일랜드 인들의 곤궁을

** 정정. 소규모 농업이 지배적인 농경 형태가 된 것은 중세 이후부터였다. 그러므로 소규모 농경은 프랑스혁명 이전에도 이미 존재했다. 바뀐 점은 소유권뿐이었다. 즉 농지의 소유권이 봉건영주들에서 농민들에게 직간접적으로 넘어갔다._1892년 독일어판 주.

일소할 수 없다는 것 또한 분명하다. 오히려 그런 법은 오늘날 국외에서 기인하는 듯한 아일랜드의 비탄의 원인을 실은 국내에서 찾아야 한다는 것을 당장에 훤히 드러낼 것이다. 아일랜드 인들에게 이 진실을 명확히 알리기 위해 과연 합병철회를 성취해야 하는가라는 물음은 열린 문제다. 아직까지 차티스트 운동과 사회주의 모두 아일랜드에서 이렇다 할 성공을 거두지 못했다.

1843년의 합병철회 운동과 오코넬 재판을 통해 독일에서 아일랜드 인들의 곤궁이 점차 알려졌으므로, 나는 이 지점에서 한결 편한 마음으로 아일랜드에 관한 나의 관찰을 마무리하겠다.

지금까지 우리는 영국제도의 프롤레타리아트를 활동 부문별로 낱낱이 살펴보았고, 그들이 어디서나 철저히 비인간적인 상황 속에서 궁핍하고 비참하게 살아간다는 것을 확인했다. 우리는 프롤레타리아트가 출현함과 동시에 불만이 생겨나고, 그것이 커지고, 드러나고, 조직된다는 것을 보았다. 우리는 부르주아지에 맞서는 프롤레타리아트의 공공연한 무혈 전투와 유혈 전투를 보았다. 우리는 프롤레타리아트의 운명, 희망, 두려움을 결정하는 원리들에 관해 조사했고, 그들의 상황이 나아질 전망이 전혀 없다는 것을 확인했다.

우리는 여기저기서 프롤레타리아트를 대하는 부르주아지의 행동을 관찰할 기회가 있었고, 부르주아지가 자기들만을 고려하고 자기들의 이익만을 염두에 둔다는 것을 확인했다. 그렇지만 공평을 기하기 위해 이제 부르주아지의 행동양식을 더 정확하게 따져보자.

프롤레타리아트에 대한 부르주아지의 태도

Die Lage der arbeitenden Klasse in England _ The Condition of the Working Class in England

나는 부르주아지라는 술어로 이른바 귀족층까지 포괄하는데, 귀족층은 프롤레타리아트가 아닌 부르주아지와 대비될 때만 특권계급이기 때문이다. 프롤레타리아는 귀족이든 부르주아든 유산자, 즉 부르주아로 여긴다. 재산이라는 특권 앞에서 다른 모든 특권은 무색해진다. 유일한 차이점이라면, 고유한 의미의 부르주아지가 한편으로 제조업 프롤레타리아트, 그리고 어느 정도 광업 프롤레타리아트와 능동적으로 관계를 맺고, 다른 한편으로 농장주로서 농업노동자들과 능동적으로 관계를 맺는 반면에, 이른바 귀족층은 농업노동자들만을 상대한다는 것이다.

나는 영국 부르주아지만큼, 도덕적으로 깊이 타락하고 이기심에 눈이 멀어 구제불능 상태로 전락하고 내면에 좀이 쓸고 도무지 진보하지 못하는 계급을 결코 본 적이 없다. 내가 말하는 이 계급은 특히 고유한 의미의 부르주아지, 그중에서도 곡물법 폐지를 주장하는 자유당 부르주아지를 가리킨다. 이 부르주아지에게 세상 만물은 오로지 돈을 위해 존재하며, 이 점에는 그들 자신도 예외가 아니다. 그들이 아는 축복이라곤 재빨리 이익을 얻는 것뿐이고, 그들이 아는 고통이라곤 금전을 잃는 것뿐이다.* 이런 탐욕과 이윤욕이 마음속에 자리잡고 있는 한, 인간다운 정서나 의견은 모조리 오염되기 마련이다. 이 영국 부르주아들이 훌륭한 남편이자 가장이고, 개개인을 보면 다른 덕목들도 두루 갖추고 있으며, 평상시 교제할 때 다른 모든 부르주아와 마찬가지로 예의 바르고 점잖아 보인다는 것은 사실이다. 사업 상대로 보더라도 그들이 독일인들보다 낫다. 독일의 좀스러운 상인들과 달리 그들은 값을 깎으려고 옥신각신하지 않는다. 그러나 이런 사실들이 사태 해결에 얼마나 도움이 되는가? 궁극적으로 보아 그들의 행동을 결정하는 것은 사리사욕, 특히 금전적 이익뿐이다. 언젠가 나는 어떤 부르주아와 함께 맨체스터로 들어가면서 그에게 형편없고 건강에 해로운 건축 방법과 노동자 구역의 참혹한 여건에 관해 말했고, 이렇게 난잡하게 건축된 도시는 본 적이 없다고 단언했다. 그 사람은 끝까지 잠자코 듣고 있다가 우리가 헤어진 길모퉁이에서 이렇게 말했다. "그래도 여기서 큰돈을 벌 수 있죠. 좋은 아침입니다, 선생." 영국 부르주아는 돈만 벌 수 있으면 자기 노동자들이 굶주리건 말건 조금도 개의치 않는다. 인생의 모든 상황이 돈을 척도로 삼아 평가되고, 돈을 벌어오지 못하는 것은 허튼수작, 비실용적이고 이상주의적인 헛소리로 치부된다. 그런 까닭에 물물교환에 종사하는 이 유대인들은 부에 관한 학문인 정치경제학을 제일 좋아한다. 그들은 한결같이 정치경제학자다. 제조업자와 공원들의 관계는 인간적인 면이 전혀 없는, 순전히 경제적인 관계다. 제조업자는 자본이고 공원은 노동이다. 설령 공원이 이런 추상화를 강요받지 않더라도, 자신은 노동이 아니라 다른 속성들과 더불어 무엇보다 노동력이라는 속성을 가진 인간임을 역설하더라도, 시장에서 '노동'이라는 상품으로 사고팔리지 않겠노라고 마음먹더라도, 부르주아는 합리적인 생각을 멈추지 않는다. 부르주아는 자신이 공원들과 구매와 판매가 아닌 다른 어떤 관계를 유지한다는 것을 이해하지 못한다. 부르

---

* 칼라일은 《과거와 현재(Past and Present)》 (London, 1843)에서 영국 부르주아지와 그들의 역겨운 금전욕을 탁월하게 기술한다. [나는 이 기술의 일부를 번역해 〈독불연보(Deutsch-Französische Jahrbücher)〉에 게재했으니 독자들은 참조하기 바란다._독일어판에만 있는 문구].

주아는 공원들을 인간으로 여기는 것이 아니라, 그들의 면전에서 언제나 사용하는 호칭처럼 일손으로 여긴다. 칼라일의 말마따나 부르주아는 "현금 지급이 인간과 인간의 유일한 연계다"라고 역설한다. 부르주아 자신과 아내의 관계마저도 100번에 99번은 '현금 지급'에 불과하다. 돈이 인간의 가치를 결정한다. 어떤 이는 '1만 파운드 가치'가 있다는 식이다. 돈을 가진 사람은 '더 나은 인간 부류'이고 '영향력'이 있으며, 그의 행동은 그가 속한 사회집단에서 중요하게 받아들여진다. 장사치의 심보가 언어에 속속들이 파고들고, 모든 관계가 사업 용어들과 경제적 범주들로 표현된다. 영국 부르주아는 공급과 수요라는 공식에 따라 모든 인간의 삶을 논리적으로 판단한다. 이런 이유로 삶의 모든 측면에서 자유경쟁이 이루어지고, 자유방임주의가 행정과 의료, 교육을 지배한다. 국교회가 점점 퇴락하고 있으므로 자유방임주의는 머지않아 종교까지 지배할 것이다. 자유경쟁은 어떤 제약도, 국가의 어떤 감독도 받지 않을 것이다. 자유경쟁에는 국가 전체가 짐일 뿐이다. 자유경쟁은 통치가 전혀 이루어지지 않는 무정부 사회에서, 누구든 타인을 마음껏 착취해도 되는 사회에서 극치에 도달할 것이다. 그렇지만 부르주아지는 정부를 없애지 못하고 오히려 프롤레타리아트를 억제하기 위해 정부가 꼭 필요하기 때문에 정부의 권력을 이용해 프롤레타리아트를 상대하고 그들과 가급적 거리를 둔다.

그러나 '교양 있는' 영국인이 자신의 이기주의를 공공연히 떠벌릴 거라고 생각해선 안 된다. 도리어 그는 가장 비열한 위선으로 이기주의를 감춘다. 뭐라고? 영국 부자들이 빈민들을 등한시한다고? 그들은 다른 어떤 나라도 자랑하지 못하는 자선단체들을 창설하지 않았던가! 무려 자선단체들을! 영국 부자들은 프롤레타리아들에게 봉사를 한답시고 바로 그들의 혈액을 뽑고 나서야 자기만족적이고 위선적인 자선을 그들에게 베풀면서도, 갈취당한 희생자들에게 원래 그들 몫의 100분의 1만 돌려주면서도, 마치 인류의 대단한 자선가인 양 세상 앞에 나선다! 이것은 받는 사람보다 주는 사람의 품위를 더 떨어뜨리는 자선, 이미 짓밟힌 사람을 흙먼지 속으로 더욱 깊게 짓밟는 자선,

전락한 사람, 사회에서 버림받은 사람에게 마지막으로 남은 인간다울 권리마저 먼저 포기할 것을 요구하는 자선, 구호를 받기에 앞서 전락했다는 낙인을 구호품이라는 형태로 이마에 찍어주십사 애걸복걸할 것을 요구하는 자선이다. 그렇다면 이제 영국 부르주아지의 말을 직접 들어보자. 내가 〈맨체스터 가디언〉에서 편집장에게 보낸 다음 편지를 읽은 지 아직 1년도 지나지 않았다. 이 편지는 마치 완벽하게 자연스럽고 타당한 내용이라는 듯이 아무런 논평도 없이 게재되었다.

> 편집장 귀하, 얼마 전에 우리 지역의 중심가에 거지들이 떼로 나타나 누더기 옷과 병자 같은 외모, 역겨운 상처와 기형을 내보이는 등 몹시 뻔뻔하고 짜증스러운 방식으로 행인들의 동정심을 유발하려 했습니다. 저는 누군가 구빈세도 내고 자선단체들에 상당한 액수까지 기부한다면, 그토록 불쾌하고 무례한 추행을 겪지 않을 권리를 얻기에 충분한 일을 한 것이라고 생각합니다. 거지 떼가 시가지를 마음 놓고 오갈 수 있을 정도로 이 도시의 경찰들이 우리를 보호해주지 않는다면, 우리가 어째서 그들을 유지하기 위해 비싼 세금을 내야 합니까? 널리 배급되는 당신의 신문에 이 편지가 실려서 당국이 이런 골칫거리를 일소하기 바랍니다.
>
> 어느 숙녀가
>
> 삼가 올림

바로 이거다! 영국 부르주아지의 자선은 사리사욕에서 비롯된다. 아무것도 그냥 주는 법이 없고 기증품을 마치 사업상 문제처럼 여기는 그들은 빈민들과 흥정을 벌이며 이렇게 말한다. "이렇게나 많은 돈을 자선단체들에 지출함으로써 나는 앞으로 모든 성가신 일에서 면제될 권리를 구매한 것이고, 따라서 당신은 나의 예민한 신경을 긁지 않도록 어스름한 굴에 틀어박혀 당신의 궁핍을 내보이지 않아야 한다. 당신은 예전처럼 절망할 테지만 절망하는 모습을 보이지 않아야 한다는 것, 나는 병원에 20파운드를 기부하면서 이것을 요구하고 이것을 구매한다!" 기독교도 부르주아들은 이렇게 자선하기로 악명이 자자하다! "어느 숙녀"라고 쓴 것도 이런 이유 때문이다. 그녀로서는 이렇게 서명하는 것이 온당한 일인데, 스스로를 어느 여성이라고 부를 용기조차 없기 때문이다! 그런데 '숙녀들'이 이 지경이라면 '신사들'은 대체 어떻겠는가? 이것은 단일한 사례라고 주장할 수도 있을 것이다. 그러나 그렇지가 않다. 앞에서 인용한 편지가 영국 부르주아지 절대다수의 성미를 표현하지 않았다면 편집장은 신문에 게재하지 않았을 것이고, 어떤 식으로든 답장을 실었을 것이다. 내가 뒤이어 발행된 호들을 주시했으나 그런 답장은 없었다. 이런 자선활동의 효과에 관해 말하자면, 성당 참사회원 파킨슨 씨의 말마따나 부르주아지가 빈민들에게 주는 구호품보다 빈민들이 서로에게 주는 구호품이 훨씬 많다. 배고픔이 무엇인지 아는 정직한 프롤레타리아가 부족한 식사를 나누어주는 것야말로, 힘겹지만 기쁘게 감내하는 진짜 희생이며 사치스러운 부르주아가 아무렇게나 내던지는 구호품과는 울림이 전혀 다른 도움이다.

다른 측면에서 보더라도 부르주아지는 자신의 이해관계에 도움이 될 때만 자선을 한없이 베푸는 척 위선을 떤다. 그들의 정치와 정치경제학도 마찬가지다. 그들은 곡물법을 폐지하려고 분투하는 이유가 오로지 노동자들을 위해서임을 5년 가까이 입증하려고 시도해왔다. 그러나 문제의 요점은 다음과 같다. 곡물법이 영국의 빵 가격을 다른 나라들보다 높게 유지하는 까닭에 임금이 올라가고, 영국 제조업자들은 이렇게 높은 임금 때문에 빵 가격이 더 낮고 따라서 임금도 더 낮은 다른 나라들의 제조업자들과 경쟁하기 어려워진다. 곡물법이 폐지되면 빵 가격이 내려갈 것이고, 임금이 유럽의 다른 나라들 수준으로 점차 접근해갈 것이다. 이것은 우리가 앞에서 자세히 설명한, 임금을 결정하는 원리를 이해하는 모든 사람에게 분명한 사실이다. 영국 제조업자는 한결 쉽게 경쟁할 수 있을 것이고, 영국산 제품에 대한 수요와 더불어 노동에 대한 수요도 늘어날 것이다. 이처럼 노동에 대한 수요가 늘어나면 임금이 실제로 약간 오를 것이고, 실직한 노동자들이 다시 고용될 것이다. 그러나 이런 상황이 얼마나 지속되겠는가? 영국의 '과잉 인구', 특히 아일랜드의 '과잉 인구'는 설령 영국 제조업에 필요한 공원의 수가 갑절이 되더라도 그들을 모두 공급할 만큼 많다. 곡물법 폐지로 얻는 약간의 이익은 수년 내에 상쇄될 것이고, 새로운 공황이 뒤따르고 나면 우리는 출발점으로 되돌아갈 것이며, 그러는 동안 제조업의 초기 호황에 힘입어 인구가 늘어날 것이다. 이 모든 사실을 아주 잘 이해하는 프롤레타리아들은 제조업자들의 면전에서 이 사실을 말했다. 그럼에도 제조업자들은 곡물법 폐지가 가져다줄 즉각적인 이익만을 염두에 둔다. 너무도 편협한 제조업자들은 그들 간의 경쟁으로 말미암아 개개인의 이윤이 머지않아 예전 수준으로 돌아갈 터이므로 곡물법을 폐지해도 영원한 이익은 생기지 않는다는 것을 인식하지 못한다. 이런 이유로 그들은, 자유당의 부자 당원들은 오로지 굶주리는 수백만 명을 위해 반곡물법동맹의 금고에 수백, 수천 파운드를 쏟아붓는 것이라며 노동자들에게 계속 고함을 질러대고 있다. 그러나 다른 모든 사람은 그들이 치즈 다음에 버터를 내어줄 뿐이라는 것, 곡물법이 폐지되고 나면 수년 내에 내어준 것을 전부 돌려받을 속셈이라는 것을 알고 있다. 노동자들은 특히 1842년 봉기 이래로는 더 이상 부르주아지에게 현혹되지 않는다. 노동자들의 복지에 관심이 있다고 말하는 모든 사람에게 노동자들은 그 고백의 진실성을 입증하는 증거로서 인민헌장을 지지한다고 공표할 것을 요구한다. 이로써 노동자들은 외부의 어떤 도움도 거절하는데, 헌장 자체가 자조할 힘을 갖추게 해달라는 요구이기 때문이다. 노동자들은 공공연한 적이든 거짓 친구든 인민헌장을 지지한다고 공표하기를 거부하는 모든 사람을 적으로 규정하며, 이것은 지극히 타당한 일이다. 게다가 반곡물법동맹은 노동자들의 지지를 얻기 위해 가장 비열한 거짓말과 속임수까지 이용해왔다. 이 단체는 임금 단가와 곡물 가격이 반비례 관계라는 것, 곡물 가격이 낮을 때 임금이 높고 그 역도 마찬가지라는 것을 입증하려고 시도해왔다. 이것은 가장 터무니없는 논거로 입증하려는 주장, 그 자체로 어떤 경제학자의 입에서 나온 주장보다도 터무니없는 주장이다. 이 주장이 무위로 돌아가자 반곡물법동맹은 노동시장에서 수요가 늘어날 경우 노동자들이 지복을 누릴 것이라고 약속했다. 남자들이 빵 덩어리 모형 2개를 들고 거리를 행진하는 일까지 있었는데, 훨씬 큰 덩어리에는 "미국의 8펜스 덩어리, 하루 임금 4실링", 훨씬 작은 덩어리에는 "영국의 8페니 덩어리, 하루 임금 2실링"이라고 쓰여 있었다. 그러나 노동자들은 속아 넘어가지 않았다. 그러기에는 귀족들과 고용주들을 너무 속속들이 알고 있다.

이런 약속이 얼마나 위선적인지 제대로 가늠하려면 부르주아지의 실제 행동을 고려해야 한다. 우리는 보고서를 검토하면서 부르주아지가 어떻게 자기네 이익을 위해 상상할 수 있는 온갖 방식으로 프롤레타리아트를 착취하는지 확인했다! 그렇지만 이제까지 우리는 부르주아 개개인이 어떻게 자신의 이익을 위해 프롤레타리아트를 혹사시키는지만 살펴보았다. 이제 부르주아지가 하나의 당파로서, 국가의 권력으로서 프롤레타리아트를 상대하는 방식을 살펴보자. 법이 필요한 유일한 이유는 빈털터리들이 현존하기 때문이다. 이런 생각을 직접적으로 표명하는 법률들—예컨대 프롤레타리아트 가운데 방랑자와 부랑자를 무법자로 규정하는 법률들—이 소수이긴 하지만, 프롤레타리아트에 대한 적의가 법의 토대라는 것이 너무도 명확하기 때문에, 프롤레타리아트가 가장 자주 마주하는 재판관들, 특히 부르주아들 본인인 치안판사들은 법에서 이런 의미를 찾아내고는 심리조차 하지 않는다. 부자가 법정으로 불려올 경우, 아니 소환될 경우, 재판관은 부득이 무척이나 번거롭게 해드린다며 유감을 표명하고, 문제를 최대한 호의적으로 처리하고, 피고인에게 부득불 유죄를 선고해야 하면 유감스러워 어쩔 줄을 몰라 하다가 결국 가벼운 벌금을 부과한다. 그러면 부르주아는 경멸스럽다는 듯이 탁자에 벌금을 내던지고는 법정에서 나가버린다. 반면에 치안판사 앞에 빈민—십중팔구 동료들과 함께 경찰서에서 밤을 지낸—이 출두할 경우에는 처음부터 죄인으로 간주된다. 치안판사는 빈민이 변론하더라도 "오! 우리가 아는 핑계네"라는 경멸조의 말로 일축한 다음, 빈민이 지불할 수 없는 벌금을 부과한다. 그러면 빈민은 몇 달 동안이나 노역을 해서 벌금을 치러야 한다. 설령 빈민의 잘못이 전혀 입증되지 않더라도 그는 '불한당이자 방랑자로서' 중노동형을 선고받는다. 치안판사들, 특히 시골 치안판사들의 편파성은 말로 다하지 못할 지경이며, 이런 풍조가 워낙 만연해서 극악무도한 사건을 제외한 모든 사건은 신문에 논평 없이 조용히 보도된다. 이외에는 아무것도 기대할 수 없다. 한편으로는 이런 치안판사들이 그저 농장주들의 의중에 따라 법을 해석하기 때문이고, 다른 한편으로는 그들 자신이 부르주아여서 모든 참된 질서의 토대를 자기네 계급의 이해관계에서 찾기 때문이다. 더구나 경찰도 치안판사의 지휘에 따라 행동한다. 부르주아가 마음대로 행동해도 경찰은 법을 엄격하게 지키면서 줄곧 공손하게 대하지만, 프롤레타리아는 거칠고 잔인하게 다룬다. 프롤레타리아는 가난하다는 이유로 온갖 범죄 혐의를 받을 뿐 아니라 법 집행자가 어떤 변덕을 부리더라도 법적 보상을 받지 못한다. 이처럼 그가 어떤 형태의 법적 보호도 받지 못하기 때문에 경찰은 격식이고 뭐고 없이 그의 집에 들이닥쳐 그를 체포하고 학대한다. 광부들의 협회 같은 노동자들의 협회가 로버츠 같은 사람을 고용한 뒤에야 법에서 노동자를 보호하는 측면이 얼마나 적은지, 노동자가 법의 혜택은 누리지 못하면서 법의 부담은 얼마나 자주 짊어져야 하는지가 명확하게 드러난다.

현시점에도 의회 내 유산계급은 아직까지 이기심의 먹잇감으로 전락하지 않은 이들의 선량한 인심에 맞서 싸우고 프롤레타리아트를 더욱 종속시킬 방도를 찾고 있다. 오늘날 공유지는 한 구획씩 경작지로 전용되고 있는데, 이 과정으로 일반적인 경작은 확대되지만 프롤레타리아트는 심각한 타격을 입는다. 아직 공유지가 있는 지역에서는 빈민이 나귀나 돼지, 거위에게 목초를 먹일 수 있고, 어린이와 청소년이 야외에서 뛰어놀고 즐길 수 있지만, 이런 모습은 점차 자취를 감추고 있다. 그 결과 노동자는 수입이 줄어들고, 놀이공간을 빼앗긴 청소년은 맥주집으로 흘러든다. 의회의 매 회기마다 공유지에 울타리를 치고 공유지를 경작하기 위한 법안들이 무더기로 통과된다. 1844년 회기에 정부는 노동자들이 여행을 떠날 수 있도록 그들 형편에 알맞은 요금인 1마일당 1페니를 독점 철도기업들에 일제히 강요하기로 결정했고, 이 요금에 맞추어 매일 모든 노선에 3등칸 기차를 도입할 것을 제안했다. 그러자 런던 주교는 일자리가 있는 노동자들이 여행을 떠날 수 있는 유일한 날인 일요일을 이 규칙에서 제외하자고 제안했다. 여행 기회를 부자에게만 주고 빈자에게는 차단하자고 제안한 것이다. 그러나 이 제안은 의회를 통과하기에는 너무 직접적이고 너무 노골적이었으므로 결국 부결되었다. 설령 기간을 한 회기로 한정하더라도, 나에게는 프롤레타리아트를 겨냥한 여러 은밀한 공격들을 열거할 지면이 없다. 1844년 회기의 공격 하나만 거론해도 충분할 것이다. 무명 의원인 마일즈Miles 씨는 비교적 반대할 여지가 적은 듯한, 고용주와 피고용인의 관계를 규제하는 법안을 발의했다. 이 법안에 관심을 보인 정부는 어느 위원회에 법안 검토를 위임했다. 그동안 북부에서는 광부들의 파업이 일어났고, 로버츠는 무죄방면된 노동자들과 함께 잉글랜드를 의기양양하게 종단했다. 위원회가 법안을 보고했을 때, 마일즈가 가장 압제적인 조항들을 법안에 끼워넣었다는 것이 드러났다. 특히 한 조항은 어떤 노동이든 하겠다고 구두나 서면으로 계약한 노동자가 노동을 거부하거나 여타 비행을 저지를 경우, 고용주가 노동자를 어떤 치안판사 앞으로든 불러낸 뒤 고용주 본인이나 자신의 대리인 또는 감독자의 선서, 즉 고소인의 선서에 근거해 노동자에게 2개월간 감옥에서 노역하는 형을 선고할 권한을 고용주에게 부여하는 것이었다. 때마침 10시간 노동 법안이 의회에 상정되어 있었던 만큼 노동자들은 이 법안에 노발대발하고 대대적인 선동운동을 벌였다. 집회가 수백 차례 열렸고, 노동자들의 청원서 수백 통이 프롤레타리아트의 이해관계의 대표자인 런던의 토머스 던콤에게 제출되었다. 당시 던콤은 '영국 청년당'(Young England)의 대표 윌리엄 페란드William Ferrand를 빼면 마일즈의 법안에 격렬하게 반대한 유일한 인물이었다. 그렇지만 다른 급진론자들도 인민들이 이 법안을 규탄하는 모습을 보고는 슬며시 움직여 잇따라 던콤 편에 섰다. 자유당 부르주아지마저 격분한 노동자들에 직면해 마일즈의 법안을 옹호할 용기가 없었으므로, 이 법안은 수치스럽게도 부결되었다.

그러나 프롤레타리아트에 대한 부르주아지의 가장 공공연한 선전포고는 맬서스의 인구법칙과 이 법칙에 따라 입안된 신구빈법이다. 우리는 이미 맬서스의 이론을 몇 차례 넌지시 언급했다. 우리는 그 이론의 최종 결과를 이렇게 요약할 수 있을 것이다. 지구는 언제까지나 인구과잉 상태이므로 빈곤과 비참, 곤궁, 비도덕성이 반드시 만연하게 된다. 인간이 지나치게 많이 존재한다는 것이 인류의 몫, 즉 영원한 운명이며, 따라서 부유하고 유식하고 도덕적인 계급들과 다소 빈궁하고 무식하고 비도덕적인 계급들 같은 다양한 계급들이 존재하기 마련이다. 그러므로 맬서스 자신이 이끌어낸 다음과 같은 결론이 실제로 도출된다. 자선과 구빈세는 경쟁을 통해 피고용인들의 임금을 대폭 끌어내리는 과잉 인구를 부양하고 그 수가 늘어나도록 부추길 뿐이므로 엄밀히 말하자면 허튼수작이다. 민생위원이 빈민에게 일자리를 제공하는 것도 똑같이 불합리한 조치인데, 노동생산물 가운데 일정한 양만이 소비될 수 있고, 누군가 구빈법 덕분에 일자리를 제공받을 때마다 이제까지 일해온 다른 누군가는 반드시 실업자 신세로 내몰려야 하며, 이런 이유로 구빈법 산업에 지출되는 비용이 민간 기업들에게 타격을 입히기 때문이다. 달리 말해 진짜 문제는 과잉 인구를 어떻게 부양하느냐가 아니라 어떻게 그들의 수를 최대한 억제하느냐는 것이다. 맬서스는 평이한 영어로 예전에 이 세상 만인의 지지를 받으며 주장했던 생존권은 허튼소리라고 선언한다. 맬서스는 자연의 잔치를 찾아간 빈민은 그를 위해 놓인 식기가 없음을 알게 된다는 어느 시인의 말을 인용한 뒤, 빈민은 태어나기 전에 사회가 그를 환영할지 묻지 않았으므로 "자연은 그에게 썩 꺼지라고 명한다"라고 덧붙인다. 오늘날 맬서스의 이론은 진정한 영국 부르주아들 모두의 지론이다. 이는 아주 당연한 결과인데, 그들에게는 맬서스의 이론이 가장 그럴듯한 변명인 데다가 오늘날과 같은 상황에서는 이 이론에 상당한 진실이 담겨 있기 때문이다. 그렇다면 문제는 '과잉 인구'를 활용하고 쓸모 있는 인구로 바꾸는 것이 아니라, 그저 반대할 여지가 가장 적은 방식으로 굶어죽게 하고 자식을 너무 많이 낳지 못하도록 막는 것이다. 과잉 인구가 자신들이 잉여임을 인식하고 온순하게 굶주린다면 이 문제는 당연히 간단하게 해결될 것이다. 그러나 자애로운 부르주아지가 열심히 노력하고 있음에도, 노동자들이 당장에 굶어죽기로 작심할 전망은 전혀 보이지 않는다. 노동자들은 부지런히 일하는 자신들이 꼭 필요한 인구이고 아무 일도 안 하는 부유한 자본가들이 과잉 인구라고 믿게 되었다.

그렇지만 부자들이 모든 권력을 쥐고 있으므로, 프롤레타리아들은 실제로 법을 통해 그들이 잉여 인구라고 공표되는 꼴을 감내해야만 한다. 이 공표를 유순하게 인정할 마음이 없더라도 말이다. 신구빈법이 제정됨으로써 이런 일은 현실이 되었다. 1601년(엘리자베스 1세 즉위 43년째) 법에 근거를 두었던 구구빈법은 순진하게도 빈민을 부양하는 것이 교구의 의무라는 생각에서 출발했다. 일거리가 없는 사람은 누구나 구제를 받았고, 빈민은 굶주리지 않게 해주겠다는 교구의 약속을 믿었다. 빈민은 호의가 아니라 권리로서 매주 구제를 요구했고, 이런 구제는 결국 부르주아지에게 버거운 부담이 되었다. 부르주아지가 선거법 개정 법안을 통해 권력을 잡고 시골 지역들에서 구제가 필요한 빈곤이 극에 달한 직후인 1833년, 부르주아지는 그들의 견해에 따라 구빈법을 개정하기 시작했다. 위원회가 임명되어 구빈법의 시행 실태를 조사하자 구빈법을 남용한 사례가 숱하게 드러났다. 시골의 노동계급 전체가 피구제민이 되어 임금이 낮을 때 구제를 받는 식으로 어느 정도 구빈세에 의존하고 있었다. 이 제도 덕분에 실업자들이 생계를 유지하고, 임금이 적은 이들과 대가족의 가장들이 구제를 받고, 사생아의 아버지들이 부양비 지급을 요구하고, 일반적으로 보호가 필요한 것으로서 빈곤이 인정받는다는 것이 밝혀졌다. 또한 전 국민을 파산시키고 있던 이 제도는,

> 산업을 저해하는 제약, 앞날을 생각하지 않은 결혼에 대한 보상, 인구 증가를

부채질하는 유인, 증가한 인구가 임금에 미치는 영향을 상쇄하는 수단, 정직하고 근면한 이들을 낙담시키는 동시에 게으르고 악독하고 되는대로 사는 이들을 보호하는 국가적 대책으로서, 가정생활의 유대를 파괴하고, 자본의 축적을 체계적으로 방해하고, 이미 축적된 자본을 탕진하고, 납세자들을 파산시키려 한다. 더욱이 이 제도는 음식물을 지급함으로써 사생아들을 특별히 대우하기까지 한다.*

구구빈법의 영향에 관한 이 기술은 틀림없이 옳다. 구제는 나태를 부채질하고 '과잉 인구'를 늘린다. 오늘날의 사회적 상황에서 빈민은 이기주의자가 되도록 강요당한다는 것, 아무 일도 안 하든 노동하든 똑같이 유복하게 생활할 경우 빈민은 선택권만 있다면 전자를 선택한다는 것은 지극히 분명하다. 그러나 이로부터 어떤 결론이 나오는가? 그 결론이란 우리의 현재 사회적 상황은 아무짝에도 쓸모가 없고, 맬서스주의 위원들의 결론과 달리 빈곤은 범죄이고, 그런 까닭에 다른 이들에 대한 경고로서 빈민들에게 가혹한 형벌이 가해진다는 것이다.

그러나 이 현명한 맬서스주의자들은 자기네 이론의 무오류성을 너무도 철저하게 확신한 나머지, 일말의 망설임도 없이 빈민들을 자기네 경제관념의 잣대로 부당하게 판단하고는 극도로 혐오스럽고 잔혹하게 다루었다. 맬서스와 여타 자유경쟁 신봉자들과 더불어 각자가 스스로를 돌보는 것이 최선이라고 확신한 그들은 아예 구빈법을 폐지하고 싶었을 것이다. 그렇지만 그들은 그럴 용기도 권한도 없었으므로 맬서스의 학설과 최대한 조화를 이루는 구빈법을 궁리하자고 제안했다. 맬서스의 학설은 자유방임주의보다도 잔인한데, 후자가 소극적으로 거리를 두는 사례들에도 적극적으로 개입하기 때문이다. 우리는 맬서스가 어떻게 빈곤을, 더 정확히 말하면 실업을 '잉여'라는 죄목의 범죄로 규정하고 빈곤에 대한 처벌로 굶주림을 권하는지 살펴보았다. 위원들은

* 구빈법 위원들의 보고서에서 발췌. 1833년 런던에서 당국이 출간.

맬서스만큼 잔인하지는 않았다. 순전히 굶주림 때문에 죽는다는 것은 구빈법 위원에게도 너무나 참혹한 일이었다. 그들은 이렇게 말했다. "좋다, 우리는 여러분 빈민들에게 생존할 권리를 부여하지만 그 이상은 결코 아니다. 여러분은 수를 늘릴 권리도 없고, 인간다운 인간으로 생존할 권리도 없다. 여러분은 역병이며, 설령 우리가 여러분을 다른 역병들처럼 퇴치하지 못하더라도 적어도 여러분이 역병임을 느껴야 하고, 직접적인 방식으로든 아니면 다른 이들을 나태와 실업으로 유인하는 방식으로든 다른 '과잉 인간'을 창출하지 못하도록 적어도 억제되고 저지되어야 한다. 여러분은 생존할 수 있으나 '잉여 인간'이 될 여지가 있는 모든 이에게 알리는 끔찍한 경고로서 생존하는 것이다."

그들은 1834년에 의회를 통과해 오늘날까지 효력을 발휘하고 있는 신구빈법을 도입했다. 그러자 돈과 식량을 지원하는 구제는 전부 폐지되고 즉각 건설된 구빈원들에 입소하는 구제만이 허용되었다. 이 구빈원들, 또는 인민들의 말마따나 '구빈법 바스티유'들은 규제가 몹시 가혹한 탓에, 이런 형태의 공적 구제 없이 살아갈 전망이 실낱만큼이라도 있는 사람이라면 누구나 지레 겁을 먹고 도망칠 정도다. 막다른 골목에 몰린 이들과 다른 모든 노력이 실패로 돌아간 이들만이 구제받도록 하기 위해, 어느 맬서스주의자는 정교한 창의력을 한껏 발휘해 구빈원을 가장 역겨운 거주지로 고안해냈다. 구빈원의 음식은 최저 임금을 받는 노동자들의 음식보다 열악하고, 노동은 그들의 노동보다 힘겹다. 그렇지 않다면 그들은 구빈원 외부에서 비참하게 생존하느니 구빈원에 들어가려 할 것이다. 고기, 특히 신선한 고기는 거의 지급되지 않고 주로 감자, 상상할 수 있는 최악의 빵과 귀리죽이 지급되며, 맥주는 조금 주거나 안 주거나 한다. 대체로 재소자들이 먹는 음식이 더 낫기 때문에 피구제민들은 자주 어떤 범죄를 저질러 감옥에 들어가려 한다. 구빈원 역시 감옥이기 때문이다. 구빈원에서 자기 몫의 일을 끝마치지 못하는 사람은 음식도 받지 못한다. 구빈원 밖으로 나가려는 사람은 반드시 허가를 구해야 하고, 그의 행동거지나 감독관의 변덕에 따라 허락을 받을 때도 있고 못 받을 때도 있으며, 담배를 피우지 못하고, 외부의 친척이나 친구가 주는 선물 역시 받지 못한다. 피구제민들은 구빈원 단체복을 입고서 피해를 보상받을 방도조차 없는 속수무책인 처지로 감독자들의 변덕에 내맡겨진다. 외부 기업들의 노동과 피구제민들의 노동이 경쟁하는 사태를 방지하기 위해 입소자들은 다소 무용한 작업을 배정받는다. 남자들은 '튼튼한 남자가 하루 동안 끝마칠 수 있을 만큼' 돌을 쪼개야 하고, 여자와 어린이, 노인들은 나로서는 별다른 용도를 알 수 없는 뱃밥을 만들어야 한다. '잉여 인간'이 증식하고 '타락한' 부모가 자녀에게 영향을 미치는 것을 방지하기 위해 가족은 갈라져서 남편, 아내, 자녀가 각기 건물의 다른 위치에 배치되며, 오랜만에 한 번씩 정해진 시간에만, 그리고 감독관이 보기에 훌륭하게 처신했을 때만 만날 수 있다. 이런 바스티유 내부의 빈곤이 외부 세계를 오염시킬 가능성을 차단하기 위해 입소자들은 감독관이 허가할 때만 접견실에서 손님을 맞을 수 있고, 허가와 감독을 받는 한에서만 외부 세계와 연락을 주고받을 수 있다.

이 모든 사실에도 불구하고 구빈원이 건강에 좋은 음식을 제공하고 입소자를 인도적으로 대할 것이라 가정된다. 그러나 요란하게 표명된 구빈법의 취지는 이런 요건을 반드시 갖추겠다는 것과는 거리가 멀다. 이런 결과 없이 구빈법 시행이 가능하다고 믿는다면, 구빈법 위원들과 영국 부르주아지 전체는 그들 스스로를 기만하는 것이다. 구빈법 조문에 명시된 입소자 처우는 이 법의 정신과 모순된다. 구빈법이 본질적으로 빈민은 범죄자이고, 구빈원은 감옥이고, 입소자는 법의 테두리 밖에, 인류의 테두리 밖에 있는 역겹고 혐오스러운 대상이라고 공표한다면, 이에 반해 어떤 명령을 내리더라도 소용이 없다. 실제로 빈민들의 처우는 구빈법의 조문이 아니라 정신에 따라 결정되며, 다음 몇 가지 사례들이 그것을 보여준다.

1843년 여름, 그린위치Greenwich의 구빈원에서 다섯 살 난 소년이 영안실에 감금되는 처벌을 받아 관 뚜껑 위에서 자야 했다. 헌Herne의 구빈원에서도 어린 소녀가 잠결에 오줌을 쌌다는 이유로 똑같은 처벌을 받았으며, 이 처벌 수법이 애용되는 듯하다. 켄트에서도 유달리 아름다운 지방에 자리잡은 이 구빈원은 창문들이 구내를 향해서만 열리고 입소자들이 새로 설치된 창문 2개를 통해서만 바깥세상을 엿볼 수 있을 정도로 괴상하다.

〈일루미네이티드 매거진〉에 이 글을 기고한 사람은 기술을 이렇게 끝맺는다. "인간이 빈곤을 이유로 인간을 처벌하는 것만큼 신께서 범죄를 이유로 인간을 처벌하신다면, 아담의 자손들에게 화가 미칠지어다!"

1843년 11월, 이틀 전에 코번트리Coventry의 구빈원에서 퇴출당한 남자가 레스터에서 죽었다. 이 시설에서 빈민들이 받는 처우를 상세히 살펴보면 구역질이 날 지경이다. 이 남자 조지 롭슨George Robson은 어깨에 상처가 있었으나 어떤 치료도 받지 못했다. 롭슨은 그 멀쩡한 팔을 이용해 펌프질하는 작업에 투입되었고, 구빈원의 보통 식사만을 제공받았다. 치유되지 않은 상처와 쇠약한 전신 때문에 롭슨은 이런 식사를 전혀 소화시킬 수 없었다. 자연히 롭슨은 갈수록 약해졌고, 고충을 호소하면 할수록 더욱 가혹한 처우를 받았다. 롭슨의 아내가 그에게 자기 몫의 맥주를 소량 가져다주려 했을 때, 여성 감독자는 그녀를 견책하고 자기 면전에서 맥주를 마시라고 명령했다. 롭슨은 병들었지만 더 나은 치료를 받지 못했다. 마침내 롭슨은 본인의 요청에 따라 모멸스럽기 그지없는 욕설을 들으면서 아내와 함께 구빈원에서 퇴출당했다. 이틀 뒤에 죽은 롭슨의 사망 원인은 방치된 상처, 그리고 검시에 참여한 외과의사가 증언한 대로 그와 같은 몸 상태로는 도저히 소화시킬 수 없는 음식이었다. 퇴출될 때 롭슨은 감독자가 구빈원의 규칙에 따라 개봉한 채로 6주 동안 숨겨온, 돈이 담긴 편지들을 건네받았다! 버밍엄에서도 추악한 사건들이 일어난 탓에 결국 1843년에 한 관리가 실상 조사를 위해 파견되었다. 그는 부랑자 4명이 연중 가장 혹독한 계절에 발가벗은 데다가 대개 정오까지 음식도 지급받지 못하는 처지로 8~10일간 계단 아래쪽의 어두운 구덩이에 감금된 적이 있음을 밝혀냈다. 한 사내아이는 이 구빈원에서 가하는 처벌의 모든 단계를 경험한 터였다. 이 소년은 맨 먼저 천장이 아치형인 좁고 축축한 헛간에 갇혔고, 그다음에는 좁은 굴에 두 차례 갇혔는데 두 번째는 사흘 밤낮으로 갇혔으며, 그다음에는 예전에 쓰던 훨씬 열악한 좁은 굴에 역시 사흘 동안 갇혔고, 그다음에는 악취가 코를 찌르고 구역질이 날 만큼 지저분하고 나무 침상들이 놓인 부랑자실에 갇혔다. 이 관리는 부랑자실을 조사하다가 누더기를 걸치고 추위에 몸을 잔뜩 움츠린 다른 소년 2명을 발견했는데, 그들은 거기서 3일을 지낸 터였다. 대개 좁은 굴에서는 7명이, 부랑자실에서는 20명이 서로 꼭 붙어 있었다. 여자들 또한 교회 가기를 거부했다는 이유로 좁은 굴에 갇혔다. 한 여자는 병들어서 약을 받고 있었는데도 신만이 어떤 부류인지 아실 무리와 함께 4일간 부랑자실에 감금되었다! 다른 여자는 정신이 멀쩡한데도 정신이상자 별동에 배치되는 처벌을 받았다. 1844년 1월, 서퍽의 백턴Bacton에 있는 구빈원에서도 비슷한 조사가 이루어져, 지능이 낮은 여자가 간호사로 고용되어 환자들을 보살핀 사실이 드러났다. 또한 간호사들은 뜬눈으로 밤을 지새우는 고생을 피하기 위해 야간에 자주 들썩이거나 일어나려 하는 환자들이 있으면 이불 위와 침상 아래에 끈을 친친 둘러서 단단히 묶어버렸다. 어떤 환자는 이렇게 묶여서 죽은 채로 발견되었다. 런던에 있는 세인트 판크라스 구빈원(앞에서 저렴한 셔츠를 만든다고 말한)에서는 간질 환자가 침대에서 발작하고 질식사하기까지 아무도 구하러 오지 않았다. 이 구빈원에서는 어린이 4~6명, 때로는 8명이 한 침대에서 잠을 잤다. 쇼디치Shoreditch 구빈원에서는 한 남자가 이가 바글거리는 침대를 열병에 걸린 중환자와 함께 써야 했다. 런던의 베스널그린 구빈원에서는 임신 6개월째인 한 여자가 입소를 허가받지 못해 두 살배기 아이와 함께 2월 28일부터 3월 20일까지 침대를 포함해 지극히 자연스러운 욕구를 채울 수단이 전무한 접견실에 갇혀 지내야 했다. 구빈원 안으로 끌려간 그녀의 남편은 감금된 아내를 풀어달라고 애원했다가 무례하게 굴었다는 이유로 빵과 물만 지급받으며 24시간 동안 감금되는 처벌을 받았다. 윈저 근처

슬라우Slough의 구빈원에서는 1844년 9월에 한 남자가 죽어가고 있었다. 먼 길을 걸어 한밤중에 도착한 그의 아내는 서둘러 구빈원을 찾아갔지만 들어갈 수 없었다. 그녀는 이튿날 아침이 되어서야, 그마저도 여성 감독자가 지켜보는 가운데 비로소 남편을 만날 수 있었다. 이 여성 감독자는 이후에도 아내가 찾아올 때마다 동석해 30분이 지나면 아내를 돌려보냈다. 랭커셔 미들턴의 구빈원에서는 남녀 피구제민 12명, 때로는 18명이 방 하나에서 잠을 잤다. 이 시설은 신구빈법을 받아들이지 않아서 옛 특별법(길버트 법)에 따라 운영된다. 이곳 감독자는 사익을 위해 구빈원 안에 맥주 양조장을 지었다. 1844년 7월 31일, 스톡포트에서는 돌 깨기를 거부했다는 이유로 치안판사 앞에 불려온 72세 노인이 자신은 고령이고 무릎이 뻣뻣해서 그 작업에 적합하지 않다고 주장했다. 노인은 자기 체력에 적합한 작업이면 무엇이든 하겠다고 말했으나 허사였다. 노인은 2주간의 노역을 선고받았다. 배스퍼드Basford의 구빈원에서는 관리가 조사를 통해 밝혀낸 바에 따르면, 시트는 13주 동안, 셔츠는 4주 동안, 양말은 2~10개월 동안 바꿔주지 않았으며, 그 결과 소년 45명 가운데 3명만 양말을 신고 있었고 모두의 셔츠가 다 해진 상태였다. 침대들에는 벼룩과 이가 드글거렸고, 식기류는 구정물통에서 세척되었다. 런던 서부의 구빈원에서는 소녀 4명에게 매독을 감염시킨 짐꾼이 퇴출되지 않았고, 농아 소녀를 나흘 밤낮으로 자기 침대에 숨긴 다른 사람도 내쫓기지 않았다.

사후 역시 생전과 다를 바 없다. 빈민의 시체는 병균에 감염된 소처럼 땅속에 아무렇게나 내팽개쳐진다. 런던의 세인트 브라이즈Saint Brides에 있는 피구제민 매장지는 찰스 2세 시절부터 묘지로 쓰여온 까닭에 유골이 무더기로 쌓여 있는 헐벗은 습지다. 여기서 수요일마다 부목사가 연도連禱를 최대한 빠르게 해치우는 가운데 피구제민들의 송장을 14피트[4.3미터] 깊이 구덩이 속으로 내던진다. 흙으로 대충 덮어놓은 구덩이는 다음 수요일이 오면 다시 파헤쳐지며, 시체를 단 한 구도 더 밀어넣을 수 없을 때까지 이 과정이 반복된다. 그 결과 시체들이 부패하면서 주변을 전부 오염시키게 된다. 맨체스터의 피구제민

매장지는 구시가지 맞은편의 어크 강변에 있다. 이곳 역시 거칠고 황량한 장소다. 2년여 전에는 철로가 이곳을 가로질러 연장되었다. 이곳이 존중받는 묘지였다면, 부르주아지와 성직자들이 묘지 훼손을 보고 얼마나 고래고래 비명을 질러댔을 것인가! 그러나 이곳은 피구제민들의 매장지, 즉 버림받은 잉여인간들의 묘지였으므로 아무도 구태여 이 문제에 신경쓰지 않았다. 신체 일부가 부패한 시체들을 묘지 반대편으로 옮기는 것조차 무가치한 일로 간주되었다. 시체들은 그 상태 그대로 수북이 쌓여서 더미를 여럿 이루고 있다가 새로 만든 무덤들에 무더기로 매장되었다. 그러고 나자 이 습지대에서 부패물이 그득한 물이 새어나와 주변 일대를 극히 메스껍고 유해한 가스로 가득 채웠다. 이 작업에 동반된 구역질나는 만행은 차마 더 상세히 기술하지 못하겠다.

이런 마당에 빈민들이 공적 구제를 받지 않는 것을 어느 누가 의아해할 수 있겠는가? 빈민들로서는 이런 바스티유에 들어가느니 굶주리는 편이 낫지 않겠는가? 나는 빈민들이 실제로 굶주림을 택한 다섯 사례에 관한 보고서들을 가지고 있다. 그들은 민생위원들이 원외 구제를 거부하자 구빈원이라는 지옥에 들어가기보다 초라한 집으로 돌아가 굶어죽는 편을 택했다. 이제까지 구빈법 위원들은 그들의 목표를 달성해왔다. 그렇지만 동시에 구빈원은 집권당의 다른 어떤 조치보다도, 절대다수가 신구빈법에 감탄하는 유산자들에 대한 노동계급의 증오심에 불을 질러왔다.

뉴캐슬에서 도버에 이르기까지 노동자들의 목소리는 단 한 가지, 즉 신구빈법을 증오하는 목소리뿐이다. 부르주아지가 자신들이 생각하는 프롤레타리아트에 대한 의무를 이 법에 아주 명료하게 표현해놓은 덕분에, 가장 우둔한 사람까지도 그 생각을 제대로 인식할 수 있었다. 그토록 솔직하고 대담하게 표현한 적이 결코 없었던 그 생각이란, 무산계급은 오로지 착취당하기 위해, 유산자들이 더 이상 이용할 수 없게 되면 굶주리기 위해 존재한다는 것이다. 이런 이유로 신구빈법은 노동운동, 특히 차티스트 운동이 한결 빠르게 확산되는 데 지대한 기여를 하고 있다. 또한 신구빈법은 시골에서 가장 광범하게 시행되는 까닭에, 농업 지역에서 생겨나는 프롤레타리아 운동의 발전 역시 촉진하고 있다.

1838년부터 아일랜드에서도 신구빈법과 비슷한 법이 시행되어 피구제민 8만 명에게 비슷한 피난처를 제공하고 있다는 사실을 덧붙여 말해야겠다. 여기서도 이 법은 미움을 받아왔으며, 잉글랜드에서만큼 중요한 성과를 거두었다면 이 법을 향한 증오심이 훨씬 더 불타올랐을 것이다. 그러나 프롤레타리아가 250만 명이나 있는 나라에서 8만 명을 학대한들 무엇이 달라지겠는가? 스코틀랜드의 경우 지역에 따라 예외가 있긴 하지만 구빈법이 없다.

이제까지 신구빈법과 그 결과의 실상을 살펴본 독자들이라면, 내가 영국 부르주아지에 대해 말한 것 가운데 지나치게 가혹한 말은 없다고 생각하기를 나는 바란다. 부르주아지는 이런 공적 조치를 시행하면서 몸소 지배권력 역할을 맡음으로써 자기네의 진짜 의도를 표명하고, 프롤레타리아트와의 작은 거래—명백히 개개인에게 책임을 묻는—에 담긴 적의를 드러내고 있다. 그리고 이런 조치가 부르주아지 가운데 일개 분파에서 유래하는 것이 아니라 이 계급 전체의 승인을 받는다는 것을 1844년 의회 의사록으로 입증할 수 있다. 신구빈법은 자유당이 제정했다. 필 총리가 이끄는 보수당은 이 법을 지지하며, 1844년 구빈법 개정안 가운데 극히 사소한 점들만 몇 가지 바꾸었을 뿐이다. 자유당 다수파가 이 법안을 통과시켰고, 보수당 다수파가 이 법안을 승인했으며, 두 번 모두 '상원 나리들'이 동의해주었다. 이렇게 해서 프롤레타리아트가 국가와 사회로부터 배제된다는 것이 거리낌없이 선언되고, 프롤레타리아들은 인간이 아니고 인간답게 대접받을 자격이 없다는 것이 공공연하게 선포된다. 자기네 인권을 탈환하는 일은 대영국의 프롤레타리아들 본인에게 맡겨두자.*

---

* 오해와 그에 따른 이의 제기를 방지하기 위해, 나는 계급으로서의 부르주아지에 관해 말해왔다는 것, 개개인에 관한 모든 사실은 그저 그들이 계급으로서 생각하고 행동하는 방식을 보여주는 증거로 사용했다는 것을 분명히 밝히겠다. 이런 이유로 나는 부르주아지를 다양한 분파들과 하위집단들, 당

이제까지 서술한 것이 내가 21개월 동안 두 눈으로 직접 보거나 공식 보고서들과 다른 믿을 만한 보고서들을 읽어서 알게 된 영국 노동계급의 처지다. 이 책에서 나는 이것이 도저히 견딜 수 없는 상황이라고 몇 번이고 거듭해서 말했는데, 이렇게 말하는 사람이 나뿐만은 아니다. 일찍이 1833년 개스켈은, 자신은 평화로운 결말을 단념했으며 십중팔구 혁명이 뒤따를 것이라고 선언했다. 1838년 칼라일은 차티스트 운동과 노동자들의 혁명적 활동이 그들이 살아가는 비참한 현실에서 생겨난다고 설명했고, 그들이 허울뿐인 잔치에서 자유당 부르주아지로부터 공허한 약속을 대접받으면서 8년 동안이나 그토록 조용하게 앉아 있었던 것이 의아할 뿐이라고 말했다. 또한 1844년에는 "유럽 또는 적어도 영국이 거주 가능한 곳으로 남기를 간절히 바란다면" 노동을 조직화하는 작업을 당장 시작해야 한다고 단언했다. '유럽 일등 신문' 〈타임스〉는 1844년 6월 이렇게 말했다. "궁전에는 전쟁을, 오두막에는 평화를—이것이 우리 나라 방방곡곡에 울려퍼질지도 모를 공포의 전투 함성이다. 부자들이여 주의하라!"

파들로 구분하지 않았다. 이런 구분은 역사적 이론적으로만 중요하다. 동일한 이유로 나는 부르주아지 가운데 자신이 존경받을 만한 예외임을 보여준 소수의 사람들을 아무렇지 않게 언급할 수 있다. 이들 가운데 한편에는 소수의 하원의원들과 애슈턴의 힌들리Hindly, 랭커셔 토드모던Todmordon의 필든Fielden 같은 제조업자들을 포함해 대다수가 차티스트인 공공연한 급진파가 있고, 다른 한편에는 근래에 '영국 청년당'을 결성했으며 디즈레일리, 보스위크Borthwick, 페란드, 존 매너스John Manners 경 같은 의원들을 포함하는 박애주의적인 토리 파가 있다. 애슐리 경 역시 이들에 공감한다. 영국 청년당의 바람은 찬란한 특징들과 낭만적인 봉건제를 갖춘 '즐거운 영국'을 재건하는 것이다. 물론 이 목표는 달성이 불가능한 터무니없는 목표이자 모든 역사적 발전에 대한 풍자다. 그러나 영국 청년당의 선의, 당면한 세태와 만연한 편견에 저항하고 타락한 현실을 인정하는 용기는 어쨌거나 상당히 가치 있는 것이다. 절반은 독일인이나 마찬가지인 영국인 토머스 칼라일은 홀로 고립되어 있으며, 원래 토리 파였으나 이제까지 언급한 모든 이들을 넘어선다. 칼라일은 영국의 어떤 부르주아보다도 사회질서를 깊이 탐색해왔고 노동의 조직화를 요구한다. [나는 올바른 길을 찾은 칼라일이 그 길을 계속 걸어갈 수 있기를 바란다. 나와 다른 많은 독일인들은 칼라일에게 행운이 있기를 기원한다._엥겔스가 인정한 영어판에는 누락된 구절]. [그러나 칼라일은 2월혁명을 보고 철두철미한 반동자가 되고 말았다. 속물들에 대한 칼라일의 의분은 그를 해안으로 밀어내는 역사의 파도를 언짢아하는 속물적인 투덜거림으로 변해버렸다._1892년 독일어판에 추가된 문구].

이제 영국 부르주아지의 전망을 다시 한 번 검토해보자. 최악의 경우, 수년 내에 곡물법이 필연적으로 폐지된 이후에도 외국, 특히 미국의 제조업이 영국의 제조업과 대등하게 경쟁할 것이다. 독일 제조업은 오늘날 막대한 노력을 기울이고 있으며, 미국의 제조업은 이제껏 성큼성큼 발전해왔다. 미국에는 무한한 자원, 매장량을 헤아리기 어려운 석탄과 철광석 산지들, 유례 없이 풍부한 수력과 항행 가능한 강들, 특히 무신경한 느림보인 영국인들과 대비되는 활기차고 적극적인 인구가 있다. 이런 미국은 이미 조잡한 면직물을 두고서 영국과 경쟁 중인 제조업을 10년 이내에 창출했고, 남북아메리카의 시장들에서 영국인들을 몰아냈고, 중국에서 영국과 나란히 자국의 시장을 차지했다. 제조업을 독점하기에 적합한 조건을 갖춘 나라가 있다면, 그건 바로 미국이다. 그렇게 해서 영국 제조업이 정복당한다면—지금과 같은 상황이 변하지 않고 지속된다면 이런 결과가 20년 이내에 필연적으로 나타날 것이다—프롤레타리아트 대다수는 영원히 잉여 인간이 될 것이고, 굶주리거나 저항하는 것 말고는 다른 선택지가 없을 것이다. 영국 부르주아지는 이런 만일의 사태에 관해 숙고하고 있는가? 오히려 정반대다. 그들이 유독 좋아하는 경제학자 존 램지 매컬럭John Ramsay McCulloch은 학생용 책상[매컬럭은 에든버러 대학교에 다녔으나 졸업하지 못했다]에서, 미국처럼 적당한 인구도 없는 어린 나라는 제조업을 성공적으로 운영할 수 없거니와 영국처럼 오래된 제조업 국가와 경쟁할 것을 꿈꾸지 못한다고 가르친다. 미국인들이 영국과 경쟁하려 시도한 것은 질 수밖에 없는 경쟁이므로 미친 짓이었고, 그들로서는 농업을 고수하는 편이 훨씬 낫고, 그들의 전 영토를 일구고 나서야 비로소 제조업을 운영해 수익을 얻을 수 있을 것이다. 그 현명한 경제학자는 이렇게 말하고, 부르주아지 전체는 그를 숭배한다. 그러는 동안 미국인들은 시장을 하나씩 차지하고 있으며, 어느 대담한 미국인 투기꾼은 최근에 미국산 면제품을 선적해 영국으로 보낸 다음 재수출용으로 팔기까지 했다.

이와 반대로 영국이 제조업을 계속 독점하고 영국의 공장 수가 끝없이 늘어난다면 그 결과가 과연 어떻겠는가? 상업공황이 계속될 것이고, 산업이 팽창하고 프롤레타리아트 수가 늘어남에 따라 점점 더 격렬하고 점점 더 끔찍해질 것이다. 중간계급 하층이 점차 퇴락하고 자본이 소수의 손에 급속히 집중됨에 따라 프롤레타리아트 수는 기하급수로 증가할 것이고, 머지않아 소수의 백만장자들을 제외한 국민 전체가 프롤레타리아트가 될 것이다. 그러나 상황이 이렇게 전개되는 가운데 현존 권력을 타도하는 것이 얼마나 쉬운 일인지 프롤레타리아트가 알아채는 시기가 올 것이고, 그러면 혁명이 뒤따를 것이다.

그렇지만 이렇게 가정한 상황들 가운데 어떤 상황도 현실이 되리라 기대하기 어렵다. 프롤레타리아트의 독립적인 발전의 가장 강력한 지렛대인 상업공황이 외국과의 경쟁, 갈수록 심각해지는 중간계급 하층의 퇴락과 함께 작용하여 방금 말한 과정을 단축할 것이다. 나는 인민들이 공황을 한 번 이상 감내하지 않을 것이라고 생각한다. 1846년이나 1847년에 일어날 다음 공황과 더불어 곡물법이 폐지되고 인민헌장이 법으로 제정될 것이다. 인민헌장이 장차 어떤 혁명운동을 낳을지는 지켜볼 일이다. 그러나 앞서 일어난 공황들로 미루어 보건대, 곡물법 폐지 때문에 지연되거나 외국과의 경쟁 같은 다른 영향 때문에 앞당겨지지 않는다면, 그다음 공황은 1852년이나 1853년에 발생할 것이다. 이 공황이 닥칠 때까지 영국 인민들은 자본가들에게 질리도록 착취당할 것이고, 자본가들이 더 이상 노동을 요구하지 않는다면 방치되어 굶주릴 것이다. 그때까지 영국 부르주아지가 행동을 멈추고 반성하지 않는다면—어느 모로 보나 틀림없이 반성하지 않을 것이다—지금까지 알려진 그 어떤 혁명도 견줄 수 없는 혁명이 뒤따를 것이다. 절망으로 내몰린 프롤레타리아들은 스티븐스 목사가 설교한 횃불을 움켜쥘 것이고, 1793년의 분노를 무색케 할 만큼 격노한 인민들의 복수가 전개될 것이다. 부자들에 맞서는 빈민들의 그 전쟁은 역사상 피를 가장 많이 보는 전쟁이 될 것이다. 부르주아지 일부가 프롤레타리아트와 연합하더라도, 부르주아지가 전반적으로 마음을 고쳐먹더라도, 문제 해결에는 도움이 되지 않을 것이다. 게다가 부르주아지는 개심하더라도 기껏해야 미지근한 중도에 머무를 뿐이다. 더 굳게 결심하고 노동자들과 연합하는 부르주아들은 새로운 지롱드 파[프랑스 대혁명기의 온건한 공화파로 급진적인 자코뱅 파에 의해 해체되었다]를 형성하는 데 그칠 것이고, 노동자들이 강력하게 발전하는 와중에 꼬리를 내릴 것이다. 한 계급 전체의 편견은 낡은 외투 벗듯이 떨쳐버릴 수 있는 것이 아니다. 그중에서도 안정적이고 편협하고 이기적인 영국 부르주아지는 편견을 떨쳐낼 여지가 가장 적은 계급이다. 이런 추론들은 모두 근거가 가장 확실한 것들이다. 결론과 전제의 근거가 부정할 수 없는 사실들—일부는 역사적 발전에 관한 사실들, 일부는 인간 본성에 내재하는 사실들—이기 때문이다. 사회의 구성요소들이 전부 명확하게 규정되고 선명하게 구분되는 영국만큼 예언하기 쉬운 곳은 없다. 혁명은 반드시 일어날 것이다. 평화롭게 해결하기에는 이미 너무 늦었다. 그러나 지금까지 예언한 것보다 혁명이 완만하게 일어날 가능성은 있다. 그렇지만 이 가능성은 부르주아지의 발전보다 프롤레타리아트의 발전에 달려 있다. 프롤레타리아트가 사회주의적 공산주의적 요소들을 흡수할수록 혁명 과정에서 유혈사태와 복수, 만행이 덜 자행될 것이다. 공산주의는 원론적으로 부르주아지와 프롤레타리아트의 단절을 넘어서며, 이 단절이 현재 역사적으로 중요하다는 것을 인정할 뿐 미래에도 정당화된다는 것은 인정하지 않는다. 실제로 공산주의는 이 간극을 잇는 교량 역할을 하고, 모든 계급 적대를 철폐하려 한다. 이런 이유로 공산주의는 계급투쟁이 현존하는 한 압제자들을 향한 프롤레타리아트의 분노가 정당하다는 것, 이제 막 시작된 노동운동을 위한 가장 중요한 지렛대로서 반드시 필요하다는 것을 인정하면서도, 이 분노를 넘어선다. 공산주의는 노동자들만이 아니라 인류의 문제이기 때문이다. 더욱이 어떤 공산주의자도 개개인에게 복수하려 들지 않으며, 현존 상황이 지속되는 한 일반적으로 어떤 부르주아도 지금과 다르게 행동할 수 없다고 생각한다. 영국 사회주의, 즉 공산주의는 개개인에게 책임을 물을 수 없다는 생각에 직접적으로 기댄다. 그러므로 영국 노동자들은 공산주의 이념을 흡수할수록 현재의 원한이 불필요하다는 것, 지금처럼 지독한 원한을 품고 있는 한 아무것도 성취할 수 없다는 것을 깨달을 것이고, 부르주아지를 상대로 행동할 때 야만적인 잔혹성의 수위를 낮출 것이다. 전쟁이 발발하기 전에 프롤레타리아트 전체를 공산주의적으로 바꿀 수만 있다면 결말이 아주 평화로울 테지만, 그럴 시간이 지나가버렸으므로 이제 평화로운 결말은 불가능하다. 그러나 나는 부자들을 상대로 빈민들이 선전포고를 하고 공공연한 전쟁을 일으키기 전에 프롤레타리아트가 사회적 문제를 지적으로 충분히 이해하는 것, 공산당이 사태의 도움을 받아 혁명의 잔혹한 요소를 억누르고 '테르미도르 9일'〔프랑스혁명력의 11월 9일에 로베스피에르 반대파가 쿠데타를 일으켜 로베스피에르 파를 처형하고 공포정치를 종결한 사건을 말한다. 보통 '테르미도르 반동'이라 불린다〕을 방지하는 것은 가능하다고 생각한다. 여하튼 프랑스 인들의 경험은 허사가 아닐 것이며, 더구나 차티스트 지도자들은 대부분 이미 공산주의자다. 그리고 공산주의는 부르주아지와 프롤레타리아트의 충돌을 넘어서기 때문에, 순전히 프롤레타리아적인 차티스트 운동보다 부르주아지 가운데 뛰어난 부류(그렇지만 개탄스러울 정도로 소수인 데다가 청년층에서만 충원할 수 있다)와 연합하기가 더 쉬울 것이다.

본서에서 이런 결론을 충분히 입증하지 못했다 해도, 이런 결론이 영국의 역사적 발전의 필연적인 귀결임을 입증할 다른 기회가 있을 것이다. 그러나 오늘날 국지적이고 간접적으로 전개되는 부자들에 대한 빈민들의 전쟁이 전면적이고 직접적인 전쟁이 되리라는 것만은 계속 주장하고자 한다. 평화로운 해결책을 찾기에는 너무 늦었다. 계급들이 갈수록 선명하게 구분되고, 저항정신이 노동자들에게 스며들고, 원한이 쌓이고, 게릴라의 사소한 충돌이 한층 중요한 전투로 집중되고 있으며, 머지않아 가벼운 충격만으로도 눈사태가 일어날 것이다. 그때가 되면 "궁전에는 전쟁을, 오두막에는 평화를!"이라는 전투 함성이 방방곡곡 울려퍼지리라. 그러나 부자들이 주의하기에는 너무 늦은 시간이리라.

| 역자 후기 |

1.

《영국 노동계급의 상황》은 산업혁명의 고전적 토양인 영국에서 이 혁명의 주된 산물인 프롤레타리아트의 상황을 전체적으로 파악한 고전이다. 프리드리히 엥겔스는 1842년부터 1844년까지 2년여 동안 아버지가 자본을 투자한 '에르멘 앤드 엥겔스 사'의 맨체스터 방적 공장에서 일했다. 당시 맨체스터는 경제적 군사적 패권국인 영국에서 런던에 이어 제2의 도시였고, 머지않아 전 세계로 확산될 공업도시의 전형이었다. 엥겔스의 말처럼 "근대의 제조 기술은 맨체스터에서 완성되었다. 자연력의 이용, 기계(특히 역직기와 자동방적기)에 의한 육체노동의 대체, 노동의 분업은 랭커셔 남부의 면공업에서 최고조에 이른다. (…) 근대 제조업이 노동계급에 미치는 영향은 필연적으로 여기서 가장 자유롭고 완전하게 나타나며, 제조업에 종사하는 프롤레타리아트도 바로 여기서 가장 완전하고 고전적인 형태로 나타난다. 증기력과 기계, 분업의 적용으로 인한 노동계급의 위치 하락과, 그렇게 추락하는 상황에서 벗어나려는 프롤레타리아트의 노력 또한 여기에서 최고조에 도달하고 가장 자각적으로 이루어진다." 그런 까닭에 맨체스터는 노동계급의 의식주를 비롯한 삶과 환경, 신체적 정신적 상태, 생산관계, 고통과 투쟁 등을 관찰하기에 더없이 알맞은 곳이었으며, 이를 위해 엥겔스는 "중간계급의 사교와 만찬, 포트 와인과 샴페인에 등을 돌리고서 평범한 '노동자들'과 교제하는 데 여가를 거의 전부 바쳤다."

맨체스터가 노동계급의 고전적인 상황을 기술하는 작업에 안성맞춤인 장소였던 것 못지않게 엥겔스는 이 작업에 제격인 인물이었다. 엥겔스가 나고 자란 라인란트 주의 바르멘 일대는 '독일의 맨체스터'라 불렸을 정도로 면공업이 일찌감치 발달한 지역이었다. 이곳에서 엥겔스 가문은 18세기 후반 섬유업에 뛰어들어 크게 성공했으며, 아버지 엥겔스 역시 바르멘과 맨체스터 두 도시에서 공장을 운영하는 유망한 기업의 동업자였다. 8명의 남매 중 맏이로 태어난 엥겔스는 본래 가업을 이을 운명이었다. 엥겔스는 대학에 진학해 학업을 계속하기를 원했지만, 아들이 급진적인 사상과 애국주의적인 문학에 물들고 신앙에서 멀어질 것을 걱정한 아버지는 아들을 김나지움에서 자퇴시킨 다음, 무역도시 브레멘의 수출사무실로 보내 도제 훈련을 받게 했다.

이 결정은 엥겔스가 자본가이자 공산주의자라는 모순적인(그리고 마르크스 가족을 먹여살린) 역할을 수행할 시기를 앞당겼을 뿐이다. 엥겔스는 2년 반 동안 직원으로 일하면서 수출입 업무와 기업 운영을 익혔지만, 여가시간에는 청년독일파, 슐라이어마허와 슈트라우스, 그리고 무엇보다 헤겔의 저작을 두루 읽으면서 급진적인 사상가로 성장하기 시작했다. 그 후 엥겔스는 헤겔 철학의 본산인 베를린에서 1년간 군복무를 하면서 청년헤겔 파와 어울렸는데, (당대를 포함해) 모든 시대는 역사의 무한한 진보에서 일시적인 이행기에 불과하다는 것이 그들의 주된 역사 인식이었다. 군복무를 마친 엥겔스는 고향으로 돌아가는 길에 쾰른에 들러 헤겔 철학과 포이어바흐의 유물론, 프랑스의 정치사상을 혼합해 사회를 변혁할 실천적인 방안, 즉 공산주의 혁명을 주장한 모제스 헤스Moses Hess를 만났다. 헤스는 그날의 만남을 이렇게 회고했다. "우리는 당대의 문제들에 관해 이야기를 나누었다. 만날 때 뼛속까지 혁명가였던 엥겔스는 헤어질 무렵 열렬한 공산주의자였다."

엥겔스는 맨체스터로 떠나기에 앞서 영국 산업의 심장부를 관찰할 이론적 준비를 마친 상태였다. 자본주의의 작동기제에 대한 이해, 역사의 경로와 그

경로를 통제하는 초역사적인 원리를 동시에 찾는 헤겔의 역사철학, 자본주의적 산업체제에서 소외된 인간의 본질을 회복하려는 공산주의를 융합한 사상, 장차 마르크스주의로 발전할 사상이 엥겔스의 이론적 토대였다. 이제 필요한 것은 "영국 프롤레타리아트와 그들의 분투, 그들의 슬픔, 그들의 기쁨을 숙지하고, 그들을 가까이서 보고 그들을 직접 관찰하고, 그들과 교제하고, 동시에 필요하고 믿을 만한 자료에 의지해 나의 관찰을 보완할 기회"였다.

2.

독일어 초판 서문에서 엥겔스는 이론적 실천적 목적과 '영국' 노동계급의 상황을 기술하는 이유를 다음과 같이 밝힌다. "프롤레타리아트의 상황에 관한 지식은 한편으로는 사회주의 이론들에 확실한 근거를 제공하기 위해, 다른 한편으로는 그 이론들이 존속할 권리가 있는지 판단하고, 또 찬반양론이 분분한 온갖 감상적인 공상과 환상을 끝장내기 위해 반드시 필요하다." 다시 말해 이 책의 이론적 목적은 사회주의 이론의 토대를 구축하는 한편 공상적 사회주의를 배척하는 것이요, 실천적 목적은 "오늘날 모든 사회운동의 실질적인 토대이자 출발점"인 노동계급의 실상을 조사해 사회운동의 전략을 세우는 것이다.

저술의 배경으로 영국을 택한 첫째 이유는 "프롤레타리아트의 상황은 대영국, 특히 잉글랜드 본토에서만 완전한 고전적 형태로 존재한다. 더욱이 이 주제를 조금이나마 철저하게 제시하려는 사람에게 꼭 필요한 자료는 영국에서만 공식 조사를 통해 완전하게 수집되고 기록되었"기 때문이다. 둘째 이유는 "독일의 사회질서는 영국의 사회질서와 그 바탕이 동일하며, (…) 영국에서 프롤레타리아트를 곤궁하게 만들고 억압하는 결과를 가져온 근본 원인들은 독일에도 있으며, 길게 보면 똑같은 결과를 초래할 것"이기 때문이다. 요컨대 영국 노동계급에 관한 연구가 독일을 비롯한 다른 국가들의 노동계급을 파악하는 데 필요한 기본적인 틀과 방법론을 제공하기 때문이다.

3.

노동계급의 처지를 구체적으로 살펴보기에 앞서 엥겔스는 첫째 장인 "서론"에서 이 계급의 형성사를 되짚는다. "영국 프롤레타리아트의 역사는 증기기관과 면화를 가공하는 기계류의 발명과 더불어 지난 세기 후반기에 시작되었다. 잘 알다시피 이 발명품들은 산업혁명, 즉 문명사회 전체를 뒤바꾼 혁명을 낳았다." 이처럼 엥겔스는 "서론" 첫머리에서 기계의 중요성을 강조한다. 이는 엥겔스가 산업혁명과 그것의 귀결을 파악하는 전체적인 구도를 드러내는 것이다. 기계가 산업혁명을 촉발했고, 산업혁명이 시민사회 전체를 바꾸었으며, 이 변혁의 주된 산물로서 영국 프롤레타리아트가 등장했기 때문이다.

엥겔스는 기계가 도입되기 이전에 농사를 겸하던 직조공들의 상황을 목가적으로 묘사한다. "직조공들은 쉬엄쉬엄 일하면서 그런 대로 안락하게 생활했고, 경건함과 정직함을 고수하면서 올바르고 평화롭게 살았다. 직조공들의 물질적 여건도 후대 노동자들의 여건보다 훨씬 나았다." 생활이 안락했던 까닭에 변화를 원하지 않았던 그들은 지극히 정적이었다. "그들은 조용히 식물처럼 사는 것을 편안하게 여겼고, 산업혁명만 일어나지 않았다면 아늑하고 낭만적일지언정 인간답지 않은 이런 생활에서 결코 탈피하지 않았을 것이다. 사실 그들은 인간이 아니었다. 당시까지 역사를 이끌어온 소수 귀족을 시중들면서 고되게 일하는 기계에 지나지 않았다." 그러나 진짜 기계인 하그리브스의 제니 방적기, 아크라이트의 수력 방적기, 크럼프턴의 뮬 방적기, 카트라이트의 역직기 등이 도입되고 개량되자 "기계 작업은 영국 산업의 주요 부문들에서 수작업에 승리를 거두었다." 그 결과 농사를 겸하던 직조공 계급은 오로지 임금에 의지해 살아가는 새로운 계급인 프롤레타리아트로 통합되었다.

산업의 발달은 직물 제조업에 국한되지 않았다. "일단 생겨난 추진력은 산업활동의 모든 분야로 퍼져나갔으며" 이 "광범한 활동의 소용돌이 속으로 모든 것이 빨려 들어갔다." 광업과 철공업에서 혁신이 이루어져 생산량이 급증했고, 농업은 대지주와 젠트리에게 토지가 집중되는 방향으로 규모화되었으며, 철도와 운하 등 교통망이 활발히 건설되었다. 그 결과 산업혁명을 거치는 동안 영국은 농업국가에서 "거주자가 250만 명인 수도, 엄청나게 많은 제조업 도시들, 가장 복잡한 기계들로 거의 모든 것을 생산해 세계에 공급하는 산업, 3분의 2가 교역과 상업에 종사하며 계급들이 서로 뚜렷이 구별되는, 근면하고 총명하고 조밀한 인구를" 갖춘 국가로 탈바꿈했다. "1760년의 영국과 1844년의 영국은 적어도 구체제 시절의 프랑스와 7월 혁명 시절의 프랑스만큼이나" 다른 나라였다.

4.

둘째 장 "산업 프롤레타리아트"에서 엥겔스는 자본과 인구의 집중에 따른 계급 양극화와 도시화를 지적한다. 기계제 공업은 공장을 세우고 수공업자를 경쟁에서 밀어내기 위해 대규모 자본을 필요로 한다. 그 과정에서 자본이 부족한 중간계급 하층이 사라지고 사회계급은 부르주아지와 프롤레타리아트로 양극화된다. 또한 제조업은 인근 지역의 노동자들을 고용하고 산업에 이로운 기반시설과 편의시설을 제공함으로써 시골을 도시로 바꾸어놓는다. 도시가 커질수록 경제적 이점도 덩달아 커지는 까닭에 소도시는 점차 대도시로 성장한다.

5.

셋째 장의 주제인 "대도시"는 새로운 현상이었다. 1750년경 수도 런던은 이미 약 67만 5000명이 거주하는 대도시였지만, 런던을 뺀 나머지 도시들의 총인구는 약 54만 명에 불과했다. 잉글랜드 전체 인구에서 도시 인구의 비율은 겨우 21퍼센트였으며, 장차 공업도시로 성장할 맨체스터, 버밍엄, 리즈, 셰필드 등은 모두 인구가 3만을 밑도는 소도시에 지나지 않았다. 그렇지만 19세기 전반기를 거치면서 외부의 인구가 특히 신흥 공업도시들로 급속히 유입된 결과, 1840년까지 잉글랜드에서 도시 인구의 비율은 48퍼센트로 치솟았다.

셋째 장 "대도시"에서 엥겔스는 새롭게 등장한 대도시들이 노동계급에 미치는 부정적인 영향에 주목한다. 대도시는 "문명의 온갖 경이를 실현하기 위해 인간 본성의 가장 뛰어난 자질을 희생하도록 강요"하는 곳이자 "인류가 각자의 원칙과 목적을 가진 단자單子들로 분해되는 원자들의 세계"이며 "사회적 전쟁, 만인 대 만인의 전쟁이 공공연하게 선포"되고 "강자가 약자를 짓밟고, 소수의 힘 있는 자본가들이 모든 것을 차지하는 반면에 다수의 힘 없는 빈자들은 목숨만 겨우 부지"하는 공간이다.

이처럼 모진 환경에서 노동자들은 어떻게 살아가는가? 엥겔스는 노동계급의 상황을 주거, 의복, 음식으로 나누어 살펴본다. 우선 주거와 관련해 엥겔스는 런던, 더블린, 에든버러, 리버풀, 버밍엄, 노팅엄, 요크셔 서부와 랭커셔 남부 등의 실상을 기술하고 마지막으로 맨체스터에 집중한다. 대도시의 노동계급은 보통 자기네에게 배정된 구역의 빈민굴에 거주한다. "이런 빈민굴은 잉글랜드의 어느 대도시에서나 그 구조가 아주 흡사하다. 보통 빈민굴에는 단층이나 복층인 작은 집들이 길게 줄지어 있는데, 지하실을 주거용으로 쓰기도 하는 이 집들은 거의 언제나 대중없이 짓는다. 방 서넛과 부엌 하나를 갖춘 이 집들은 런던의 일부 지역을 뺀 잉글랜드 전역에서 노동계급의 일반적인 거처다. 거리는 보통 비포장에 험하고 지저분하며, 채소와 고기 찌꺼기가 그득하고, 하수도나 배수로가 없는 대신, 물이 고여 악취가 진동하는 웅덩이들이 있다. 게다가 형편없고 난잡한 건축 방법 때문에 다수가 모여 사는 좁은 공간에서 환기마저 원활하지" 않다.

다른 대도시들과 마찬가지로, 엥겔스가 집중적으로 살펴보는 맨체스터에서 공간 배치와 계급 구조는 서로 대응한다. 다시 말해 부르주아지와 프롤레타리아트의 거주 구역은 확연히 분리된다. "이 도시는 기묘하게 건설되어서, 어떤 사람이 여기서 자기 업무와 즐거운 산책으로만 활동을 국한한다면, 몇 년간 매일 이 도시를 드나들면서도 노동자 구역, 나아가 노동자를 한 번도 마주치지 않는 것이 가능하다. 이런 현실은 대체로 무의식적이고 암묵적인 합의에 따라, 또한 노골적이고 의식적인 결정에 따라, 중간계급을 위해 떼어둔 지역과 노동자 지구들을 뚜렷하게 분리하기 때문에 생겨난다." 그 결과 노동계급은 상업 구역을 둘러싼 허리띠 모양의 지역에 살고, 부르주아지 중간층은 이 지역과 교외 사이에 거주하며, 부르주아지 상층은 쾌적한 교외의 저택에서 지낸다. 엥겔스는 "이런 위선적인 설계가 모든 대도시에서 어느 정도 공통적으로 나타난다는 것을 아주 잘 알고" 있으면서도 "맨체스터만큼 큰길에서 노동계급을 체계적으로 차단하는 도시, 부르주아지의 눈과 신경에 거슬릴 만한 모든 것을 세심하게 감추는 도시를 본 적이 없다"라고 말한다. 이처럼 대로변에서 빈민층의 거주 구역을 "체계적으로 차단"하는 것은 오늘날의 대도시에서도 찾아볼 수 있는 도시 설계의 원칙이기도 하다.

청결과 환기, 건강을 전혀 고려하지 않은 채 미로와도 같은 골목 뒤편에 무질서하게 건축한 노동자 빈민굴은 간단히 말해 인간답게 살 수 있는 곳이 못된다고 엥겔스는 주장한다. "한마디로 우리는 맨체스터의 노동자 거처들에서는 청결과 편의가 불가능하고 따라서 편안한 가정생활도 불가능하다는 것, 거기서는 육체가 퇴화한 인종, 모든 인간성을 박탈당하고 도덕적 육체적으로 짐승처럼 타락하고 추락한 인종만이 쾌적함과 안락함을 느낄 수 있다는 것을 인정해야만 한다."

노동계급의 옷도 형편없기는 마찬가지다. "노동자의 옷은 대부분 상태가 나쁘고, 가장 좋은 옷가지를 전당포에 맡겨야 하는 피치 못할 사정이 자꾸 생긴다. 아주 많은 노동자들, 그중에서도 아일랜드 인들의 옷은 대체로 도저히 수선이 불가능한 완전한 누더기이거나 원래 색을 알아볼 수 없을 만큼 깁고 또 기운 옷이다."

음식도 옷만큼이나 열악하다. "노동자들이 구입하는 감자는 대개 형편없고, 채소는 시든 상태이고, 치즈는 오래되어 질이 나쁘고, 베이컨은 상해 있고, 기름기가 적고 질긴 고기는 대개 병에 걸린 늙은 소나 자연사한 소의 고기라서 애초부터 신선하지가 않고 흔히 반쯤 부패해 있다." 더욱이 "노동계급은 중간계급의 돈 욕심 때문에 다른 방식으로도 기만당한다. 판매업자와 제조업자는 구매자의 건강을 눈곱만큼도 고려하지 않은 채 악독한 방식으로 모든 종류의 식료품에 불순물을" 섞곤 하며 "이런 사기의 해로운 결과를 가장 많이 뒤집어쓰는 것은 노동자들이다."

6.

넷째 장인 "경쟁"에서 엥겔스는 노동계급의 삶이 낮은 수준에서 요동치는 원인으로 자본주의 사회를 지배하는 핵심 원리인 경쟁을 꼽는다. "경쟁은 근대 시민사회를 지배하는 만인 대 만인의 투쟁의 가장 완전한 표현이다. 삶과 생존과 모든 것을 둘러싼 이 투쟁, 유사시 목숨을 걸어야 하는 이 투쟁은 사회의 서로 다른 계급들 사이에서만 벌어지는 것이 아니라 각 계급의 구성원들 사이에서도 벌어진다." 자연상태의 인간과 마찬가지로 자기 자신밖에 의존할 것이 없는 노동자들은 생존수단을 제공하는 부르주아지에게 노동력을 상품으로 팔기 위해 서로 경쟁할 수밖에 없다.

노동자는 자기 의지에 따라 '자유롭게' 계약을 맺고 노동력을 판매한다는 점만 빼면 다른 상품들과 똑같다. 그러므로 "노동자는 법적으로나 실제적으로나 자산계급의 노예, 낱개 제품처럼 팔리고 상품처럼 가치가 오르내릴 정도로 확실한 노예다. 노동자에 대한 수요가 증가하면 노동자의 가격도 오르고, 수요가 감소하면 가격도 내려간다." "과거의 노골적인 노예제와 현대의 노예제의 유일한 차이는 오늘날의 노동자가 자유로워 보인다는 것인데, 그 이유는 그가 한 번에 팔리지 않고 일日, 주週, 연年 단위로 조금씩 팔리고, 어떤 주인도 그를 다른 주인에게 팔지 않기 때문이다."

"산업이 팽창했음에도, 일반적으로 노동자에 대한 수요가 증가했음에도, 모든 공식 정당들(토리 당, 휘그 당, 급진당)의 고백에 따르면 영국에는 언제나 과잉 인구와 잉여 인구가 있다. 노동자들 간의 경쟁은 항상 노동자를 확보하려는 경쟁보다 격렬하다." 그렇다면 과잉 인구가 언제나 존재하는 이유는 무엇인가? 엥겔스는 그 이유로 자본주의에 내재하는 호황과 공황의 주기적인 경기 순환을 제시한다. 과잉 인구, 즉 산업예비군은 제조업이 가장 호황을 누리는 몇 달 동안 상품을 대량으로 생산하기 위해 필요하다. 이 기간에는 제조업 노동자들이 대부분 고용되고 다른 부문의 노동자들까지 제조업으로 넘어간다. 그러나 호황기가 지나가고 공장이 가동을 멈추면 노동자들이 상당수 해고되고 이 실직자들이 산업예비군으로 남게 된다.

7.

다섯째 장에서 간략하게 논하는 "아일랜드 이주민"은 경쟁을 통해 노동계급의 임금과 수준을 낮추는 결과를 초래한다. 숙련이 거의 또는 전혀 필요없는 부문들에서 잉글랜드 노동자는 일자리를 두고 "문명국에서 상상할 수 있는 가장 낮은 수준에서 살아가고, 바로 그 이유 때문에 다른 누구보다도 낮은 임금을 필요로 하는 경쟁자", 즉 아일랜드 인과 각축을 벌여야 하기 때문이다. 또한 잉글랜드 인이 보기에 야만인보다 별반 나을 것이 없는 습관을 고수하는 아일랜드 노동자들에게 둘려싸여 있는 상황 자체가 잉글랜드 노동자들의 처지를 악화시킨다.

8.

만인 대 만인의 전쟁과도 같은 '자유로운' 경쟁의 결과는 어떠한가? 여섯째 장 "결과"에서 엥겔스는 "주어진 환경에서 노동자들은 어떻게 되었는지, 그들은 어떤 부류이고 그들의 육체적 정신적 도덕적 상태는 어떠한지" 살펴본다.

노동계급의 실상을 알아보기에 앞서 엥겔스는 영국 사회를 '사회적 살인' 혐의로 고발한다. 사회, 특히 부르주아지는 지배계급이므로 "사회의 모든 구성원을 보호할 의무, 예를 들어 적어도 굶주리는 사람은 없도록 보호할 의무가 있다." 그러나 영국 사회는 도리어 노동자들이 "건강을 유지할 수도, 오래 살 수도 없는 상황으로 몰아넣고" "노동자들의 생명력을 조금씩 갉아먹으면서 그들이 무덤에 묻힐 시간을 앞당기고 있다." 게다가 사회는 이런 상황이 "노동자들의 건강과 생명에 얼마나 해로운지를" 알고 있다. 그러므로 노동계급을 도저히 살 수 없는 처지로 내모는 사회의 행위는 과실치사가 아니라 구조적인 살인이다. 노동자들이 배를 곯고 굶어죽기까지 하는 사태의 책임은 그들 개개인이 아니라 사회에 있다.

이런 '사회적 살인' 위협에 시달리는 노동자들의 신체는 어떠한가? 우선 각종 질병에 걸린다. "노동자 구역들의 더러운 공기는 폐결핵이 발병하기에 최적의 조건이다." 환기와 배수, 청결 면에서 열악한 거처가 원인이 되어 발병하는 티푸스 역시 노동자들을 끔찍하게 파괴한다. 부실한 음식 때문에 걸리는 연주창과 구루병, 그리고 성장 저하와 기형 같은 증상도 노동자들 사이에서 다반사로 나타난다. 질병 외에 폭음도 노동자들의 건강을 해친다. 병원비를 내지 못하는 형편 때문에 찾는 돌팔이 의사와 엉터리 만병통치약 역시 당연히 신체에 해롭다. "이 모든 영향의 결과, 노동계급의 신체는 전반적으로 쇠약해진다. (…) 공장노동자들 가운데 활기차고 체격이 다부지고 건강한 사람은 극히 드물다. 그들은 거의 전부 허약하고, 말라빠져 건장하지 않고, 안색이 해쓱하고, 일할 때 많이 사용하는 근육을 빼고는 몸이 단단하지 못하다. (…) 그들의 허약해진 신체는 질병을 막아내지 못하고 매번 병을 얻고 만다. 따라서 그들은 때 이르게 노화되고 일찍 죽는다."

부르주아지는 노동자들의 신체에 절대적으로 필요한 생활수준만을 허락하는 것과 마찬가지로, 자기네에게 이익이 되는 만큼만 노동자들의 정신을 교육시킨다. "공장에서의 의무교육은 허울에 지나지 않는다." "어린이 대다수는 일주일 내내 공장이나 집에서 일하기 때문에 학교에 다닐 수가 없다. 낮 동안 고용되어 일하는 어린이들이 다닐 것이라던 야간학교는 거의 아무도 다니지" 않는다. "영국 국교회는 국립학교들을 운영하고, 다양한 종파들은 교인의 자녀를 신도로 묶어두고 가난한 어린이의 영혼을 다른 종파에서 자기 종파로 끌어오려는 일념으로 학교들을 운영한다. 그 결과 종교가, 그리고 바로 종교의 가장 무익한 측면인 격렬한 토론이 교육의 주요한 주제가 되고, 어린이들은 도무지 이해할 수 없는 교리와 신학적 차이를 기억하느라 고생하게 된다."

이처럼 무익한 교육만을 받거나 아예 교육을 받지 못하면서도 노동자들은 고분고분한 일손으로 머무르지 않는다. "다행스러운 점은 노동계급이 살아가는 상황 자체가 일종의 실무 훈련으로 기능함으로써, 주입식 학교를 대체하고 학교와 연관된 혼란스러운 종교적 개념의 유해성을 제거할 뿐 아니라, 노동자들을 영국 국민운동의 선봉에 세우기까지 한다는 것이다. 필요는 발명의 어머니이고, 더 중요하게는 사고와 행동의 어머니다. 영국 노동자는 거의 읽을 줄을 모르고 쓸 줄은 더더욱 모르지만, 자신과 국민의 이익이 무엇에 달려 있는지는 아주 잘 안다. 또한 부르주아지의 특별한 이익이 무엇이고 그 부르주아지로부터 무엇을 기대해야 하는지도 알고 있다."

부르주아지는 프롤레타리아트가 도덕적으로 타락하는 추세에 비명을 질러댄다. 실제로 노동자 일부는 "쾌락을 한없이 갈망하고, 앞날을 내다보지 못하고, 사회질서에 적응하는 유연성이 없고, 일반적으로 훗날의 이익을 위해 순간의 쾌락을 포기하지" 못한다. 그러나 매일 아침부터 밤까지 자기 노동의 속박과 무목적성을 느끼면서 극도로 단조로운 한 가지 일을 마지못해 해야 하는 노동자, 대도시에서 온갖 우연에 휘둘리며 인생에서의 안정을 전혀 모르는 노동자, 생필품마저 부족하고 심한 경우 생활고에 굶주리는 노동자가 타락하는 것은 "냉혹한 논리의 귀결이자, 자유를 적절히 행사할 길이 없는 처지로 내몰린 노동계급의 필연적인 결과다."

그렇다고 해서 노동계급의 상황이 부정적인 결과만을 불러오는 것은 아니다. 엥겔스는 대도시로의 인구 집중과 대규모 제조업이 노동자들의 계급의식 형성과 노동운동에 이바지한다는 것을 간파한다. "인구의 집중은 자산계급을 자극하고 성장시키지만, 노동자들을 훨씬 더 빠르게 성장시킨다. 노동자들은 자신들을 계급으로, 하나의 전체로 느끼기 시작한다. 노동자들은 개개인으로는 미약할지라도 뭉치면 하나의 세력임을 인식하기 시작한다. 노동자들은 부르주아지와 더욱 분명하게 분리되고, 자기네 인생살이에 상응하는 고유한 견해를 갖추게 되며, 억압을 자각하게 되고, 사회적 정치적으로 중요한 존재가 된다. 대도시는 노동운동의 발생지다." 또한 "고용주로부터 소외당하고, 고용주와 피고용인 사이에 존재하는 유대는 금전상의 이익이라는 유대뿐임을 확신하고, 경미한 시련도 견디지 못하는 그들 사이의 감정적 유대가 완전히 사라진 뒤에야 노동자는 자신의 이해관계를 알아채고 독립적으로 발전하기 시작한다. 그런 뒤에야 생각하고 느끼고 자기 의지를 표현함에 있어 부르주아지의 노예이기를 멈춘다. 그리고 이런 귀결에 이르기까지 가장 크게 기여한 것은 대도시의 대규모 제조업이다."

9.

일곱째 장 "산업의 단일 부분들 : 공동노동자"에서 엥겔스는 노동계급 중에서 "가장 똑똑하고 활기차며, 그런 까닭에 가장 부단히 활동하고 부르주아지가 가장 질색하는 부류"인 공장노동자들을 구체적으로 살펴본다. 이들은 기계가 개량되어도 혜택을 받지 못한다. 오히려 "기계가 개량될 때마다 노동자들은 일자리를 잃어버리며, 더 많이 개량될수록 더 많은 이들이 실직한다. 그러므로 중대한 개량은 매번 노동자들에게 상업공황과 같은 영향을 미치고, 결핍과 궁핍, 범죄를 낳는다." 설령 해고되지 않더라도 구식 기계를 조작하는 노동자들은 신식 기계와 경쟁하기 위해 과로와 임금 삭감을 감내해야 한다(그리고 모든 기계는 결국 구식이 된다).

공장노동자 중에서 특히 성인 남성은 인간의 근력을 대체하는 동력 때문에 공장 내에서 입지가 위태로워진다. 예를 들어 "실을 잣고 직물을 짜는 작업에서 인간 노동의 몫은 주로 끊어진 실을 잇는 것이고 나머지는 전부 기계가 담당한다. 이 일을 하는 데는 근육의 힘이 아니라 손가락의 유연성만이 필요하다. 그러므로 남자는 이 일에 불필요할 뿐 아니라 손의 근육이 더 발달하기 때문에 실제로 여자와 어린이보다 부적합하며, 따라서 자연히 거의 전부 여자와 어린이로 대체된다."

이렇게 해서 남편이 실직하고 아내가 취업할 경우, 그 결과는 가정의 성 역할 변화와 수입 감소로 그치지 않는다. "아내의 취업은 필연적으로 가정을 완전히 해체"한다. 노동하느라 "아기를 거의 보지도 못하는 어머니는 자식에게 참된 어머니일 수 없고, 불가피하게 갈수록 자식에게 무관심해지며, 모르는 사람 대하듯이 자식을 애정 없이 대하게 된다." "어머니의 취업과 비슷하게 자식의 취업도 가정의 해체를 초래한다. 일주일마다 부모가 자식을 위해 쓰는 돈보다 자식이 버는 돈이 많아지는 때가 되면, 자식들은 부모에게 숙식비로 일정한 액수를 주고 나머지는 자기가 갖기 시작한다. (…) 간단히 말해 자식들은 부모에게서 벗어나게 되고, 부모의 집을 자기 입맛대로 자주 바꾸는 하숙집처럼 여기게 된다."

제조업 초기부터 시작된 어린이 노동은 엥겔스가 맨체스터에 머문 1844년까지도 근절되지 않았다. 이에 관해 엥겔스는 이렇게 말한다. "노동자의 어린이는 9세에 공장으로 보내져 매일 6시간 30분(과거에는 8시간이었고, 그 전에는 12~14시간, 심하면 16시간이었다) 동안 일하고, 13세부터 18세까지는 12시간 동안 일한다. 노동시간이 늘어나는 동안에도 신체를 쇠약하게 만든 유년기의 악영향이 계속 작용한다. (…) 여하튼 신체와 정신의 발달에만 쏟아야 할 어린이들의 시간을 매정한 부르주아지의 탐욕을 위해 소모하는 것, 제조업자의 이익을 위해 부려먹으려는 심산으로 어린이들을 학교와 맑은 공기에서 빼내는 것은 용서할 수 없는 일이다."

공장에서의 과로와 직립 자세를 유지하는 장시간 노동은 신체의 기형과 변형을 초래한다. 내과의사 헤이의 증언처럼 "척추 기형은 공장노동자들 사이에 아주 흔하다. 일부는 그저 과로로 말미암아 생긴 것이고, 일부는 원래 허약하거나 열악한 음식 때문에 약해진 신체로 장시간 노동을 하다가 생긴 것이다. 변형은 이 질병보다 훨씬 흔한 듯하다. 무릎이 안쪽으로 굽어 있는가 하면 인대가 늘어나거나 약해진 경우도 아주 많았고 다리의 장골이 굽어 있기도 했다." 이외에도 공원들은 "등과 엉덩이와 다리의 고통, 부어오른 관절, 하지정맥류, 허벅지와 종아리의 만성적인 궤양으로 고생한다." "모든 질병과 기형을 차치하더라도 공원들의 팔다리는 다른 방식으로 고통받는다. 기계들 틈바구니에서 노동하다 보면 크고 작은 사고가 여럿 발생하며, 그런 사고의 이차적 영향으로 인해 공원은 자신의 노동에 거의 완전히 부적합한 존재가 된다. (…) 맨체스터에서는 신체가 흉하게 변한 이들 말고도 이리저리 쏘다니는 불구자들을 아주 많이 볼 수 있다. 이 사람은 팔 하나 또는 그 일부가 없고, 저 사람은 발 하나, 또 다른 사람은 다리 절반이 없다. 맨체스터에서 살아가는 것은 이제 막 전쟁에서 돌아온 군대 한가운데서 살아가는 것과 같다."

먼지로 가득하거나 축축한 공장에서 과로하는 남성 노동자들은 "아주 이른 나이에 노동할 능력을 잃어버린다. 남자들 대다수는 40세면 노동에 부적합하고 소수만이 45세까지 버티며 50세면 거의 아무도 남지 않는다." 때 이르게 늙는 이들은 40세에 10~15년은 더 들어 보이며 이미 노인이라 불린다. 여성 공원들은 난산으로 고생하고 유산하기 십상이다. 임신과 출산을 이유로 일자리를 오래 비웠다가는 해고되기 때문에 "여자들이 전날 저녁까지 노동하다가 이튿날 아침에 분만하는 일이 빈발하고, 공장의 기계들 사이에서 분만하는 경우도 그리 드물지 않다." 게다가 "대다수 여자들이 출산하고 8일 후에, 심지어 3~4일 후에 공장으로 돌아와서 다시 온종일 노동하기 시작한다."

요컨대 공원은 "법적으로나 실제적으로 모든 자유를 박탈"당한 노예 신세다. 그러나 엥겔스는 바로 이 노예제에서 역사의 진보를 포착한다. "박애주의적인 토리 당원들이 공원을 백인 노예라고 명명한 것은 옳은 말이었다. 그러나 이 위선적이고 가식적인 노예제는 적어도 표면상으로는 자유권을 인정하고, 자유를 사랑하는 여론 앞에서 고개를 숙인다. 바로 여기에 과거의 노예 상태와 대비되는, 자유의 원리를 확언하는 역사적 진보가 깃들어 있으며, 억압받는 이들은 언젠가 이 원리가 실현되는 모습을 목격할 것이다."

10.

여덟째 장 "산업의 나머지 부문들"에서는 공장제에 속하지 않는 노동자들을 한층 간략하게 다룬다. "이제까지 산업 프롤레타리아트 일반이나 특히 공장제에 관해 말한 것을 다른 노동자들에게도 전부 또는 일부 적용할 수 있기 때문이다." 이 노동자들은 부문별 작업의 성격으로 인해 건강과 생활수준이 공원들 못지않게, 어쩌면 더욱 심각한 상태다.

예를 들어 레이스 제조업에서 실감기 직공들의 작업은 "눈에 심각한 악영향을 미치고 각막에 잦은 염증을 유발할 뿐 아니라 흔히 흑내장과 백내장까지 초래하는 것이 분명"하고, 레이스 풀기 직공들은 "가장 양호한 경우 근시가 악화되는 정도이지만, 빈도가 충분히 잦은 최악의 경우 흑내장으로 영영 눈이 멀고 만다." 칼날과 포크를 연삭하는 노동자들은 "절삭 과정에서 생겨나 공기를 가득 채우는 날카로운 금속 먼지 입자들을 부득이 흡입하기 때문"에 몇 달간, 심하면 몇 년간 "피를 토하고, 누워 있지 못하고, 식은땀을 흘리고, 묽은 설사를 하고, 유난히 살이 빠지고, 폐결핵의 일반적인 증상들을 모두" 보이다가 결국 사망한다. 도업 지역인 포터리스에서 "엄청난 양의 납뿐 아니라 대개 비소까지 함유하는 유약에 맨손으로 완성품을 담그거나 새로 담근 제품을 꺼내는 노동자들"은 "극심한 통증을 느끼게 되고, 위와 장의 중병, 만성 변비, 복통, 간혹 폐결핵, 가장 흔하게는 간질을 앓게 된다." 런던의 여성복 양장점에서 바느질하는 소녀들은 "밤새 작업하진 않더라도 19~20시간 동안 일하는 경우도 비일비재하다! 그들 노동의 한계로 설정된 것은 바늘을 잠시도 잡지 못할 정도로 탈진한 상태뿐이다." 대체로 이 소녀들은 "눈에 극심한 통증을 느끼다가 치료할 수 없는 장님이 된다. 설령 작업을 계속할 만큼 시력이 줄곧 좋더라도, 머지않아 보통 폐결핵"으로 인생을 마치곤 한다.

이들 부문에도 공장제가 도입되는 것은 필연적인 사태이며, 그 결과는 대규모 제조업이 자리잡은 대도시에서 이미 살펴본 결과와 같다. "사방에서 기계류가 도입되면서 노동자의 독립성의 마지막 흔적까지 사라지고 있다. 사방에서 아내와 자식의 노동으로 말미암아 가족이 해체되거나, 실직한 남편이 아내와 자식에게 생계를 의존하면서 가족이 뒤집히고 있다. 피할 수 없는 기계류가 어디서나 대자본가에게 직종과 노동자들에 대한 통솔권을 부여하고 있다. 자본의 집중화가 중단 없이 성큼성큼 진행되고 있고, 대자본가들과 무산노동자들을 나누는 사회의 경계가 나날이 뚜렷해지고 있으며, 영국의 산업 발전이 불가피한 위기를 향해 큰 걸음으로 나아가고 있다."

11.

노동자들은 자신을 인간이 아닌 하나의 동산動產으로 다루는 상황에 여러 방식으로 대응했다. 일부는 폭음과 성적 방탕 같은 무절제한 생활에 빠져들었고, 일부는 궁핍을 견디지 못하고 비행과 범죄를 저질렀다. 그렇지만 1824년 결사금지법이 폐지된 이후 자유롭게 결사할 권리를 획득한 노동자들은 엥겔스가 계급투쟁의 일환으로 파악한 노동운동을 본격적으로 전개하기 시작했다.

우선 노동자들은 노동조합을 형성했다. 초창기부터 "노동조합의 목표는 집단으로 움직이는 하나의 권력으로서 고용주를 상대하고, 고용주의 이익에 맞추어 임금을 조정하고, 기회가 있을 때 임금을 인상하고, 전국에 걸쳐 각 직종의 임금을 균일하게 유지하는 것이었다. 따라서 노동조합은 임금률이 어디서나 관철되도록 자본가와 합의하려 했고, 임금률을 받아들이지 않는 고용주의 피고용인들에게 파업을 명령했다."

그러나 "이 조합들의 역사는 어쩌다가 한 번씩만 승리를 거두는 기나긴 패배의 연속이다. 조합들이 아무리 노력해도 노동시장에서 공급과 수요의 관계에 따라 임금이 결정된다는 경제법칙은 당연히 바꿀 수 없다. 이런 이유로 조합들은 이 관계에 영향을 미치는 모든 강력한 힘들을 상대로는 줄곧 무기력하다." 더욱이 부르주아지는 법의 보호를 받고 파업분쇄자를 동원해 노동자들의 단결을 손쉽게 깨뜨릴 수 있다. 그런 까닭에 "궁핍한 노동자들은 부르주아지의 멍에를 다시 메지 않을 도리가 없다. 실제로 파업은 대부분 노동자들에게 재앙과도 같은 결말로 끝난다."

노예와 같은 노동계급의 처지에서 역사의 진보를 포착했던 엥겔스는 실패로 점철된 노동조합의 저항에서도 진보적 요소를 발견한다. 무엇보다 노동조합과 파업이 자본주의의 핵심 원리인 '경쟁'을 공격하기 때문이다. "조합과 여기서 기인하는 파업이 진짜 중요한 이유는 이것들이 경쟁을 철폐하려는 노동자들의 첫 시도이기 때문이다. 조합과 파업은 부르주아지의 패권이 오로지 노동자들 간의 경쟁, 즉 노동자들의 응집력 부족에 토대를 두고 있다는 사실을 함축한다. 그리고 조합은 아무리 편파적이고 아무리 편협한 길이라 해도, 바로 현존 사회질서의 핵심 중추를 겨냥한다는 이유 때문에 이 사회질서에 엄청난 위협이 된다. 노동자들이 부르주아지와 더불어 현존 사회질서 전체에 가장 쓰라린 공격을 가할 수 있는 지점은 경쟁이다." 또한 엥겔스는 파업에서 공산주의 혁명의 전조를 본다. "파업은 부르주아지와 프롤레타리아트 간의 결정적인 전투가 다가오고 있음을 입증하는 가장 강력한 증거다. 파업은 회피할 수 없는 거대한 투쟁에 대비하기 위한 노동자들의 군사학교다."

1844년은 차티스트 운동이 활발하게 전개되던 때였다. 이 운동은 여러 갈래로 해석될 수 있는데, 엥겔스는 성인 남성의 보통선거권을 비롯해 6개 항으로 이루어진 인민헌장을 법제화하려 했던 이 운동을 "본질적으로 사회적 성격을 지닌 계급운동"으로 보았다. 물론 차티스트 운동이 처음부터 프롤레타리아트의 운동이었던 것은 아니다. 초기에 "노동자들의 급진주의는 부르주아지의 급진주의와 손을 잡고 나아갔다." 그러나 급진파 부르주아지는 노동자들의 총파업과 소요가 일어나자 "혁명적인 언어에 등을 돌린 채 인민들의 폭력에 혐오감을 드러냄으로써 자신들의 과오를 씻어내려 하고, 인민헌장 선동가들을 다 합한 것보다 봉기를 야기한 책임이 더 크면서도 그들에게 허물을 덮어씌우고, 비할 바 없이 파렴치하게도 법의 이름을 축성하는 예전의 태도로" 되돌아갔다. 또한 그들은 자유무역과 곡물법 폐지를 주장했으나 노동자들은 여기에 반대하고 "공정한 하루 노동에 대한 공정한 하루 임금"을 요구했다. 그 결과 "차티스트들은 정치적 강령은 문자 그대로 똑같지만 서로 철저하게 달라서 연합할 수 없는 두 정파로" 쪼개졌으며, "차티스트 운동은 부르주아적 요소들을 모조리 털어내고 순전히 노동자의 대의가 되었다."

한편 엥겔스는 영국 사회주의 운동의 전진을 위해 부르주아적 요소들을 말끔히 털어낼 것을 주장한다. "영국 사회주의는 제조업자인 오언과 더불어 출현한 까닭에, 결국에는 부르주아지와 프롤레타리아트 사이의 계급 적대를 철폐할 것을 요구함에도 불구하고, 부르주아지에게는 무척이나 합당하고 프롤레타리아트에게는 몹시도 부당한 방법을 고수하고"있다. 유순하고 평화적인 영국 사회주의자들은 "하층계급들의 도덕적 타락을 한탄하면서도 이런 옛 사회질서의 해체에서 진보의 요소를 보지 못하고, 유산계급의 사적인 이해관계와 위선이 부패를 훨씬 더 많이 초래한다는 것을 인정하려 들지 않는다. 그들은 어떠한 역사적 발전도 인정하지 않거니와, 공산주의로의 이행이 가능하고 또 필연적인 지점까지 국민들이 정치적 발전이라는 행진을 하는 것이 불가피하다는 점을 도외시한 채, 국민들을 단숨에, 하룻밤 사이에 공산주의 상태로 데려다 놓으려 한다. (…) 그들은 심리적 발전만을, 즉 과거와 전혀 관계가 없는 추상적인 인간의 발전만을 인정하지만, 그 개인을 포함해 전 세계는 과거에 의존한다. 이처럼 그들은 너무나 추상적이고 너무나 형이상학적이어서 거의 아무것도 성취하지 못한다." 그러므로 "지금과 같은 형태의 사회주의는 결코 노동계급의 공통 신조가 될 수 없다. 사회주의는 한동안 자세를 낮추고 차티스트 운동의 관점으로 되돌아가야" 하고 "부르주아적 요소들을 씻어낸 진정한 프롤레타리아 사회주의"로 거듭나야만 한다.

12.

열째 장 "광업 프롤레타리아트"에서 엥겔스는 열에너지의 원천인 석탄과, 산업의 원료인 금속을 생산하는 광업 프롤레타리아트의 상황을 살펴본다. 산소가 부족하고 분진이 가득한 지하에서 장시간 몸을 혹사하는 광부들의 건강이 좋을 리 만무하다. 광부들은 다리의 뒤틀림, 척추의 변형, 기타 기형으로 고생하고, 위통과 메스꺼움, 구토 같은 소화기질환, 심장질환, 탈장, 폐질환, 류머티즘 등 갖가지 질환에 노출된다. 특히 폐 전체가 석탄 입자로 포화되어서 발병하는, '까만 침'이라 불리는 탄부들 특유의 질병은 "전신 쇠약, 두통, 가슴의 갑갑증, 걸쭉하고 까만 점액질 가래" 같은 증상을 동반하고 "급속도로 환자를 노동 부적격자로 만든다." 그 결과 "45세나 50세 이후에도 작업할 수 있는 탄부는 정말 극히 드물다. 일반적으로 이 직종의 노동자들은 40세면 노년에 접어든 것으로 간주된다."

여기에 더해 탄광에서는 사고까지 빈발한다. "대영국 전역에서 이 직업만큼 한 사람이 갖가지 방식으로 숨지는 직업은 없을 것이다. 탄광은 가장 처참한 재앙들이 빈발하는 현장"이다. "광산들에서 너무나 자유롭게 누출되는 탄화수소가스는 대기와 결합할 경우, 불꽃을 만나면 폭발해 그 범위 안에 있는 모든 사람을 죽이는 폭약이 된다." "역시 대량으로 누출되는 탄산가스는 광산의 심층부에 쌓이는데, 흔히 사람의 키만큼 쌓여서 그 안에 들어오는 모든 사람을 질식사시킨다." "더욱이 하루가 멀다 하고 채굴장의 천장이 무너져, 일하던 노동자들을 파묻거나 짓이긴다."

오랫동안 광부들은 "자신이 생명을 사취당하기 위해 존재한다는 정도밖에 몰랐다. 그러나 점차 그들 사이에서도, 특히 한층 지적인 공원들을 만나 영향을 받기 마련인 공장 지역들에서, '석탄왕들'의 파렴치한 억압에 대항하는 정신이 생겨났다. 그들은 조합들을 결성하고 이따금 파업을 일으키기 시작했다." 1844년, 잉글랜드 북부 탄광 지역의 광부들은 새로운 계약안이 거부당하자 총파업에 돌입해 무려 5개월 동안 파업을 이어갔다. 그러나 광산주들이 아일랜드와 웨일스에서 인부들을 수입하자 파업은 결국 힘을 잃었다. "그러나 싸움이 헛수고였던 것은 아니다. 무엇보다도 잉글랜드 북부의 광부들은 19주 동안 파업을 이어가면서 그 이전의 정신적 죽음 상태에서 영원히 벗어났다.

그들은 잠에서 깨어나 자기네 이해관계를 빈틈없이 지키고 있으며, 문명의 운동, 특히 노동자들의 운동에 합류해왔다." "노동자들은 단결한다면 자신들 역시 상당한 권력이며 꼼짝도 못할 궁지에 몰린다면 부르주아지의 권세에도 항거할 수 있음을 점점 더 명확하게 깨달아가고 있다. 모든 노동운동에 유익한 이 통찰을 영국의 모든 광부는 1844년의 조합과 파업을 통해 깨달았다."

13.

"서론"에서 살펴본 대로 "산업노동과 농업노동이 분리되고, 유휴지들이 한데 묶여 대농장이 되고, 대농장주들의 압도적인 경쟁이 소농들을 대체"하자 한때 자작농이나 차지농이 되었던 소농들은 이제 대농장주나 지주의 노동자가 되어야 했다. 이것은 한동안 견딜 만한 처지였는데, 농장주와 일꾼들의 가부장적 관계가 유지되었기 때문이다. "가부장제 시절에 일꾼들과 그 가족은 농장에서 살았고 그들의 자식들도 농장에서 자랐으며, 농장주는 성장하는 세대의 직업을 그곳에서 마련해주고자 애썼다. 당시 날품팔이는 예사가 아니라 예외였다. 그래서 농장마다 꼭 필요한 수보다 많은 일꾼들이 있었다." 그러나 옛 사회구조가 와해되자 농촌의 과잉 인구가 드러났고, "그에 따른 필연적인 귀결로 노동자들 간의 경쟁이 극도로 격렬해지고 임금이 최저 수준으로 곤두박질쳤다."

"잉글랜드와 웨일스가 각각 대규모 농장제와 소규모 농장제의 결과를 예증한다면, 아일랜드는 과도한 토지 분할의 결과를 보여준다." 대부분 척박하고 작은 감자밭 하나밖에 없는 아일랜드 인들의 "식량이라곤 연중 30주 동안 배를 반쯤 채울 감자뿐이고 나머지 기간에는 그마저도 전혀 없다." 이것은 아일랜드 인들이 겪을 고난의 시작에 지나지 않았다. 1844년에 영국을 떠난 엥겔스는 기록하지 못했지만, 우리가 알고 있듯이 그 이듬해인 1845년부터 감자 마름병이 퍼지면서 '아일랜드 대기근'이 발생해 아일랜드 인 약 100만 명이 사망하고 100만 명이 고국을 떠나야 했다.

14.

엥겔스는 영국 부르주아지를 "도덕적으로 깊이 타락하고, 이기심에 눈이 멀어 구제불능 상태로 전락하고, 내면에 좀이 쓸고, 도무지 진보하지 못하는 계급"으로 평가한다. 이들이 "훌륭한 남편이자 가장이고, 개개인을 보면 다른 덕목들도 두루 갖추고 있으며, 평상시 교제할 때 다른 모든 부르주아와 마찬가지로 예의 바르고 점잖아 보인다는 것은 사실"이지만, 한 계급으로서 이들의 행동을 결정하는 것은 궁극적으로 "사리사욕, 특히 금전적 이익뿐이다."

자본주의적 생산관계 속에서 부르주아는 노동자를 인간이 아닌 노동으로 추상화한다. "제조업자는 자본이고 공원은 노동이다. 설령 공원이 이런 추상화를 강요받지 않더라도, 자신은 노동이 아니라 다른 속성들과 더불어 무엇보다 노동력이라는 속성을 가진 인간임을 역설하더라도, 시장에서 '노동'이라는 상품으로 사고팔리지 않겠노라고 마음먹더라도, 부르주아는 합리적인 생각을 멈추지 않는다. 부르주아는 자신이 공원들과 구매와 판매가 아닌 다른 어떤 관계를 유지한다는 것을 이해하지 못한다. 부르주아는 공원들을 인간으로 여기는 것이 아니라, 그들의 면전에서 언제나 사용하는 호칭처럼 일손으로 여긴다. 칼라일의 말마따나 부르주아는 '현금 지급이 인간과 인간의 유일한 연계다'라고 역설한다."

신구빈법은 부르주아지가 프롤레타리아트를 어떻게 여기는지를 여실히 드러낸다. 이 법은 맬서스의 인구법칙에 따라 입안되었는데, 이 이론에 따르면 "지구는 언제까지나 인구과잉 상태이므로 빈곤과 비참, 곤궁, 비도덕성이 반드시 만연하게 된다. 인간이 지나치게 많이 존재한다는 것이 인류의 몫, 즉 영원한 운명"이다. 그러므로 "자선과 구빈세는 경쟁을 통해 피고용인들의 임금을 대폭 끌어내리는 과잉 인구를 부양하고 그 수가 늘어나도록 부추길 뿐이므로 엄밀히 말하자면 허튼수작이다." 그렇다면 문제의 핵심은 "'과잉 인구'를 활용하고 쓸모 있는 인구로 바꾸는 것이 아니라, 그저 반대할 여지가 가장 적은 방식으로 굶어죽게 하고 자식을 너무 많이 낳지 못하도록 막는 것이다."

이 "반대할 여지가 가장 적은 방식"으로 부르주아들이 궁리해낸 것이 바로 1834년에 제정된 신구빈법이다. 이 법의 정신은 "본질적으로 빈민은 범죄자이고, 구빈원은 감옥이고, 입소자는 법의 테두리 밖에, 인류의 테두리 밖에 있는 역겹고 혐오스러운 대상"이라는 것이다. 또한 "무산계급은 오로지 착취당하기 위해, 유산자들이 더 이상 이용할 수 없게 되면 굶주리기 위해 존재한다는 것이다."

엥겔스는 이처럼 극심한 계급 적대의 귀결로 혁명을 전망한다. "사회의 구성요소들이 전부 명확하게 규정되고 선명하게 구분되는 영국만큼 예언하기 쉬운 곳은 없다. 혁명은 반드시 일어날 것이다. 평화롭게 해결하기에는 이미 너무 늦었다." 사회적 전쟁을 피할 시기는 이미 지나가버렸다. 마지막 문단에서 엥겔스는 "오늘날 국지적이고 간접적으로 전개되는 부자들에 대한 빈민들의 전쟁이 전면적이고 직접적인 전쟁이 되리라"고 주장한다. 우리가 알고 있듯이, 이 역사적 예견은 틀린 것으로 판명되었다. 그렇지만 계급투쟁이 사회적 전쟁으로 발발하리라는 엥겔스의 이 예측은 달리 해석할 여지가 있다. 한편으로는 젊은 혈기의 역사적 단견으로 치부할 수도 있지만, 다른 한편으로는 자본주의 사회를 내재적으로 초월해 역사의 다음 단계인 공산주의 사회로 이행하기 위해 필요한 계기로서 제시한, 또는 그러한 이상적 목적을 요청한 것으로 볼 수도 있다.

15.

후대의 학자들이 밝히고 엥겔스 자신도 훗날 인정했듯이, 이 책에는 저술 당시 24세였던 엥겔스의 젊음과 장점들뿐 아니라 단점들까지 담겨 있다. 무엇보다 엥겔스는 부르주아지를 과소평가했다. 영국 부르주아지는 "도덕적으로 깊이 타락하고, 이기심에 눈이 멀어 구제불능 상태로 전락하고, 내면에 좀이 쓸고, 도무지 진보하지 못하는 계급"으로 머무르지 않았다. 엥겔스가 맨체스터를 떠난 이후 20년간 이어진 빅토리아 시대 자본주의의 황금기에 부르주아지는 사회를 한층 확고하게 장악하고, 노동자들의 불만을 누그러뜨려 단결을 깨뜨리고, 자신들의 이데올로기를 지배적 이데올로기로 밀어올리는 데 성공했다. 또한 엥겔스의 예측과 달리 프롤레타리아트는 균질화되지 않았다. 노동자 대다수의 생활은 낮은 수준에서 오르내리는 데 그쳤지만, 생활수준이 꾸준히 높아진 일부 공장노동자들과 노동조합들은 노동계급 내에서 경제적 도덕적 우위를 지키려 애썼다. 달리 말해 계급 내 경쟁은 완화되지 않았다. 비판을 많이 받은 또 다른 단점은 엥겔스의 예측이 틀렸다는 것이다. 마르크스가 지적했듯이 엥겔스는 마치 자신의 이론이 "내일이 아니더라도 어쨌든 모레 정도면 견고한 사실"이 될 것처럼 썼지만, 목전에 닥쳤다던 그 혁명은 결코 일어나지 않았다.

이러한 단점들이 있음에도 영국 프롤레리아트의 고전적인 상황을 전체적으로 파악한 최초의 저작이자 마르크스주의적 사회 연구의 토대를 놓은 문헌이라는 이 책의 입지는 조금도 흔들리지 않는다. 19세기는 물론 20세기 들어서도 세계사에 심대한 영향을 미친 마르크스주의의 창시자 중 한 사람이 노동자들과 직접 교류하고 당시에 산업의 심장부였던 맨체스터를 구석구석 돌아다닌 경험에 자신의 이념을 투영해서 쓴 이 책을 대체할 저작은 없다.

16.

이 책의 한국어판은 박준식, 전병유, 조효래의 번역으로 일찍이 1988년에 출간되었다. 그럼에도 다시 번역한 까닭은 이 한국어판이 절판되었고 또 출간된 지 한 세대 가까이 지났으므로 새로운 번역이 필요하다고 판단했기 때문이다. 또한 이 책은 19세기 중엽 자본주의 사회의 실상과 정신을 탁월하게 포착한 고전이거니와 그런 의미에서 자본주의 사회에서 살아가는 한국 독자들에게 현재 위치를 조감하고 체제의 미래를 전망할 계기로서 여전히 유의미할 것이기 때문이다.

번역 대본은 1887년 미국에서 처음 출간된 F. 켈리 비슈네베츠키F. Kelley-

Wischnewetsky의 영역본이다. 독일어판이 아닌 영어판을 택한 이유는 이 영역본이 엥겔스가 생전에 직접 교정하고 인정한 판본일 뿐 아니라 출간 당시를 기준으로 엥겔스가 서문과 각주 등을 첨부했으며, 무엇보다 이 책의 배경이 영국이고 엥겔스가 참고하고 인용한 자료들 역시 대부분 영어로 쓰였기 때문이다. 고전인 만큼 인용의 준거로 삼을 수 있도록 원문에 충실하게 번역하되 청년기 엥겔스의 문체를 살리기 위해 노력했다. 확인이 필요한 대목은 독일어판도 참조했다. 번역을 권하신 강유원 선생님께서 독일어판 참조에 도움을 주셨으며, 독일어 초판의 서문과 목차를 번역해주셨다. 감사의 말씀을 드린다.

2014년 12월

이재만

영국 노동계급의 상황
Die Lage der arbeitenden Klasse in England
The Condition of the Working Class in England

초판 1쇄 2014년 12월5일
초판 2쇄 2019년 5월15일

지은이 | 프리드리히 엥겔스
옮긴이 | 이재만

펴낸곳 | 라티오 출판사
출판등록 | 제300-2007-151호(2007.10.24)
전화 | 070) 7018-0059
팩스 | 070) 7016-0959
웹사이트 | ratiopress.com
문의 사항 | ratiopress@gmail.com

ISBN 978-89-960561-8-8 93160